Essential Grammar in Use

Русская версия

Самоучитель по грамматике с практическими упражнениями
для изучающих английский язык на начальном уровне

с ответами и электронной книгой

Raymond Murphy

with Olga Sands

CAMBRIDGE
UNIVERSITY PRESS

CAMBRIDGE
UNIVERSITY PRESS

University Printing House, Cambridge CB2 8BS, United Kingdom

One Liberty Plaza, 20th Floor, New York, NY 10006, USA

477 Williamstown Road, Port Melbourne, VIC 3207, Australia

4843/24, 2nd Floor, Ansari Road, Daryaganj, Delhi – 110002, India

79 Anson Road, #06–04/06, Singapore 079906

Cambridge University Press is part of the University of Cambridge.

It furthers the University's mission by disseminating knowledge in the pursuit of education, learning and research at the highest international levels of excellence.

www.cambridge.org
Information on this title: www.cambridge.org/9781316629963

© Cambridge University Press 2017

First published 2017

20 19 18 17 16 15 14 13 12 11 10 9 8 7 6 5 4 3 2 1

Printed by Vivar Printing, Malaysia

A catalogue record for this publication is available from the British Library

ISBN 978-1-316-62996-3

Содержание

ЕСЛИ ВЫ НЕ УВЕРЕНЫ, КАКИЕ РАЗДЕЛЫ ВАМ СЛЕДУЕТ ИЗУЧИТЬ,
ВОСПОЛЬЗУЙТЕСЬ РУКОВОДСТВОМ ПО ИЗУЧЕНИЮ ГРАММАТИКИ НА СТРАНИЦЕ 271.

There и **it**

ЕСЛИ ВЫ НЕ УВЕРЕНЫ, КАКИЕ РАЗДЕЛЫ ВАМ СЛЕДУЕТ ИЗУЧИТЬ, ВОСПОЛЬЗУЙТЕСЬ РУКОВОДСТВОМ ПО ИЗУЧЕНИЮ ГРАММАТИКИ НА СТРАНИЦЕ 271.

ЕСЛИ ВЫ НЕ УВЕРЕНЫ, КАКИЕ РАЗДЕЛЫ ВАМ СЛЕДУЕТ ИЗУЧИТЬ, ВОСПОЛЬЗУЙТЕСЬ РУКОВОДСТВОМ ПО ИЗУЧЕНИЮ ГРАММАТИКИ НА СТРАНИЦЕ 271.

v

ЕСЛИ ВЫ НЕ УВЕРЕНЫ, КАКИЕ РАЗДЕЛЫ ВАМ СЛЕДУЕТ ИЗУЧИТЬ, ВОСПОЛЬЗУЙТЕСЬ РУКОВОДСТВОМ ПО ИЗУЧЕНИЮ ГРАММАТИКИ НА СТРАНИЦЕ 271.

Выражение благодарности

Авторы выражают особую благодарность Rebecca Hill, Alyson Maskell, Christopher Capper и Keith Sands за их помощь в создании русского издания Essential Grammar in Use.

Дизайн
emc design ltd

Иллюстрации
Adz, Paul Boston, Christopher Flint, John Goodwin, Katie Mac, Martina – KJA artists, Lucy Truman

Программное обеспечение
Datamatics Ltd.

Редактирование текста на русском языке
Elena Edwards и Milana Michalevic при содействии First Edition Translations Ltd, Кембридж, Великобритания

Перед вами самоучитель по грамматике английского языка для начинающих. Он состоит из 115 разделов, каждый из которых посвящён определённому разделу грамматики английского языка. Список разделов находится в начале самоучителя (смотрите *Содержание*).

Не рекомендуется изучать все разделы по порядку. Изучите те разделы, которые нужны именно вам. Например, если у вас затруднения с present perfect (I have been, he has done и т. д.), то изучите разделы 15–20.

Используйте *Содержание*, а также *Английский* и *Русский алфавитные указатели* (смотрите в конце самоучителя), чтобы найти необходимые вам разделы.

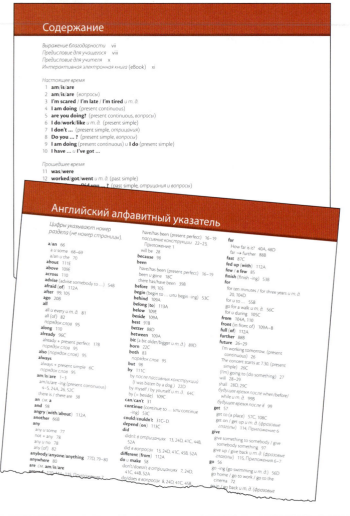

Если вы сомневаетесь в том, какие разделы вам следует изучить, используйте *Руководство по изучению грамматики* в конце самоучителя.

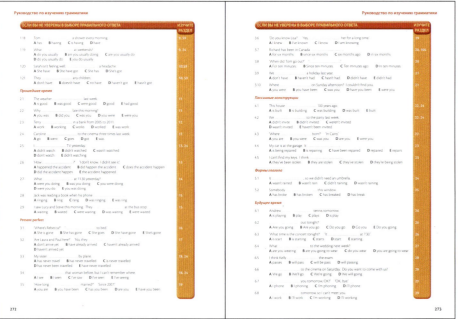

Руководство по изучению грамматики (страницы 271–281)

Каждый раздел состоит из двух страниц. На странице слева представлена теоретическая информация, на странице справа даны упражнения:

Сначала изучите информацию на странице слева, а затем выполните упражнения на странице справа.

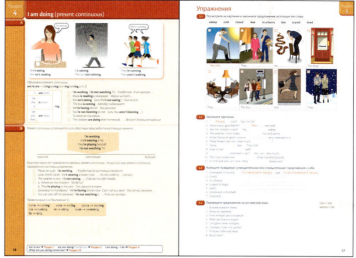

Информация   Упражнения

Используйте *Ключи*, чтобы проверить правильность выполнения упражнений. *Ключи к упражнениям* находятся на страницах 282–311.

При необходимости повторно изучите информацию на странице слева.

Обратите внимание, что в конце самоучителя даны семь *Приложений* (страницы 243–251), в которых вы найдёте информацию об активных и пассивных конструкциях, неправильных глаголах, кратких формах, правописании и фразовых глаголах.

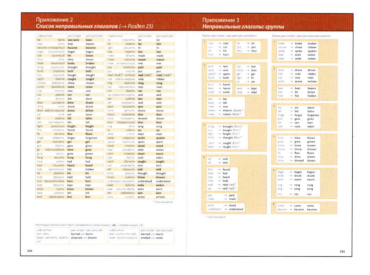

В конце самоучителя также даны *Дополнительные упражнения* (страницы 252–270). Список этих упражнений указан на странице 252.

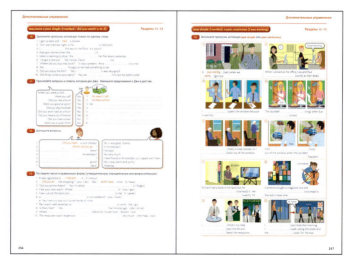

Предисловие для учителя

Основные характеристики *Essential Grammar in Use*:

- Это пособие по грамматике, поэтому другие аспекты языка здесь не рассматриваются.
- Пособие предназначено для начинающих (уровень elementary), поэтому здесь не рассматривается более сложный грамматический материал, выходящий за рамки уровня elementary.
- Это справочное пособие с упражнениями, а не учебник, поэтому здесь нет постепенного усложнения изучаемого материала.
- Пособие адресовано учащимся и предназначено для самостоятельной работы.

Структура

Настоящее пособие состоит из 115 разделов, каждый из которых посвящён определённому разделу грамматики. Материал организован в соответствии с грамматическими категориями, такими как времена, вопросительные предложения и артикли. Пособие составлено не по принципу постепенного усложнения материала, и, следовательно, разделы могут изучаться в любой последовательности в зависимости от потребностей конкретного учащегося. Не рекомендуется изучать все разделы по порядку. Список разделов указан в *Содержании*. В конце пособия также даны *Английский и Русский алфавитные указатели*.

Каждый раздел состоит из разворота в две страницы. На странице слева представлена теоретическая информация с объяснениями, а справа даны соответствующие упражнения. Пособие также содержит семь *Приложений* (страницы 243–251), в которых рассматриваются активные и пассивные конструкции, неправильные глаголы, краткие формы (сокращения), правописание и фразовые глаголы. Учителю следует обратить внимание учащихся на информацию в *Приложениях*.

В конце пособия приведены *Дополнительные упражнения* (страницы 252–270). Эти упражнения обеспечивают обобщённую практику, то есть задействуют знания из разных разделов грамматики (в особенности на формы глагола). Эта часть включает в себя 35 упражнений, полный список которых приведён на странице 252.

В конце пособия также дано *Руководство по изучению грамматики*, которое поможет учащимся определить, какие разделы им следует изучить (смотрите на странице 271).

Наконец, в конце пособия приведены *Ключи* ко всем упражнениям (на страницах 282–311), что позволит учащимся проверить правильность выполненных упражнений.

Уровень

Настоящее пособие рассчитано на учащихся начального уровня, то есть учащихся с очень незначительным знанием английского языка, но не на начинающих с нуля. Пособие будет полезно прошедшим курс для начинающих, а также учащимся уровня low-intermediate, у которых знание грамматики уступает другим аспектам владения английским языком, или учащимся с пробелами в знаниях в конкретных областях базовой грамматики.

Объяснения материала на русском языке кратки и просты, использование грамматической терминологии сведено к минимуму. Словарный запас, используемый в примерах и упражнениях, также не выходит за рамки начального уровня. Во многих случаях переводы на русский язык выполнены таким образом, чтобы максимально облегчить понимание примеров на английском языке.

Как пользоваться *Essential Grammar in Use*

Настоящее пособие может быть использовано учащимися как в качестве самоучителя (смотрите *Предисловие для учащегося*), так и в качестве дополнительного учебного материала. В обоих случаях возможно его использование как справочниа по базовой грамматике.

При использовании в качестве дополнительного учебного материала *Essential Grammar in Use* будет полезно для закрепления нового или повторения уже пройденного материала, а также для работы над ошибками. Настоящее пособие подойдёт как для работы всем классом, так и для индивидуальной работы учащихся, которые нуждаются в дополнительной помощи и практике.

В некоторых случаях страницы слева (информацию с объяснением материала) можно использовать в классе, но следует отметить, что этот материал рассчитан на самостоятельное изучение и использование в качестве справочника. В большинстве случаев учителю рекомендуется объяснить материал по грамматике в соответствии со своей методикой, оставив выполнение упражнений для домашней работы. В этом случае учащиеся смогут использовать информацию на странице слева для справки.

Некоторые учителя предпочитают задавать учащимся определенные разделы пособия для повторения пройденного материала и самостоятельной работы. В этом случае отдельным учащимся или группам могут быть предложены конкретные задания для самостоятельного изучения и практики.

Пособие поставляется в комплекте с eBook. В eBook представлены те же объяснения по грамматике и упражнения, что и в международной версии книги.

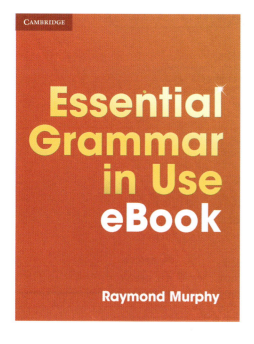

Как пользоваться eBook

Интерактивная книга eBook совместима с планшетами iPad и Android, а также с ПК и Apple Mac.

С eBook вы можете:

Слушать примеры

Сохранять свои ответы

Делать заметки

Выделять текст

Делать закладки

Пользоваться словарём

Как получить доступ к eBook

Следуйте инструкциям на внутренней стороне обложки данного пособия.

CAMBRIDGE
UNIVERSITY PRESS

am/is/are

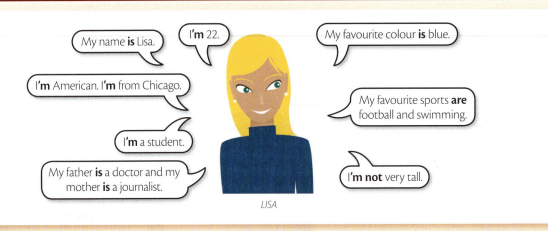

My name **is** Lisa.

I'**m** 22.

My favourite colour **is** blue.

I'**m** American. I'**m** from Chicago.

My favourite sports **are** football and swimming.

I'**m** a student.

My father **is** a doctor and my mother **is** a journalist.

I'**m not** very tall.

LISA

утвердительные предложения

I	**am**	(I'**m**)
he she it	**is**	(he'**s**) (she'**s**) (it'**s**)
we you they	**are**	(we'**re**) (you'**re**) (they'**re**)

краткая форма

отрицательные предложения

I	**am not**	(I'**m not**)		
he she it	**is not**	(he'**s not** (she'**s not** (it'**s not**	*или* *или* *или*	he **isn't**) she **isn't**) it **isn't**)
we you they	**are not**	(we'**re not** (you'**re not** (they'**re not**	*или* *или* *или*	we **aren't**) you **aren't**) they **aren't**)

краткие формы

You're very busy today.

Am/is/are *обычно не переводится на русский язык:*

- I'**m** 32 years old. My sister **is** 29.
  Мне 32 года. Моей сестре 29 лет.
- Steve **is** ill. He'**s** in bed. *Стив болен. Он в постели.*
- My car **is** very old. *Моя машина очень старая.*
- Anna and I **are** good friends. *Мы с Анной хорошие друзья.*
- You'**re** very busy today. *Сегодня вы очень заняты.*
- Your keys **are** on the table. *Твои ключи на столе.*

- I'**m not** English. I'**m** from Scotland.
  Я не англичанин. Я из Шотландии.
- James **isn't** a teacher. He'**s** a student.
  Джеймс не учитель. Он студент.
- Those people **aren't** American. They'**re** Australian.
  Эти люди не американцы. Они австралийцы.

Обратите внимание, что в этих предложениях необходимо использовать **It's**:

- **It's** nine o'clock. / **It's** ten o'clock. / **It's** 6.45. *(Сейчас) ... часов.*
- **It's** early. / **It's** late. *(Сейчас) рано/поздно.*

that'**s** = that **is**   there'**s** = there **is**   here'**s** = here **is**

Here's your key.

- Thank you. That'**s** very kind of you.
  ... Это очень мило с вашей стороны.
- Look! There'**s** Chris. *Смотри! Вот Крис.*
- A: Here'**s** your key. *Вот ваш ключ.*
  B: Thank you.

Thank you.

am/is/are *(вопросительные предложения)* ➜ **Раздел 2**   I'm scared / I'm late / I'm tired *и т. д.* ➜ **Раздел 3**
there is/are ➜ **Раздел 38**   **It** ➜ **Раздел 40**   **a/an** ➜ **Раздел 66**   *краткие формы* ➜ **Приложение 4**

Упражнения

1.1 Напишите краткую форму (**she's** / **we aren't** и т. д.).

1 she is ___she's___
2 they are ___THEY'RE___
3 it is not ___ISN'T___
4 that is ___THAT'S___
5 I am not ___I'M NOT___
6 you are not ___YOU'RE NOT___

1.2 Вставьте **am**, **is** или **are**.

1 The weather ___is___ nice today.
2 I ___AM___ not rich.
3 This bag ___IS___ heavy.
4 These bags ___ARE___ heavy.
5 Look! There ___IS___ Helen.
6 My brother and I ___ARE___ good tennis players.
7 Emily ___IS___ at home. Her children ___ARE___ at school.
8 I ___AM___ a taxi driver. My sister ___IS___ a nurse.

1.3 Заполните пропуски.

1 Steve is ill. ___He's___ in bed.
2 I'm not hungry, but ___I AM___ thirsty.
3 Mr Thomas is a very old man. ___HE IS___ 98.
4 These chairs aren't beautiful, but ___ARE___ comfortable.
5 Elena is Russian. ___SHE IS___ from Moscow.
6 Catherine isn't at home. ___SHE'S___ at work.
7 A: ___IT IS___ your coat.
   B: Oh, thank you very much.

1.4 Прочитайте информацию о Лизе в разделе 1А. Теперь напишите о себе.

1 (name?) My ___NAME IS MONICA___
2 (age?) ___I AM 27 YEARS OLD___
3 (from?) ___I AM FROM ITALY___
4 (job?) ___I AM A WAITRESS___
5 (favourite colour?)
   My ___FAVOURITE COCOUR IS RED___
6 (favourite sports?)
   My ___FAVOURITE SPORTS IS BRIVER HORSES___

1.5 Посмотрите на картинки. Напишите об этих людях, используя слова из рамки:

| angry | happy | ~~hungry~~ | sad | ~~strong~~ | ~~thirsty~~ |

1 ___She's thirsty.___
2 They're ___HUNGRY___
3 He's ___STRONG___
4 ___SHE'S HAPPY___
5 ___HE'S SAD___
6 ___THEY ARE ANGRY___

1.6 Напишите правдивые предложения (утвердительные или отрицательные). Используйте **is**/**isn't** или **are**/**aren't**.

1 (it / early) ___It isn't early.___ или ___It's early.___
2 (my hands / cold) My ___HANDS ARE COLD / AREN'T COLD___
3 (Brazil / a very big country) ___BRASIL IS A VERY BIG COUNTRY / ISN'T___
4 (diamonds / cheap) ___DIAMONDS IAREN'T CHEAP___
5 (Minsk / in Russia) ___MINSK IS IN RUSSIA___

Напишите правдивые предложения о себе. Используйте **I'm** / **I'm not**.

6 (tall) ___I'm tall.___ или ___I'm not tall.___
7 (hungry) ___I AM HUNGRY / I'AM NOT___
8 (a good swimmer) ___HE IS A GOOD SWIMMER / ISN'T___
9 (a good dancer) ___SHE IS A GOOD DANCER / ISN'T___

1.7 Переведите предложения на английский язык.

1 Анна – студентка.
2 Том и Ирина – учителя.
3 Линде 18 лет.
4 Бен не американец. Он канадец.
5 Вот Ваш паспорт.
6 Мой любимый цвет – зелёный.
7 Смотри! Вот Бен.
8 Сейчас не поздно.
9 Мои очки на столе.
10 Я из Москвы.

канадец = Canadian
паспорт = passport
Смотри! = Look!
очки = glasses

→ **Дополнительное упражнение 1** (страница 252)

am/is/are (вопросы)

A

утвердительные предложения	
I	**am**
he she it	**is**
we you they	**are**

вопросительные предложения	
am	I?
is	he? she? it?
are	we? you? they?

What's your name? — David.
Are you English? — Yes, I am.
How old **are you**? — 25.
Are you a student? — No, I'm not.

- A: **Are you** English? *Вы англичанин?*
  B: No, **I'm** Scottish. *Нет, я шотландец.*
- A: **Is your mother** at home? *Твоя мама дома?*
  B: No, **she's** out. *Нет, её нет. (букв. она вне дома)*
- A: **Are your parents** at home? *Твои родители дома?*
  B: No, **they're** at work.
- A: **Is it** late? *Сейчас поздно?*
  B: No, **it's** only 9 o'clock. *Нет, только 9 часов.*
- **Your shoes are** nice. **Are they** new? *Твои туфли красивые. Они новые?*
- **You're** Russian. **Am I** right? *Вы русские. Я права?*

Обратите внимание на порядок слов:

- **Is she** at home? / **Is your mother** at home? (*неверно* Your mother at home?)
- **Are they** new? / **Are your shoes** new? (*неверно* Your shoes new?)

B

Where ... ? / What ... ? / Who ... ? / How ... ? / Why ... ?

- **Where is** your mother? Is she at home? *Где твоя мама?* …
- '**Where are** you from?' 'Canada.' *"Откуда ты?"* …
- '**What colour is** your car?' 'It's red.' *"Какого цвета … ?"*
- '**How old is** Joe?' 'He's 24.' *"Сколько лет Джо?"* …
- **How are** your parents? Are they well? *Как поживают твои родители?* …
- This hotel isn't very good. **Why is** it so expensive? … *Почему она такая дорогая?*

what**'s** = what **is**   who**'s** = who **is**   how**'s** = how **is**   where**'s** = where **is**

- **What's** the time? *Который час?*
- **Where's** Lucy? *Где Люси?*
- **Who's** that man? *Кто тот человек?*
- **How's** your father? *Как твой отец?*

C

Краткие ответы

Yes,	I	**am.**
	he she it	**is.**
	we you they	**are.**

No,	I**'m**	**not.**	*или*
	he**'s** she**'s** it**'s**		
	we**'re** you**'re** they**'re**		

No,	he she it	**isn't.**
	we you they	**aren't.**

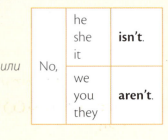

That's my seat. — No, it isn't.

- '**Are you** happy?' '**Yes, I am.**' *"Ты счастлив?" – "Да".*
- A: **Are you** hungry? *Вы голодны?*
  B: **No, I'm not**, but I'm thirsty. *Нет, но я хочу пить.*
- '**Is your friend** English?' '**Yes, he is.**'
- A: **Are these** your keys? *Это ваши ключи?*
  B: **Yes, they are.**
- '**That's** my seat.' '**No, it isn't.**'

am/is/are → **Раздел 1**   вопросы → **Раздел 45**   what/which/how → **Раздел 48**

Упражнения

2.1 Найдите правильные ответы на вопросы.

1 Where's the camera?	A London.	1 G
2 Is your car blue?	B No, I'm not.	2 F
3 Is Kate from London?	C Yes, you are.	3 H
4 Am I right?	D My sister.	4 C
5 Where's Amy from?	E Black.	5 A
6 What colour is your bag?	F No, it's black.	6 E
7 Are you hungry?	G In your bag.	7 B
8 How is George?	H No, she's American.	8 I
9 Who's that woman?	I Very well.	9 D

2.2 Составьте вопросы с этими словами.

1 (are / at home / your parents) Are your parents at home ?
2 (your mother / is / how) How is your mother ?
3 (interesting / is / your job) IS INTERESSING YOUR JOB INTER ?
4 (these seats / are / free) ARE THESE SEAT FREE ?
5 (from / where / you / are) WHERE ARE YOU FROM ?
6 (a student / you / are) ARE YOU A STUDENT ?
7 (is / near here / the station) IS THE STATION NEAR HERE ?
8 (at school / are / your children) ARE AT SCHOOL YOUR CHILDREN AT SCHOOL ?
9 (you / are / sad / why) WHY ARE YOU SAD ?

2.3 Допишите вопросительные предложения. Используйте What ... / Who ... / Where ... / How ... .

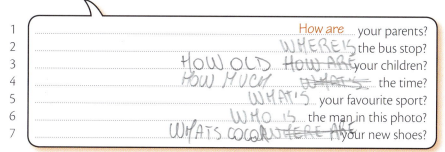

1 How are your parents? — They're fine, thank you.
2 WHERE IS the bus stop? — At the end of the street.
3 HOW OLD HOW ARE your children? — Five, six, and ten.
4 HOW MUCH the time? — 6 o'clock.
5 WHAT'S your favourite sport? — Skiing.
6 WHO IS the man in this photo? — That's my father.
7 WHATS color THERE ARE your new shoes? — Black.

2.4 Напишите вопросы.

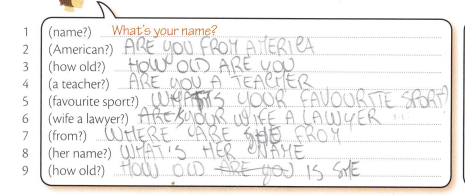

PAUL

1 (name?) What's your name? — Paul.
2 (American?) ARE YOU FROM AMERICA — No, I'm Australian.
3 (how old?) HOW OLD ARE YOU — I'm 30.
4 (a teacher?) ARE YOU A TEACHER — No, I'm a lawyer.
5 (favourite sport?) WHATS YOUR FAVOURITE SPORT — Rugby.
6 (wife a lawyer?) ARE YOUR WIFE A LAWYER — No, she's a designer.
7 (from?) WHERE ARE SHE FROM — She's Italian.
8 (her name?) WHAT'S HER NAME — Anna.
9 (how old?) HOW OLD ARE YOU IS SHE — She's 27.

2.5 Напишите краткие ответы (Yes, I am. / No, he isn't. и т. д.).

1 Are you American? No, I'm not.
2 Are you thirsty? YES, I AM
3 Is your father at work? NO, HE ISN'T
4 Are your hands cold? YES THEY ARE
5 Is it Monday today? YES IS
6 Are you a teacher? NO, I AM NOT

2.6 Переведите предложения на английский язык.

1 Вы англичанка?
2 Ваш брат дома?
3 Где Марина и Том?
4 Сколько тебе лет?
5 Как тебя зовут?

6 Откуда Бен?
7 Где мой телефон?
8 Какого цвета твои глаза?
9 Кто тот мальчик?
10 Почему ты здесь?

глаза = eyes
тот = that
здесь = here

→ Дополнительные упражнения 1–2 (страницы 252–253)

I'm scared / I'm late / I'm tired и т. д.

A   *Некоторые выражения с* **am/is/are** *переводятся на русский язык с использованием глагола.*

I'm scared / I'm afraid (of ...) = *я боюсь*
- ○ Why **is** John **scared** of dogs?
  Почему Джон боится собак?
- ○ I'**m** not **afraid** of exams.   *Я не боюсь экзаменов.*

I'm interested (in ...) = *я интересуюсь*
- ○ I'**m interested in** politics.   *Я интересуюсь политикой.*
- ○ My brother and I **aren't interested in** sport.
  ... не интересуемся спортом.

I'm well / I'm not well = *я чувствую себя хорошо/плохо*
- ○ How are you? **Are you well**?   *... Вы хорошо себя чувствуете?*
- ○ Mary **isn't well**. She's at home in bed.   *Мэри плохо себя чувствует. ...*

I'm in a hurry = *я тороплюсь*
- ○ **Are** you **in a hurry**? *Ты торопишься?*

he'**s**/she'**s**/they'**re asleep** = *... спит/спят*
- ○ Joe is in bed. He'**s asleep**.   *... Он спит.*
- ○ **Are** the children **asleep**? *Дети спят?*

How much is/are ... ? = *Сколько стоит/стоят ... ?*
- ○ **How much is** this shirt?   *Сколько стоит эта рубашка?*
- ○ These oranges **are** forty pence each.   *... стоят 40 пенсов каждый.*

> I'm scared of dogs.

> *Woof !!!!*

> I'm interested in politics.

B   *Некоторые выражения с* **am/is/are** *переводятся на русский язык с использованием глагола прошедшего времени.*

I'm tired = *я устал(а)*
- ○ I'**m tired**, but I'm not hungry.   *Я устала, но я не голодна.*

I'm late = *я опоздал(а)*
- ○ Sorry I'**m late**.   *Извините, я опоздал.*
- ○ Ben **is late** again!   *Бен опять опоздал!*

C   *Обратите внимание на различия между английскими и русскими выражениями:*

am/is/are married = *женат(ы) / замужем*
- ○ Anna, **are** you **married**?   *Анна, ты замужем?*
- ○ Tom **isn't married**.   *Том не женат.*

is/are open/closed = *открыт(о, а, ы) / закрыт(о, а, ы)*
- ○ Shops **are** usually **open** from 9:00 to 6:00.   *Магазины обычно открыты с ... до ...*
- ○ The bank **is closed** on Sundays.   *Банк закрыт по воскресеньям.*

D   **It's hot/cold/sunny/dark** и т. д.
- ○ **It's sunny**, but **it isn't** very **warm**.
  (Сейчас) солнечно, но не очень тепло.
- ○ **Is it cold** in your room?
  У тебя в комнате холодно?
- ○ **It's** already **dark**.   *Уже темно.*

I'm hot/cold
- ○ I'**m hot**. Can I open the window?
  Мне жарко. ...
- ○ **Are you** cold?   *Тебе холодно?*

It's hot.

> I'm hot. Can I open the window?

am/is/are ➜ **Разделы 1–2**   It ➜ **Раздел 40**

Упражнения

3.1 Посмотрите на картинки и закончите предложения, используя эти слова:

| asleep | cold | closed | ~~hot~~ | in a hurry | ~~late~~ | ~~scared~~ | tired |

1 He's hot.
2 They'RE TIRED
3 He 'S SCARED
4 The shop IS CLOSED
5 They'RE ASLEEP
6 The bus 'S LATE
7 She'S IN A HURRY
8 They RE COLD

3.2 Заполните пропуски.

1 '____Are you____ cold?'   'No, I'm OK.'
2 'How is your grandfather?'   '____He's____ very well.'
3 'Are the children in bed?'   'Yes, ____THEY'RE____ asleep.'
4 The weather is nice today.   ____IT'S____ hot and sunny.
5 Andy's favourite sport is tennis.   ____HE IS____ very interested in it.
6 These flowers are nice. How much ____IS IT____ ?
7 'Sorry ____I AM____ late.'   'That's OK.'
8 How is Lisa? ____SHE'S____ well?
9 '____ARE YOU____ interested in art?'   'Yes, I am. Very much.'
10 This coat is expensive.   ____IT'S____ three hundred pounds.
11 It's 9.00 and John isn't here! Why ____IS HE'S____ always late?

3.3 Напишите правдивые (утвердительные или отрицательные) предложения о себе.

1 (scared of snakes)   I'm scared of snakes.   или   I'm not scared of snakes.
2 (tired)   I AM TIRED
3 (in a hurry)
4 (scared of dogs)
5 (well)
6 (interested in history)
7 (married)

3.4 Переведите предложения на английский язык.

1 В моей комнате темно.
2 Анна не замужем.
3 Я не интересуюсь музыкой.
4 Мой сын боится кошек.
5 Сегодня очень холодно.
6 Сколько стоит эта шапка?
7 Я плохо себя чувствую.
8 Вы устали?

сын = son
шапка = hat

I am doing (present continuous)

She**'s eating**.
She **isn't reading**.

It**'s raining**.
The sun **isn't shining**.

They**'re running**.
They **aren't walking**.

Образование present continuous:
am/**is**/**are** + do**ing**/eat**ing**/run**ning**/writ**ing** *и т. д.*

I	**am** (not)		
he she it	**is** (not)	**-ing**	
we you they	**are** (not)		

○ I**'m working**. I**'m not watching** TV. *Я работаю. Я не смотрю …*
○ Maria **is reading** a newspaper. *Мария читает …*
○ She **isn't eating**. (*или* She**'s not eating**.) *Она не ест.*
○ The bus **is coming**. *Автобус подъезжает.*
○ We**'re having** dinner. *Мы ужинаем.*
○ You**'re not listening** to me. (*или* You **aren't listening** …)
  Ты меня не слушаешь.
○ The children **are doing** their homework. *… делают домашнее задание.*

Present continuous *используется для описания действия, которое происходит в настоящий момент:*

> I**'m working**
> she**'s wearing** a hat
> they**'re playing** football
> I**'m not watching** TV

прошлое   *настоящее*   *будущее*

В русском языке нет эквивалента времени present continuous. *На русский язык* present continuous *переводится настоящим временем.*
○ Please be quiet. I**'m working**. *… Я работаю (в настоящий момент).*
○ Look, there's Sarah. She**'s wearing** a brown coat. *… На ней надето пальто.*
○ The weather is nice. It**'s not raining**. *… (Сейчас) не идёт дождь.*
○ A: Where are the children? *Где дети?*
   B: They**'re playing** in the park. *Они играют в парке.*
○ (*разговор по телефону*) We**'re having** dinner now. Can I call you later? *Мы сейчас ужинаем. …*
○ You can turn off the television. I**'m not watching** it. *… Я его не смотрю.*

Правописание (→ *Приложение 5*):

com**e** → com**ing**	writ**e** → writ**ing**	danc**e** → danc**ing**
ru**n** → ru**nn**ing	si**t** → si**tt**ing	swi**m** → swi**mm**ing
li**e** → l**y**ing		

am/is/are → Раздел 1   **are you doing?** (*вопросы*) **→ Раздел 5**   **I am doing** *и* **I do → Раздел 9**
What are you doing tomorrow? → Раздел 26

Упражнения

4.1 Что делают эти люди? Заполните пропуски, используя глаголы из рамки:

| ~~eat~~ | have | lie | play | sit | ~~wait~~ |

1 _She's eating_ an apple.
2 He_'S WAITING_ for a bus.
3 They_'RE PLAYING_ football.
4 _HE'S LYING_ on the floor.
5 _LYING_ _THEY'RE HAVING_ breakfast.
6 _SHE'S SITTING_ on the table.

4.2 Заполните пропуски, используя глаголы из рамки:

| build | cook | go | have | stand | stay | swim | ~~work~~ |

1 Please be quiet. I _'m working_ .
2 'Where's John?' 'He's in the kitchen. He_'S COOKING_.'
3 'You_'RE STANDING_ on my foot.' 'Oh, I'm sorry.'
4 Look! Somebody _'RE SWIMMIN_ in the river.
5 We're here on holiday. We_'RE GOING_ at the Central Hotel.
6 'Where's Sue?' 'She_'S HAVING_ a shower.'
7 They _'RE STAYING_ a new hotel in the city centre at the moment.
8 I _AM GOING_ now. Goodbye.

4.3 Посмотрите на картинку и напишите предложения о Джейн. Используйте **She's -ing** или **She isn't -ing**.

Jane

1 (have dinner)   _Jane isn't having dinner._
2 (watch TV)   _She's watching TV._
3 (sit on the floor) She _'s on the floor_
4 (read a book)   _She's reading a book_
5 (play the piano)   _She's playing the piano_
6 (laugh)   _She's laughing_
7 (wear a hat)   _She's wearing a hat_
8 (drinking coffee)   _She's drinking a coffee_

4.4 Что вы сейчас делаете? Напишите правдивые предложения о себе.

1 (I / wash / my hair)   _I'm not washing my hair._
2 (I / read / a newspaper)   _I'm not reading a newspaper_
3 (I / sit / on a chair)   _I'm not sitting on a chair_
4 (I / eat)   _I'm not eating_
5 (I / wear / shoes)   _I'm not wearing shoes_
6 (I / learn / English)   _I'm not learning English_
7 (I / listen / to music)   _I'm not listening to music_

Какая сейчас погода? Напишите правдивые предложения.

8 (it / snow)   _It's snowing._   или _It isn't snowing._
9 (the sun / shine)   _the sun shining_   _the sun isn't shining_
10 (it / rain)   _it raining_   _it isn't raining_

4.5 Переведите предложения на английский язык.

1 Смотри! Бен танцует с Сандрой.
2 "Где Анна и Лара?" – "Они смотрят телевизор".
3 Поторопись! Поезд подъезжает.
4 На Саше надето зелёное платье.
5 "Где Том?" – "Он готовит ужин".
6 Кевин не работает сегодня. Он болен.
7 Мы сейчас обедаем. Ты голоден?
8 Погода плохая. Идёт дождь.

Смотри! = Look!
Поторопись! = Hurry up!
готовить = cook
обедать = have lunch
погода = the weather

are you doing?
(present continuous, *вопросы*)

утвердительные предложения

I	am	
he she it	is	**doing** **working** **going** **staying** *и т. д.*
we you they	are	

вопросительные предложения

am	I	
is	he she it	**doing?** **working?** **going?** **staying?** *и т. д.*
are	we you they	

What are you doing?

- A: **Are** you **feeling** OK? *Ты хорошо себя чувствуешь?*
  B: Yes, I'm fine, thanks.
- A: **Is** it **raining**? *Идёт дождь?*
  B: Yes, take an umbrella.
- A: What**'s** Paul **doing**? *Что Пол делает?*
  B: He**'s studying** for his exams. *Он готовится к экзаменам.*
- A: What **are** the children **doing**? *Что дети делают?*
  B: They**'re watching** TV.
- Look, there's Emily! Where**'s** she **going**? *... Куда она идёт?*
- Who **are** you **waiting** for? **Are** you **waiting** for Becky?
  Кого ты ждёшь? Ты ждёшь Бекки?
- Why **are** you **wearing** a coat? It's not cold.
  Почему на тебе надето пальто? ...

Обратите внимание на порядок слов в вопросительном предложении:

is/are + *подлежащее* + **-ing**

	Is	he	**working** today?
	Is	Ben	**working** today? (*неверно* Is working Ben today?)
Where	**are**	they	**going**?
Where	**are**	those people	**going**? (*неверно* Where are going those people?)

Краткие ответы

Yes,	I	am.
	he she it	is.
	we you they	are.

No,	I'm	
	he's she's it's	not.
	we're you're they're	

или

No,	he she it	isn't.
	we you they	aren't.

- A: **Are** you **going** now? *Ты уже уходишь?*
  B: **Yes, I am.** *Да.*
- A: **Is** Ben **working** today? *Бен работает сегодня?*
  B: **Yes, he is.** *Да.*
- A: **Is** it **raining**? *Идёт дождь?*
  B: **No, it isn't.** *Нет.*
- A: **Are** your friends **staying** at a hotel? *... живут в гостинице?*
  B: **No, they aren't.** They're staying with me. *Нет. Они живут у меня.*

I am doing → Раздел 4 What are you doing tomorrow? → Раздел 26 вопросы → Разделы 45–48

Упражнения

5.1 Посмотрите на картинки и напишите вопросы.

① (you / watch / it?)
Are you watching it?

No, you can turn it off.

② (you / go / now?)

Yes, see you tomorrow.

③ (it / rain?)

No, not at the moment.

④ (you / enjoy / the film?)

Yes, it's very funny.

⑤ (that clock / work?)

No, it's broken.

⑥ (you / wait / for a bus?)

No, for a taxi.

5.2 Посмотрите на картинки и закончите вопросы. Используйте глаголы из рамки:

cry   eat   go   laugh   look at   ~~read~~

① What are you reading ?

② Where .... she ?

③ What .... ?

④ Why .... ?

⑤ What .... ?

⑥ Why .... ?

5.3 Составьте вопросы, соблюдая правильный порядок слов.

1 (is / working / Ben / today)   Is Ben working today   ?
2 (what / the children / are / doing)   What are the children doing   ?
3 (you / are / listening / to me) .... ?
4 (where / your friends / are / going) .... ?
5 (are / watching / your parents / TV) .... ?
6 (what / Jessica / is / cooking) .... ?
7 (why / you / are / looking / at me) .... ?
8 (is / coming / the bus) .... ?

5.4 Напишите краткие ответы (**Yes, I am.** / **No, he isn't.** и т. д.).

1 Are you watching TV?   No, I'm not.
2 Are you wearing a watch? ....
3 Are you eating something? ....
4 Is it raining? ....
5 Are you sitting on the floor? ....
6 Are you feeling well? ....

5.5 Переведите предложения на английский язык.

ужинать = have dinner
готовить = cook

1 Что ты смотришь?
2 Вы сейчас ужинаете?
3 Сейчас идёт дождь?
4 Твои родители сегодня работают?
5 Что Борис читает?
6 Почему Джессика плачет?
7 Куда вы сейчас идёте?
8 Что Сандра готовит?
9 Вы ждёте меня?
10 "Что делают Бен и Том?" – "Они играют в парке".

→ **Дополнительное упражнение 3** (страница 253)

I do/work/like *и т. д.* (present simple)

A

We read a lot.

They have a lot of books.
They **read** a lot. *Они много читают.*

I like ice cream.

He's eating an ice cream.
He **likes** ice cream. *Он любит мороженое.*

They **read** / he **likes** / I **work** *и т. д.* = *форма* present simple:

I/we/you/they	read	like	work	live	watch	do	have
he/she/it	reads	likes	works	lives	watches	does	has

Запомните:
he work**s** / **she** live**s** / **it** rain**s** *и т. д.*
- ◯ **I work** in a shop. **My brother works** in a bank. (*неверно* My brother work)
- ◯ **Lucy lives** in London. **Her parents live** in Scotland.
- ◯ **It rains** a lot in winter.

I **have** → he/she/it **has**:
- ◯ **Joe has** a shower every day.

Правописание (→ Приложение 5):

-es *после* **-s** / **-sh** / **-ch**:	pass → pass**es**	finish → finish**es**	wat**ch** → watch**es**
-y → **-ies**:	stud**y** → stud**ies**	tr**y** → tr**ies**	
также:	do → do**es**	go → go**es**	

B Present simple *используется, когда речь идёт об общеизвестных фактах, а также о регулярных, обычных или постоянных действиях или состояниях:*
- ◯ I **like** big cities.
  Я люблю большие города.
- ◯ Your English is good. You **speak** very well.
  … Вы говорите очень хорошо.
- ◯ Tom **works** very hard. He **starts** at 7.30 and **finishes** at 8 o'clock in the evening.
  Том очень много работает. … начинает … заканчивает …
- ◯ The earth **goes** round the sun.
  Земля вращается вокруг солнца.
- ◯ We **do** a lot of different things in our free time.
  Мы делаем …
- ◯ A new car **costs** a lot of money.
  Новая машина стоит дорого.

C *Вместе с* present simple *часто используются наречия* **always/never/often/usually/sometimes**:
- ◯ Laura **always gets** to work early. *Лора всегда приходит на работу рано.*
- ◯ I **never eat** meat. *Я никогда не ем мясо.*
- ◯ We **often go** away at weekends. *Мы часто уезжаем …*
- ◯ Mark **usually plays** football on Sundays. *Марк обычно играет …*
- ◯ I **sometimes walk** to work, but not very often. *Я иногда хожу на работу пешком …*

I don't … (*отрицания*) → **Раздел 7**   Do you … ? (*вопросы*) → **Раздел 8**   I am doing *и* I do → **Раздел 9**
always/often/usually (*порядок слов*) → **Раздел 95**

Упражнения

6.1 Напишите эти глаголы с **-s** или **-es**.

1 (read) she _reads_
2 (think) he _thinks_
3 (fly) it _flies_
4 (dance) he _dances_
5 (have) she _has_
6 (finish) it _finishes_

6.2 Посмотрите на картинки и допишите предложения. Используйте глаголы из рамки:

eat   go   live   ~~play~~   play   sleep

1 _He plays_ the piano.
2 They _lives_ in a very big house.
3 _She eats_ a lot of fruit.
4 _he plays_ tennis.
5 _they go_ to the cinema a lot.
6 _he sleeps_ seven hours a night.

6.3 Заполните пропуски. Используйте глаголы из рамки:

boil   close   cost   cost   like   like   meet   open   ~~speak~~   teach   wash

1 Maria _speaks_ four languages.
2 The shops in the city centre usually _open_ at 9 o'clock in the morning.
3 The City Museum _close_ at 5 o'clock in the evening.
4 Tina is a teacher. She _teaches_ mathematics to young children.
5 My job is very interesting. I _meet_ a lot of people.
6 Peter's car is always dirty. He never _washes_ it.
7 Food is expensive. It _costs_ a lot of money.
8 Shoes are expensive. They _cost_ a lot of money.
9 Water _boils_ at 100 degrees Celsius.
10 Laura and I are good friends. I _like_ her and she _likes_ me.

6.4 Составьте предложения из этих слов. Поставьте глаголы в правильную форму (**arrive** или **arrives** и т. д.).

1 (always / early / Sue / arrive)   _Sue always arrives early._
2 (to the cinema / never / I / go) I _never go to the cinema_
3 (work / Martina / hard / always) _Martina always hard work_
4 (like / chocolate / children / usually) _children usually like chocolate._
5 (Jackie / parties / enjoy / always) _Jackie always enjoys parties_
6 (often / people's names / I / forget) _I often forget people's name_
7 (TV / Sam / watch / never) _Sam never watches TV_
8 (usually / dinner / we / have / at 7.30) _We have dinner usually at 7.30_
9 (Kate / always / nice clothes / wear) _Kate always wears nice clothes_

6.5 Напишите предложения о себе. Используйте наречия **always**/**never**/**often**/**usually**/**sometimes**.

1 (watch TV in the evening)   _I usually watch TV in the evening._
2 (read in bed) I _some time read in bed_
3 (get up before 7 o'clock) _I usully get up before 7 o'clock._
4 (go to work/school by bus) _I sometime go to the work by bus_
5 (drink coffee in the morning) _I usually drink coffee in the morning_

6.6 Переведите предложения на английский язык.

в кино = to the cinema
икра = caviar

1 Я живу в Москве.
2 Линда обычно встаёт в 7 часов.
3 Мы иногда ходим в парк.
4 Моя сестра любит шоколад.
5 Я никогда не смотрю телевизор.
6 Мои друзья часто ходят в кино.
7 Я люблю икру, но она стоит дорого.
8 Антон говорит по-английски хорошо.
9 Я всегда начинаю работать в 9 часов.
10 Кошки едят рыбу.

I don't ... (present simple, *отрицания*)

A

Отрицание в present simple: **don't/doesn't** + *глагол*

She **doesn't drink** coffee.
Она не пьёт кофе.

He **doesn't like** his job.
Он не любит свою работу.

утвердительные предложения		*отрицательные предложения*		
I we you they	**work like do have**	I we you they	**don't (do not)**	**work like do have**
he she it	**works likes does has**	he she it	**doesn't (does not)**	

- I **drink** coffee, but I **don't drink** tea.   *Я пью кофе, но я не пью чай.*
- Kate **drinks** tea, but she **doesn't drink** coffee.   *Кейт пьёт чай, но не пьёт кофе.*
- You **don't work** very hard.   *Вы не так много работаете. (букв. не работаете очень много)*
- We **don't watch** TV very often.   *Мы смотрим телевизор нечасто. (букв. не смотрим … очень часто)*
- The weather is usually nice. It **doesn't rain** very often.   *… Дождь идёт не очень часто.*
- Sam and Chris **don't know** many people.   *У Сэма и Криса мало знакомых. (букв. не знают много людей)*

B

Запомните:

I/we/you/they	**don't** ...
he/she/it	**doesn't** ...

- **I don't** like football.
- **He doesn't** like football.

- **I don't** like Fred and **Fred doesn't** like me. (*неверно* Fred don't like)
- **My car doesn't** use much petrol. (*неверно* My car don't use)
- Sometimes he is late, but **it doesn't** happen very often.
  … но это происходит нечасто. (букв. … не происходит очень часто)

C

В отрицательных предложениях используется **don't/doesn't** + *инфинитив* (don't **like** / doesn't **speak** / doesn't **do** *и т. д.*):
- I **don't like** washing the car. I **don't do** it very often.
  Я не люблю мыть машину. Я не делаю это очень часто.
- Sarah **speaks** Spanish, but she **doesn't speak** Italian.
  (*неверно* doesn't speaks)
- David **doesn't do** his job very well.
  (*неверно* David doesn't his job)
- Paula **doesn't** usually **have** breakfast.
  (*неверно* doesn't … has)

I do/work/like (present simple) → **Раздел 6**   Do you … ? (present simple, *вопросы*) → **Раздел 8**

Упражнения

7.1 Напишите отрицательные предложения.

1 I play the piano very well.   I don't play the piano very well.
2 Anna plays the piano very well.   Anna *doesn't play the pino very well*
3 They know my phone number.   They *don't know my phone number*
4 We work very hard.   *we don't work very hard*
5 He has a bath every day.   *He doesn't has a bath every day.*
6 You do the same thing every day.   *you don't same thing every day.*

7.2 Прочитайте информацию и напишите предложения с глаголом **like**.

Do you like … ?

BEN AND SOPHIE   KATE   YOU

	BEN AND SOPHIE	KATE	YOU
1 classical music?	yes	no	
2 boxing?	no	yes	?
3 horror movies?	yes	no	

1 Ben and Sophie like classical music.
  Kate *likes classical music*
  I *like classical m* classical music.
2 Ben and Sophie *don't like boxing*
  Kate *likes boxing.*
  I *don't like boxing-*
3 Ben and Sophie *like horror movies*
  I like horror movies
  kate doesn't like horror movies

7.3 Напишите о себе, используя эти сочетания слов:

I never … или **I often …** или **I don't … very often.**

1 (watch TV)   I don't watch TV very often. или I never watch TV. или I often watch TV.
2 (go to the theatre)
3 (ride a bike)
4 (eat in restaurants)
5 (travel by train)

7.4 Допишите отрицательные предложения. Используйте **don't/doesn't** + глаголы из рамки:

cost	go	know	~~rain~~	see	use	wear

1 The weather here is usually nice. It doesn't rain much.
2 Paul has a car, but he *doesn't use* it very often.
3 Paul and his friends like films, but they *don't go* to the cinema very often.
4 Amanda is married, but she *doesn't wear* a ring.
5 I *don't know* much about politics. I'm not interested in it.
6 The Regent Hotel isn't expensive. It *doesn't cost* much to stay there.
7 Ed lives very near us, but we *don't see* him very often.

7.5 Поставьте глагол в правильную форму (утвердительную или отрицательную).

1 Margaret speaks four languages – English, French, German and Spanish. (speak)
2 I don't like my job. It's very boring. (like)
3 'Where's Steve?' 'I'm sorry. I *don't know*.' (know)
4 Sue is a very quiet person. She *talks* very much. (talk)
5 Andy *drinks* a lot of tea. It's his favourite drink. (drink)
6 It's not true! I _____ it! (believe)
7 That's a very beautiful picture. I *like* it very much. (like)
8 Mark is a vegetarian. He *doesn't eat* meat. (eat)

7.6 Переведите предложения на английский язык.

1 Я люблю йогурт, но я не люблю молоко.
2 Мы смотрим футбол нечасто.
3 Мои родители не говорят по-английски.
4 Питер не работает по вечерам.
5 Я не знаю этого мужчину.
6 Борис ест мясо, но он не ест рыбу.
7 Мой брат не любит свою работу.
8 По воскресеньям Эмма и Анна не встают рано.

йогурт = yoghurt
по вечерам = in the evenings

25

Do you ... ? (present simple, *вопросы*)

A *Вопросительные предложения в* present simple: **do/does** + *инфинитив*

утвердительные предложения		*вопросительные предложения*		
I we you they	**work like do have**	**do**	I we you they	**work? like? do? have?**
he she it	**works likes does has**	**does**	he she it	

Do you play the guitar?

B *Обратите внимание на порядок слов:*

do/does + *подлежащее* + *инфинитив*

	Do	you	**play**	the guitar?
	Do	your friends	**live**	near here?
	Does	Chris	**work**	on Sundays?
	Does	it	**rain**	a lot here?
Where	**do**	your parents	**live?**	
How often	**do**	you	**wash**	your hair?
What	**does**	this word	**mean?**	
How much	**does**	it	**cost**	to fly to Rome?

Вопросы с наречиями **always** *и* **usually**:

What	**Does** **do**	Chris you	**always** **usually**	**work** **do**	on Sundays? at weekends?

Смысловой глагол (**do**) *и вспомогательный глагол* (**do/does**) *могут совпадать:*
- ☐ **What do** you **do** at weekends? *Что вы делаете по выходным?*

What do you **do?** = What's your job? *Кем вы работаете?*
- ☐ A: **What do** you **do?**
  B: I work in a bank.
- ☐ A: **What does** Sarah **do?**
  B: She's a student.

C *Запомните:*

do	I/we/you/they ...	☐ **Do they** like music?
does	he/she/it ...	☐ **Does he** like music?

D *Краткие ответы*

Yes,	I/we/you/they **do.**
	he/she/it **does.**

No,	I/we/you/they **don't.**
	he/she/it **doesn't.**

- ☐ 'Do you play the guitar?' 'No, I don't.' *"Ты играешь на гитаре?" "Нет."*
- ☐ 'Do your parents speak English?' 'Yes, they do.' *"Твои родители говорят по-английски?" "Да."*
- ☐ 'Does James work hard?' 'Yes, he does.'
- ☐ 'Does your sister live in London?' 'No, she doesn't.'

I do/work/like (present simple) ➔ **Раздел 6**   I don't ... (*отрицание*) ➔ **Раздел 7**   *вопросы* ➔ **Разделы 45–48**

Упражнения

8.1 Напишите вопросы, начинающиеся с **Do ... ?** или **Does ... ?**

1 I like chocolate. How about you? — _Do you like chocolate_ ?
2 I play tennis. How about you? — Do you play tennise ?
3 You live near here. How about Lucy? — Does Lucy live near her ?
4 Tom plays tennis. How about his friends? → ✗ Does his friend play tennis ?
5 You speak English. How about your brother? — ?
6 I do yoga every morning. How about you? — Do you yoga every morning ?
7 Sue goes on holiday a lot. How about Paul? — Does Paul go on holiday ?
8 I want to be famous. How about you? — Do you want to be famous ?
9 You work hard. How about Anna? — Does Anna work hard ?

8.2 Составьте вопросы из этих слов + **do**/**does**, соблюдая правильный порядок слов.

1 (where / live / your parents) _Where do your parents live_ ?
2 (you / early / always / get up) _Do you always get up early_ ?
3 (how often / TV / you / watch) Do you how often watch TV ?
4 (you / want / what / for dinner) what do you want for dinner ?
5 (like / you / football) Do you like football ?
6 (your brother / like / football) Does your brother like footb ?
7 (what / you / do / in your free time) what do you do in your free ?
8 (your sister / work / where) where does your sister work ?
9 (breakfast / always / you / have) Do you always have breakfast ?
10 (what / mean / this word) what does mean this work ?
11 (in winter / snow / it / here) does ?
12 (go / usually / to bed / what time / you) what time do you usually do to bed ?
13 (how much / to phone New York / it / cost) how much does it cost to phone New york ?
14 (you / for breakfast / have / usually / what) what do you usually have breack fast ?

8.3 Допишите вопросы, используя глаголы из рамки:

| ~~do~~ | do | enjoy | go | like | start | teach | work |

1 What _do you do_ ? — I work in a bookshop.
2 .... it? — It's OK.
3 What time .... in the morning? — At 9 o'clock.
4 .... on Saturdays? — Sometimes.
5 How .... to work? — Usually by bus.
6 And your husband. What .... ? — He's a teacher.
7 What .... ? — Science.
8 .... his job? — Yes, he loves it.

8.4 Напишите краткие ответы (**Yes, he does.** / **No, I don't.** и т. д.).

1 Do you watch TV a lot? _No, I don't._ или _Yes, I do._
2 Do you live in a big city? ....
3 Do you often ride a bike? ....
4 Does it rain a lot where you live? ....
5 Do you play the piano? ....

8.5 Переведите предложения на английский язык.

на ужин = for dinner
в отпуск = on holiday
рано = early

1 Вы любите кофе?
2 Бен говорит по-русски?
3 Где ты живёшь?
4 Твои родители живут в Москве?
5 Что вы обычно едите на ужин?
6 Где работает твой брат?
7 Как часто вы смотрите фильмы?
8 Куда вы обычно ездите в отпуск?
9 Вы всегда встаёте рано?

→ **Дополнительные упражнения 4–7** (страницы 253–254)

I am doing (present continuous) и
I do (present simple)

A

Jack is watching television.
He is *not* playing the guitar.

But Jack has a guitar.
He often plays it and he plays very well.

Jack **plays** the guitar,
but he **is not playing** the guitar now.
*Джек играет (= умеет играть) на гитаре,
но сейчас он на ней не играет.*

Is he playing the guitar?	**No, he isn't.**	(present continuous)
Does he play the guitar?	**Yes, he does.**	(present simple)

B

Present continuous (**I am doing**) *используется для описания действия, которое происходит в настоящий момент:*

I'm doing

прошлое   настоящее   будущее

- Please be quiet. I**'m** work**ing**. (*неверно* I work)
- Tom **is** hav**ing** a shower at the moment. (*неверно* Tom has)
- Take an umbrella with you. It**'s** rain**ing**. ... *Идёт дождь (сейчас).*
- You can turn off the television. I**'m** not watch**ing** it. ... *Я не смотрю его (сейчас).*
- Why are you under the table? What **are** you do**ing**? ... *Что ты делаешь?*

C

Present simple (**I do**) *используется, когда речь идёт об общеизвестных фактах, а также о регулярных, обычных или постоянных действиях или состояниях:*

I do

прошлое   настоящее   будущее

- I **work** every day from 9 o'clock to 5.30.
  Я работаю каждый день ...
- Tom **has** a shower every morning.
  ... принимает душ каждое утро.
- It **rains** a lot in winter.
  Зимой часто идёт дождь.
- I **don't watch** TV very often.
  Я смотрю телевизор нечасто.
- What **do** you usually **do** at weekends?
  Что вы обычно делаете ...

D

Эти глаголы не используются в present continuous (**I am -ing**):

like	want	know	understand	remember
prefer	need	mean	believe	forget

Эти глаголы используются только в present simple (I **want** / **do you like**? *и т. д.*):
- I'm tired. I **want** to go home. (*неверно* I'm wanting)
- A: **Do** you **know** that girl? *Вы знаете ...?*
  B: Yes, but I **don't remember** her name. *Да, но я не помню ...*
- I **don't understand**. What **do** you **mean**?
  Я не понимаю. Что вы имеете в виду?

---

present continuous ➜ **Разделы 4–5**   present simple ➜ **Разделы 6–8**
настоящее для действия в будущем ➜ **Раздел 26**

Упражнения

9.1 Посмотрите на картинки и ответьте на вопросы.

1 I'm a photographer.

Does he take photographs? _Yes, he does._
Is he taking a photograph? _No, he isn't._
What is he doing?
  He's having a bath.

2 I'm a bus driver.

Is she driving a bus? _Yes she is_
Does she drive a bus? _Yes she does_
What is she doing?
  she is a bus driver

3 I'm a window cleaner.

Does he clean windows? _Yes he does_
Is he cleaning a window? _Yes he is_
What is he doing?
  he is clean window

4 We are teachers.

Are they teaching? _Yes they are_
Do they teach? _yes they do_
What do they do?
  they are teachers

9.2 Заполните пропуски, используя **am**/**is**/**are** или **do**/**don't**/**does**/**doesn't**.

1 Excuse me, ___do___ you speak English?
2 'Where's Kate?' 'I ___am___ know.'
3 What's funny? Why ___do___ you laughing?
4 'What ___is___ your sister do?' 'She's a dentist.'
5 It ___is___ raining. I ___don't___ want to go out in the rain.
6 'Where ___are___ you come from?' 'Canada.'
7 How much _____ it cost to stay at this hotel? Is it expensive?
8 Steve is a good tennis player, but he ___doesn't___ play very often.

9.3 Поставьте глагол в форму present continuous (**I am doing**) или present simple (**I do**).

1 Excuse me, _do you speak_ (you/speak) English?
2 'Where's Tom?' '_He's having_ (he/have) a shower.'
3 _I don't watch_ (I/not/watch) TV very often.
4 Listen! Somebody _____ (sing).
5 Sarah is tired. _She is wanting_ (she/want) to go home now.
6 How often _____ (you/use) your car? Every day?
7 'Excuse me, but _____ (you/sit) in my seat.' 'Oh, I'm sorry.'
8 I'm sorry, _____ (I/not/understand). Can you speak more slowly?
9 It's late. _____ (I/go) home now. _____ (you/come) with me?
10 What time _____ (your father / finish) work every day?
11 You can turn off the radio. _____ (I/not/listen) to it.
12 'Where's Paul?' 'In the kitchen. _____ (he/cook) something.'
13 Mark _____ (not/usually/drive) to work.
  He _____ (usually/walk).
14 Sue _____ (not/like) coffee. _____ (she/prefer) tea.

9.4 Переведите предложения на английский язык.

1 Антон! Твой телефон звонит.
2 Каждое воскресенье я играю в футбол.
3 A: Что делает Нина?
  B: Она готовит ужин.
4 A: Привет. Куда ты идёшь?
  B: Я иду домой.
5 Откуда Саша?
6 Сегодня я не работаю.
7 Почему ты плачешь?
8 Вы знаете эту женщину?
9 Я пью кофе каждое утро.
10 Как часто ты ездишь в Лондон?

звонить = ring
воскресенье = Sunday
откуда = where … from
в = to

I have ... *и* I've got ...

В значении "у меня есть", "у него есть" и т. д. можно использовать **I have** или **I've got** (*букв. я имею*),
he has или **he's got** (*букв. он имеет*) и т. д. :

I we you they	**have**	*или*	I we you they	**have got**	(I**'ve got**) (we**'ve got**) (you**'ve got**) (they**'ve got**)	
he she it	**has**	*или*	he she it	**has got**	(he**'s got**) (she**'s got**) (it**'s got**)	

краткая форма

I've got a headache.

○ I **have** blue eyes. *или* I**'ve got** blue eyes. У меня голубые глаза.
○ Tom **has** two sisters. *или* Tom **has got** two sisters. У Тома есть две сестры.
○ Our car **has** four doors. *или* Our car **has got** four doors. У нашей машины четыре двери.
○ Sarah isn't feeling well. She **has** a headache. *или* She**'s got** a headache.
　 ... У неё болит голова. (*букв. У неё есть головная боль.*)
○ They like animals. They **have** a horse, three dogs and six cats. *или* They**'ve got** a horse ...
　 ... У них есть ...

I **don't have** / I **haven't got** и т. д. (*отрицательные предложения*)

Можно сказать:

I/you we/they	**don't**		*или*	I/you we/they	**haven't**	
he/she it	**doesn't**	**have**		he/she it	**hasn't**	**got**

○ I **don't have** a car. *или* I **haven't got** a car. У меня нет машины.
○ They **don't have** any children. *или* They **haven't got** any children. У них нет детей.
○ Anna **doesn't have** a job at the moment. *или* Anna **hasn't got** a job ...
　 У Анны сейчас нет работы.
○ It's a nice house, but it **doesn't have** a garden. *или* ... it **hasn't got** a garden.
　 Это хороший дом, но там нет сада.

do you **have**? / **have** you **got**? и т. д. (*вопросительные предложения*)

Можно сказать:

do	I/you we/they		*или*	**have**	I/you we/they	
does	he/she it	**have**		**has**	he/she it	**got**

○ '**Do** you **have** a camera?' 'No, I **don't**.' *или*
　 '**Have** you **got** a camera?' 'No, I **haven't**.'

○ '**Does** Helen **have** a car?' 'Yes, she **does**.' *или*
　 '**Has** Helen **got** a car?' 'Yes, she **has**.'

○ What kind of car **does** she **have**? *или* ... **has** she **got**?

○ How many children **do** they **have**? *или* ... **have** they **got**?

had / didn't have (*прошедшее время*) ➜ **Разделы 12–13**　　have breakfast / have a shower и т. д. ➜ **Раздел 59**
some/any ➜ **Раздел 77**

Упражнения

10.1 Перепишите эти предложения, используя **got**. Значение должно остаться таким же.

1 They have two children.   *They've got two children.*
2 She doesn't have a key.   *She hasn't got a key.*
3 He has a new job.   He ....
4 Do you have an umbrella?   ....
5 We have a lot of work to do.   ....
6 I don't have your phone number.   ....
7 Does your father have a car?   ....
8 How much money do we have?   ....

10.2 Перепишите эти предложения, используя **do**/**does**/**don't**/**doesn't**. Значение должно остаться таким же.

1 Have you got any money?   *Do you have any money?*
2 I haven't got many clothes.   I ....
3 Has Tom got a brother?   ....
4 How many children have they got?   ....
5 Have you got any questions?   ....
6 Sam hasn't got a job.   ....

10.3 Прочитайте вопросы и ответы. Затем напишите предложения о Марке.

1 Have you got a car?   No.   1 *He hasn't got a car.*
2 Have you got a bike?   Yes.   2 He ....
3 Have you got a dog?   No.   3 ....
4 Have you got a mobile phone?   Yes.   **Mark**   4 ....
5 Have you got a watch?   No.   5 ....
6 Have you got any brothers or sisters?   Yes, two brothers and a sister.   6 ....

Напишите о себе. Используйте **I've got** или **I haven't got**.

7 (a dog)   ....
8 (a bike)   ....
9 (brothers/sisters)   ....

10.4 Заполните пропуски. Используйте **have**, **has**, **don't have** или **doesn't have**.

1 Sarah *doesn't have* a car. She goes everywhere by bike.
2 They like animals. They *have* three dogs and two cats.
3 Charles isn't happy. He .... a lot of problems.
4 They are always busy. They .... much free time.
5 'What's wrong?' 'I .... something in my eye.'
6 'Where's my pen?' 'I don't know. I .... it.'
7 Amy wants to go to the concert, but she .... a ticket.

10.5 Закончите предложения. Используйте **have**/**has got** или **haven't**/**hasn't got**, и слова из рамки:

| six legs | a key | ~~a headache~~ | a lot of friends | a job | much time |

1 I'm not feeling very well. I *'ve got a headache.*
2 Everybody likes Tom. He ....
3 She can't open the door. She ....
4 Quick! We ....
5 An insect ....
6 I'm unemployed. I ....

10.6 Переведите предложения на английский язык.

1 У меня большая семья.   5 У Тома зелёные глаза.
2 У тебя болит голова?   6 У тебя есть велосипед?
3 У меня нет телефона.   7 У Вас есть дом или квартира?
4 У Анны есть кошка и собака.   8 У моих друзей есть новая машина.

→ **Дополнительные упражнения 5–7** (страница 254)

was/were

A

вчера ночью   сейчас

Now Robert **is** at work.

At midnight last night he **wasn't** at work.
Вчера в полночь он не был на работе.

He **was** in bed.
He **was** asleep.

am/is (present) → **was** (past):

○ **Are** you at home?   **Were** you at home yesterday evening?
Ты (сейчас) дома?   *Ты был дома вчера вечером?*

○ Where **is** Kate?   Where **was** Kate **yesterday**?
Где Кейт (сейчас)?   *Где была Кейт вчера?*

○ The weather **is** good today. The weather **was** good **last week**.
Сегодня хорошая погода.   *На прошлой неделе погода была хорошая.*

are (*настоящее время*) → **were** (*прошедшее время*):

○ You **are** busy.   You **were** busy **yesterday**.
Вы заняты (сейчас).   *Вы были заняты вчера.*

○ They **aren't** here.   They **weren't** here **last Sunday**.
Их здесь нет (сейчас).   *Их здесь не было в прошлое воскресенье.*

B

утвердительные предложения   *отрицательные предложения*   *вопросительные предложения*

I he she it	**was**
we you they	**were**

I he she it	**was not** (**wasn't**)
we you they	**were not** (**weren't**)

was	I? he? she? it?
were	we? you? they?

○ Last year Rachel **was** 22, so she **is** 23 now.   *В прошлом году Рейчел было 22 года, …*
○ When I **was** a child, I **was** scared of dogs.   *Когда я был ребёнком, я боялся собак.*
○ We **were** hungry after the journey, but we **weren't** tired.
Мы были голодны …, но не были уставшими.
○ The hotel **was** comfortable, but it **wasn't** expensive.   *Гостиница была комфортной, но не была дорогой.*

○ **Was** the weather nice when you **were** on holiday?   *Погода была хорошей, когда вы были в отпуске?*
○ Your shoes are nice. **Were** they expensive?   *… Они были дорогими?*

C

Краткие ответы

Yes,	I/he/she/it **was**.
	we/you/they **were**.

No,	I/he/she/it **wasn't**.
	we/you/they **weren't**.

○ 'Were you late?'   'No, I wasn't.'
○ 'Was Tom at work yesterday?'   'Yes, he was.'
○ 'Were Sue and Steve at the party?'   'No, they weren't.'

D

Некоторые предложения в прошедшем времени на русском языке могут переводиться на английский язык настоящим временем:

○ I **am** tired.   I **was** tired **last night**.
Я устала.   *Я была уставшей вчера вечером.*

○ Sorry, I'**m** late.   Sorry, I **was** late **this morning**.
Извините, я опоздала.   *Извините, что я опоздала сегодня утром.*

am/is/are ➜ Разделы 1–3   I was doing ➜ Раздел 13

Упражнения

11.1 Посмотрите на картинки. Напишите, где эти люди были вчера в 3 часа дня.

JOE   JACK   KATE   SUE   MR AND MRS HALL   BEN

1   _Joe was in bed._
2   Jack and Kate _they were t cinema_
3   Sue _Was in tren Station_
4   _the were in restaurant_
5   _Ben was on holiday_
6   And you? I'm _stading English_

11.2 Заполните пропуски, используя **am**/**is**/**are** (настоящее время) или **was**/**were** (прошедшее время).

1   Last year she _was_ 22, so she _is_ 23 now.
2   Today the weather _is_ nice, but yesterday it _was_ very cold.
3   I _am_ hungry. Can I have something to eat?
4   I feel fine this morning, but I _was_ very tired last night.
5   Where _were_ you at 11 o'clock last Friday morning?
6   Don't buy those shoes. They _are_ very expensive.
7   I like your new jacket. _is_ it expensive?
8   This time last year I _was_ in Paris.
9   'Where _are_ Sam and Joe?' 'I don't know. They _were_ here a few minutes ago.'

11.3 Заполните пропуски, используя **was**/**were** или **wasn't**/**weren't**.

1   We weren't happy with the hotel. Our room _was_ very small and it _wasn't_ clean.
2   Mark _was_ at work last week because he _wasn't_ ill. He's better now.
3   Yesterday _was_ a public holiday, so the banks _were_ closed. They're open today.
4   '_Were_ Kate and Ben at the party?' 'Kate _was_ there, but Ben _wasn't_'
5   Where are my keys? They _were_ on the table, but they're not there now.
6   You _were_ at home last night. Where _were_ you?

11.4 Составьте вопросы из этих слов + **was**/**were**, соблюдая правильный порядок слов.

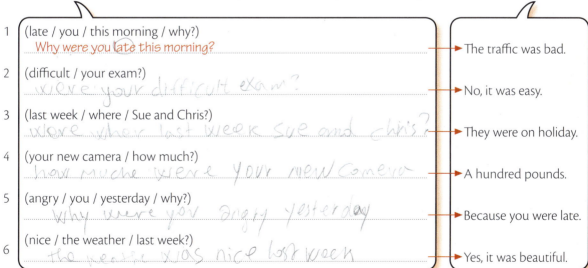

1   (late / you / this morning / why?)
    Why were you late this morning? → The traffic was bad.

2   (difficult / your exam?)
    were your difficult exam? → No, it was easy.

3   (last week / where / Sue and Chris?)
    were wher last week sue and chris? → They were on holiday.

4   (your new camera / how much?)
    how muche were your new camera → A hundred pounds.

5   (angry / you / yesterday / why?)
    Why were you angry yesterday → Because you were late.

6   (nice / the weather / last week?)
    the weather was nice last week → Yes, it was beautiful.

11.5 Переведите предложения на английский язык.

1   На прошлой неделе я была в Кембридже.
2   Ирина была в офисе сегодня утром?
3   Анна и Лиз были на вечеринке?
4   Экзамен не был сложным.
5   Сколько стоила твоя новая сумка?
6   Погода была холодная, но солнечная.
7   Прошлым летом мои родители были за границей.
8   Где вы были вчера вечером?

сегодня утром =
   this morning
сложный = difficult
солнечный = sunny
за границей = abroad

worked/got/went и т. д. (past simple)

A

| They | **watch** | TV every evening. (present simple) |

Они смотрят телевизор каждый вечер.

| They | **watched** | TV yesterday evening. (past simple) |

Они смотрели телевизор вчера вечером.

watched – *глагол в форме* past simple:

I/we/you/they	**watched**
he/she/it	

B

У многих глаголов форма past simple *оканчивается на* **-ed** *(правильные глаголы). Например:*

work → **worked**	start → **started**	stay → **stayed**
clean → **cleaned**	dance → **danced**	need → **needed**

☐ I clean my teeth every morning. This morning I **cleaned** my teeth.
Я чищу зубы каждое утро. Сегодня утром я чистил зубы.

☐ Terry **worked** in a bank from 2005 to 2011.
Терри работал в банке …

☐ Yesterday it **rained** all morning. It **stopped** at lunchtime.
Вчера дождь шёл всё утро. Он прекратился в обед.

☐ We **enjoyed** the party. We **danced** a lot and **talked** to a lot of people. The party **finished** at midnight.
Нам понравилась вечеринка … Мы танцевали … разговаривали … Вечеринка закончилась …

Правописание (→ Приложение 5):

tr**y** → tr**ied**	stud**y** → stud**ied**	cop**y** → cop**ied**
sto**p** → sto**pped**	plan → pla**nned**	

C

Некоторые глаголы – неправильные. У них форма past simple *не оканчивается на* **-ed**. *Например:*

begin →	**began**	fall →	**fell**	leave →	**left**	sell →	**sold**
break	**broke**	find	**found**	lose	**lost**	sit	**sat**
bring	**brought**	fly	**flew**	make	**made**	sleep	**slept**
build	**built**	forget	**forgot**	meet	**met**	speak	**spoke**
buy	**bought**	get	**got**	pay	**paid**	stand	**stood**
catch	**caught**	give	**gave**	put	**put**	take	**took**
come	**came**	go	**went**	read	**read** /red/ *	tell	**told**
do	**did**	have	**had**	ring	**rang**	think	**thought**
drink	**drank**	hear	**heard**	say	**said**	win	**won**
eat	**ate**	know	**knew**	see	**saw**	write	**wrote**

* произносится /red/

☐ I usually get up early, but this morning I **got** up at 9 o'clock.
Обычно я встаю рано, но сегодня я встала в 9 часов.

☐ We **did** a lot of work yesterday. *Мы выполнили много работы …*

☐ Caroline **went** to the cinema three times last week.   *… ходила в кино …*

☐ James **came** into the room, **took** off his coat and **sat** down.
Джеймс вошёл в комнату, снял пальто и сел.

Список неправильных глаголов – в Приложениях 2–3.

was/were → **Раздел 11**   I didn't / Did you … ? *(отрицания и вопросы)* → **Раздел 13**   ago → **Раздел 20**

Упражнения

12.1 Заполните пропуски, используя глаголы из рамки.

~~clean~~	die	enjoy	finish	happen	open	rain	start	stay	want

1 I __cleaned__ my teeth three times yesterday.
2 It was hot in the room, so I .... the window.
3 The film was very long. It .... at 7.15 and .... at 10 o'clock.
4 When I was a child, I .... to be a doctor.
5 The accident .... last Sunday afternoon.
6 The weather is nice today, but yesterday it .... all day.
7 We .... our holiday last year. We .... at a very nice place.
8 Anna's grandfather .... when he was 90 years old.

12.2 Напишите форму past simple этих глаголов.

1 get	__got__	4 pay		7 go		10 know	
2 see		5 visit		8 think		11 put	
3 play		6 buy		9 copy		12 speak	

12.3 Прочитайте о поездке Лизы в Мадрид. Поставьте глаголы в правильную форму.

Last Tuesday Lisa (1) __flew__ from London to Madrid. She (2) .... up
at 6 o'clock in the morning and (3) .... a cup of coffee. At 6.30 she
(4) .... home and (5) .... to the airport. When she
(6) .... there, she (7)............................ the car, (8) .... to the airport
building, and (9) .... in. Then she (10) .... breakfast at a cafe
and (11) .... for her flight. The plane (12) .... on time and
(13) .... in Madrid two hours later. Finally she (14) .... a taxi
from the airport to her hotel in the centre of Madrid.

fly, get
have
leave, drive
get, park, walk
check, have
wait, depart
arrive, take

12.4 Напишите предложения о действиях в прошлом (**yesterday** / **last week** и т. д.).

1 James always goes to work by car. Yesterday __he went to work by car.__
2 Rachel often loses her keys. She .... last week.
3 Kate meets her friends every evening. She .... yesterday evening.
4 I buy a newspaper every day. Yesterday I ....
5 We often go to the cinema at weekends. Last Sunday we ....
6 I eat an orange every day. Yesterday I ....
7 Tom always has a shower in the morning. This morning he ....
8 Our friends often come to see us. They .... last Friday.

12.5 Напишите предложения о том, что <u>вы</u> делали вчера.

1 __I went to the theatre.__	4 ....
2	5 ....
3	6 ....

12.6 Переведите предложения на английский язык.

1 Вчера я работал весь день.
2 Я начал работать в 9:00, а закончил в 7:00.
3 В прошлом году Саша ездила в Париж.
4 Вчера вечером мы играли в теннис.
5 На прошлой неделе меня навестили мои друзья.
6 На выходных я прочитала очень интересную книгу.
7 Борис купил мотоцикл, когда ему было 17 лет.

весь день = all day
навестить = visit
на выходных = at the weekend
мотоцикл = motorbike

→ **Дополнительное упражнение 10** (страница 256)

I didn't ...   Did you ... ?
(past simple, *отрицания и вопросы*)

A

В отрицательных и вопросительных предложениях в past simple *используется вспомогательный глагол* **did**:

инфинитив	утвердительные предложения		отрицательные предложения		вопросительные предложения		
play start watch have see do go	I we you they he she it	**played** **started** **watched** **had** **saw** **did** **went**	I we you they he she it	**did not** **(didn't)**	play start watch have see do go	**did**	I we you they he she it	play? start? watch? have? see? do? go?

B

do/does *(настоящее время)* → **did** *(прошедшее время)*:

○ I **don't** watch TV very often.   *... не смотрю ...*
I **didn't** watch TV **yesterday**.   *... не смотрел ...*

○ **Does** she often go on holiday?   *Она часто ездит в отпуск?*
Did she go on holiday **last year**?   *Она ездила ... в прошлом году?*

C

В вопросах и отрицаниях используется **did/didn't** + инфинитив (**watch/play/go** *и т. д.*):

I **watched**	но	I **didn't watch**	(*неверно* I didn't watched)
they **went**		**did** they **go**?	(*неверно* did they went?)
he **had**		he **didn't have**	
you **did**		**did** you **do**?	

○ I **played** tennis yesterday, but I **didn't win**.
Я играла ..., но не выиграла.

○ A: **Did** you **do** the shopping?   *Ты была в магазине? (букв. Ты сделала покупки?)*
B: No, I **didn't have** time.   *Нет, у меня не было времени.*

○ We **went** to the cinema, but we **didn't enjoy** the film.
Мы ходили в кино, но фильм нам не понравился.

D

Обратите внимание на порядок слов в вопросительных предложениях:

did + *подлежащее* + *инфинитив*

	Did	your sister	**call**	you?
What	**did**	you	**do**	last night?
How	**did**	the accident	**happen**?	
Where	**did**	your parents	**go**	for their holiday?

E

Краткие ответы

Yes,	I/we/you/they he/she/it	**did**.

No,	I/we/you/they he/she/it	**didn't**.

○ 'Did you see Joe yesterday?'   'No, I didn't.'
○ 'Did it rain on Sunday?'   'Yes, it did.'
○ 'Did Helen come to the party?'   'No, she didn't.'
○ 'Did your parents have a good holiday?'   'Yes, they did.'

worked/got/went *и т. д.* (past simple) → **Раздел 12**

Упражнения

13.1 Заполните пропуски, поставив глаголы в отрицательную форму.

1 I saw Barbara, but I ....*didn't see*.... Jane.
2 They worked on Monday, but they .... on Tuesday.
3 We went to the post office, but we .... to the bank.
4 She had a pen, but she .... any paper.
5 Jack did French at school, but he .... German.

13.2 Напишите вопросы, начинающиеся с **Did ... ?**

1 I watched TV last night. How about you?   *Did you watch TV last night* ?
2 I enjoyed the party. How about you?   .... ?
3 I had a good holiday. How about you?   .... ?
4 I finished work early. How about you?   .... ?
5 I slept well last night. How about you?   .... ?

13.3 Что вы делали вчера? Напишите утвердительные или отрицательные предложения.

1 (watch TV)   *I watched TV.* или *I didn't watch TV.*
2 (get up before 7 o'clock)   I ....
3 (have a shower)   ....
4 (buy a magazine)   ....
5 (eat meat)   ....
6 (go to bed before 10.30)   ....

13.4 Напишите вопросы второго участника диалога. Используйте слова из рамки:

arrive	cost	go	go to bed late	happen	have a nice time	~~stay~~	win

1 A: We went to New York last month.
  B: Where *did you stay* ?
  A: With some friends.

2 A: I was late for the meeting.
  B: What time .... ?
  A: Half past nine.

3 A: I played tennis this afternoon.
  B: .... ?
  A: No, I lost.

4 A: I had a nice holiday.
  B: Good. Where .... ?
  A: To the mountains.

5 A: We came home by taxi.
  B: How much .... ?
  A: Ten pounds.

6 A: I'm tired this morning.
  B: .... ?
  A: No, but I didn't sleep very well.

7 A: We went to the beach yesterday.
  B: .... ?
  A: Yes, it was great.

8 A: The window is broken.
  B: How .... ?
  A: I don't know.

13.5 Используйте глаголы в правильной форме (утвердительной, отрицательной или вопросительной).

1 We went to the cinema, but the film wasn't very good. We *didn't enjoy* it. (enjoy)
2 Tom .... some new clothes yesterday – two shirts, a jacket and a pullover. (buy)
3 '.. yesterday?' 'No, it was a nice day.' (rain)
4 We were tired, so we .... long at the party. (stay)
5 It was very warm in the room, so I .... a window. (open)
6 'Did you phone Chris this morning?' 'No, I .... time.' (have)
7 'I cut my hand this morning.' 'How .... that?' (do)
8 'Why weren't you at the meeting yesterday?' 'I .... about it.' (know)

13.6 Переведите предложения на английский язык.

1 Ты видела Анну вчера?
2 Вы учили английский в школе?
3 В воскресенье я не играл в футбол.
4 Куда Том и Лиз ездили в отпуск?
5 Что вы делали в прошлые выходные?
6 Ты хорошо спала?
7 Как ты потеряла свой паспорт?
8 Мы посмотрели фильм, но он нам не понравился.

в школе = at school
в прошлые выходные = last weekend
потерять = lose

→ **Дополнительные упражнения 10–13** (страница 256)

I was doing (past continuous)

A

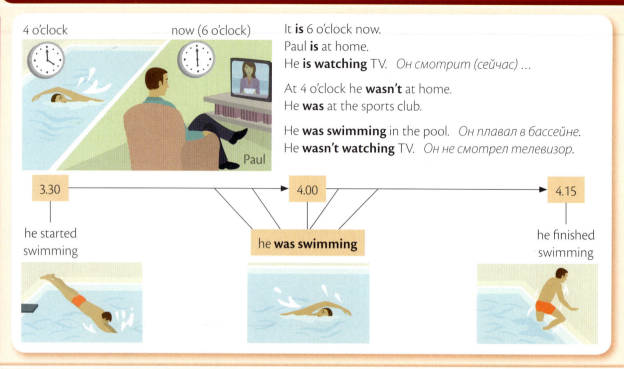

It **is** 6 o'clock now.
Paul **is** at home.
He **is watching** TV. *Он смотрит (сейчас) ...*

At 4 o'clock he **wasn't** at home.
He **was** at the sports club.

He **was swimming** in the pool. *Он плавал в бассейне.*
He **wasn't watching** TV. *Он не смотрел телевизор.*

B

Образование past continuous: **was/were + -ing**

утвердительные предложения

I he she it	**was**	**doing watching playing swimming living**
we you they	**were**	*и т. д.*

отрицательные предложения

I he she it	**was not (wasn't)**	**doing watching playing swimming living**
we you they	**were not (weren't)**	*и т. д.*

вопросительные предложения

was	I he she it	**doing? watching? playing? swimming? living?**
were	we you they	*и т. д.*

○ What **were** you **doing** at 11.30 yesterday? **Were** you **working**?
Что вы делали в ...? Вы работали?

○ A: What did he say?
B: I don't know. I **wasn't listening**. *... Я не слушал.*

○ It **was raining**, so we didn't go out. *Шёл дождь, ...*

○ In 2009 we **were living** in Canada. *... мы жили в Канаде.*

○ Today she's wearing a skirt, but yesterday she **was wearing** trousers.
Сегодня на ней надета юбка, а вчера на ней были надеты брюки.

○ I woke up early yesterday. It was a beautiful morning. The sun **was shining** and the birds **were singing**.
... Солнце светило и птицы пели.

Правописание (liv**e** → liv**ing** / ru**n** → ru**nning** / li**e** → l**ying** *и т. д.*) → *Приложение 5*

C

present continuous
am/is/are + -ing

○ I'**m working** (now). *Я работаю.*
○ It **isn't raining** (now).
Дождь не идёт.
○ What **are** you **doing** (now)?
Что вы делаете?

past continuous
was/were + -ing

○ I **was working** at 10.30 last night. *Я работал ...*
○ It **wasn't raining** when we went out.
Дождь не шёл, когда мы вышли из дома.
○ What **were** you **doing** at three o'clock?
Что вы делали в три часа?

В русском языке нет эквивалента времени past continuous. *На русский язык* past continuous *переводится прошедшим временем.*

   was/were → **Раздел 11**   I was doing *или* I did (past continuous *или* simple) → **Раздел 15**

Упражнения

14.1 Посмотрите на картинки. Где были эти люди вчера в 3 часа дня? Что они делали? Напишите по два предложения к каждой картинке.

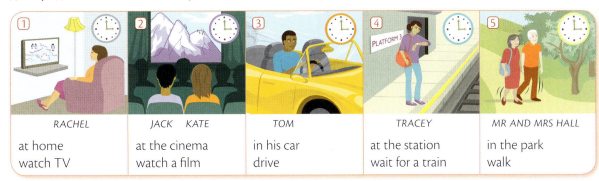

①	②	③	④	⑤
RACHEL	JACK KATE	TOM	TRACEY	MR AND MRS HALL
at home	at the cinema	in his car	at the station	in the park
watch TV	watch a film	drive	wait for a train	walk

1   Rachel was at home. She was watching TV.
2 Jack and Kate .... They ....
3 Tom ....
4 ....
5 ....
6 And you? I ....

14.2 Вчера утром Сара была очень занята. Посмотрите на картинки и закончите предложения.

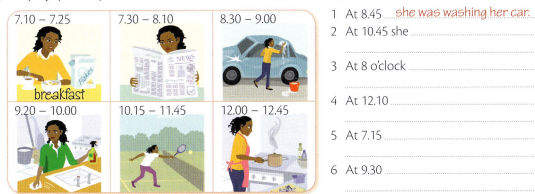

7.10 – 7.25   7.30 – 8.10   8.30 – 9.00
9.20 – 10.00   10.15 – 11.45   12.00 – 12.45

1 At 8.45 ....she was washing her car.
2 At 10.45 she ....
   ....
3 At 8 o'clock ....
   ....
4 At 12.10 ....
   ....
5 At 7.15 ....
   ....
6 At 9.30 ....
   ....

14.3 Допишите вопросы, используя **was**/**were –ing**. Где необходимо, также используйте **what**/**where**/**why**.

1 (you/live) Where were you living .... in 2012?   In London.
2 (you/do) .... at 2 o'clock?   I was asleep.
3 (it/rain) .... when you got up?   No, it was sunny.
4 (Sue/drive) .... so fast?   Because she was late.
5 (Tom/wear) .... a suit yesterday?   No, a T-shirt and jeans.

14.4 Посмотрите на картинку. Вчера днём вы встретили Джо. Что он делал? Напишите утвердительные или отрицательные предложения.

Hi. I'm going shopping.

Joe

1 (wear / a jacket)   He wasn't wearing a jacket.
2 (carry / a bag) ....
3 (go / to the dentist) ....
4 (eat / an ice cream) ....
5 (carry / an umbrella) ....
6 (go / home) ....
7 (wear / a hat) ....
8 (ride / a bike) ....

14.5 Переведите предложения на английский язык.

1 Сегодня в 7:30 я мыла свою машину.
2 Вчера я работал в саду в полдень.
3 Что вы делали в 10:30 сегодня утром? Вы работали?
4 Сегодня утром было тепло и не шёл дождь.
5 Почему ты пел в три часа утра?
6 Прошлым летом Эмма и Том жили в Америке.
7 А: Что ты делала в аэропорту?
    В: Я ждала Ирину.
8 Сегодня на Антоне надет костюм, а вчера на нём были надеты джинсы.

мыть = wash
полдень = midday
сегодня утром = this morning
в аэропорту = at the airport
костюм = suit

A

I was doing (past continuous) *и* I did (past simple)

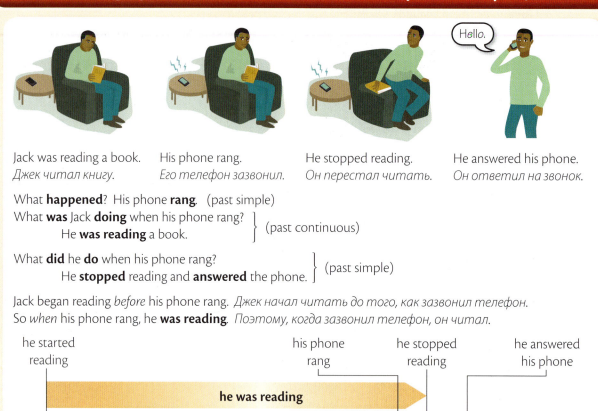

Jack was reading a book.
Джек читал книгу.

His phone rang.
Его телефон зазвонил.

He stopped reading.
Он перестал читать.

He answered his phone.
Он ответил на звонок.

What **happened**? His phone **rang**. (past simple)
What **was** Jack **doing** when his phone rang?
    He **was reading** a book. } (past continuous)

What **did** he **do** when his phone rang?
    He **stopped** reading and **answered** the phone. } (past simple)

Jack began reading *before* his phone rang. *Джек начал читать до того, как зазвонил телефон.*
So *when* his phone rang, he **was reading**. *Поэтому, когда зазвонил телефон, он читал.*

he started reading		his phone rang	he stopped reading	he answered his phone

he was reading

В русском языке нет эквивалента времени past continuous. *На русский язык глагол в* past continuous *переводится глаголом несовершенного вида прошедшего времени (например,* was reading *=* читал).

B

Past simple (**we played**) *используется для описания законченного действия в прошлом.*

- ☐ A: What **did** you **do** yesterday morning?
  Что вы делали вчера утром?
  B: We **played** tennis. (from 10 to 11.30)
  Мы играли в теннис.

начало	конец
10 o'clock	11.30

we **played**
действие закончилось

- ☐ Jack **read** a book yesterday.
  Вчера Джек читал книгу.
- ☐ It **didn't rain** while we were on holiday.
  Дождя не было, пока мы были в отпуске.
- ☐ **Did** you **watch** the game on TV last night?
  Ты смотрела … вчера вечером?

Past continuous (we **were playing**) *используется, когда хотят сообщить, какое именно действие происходило в определённый момент в прошлом.*

- ☐ A: What **were** you **doing** at 10.30?
  Что вы делали в 10.30?
  B: We **were playing** tennis.
  Мы играли в теннис.

начало
10 o'clock

we **were playing**
действие не закончилось

- ☐ Jack **was reading** a book when his phone rang.
  Джек читал книгу, когда …
- ☐ It **wasn't raining** when I got up.
  Дождь не шёл, когда …
- ☐ **Were** you **watching** TV when I phoned you?
  Ты смотрела телевизор в тот момент, когда … ?

- ☐ I **started** work at 9 o'clock and **finished** at 4.30. At 2.30 I **was working**.
  Я начала … закончила … В 2.30 я работала.
- ☐ It **was raining** when we **went** out. *Шёл дождь, когда мы вышли.*
- ☐ I **saw** Lucy and Steve this morning. They **were waiting** at the bus stop.
  … Они ждали … [в тот момент, когда я их увидел]
- ☐ Kelly **fell** asleep while she **was reading**. *… заснула … пока читала.*

I did (past simple) → Разделы 12–13   I was doing (past continuous) → Раздел 14   while → Раздел 105

Упражнения

15.1 Посмотрите на картинки. Поставьте глаголы в правильную форму – past continuous или past simple.

1

Lucy __broke__ (break) her arm last week.
It .... (happen) when she
.... (paint) her room. She
.... (fall) off the ladder.

2

The train .... (arrive)
at the station and Paula ....
(get) off. Two friends of hers, Jon and Rachel,
.... (wait) to meet her.

3

Yesterday Sue .... (walk)
along the road when she .... (meet) James.
He .... (go) to the station
to catch a train and he ....
(carry) a bag. They ....
(stop) to talk for a few minutes.

15.2 Поставьте глаголы в past continuous или past simple.

1 A: What was the weather like when you ......_got_.... (get) up this morning?
  B: It ...._was raining_.... (rain).
2 A: Was Jane busy when you went to see her?
  B: Yes, she .... (study).
3 A: .... (Paul/call) you this morning?
  B: Yes, he .... (call) while I .... (have) breakfast.
4 A: Was Tracey at work today?
  B: No, she .... (not/go) to work. She was ill.
5 A: How fast .... (you/drive) when the police .... (stop) you?
  B: I'm not sure, but I .... (not/drive) very fast.
6 A: .... (your team / win) the football match yesterday?
  B: The weather was very bad, so we .... (not/play).
7 A: How .... (you/break) the window?
  B: We .... (play) football. I .... (kick) the ball and
  it .... (hit) the window.
8 A: .... (you/see) Jessica last night?
  B: Yes, she .... (wear) a very nice jacket.
9 A: What .... (you/do) at 2 o'clock this morning?
  B: I was asleep.
10 A: I .... (lose) my key last night.
   B: How .... (you/get) into your room?
   A: I .... (climb) in through a window.

15.3 Переведите предложения на английский язык.

1 Сандра готовила ужин, когда мы пришли домой.
2 Я шёл на работу, когда я встретил Наташу.
3 Они не работали. Они разговаривали.
4 Вчера в три часа дня я работал.
5 Дождь не шёл, поэтому мы пообедали в саду.
6 Когда я вошла в комнату, Анна и Родриго говорили по-испански.
7 Я очень устал вчера, поэтому я лёг спать в 9 часов.
8 Когда позвонила Саша, Анна смотрела телевизор.

разговаривать = chat
сад = garden
войти в = enter
комната = room

I have done (present perfect 1)

A

His shoes are dirty.

He is cleaning his shoes.

I've cleaned my shoes.

He **has cleaned** his shoes.
Он почистил свои ботинки.

They are at home.

They are going out.

They **have gone** out.
Они ушли.

B

has cleaned / **have gone** *и т. д. – это форма глагола в* present perfect
(**have** + *причастие прошедшего времени*):

	have (**'ve**)	cleaned
I we you they	**have** (**'ve**) **have not** (**haven't**)	cleaned finished started lost
he she it	**has** (**'s**) **has not** (**hasn't**)	done been gone

have	I we you they	cleaned? finished? started? lost?	} правильные глаголы
has	he she it	done? been? gone?	} неправильные глаголы

↑
past participle *(причастие прошедшего времени)*

Правильные глаголы: past participle *оканчивается на* **-ed** *(как и форма* past simple):

clean → I have clean**ed**   finish → we have finish**ed**   start → she has start**ed**

Неправильные глаголы: past participle *образуется по-другому (не оканчивается на* **-ed**).
У некоторых глаголов формы past simple *и* past participle *совпадают:*

buy → I **bought** / I have **bought**   have → he **had** / he has **had**

У некоторых глаголов формы past simple *и* past participle *различаются:*

break → I **broke** / I have **broken**   see → you **saw** / you have **seen**
fall → it **fell** / it has **fallen**   go → they **went** / they have **gone**

C

Present perfect *используется, для описания действия в прошлом, результат которого актуален
в настоящем:*

- I**'ve lost** my passport. *Я потеряла паспорт. (У меня его сейчас нет.)*
- We**'ve bought** a new car. *Мы купили новую машину. (Теперь у нас есть новая машина.)*
- A: Where's Rebecca?
  B: She**'s gone** to bed. *Она легла спать.*
- It's Rachel's birthday tomorrow and I **haven't bought** her a present. *… я не купил ей подарок.*
- A: Bob is away on holiday.
  B: Oh, where **has** he **gone**? *О, куда он уехал?*
- Can I take this newspaper? **Have** you **finished** with it?   *… Ты закончил …?*

На русский язык глагол в present perfect *часто переводится глаголом совершенного вида:*

- Tom **has bought** a new car. *… купил новую машину.*
- Lisa and Ben **have gone** home. *… ушли домой.*

present perfect ➜ **Разделы 17–20**   present perfect *и* past simple ➜ **Раздел 21**
неправильные глаголы ➜ **Раздел 25, Приложения 2–3**

Упражнения

16.1 Посмотрите на картинки. Что произошло? Используйте сочетания слов из рамки.

go to bed	~~clean his shoes~~	stop raining	close the door	fall down	have a shower

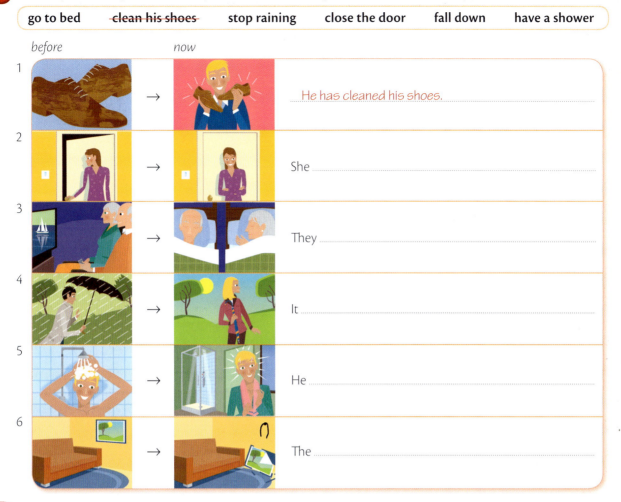

before *now*

1 → He has cleaned his shoes.

2 → She ....

3 → They ....

4 → It ....

5 → He ....

6 → The ....

16.2 Заполните пропуски, используя глаголы из рамки.

break	buy	decide	finish	forget	go	go
invite	~~lose~~	see	not/see	take	tell	not/tell

1 I ...'ve lost... my keys. I don't know where they are.
2 I .... some new shoes. Do you want to see them?
3 'Where is Helen?' 'She's not here. She .... out.'
4 I'm looking for Paula. .... you .... her?
5 Look! Somebody .... that window.
6 'Does Lisa know that you're going away?' 'Yes, I .... her.'
7 I can't find my umbrella. Somebody .... it.
8 'Where are my glasses?' 'I don't know. I .... them.'
9 I'm looking for Sarah. Where .... she .... ?
10 I know that woman, but I .... her name.
11 Sue is having a party tonight. She .... a lot of people.
12 What are you going to do? .... you .... ?
13 A: Does Ben know about the meeting tomorrow?
    B: I don't think so. I .... him.
14 I .... with this magazine. Do you want it?

16.3 Переведите предложения на английский язык, используя **has**/**have**/**hasn't**/**haven't**.

1 Анна легла спать.
2 Ким не на работе. Она уехала в отпуск.
3 Я потерял свою кредитную карточку.
4 Мы купили новый диван.
5 Где Гари? Вы его видели?
6 Я занята. Я не закончила свою работу.
7 Я встречала этого мужчину раньше, но я забыла его имя.
8 Посмотри! Кто-то разбил окно!

кредитная карточка	= credit card
диван	= sofa
занят	= busy
раньше	= before
разбивать	= break

43

I've just ...   I've already ...
I haven't ... yet (present perfect 2)

A I've just ...

just = *только что, совсем недавно*

Welcome!

○ A: Are Laura and Paul here?
   B: Yes, they**'ve just arrived**. *Да, они только что пришли.*

○ A: Are you hungry?
   B: No, I**'ve just had** dinner. *Нет, я только что поужинал.*

○ A: Is Tom here?
   B: No, I'm afraid he**'s just gone**. *... он только что ушёл.*

They **have just arrived**.
Они только что пришли.

B I've already ...

already = *уже (раньше, чем ожидалось)*

Yes, I know. We've already met.

Jon, this is Emma.

○ A: What time are Laura and Paul coming?
   B: They**'ve already arrived**. *... уже пришли.*

○ It's only 9 o'clock and Anna **has already gone** to bed.
   Только 9 часов, а Анна уже легла спать.

○ A: Jon, this is Emma.
   B: Yes, I know. We**'ve already met**. *... Мы уже знакомы.*

C I haven't ... **yet** / **Have you** ... yet?

yet = *ещё не, уже*
Yet *употребляется в отрицательных и вопросительных предложениях.*
Yet *обычно ставится в конце предложения.*

Yet *в отрицаниях* (**I haven't** ... **yet** = *ещё не*)

○ A: Are Laura and Paul here?
   B: No, they **haven't arrived yet**.
      ... ещё не пришли (но скоро должны прийти).

○ A: Does James know that you're going away?
   B: No, I **haven't told** him **yet**.
      Нет, я ещё ему не сообщила (но вскоре собираюсь).

The film **hasn't started yet**.
Фильм ещё не начался.

○ Silvia has bought a new dress, but she **hasn't worn** it **yet**.
   ... ещё не надевала.

Yet *в вопросах* (**Have you** ... **yet**? = *уже*)

This is my new dress.

Oh, it's nice. Have you worn it yet?

○ A: **Have** Laura and Paul **arrived yet**? *... уже пришли?*
   B: No, not yet. We're still waiting for them.

○ A: **Has** Nicola **started** her new job **yet**?
      ... уже приступила к новой работе?
   B: No, she starts next week.

○ A: This is my new dress.
   B: Oh, it's nice. **Have** you **worn** it **yet**? *... уже надевала ...?*

D

Обратите внимание: наречие "уже" может переводиться на английский язык как **already** *или как* **yet**.

Сравните:

○ I've **already** seen this film. (*утвердительное предложение*)
   Я уже видел этот фильм.
○ Have you seen this film **yet**? (*вопрос*)
   Вы уже видели этот фильм?

present perfect ➜ **Разделы 16, 18–21**   *порядок слов* ➜ **Раздел 95**   **still**, **yet** *и* **already** ➜ **Раздел 96**

Упражнения

17.1 Для каждой картинки напишите предложение с **just**.

① Hello, everybody!   ③ This is our new car.   ④ START

1 <u>They've just arrived.</u>
2 He ....

3 They ....
4 The race ....

17.2 Закончите предложения. Используйте **already** + present perfect.

1 What time is Paul arriving?   <u>He's already arrived.</u>
2 Do your friends want to see the film?   No, they .... it.
3 Don't forget to phone Tom.   I ....
4 When is Mark going away?   He ....
5 Do you want to read the newspaper?   I ....
6 When does Sarah start her new job?   She ....

17.3 Напишите утвердительное предложение с **just** (**They've just …** / **She's just …** и т. д.) или отрицательное предложение с **yet** (**They haven't … yet** / **She hasn't … yet** и т. д.).

① a few minutes ago   now   I'M GOING OUT SOON
(she / go / out)
<u>She hasn't gone out yet.</u>

② a few minutes ago   now
(the bus / go)
The bus ....

③ a few minutes ago   now
(the train / leave)

④ a few minutes ago   now   THIS PRESENT IS FOR ME
(he / open / it)

⑤ a few minutes ago   now
(they / finish / their dinner)

⑥ a few minutes ago   now
(it / stop / raining)

17.4 Напишите вопросительные предложения с **yet**.

1 Your friend has a new job. Perhaps she has started it. You ask her:
   <u>Have you started your new job yet?</u>
2 Your friend has some new neighbours. Perhaps he has met them. You ask him:
   .... you ....
3 Your friend has to pay her electricity bill. Perhaps she has paid it. You ask her:
   ....
4 Tom was trying to sell his car. Perhaps he has sold it. You ask a friend about Tom:
   ....

17.5 Переведите предложения на английский язык.

1 Антон и Марина только что купили новый дом.
2 Сандра уже позвонила своей матери?
3 A: Джеймс здесь?
   B: Нет, он уже ушёл.

4 A: Тебе нравится эта книга?
   B: Я не знаю. Я её ещё не читал.
5 A: Не забудь закрыть окна!
   B: Я их уже закрыл.
6 Я только что закончил ужин.

Have you ever ... ? (present perfect 3)

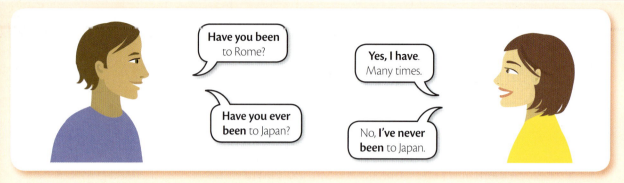

Present perfect (**have been** / **have had** / **have played** и т. д.) *используется для описания действия, которое произошло до настоящего момента, например, в жизни какого-то человека.*

| Have you ever been to Japan? |
| Вы когда-нибудь были в Японии? |

время до настоящего момента

прошлое   *настоящее*

- A: **Have** you **been** to France? *Вы были во Франции?*
  B: No, I **haven't**.
- I**'ve been** to Canada, but I **haven't been** to the United States.
  Я был в Канаде, но не был в Соединённых Штатах.
- Mary is an interesting person. She **has had** many different jobs and **has lived** in many countries.
  ... Она работала в разных местах и жила во многих странах.
- I**'ve seen** that woman before, but I can't remember where.
  Я уже видела эту женщину раньше, ...
- How many times **has** Brazil **won** the World Cup?
  Сколько раз Бразилия выигрывала чемпионат мира?
- A: **Have** you **read** this book? *Ты читала эту книгу?*
  B: Yes, I**'ve read** it twice. *Да, я читала её дважды.*

present perfect + **ever** (*когда-нибудь / когда-либо*) и **never** (*никогда*):
- A: **Has** Anna **ever been** to Australia? *Анна когда-либо была в Австралии?*
  B: Yes, once. *Да, один раз.*
- A: **Have** you **ever played** golf? *Вы когда-нибудь играли в гольф?*
  B: Yes, I play a lot.
- My sister **has never travelled** by plane. *... никогда не летала на самолёте.*
- I**'ve never ridden** a horse. *Я никогда не ездил на лошади.*
- A: Who is that man?
  B: I don't know. I**'ve never seen** him before. *... Я никогда его раньше не видела.*

gone и **been**

Ben **has gone** to Spain.
Бен уехал в Испанию.
(= *Сейчас он в Испании.*)

Ben **has been** to Spain.
Бен побывал в Испании. (= *Он туда съездил, но к настоящему моменту уже вернулся.*)

Сравните:
- I can't find Susan. Where **has** she **gone**? *... Куда она ушла?*
- Oh, hello Susan! I was looking for you. Where **have** you **been**? *... Где ты была?*

present perfect → **Разделы 16–17, 19**   present perfect и past simple → **Раздел 21**

Упражнения

18.1 Задайте Хелен вопросы, начинающиеся с **Have you ever ... ?**

Helen

1 (be / London?)
2 (play / golf?)
3 (be / Australia?)
4 (lose / your passport?)
5 (fly / in a helicopter?)
6 (win / a race?)
7 (be / New York?)
8 (drive / a bus?)
9 (break / your leg?)

> Have you ever been to London?
> Have you ever played golf?
> Have ....

No, never.
Yes, many times.
Yes, once.
No, never.
Yes, a few times.
No, never.
Yes, twice.
No, never.
Yes, once.

18.2 Напишите предложения о Хелен. Используйте информацию из упражнения 18.1.

1 (be / New York)   She's been to New York twice.
2 (be / Australia) She ....
3 (win / a race) ....
4 (fly / in a helicopter) ....

Теперь напишите о себе. Сколько раз в своей жизни вы это делали?

5 (be / New York) I ....
6 (play / tennis) ....
7 (drive / a lorry) ....
8 (be / late for work or school) ....

18.3 Мэри 65 лет. Она прожила интересную жизнь. Напишите, что она сделала.

Mary

~~have~~	be
do	write
travel	meet

all over the world	a lot of interesting things
~~many different jobs~~	a lot of interesting people
ten books	married three times

1   She has had many different jobs.
2 She ....
3 ....
4 ....
5 ....
6 ....

18.4 Заполните пропуски, используя **gone** или **been**.

1 Ben is on holiday at the moment. He's ....._gone_..... to Spain.
2 'Have you ever .... to Mexico?'   'No, never.'
3 My parents aren't at home at the moment. They've .... out.
4 There's a new restaurant in town. Have you .... to it?
5 Rebecca loves Paris. She's .... there many times.
6 Helen was here earlier, but I think she's .... now.
7 'Where's Jessica?'   'She's not in the office. I think she's .... home.'
8 Hello, Sue. I was looking for you. Where have you ....?

18.5 Переведите предложения на английский язык, используя **has/haven't** и т. д.

1 Вы когда-нибудь были в Бразилии?
2 Я никогда не видела слона.
3 Марк никогда не был женат.
4 Мои родители были в Италии четыре раза.
5 Ты когда-нибудь ела индийскую пищу?
6 Виктор написал шесть книг.
7 Куда ушла Салли? Я не могу её найти.
8 Сколько раз ты смотрел этот фильм?

слон = elephant
женат = married
пища = food

→ **Дополнительные упражнения 16, 18** (страницы 258–59, 260)

How long have you ... ? (present perfect 4)

Helen is on holiday in Ireland.
She is there now.

She arrived in Ireland on Monday.
Today is Thursday.

How long have you been in Ireland? — *Since Monday.*

How long **has she been** in Ireland?
Как давно она находится в Ирландии?

She **has been** in Ireland ⎰ **since Monday**. ... *с понедельника.*
Она находится в Ирландии ⎱ **for three days**. ... *в течение трёх дней.*

Сравните **is** *и* **has been**:

She **is** in Ireland
now.

is = present

She **has been** in Ireland ⎰ since Monday.
⎱ for three days.

has been = present perfect

Monday   Thursday
                          (сейчас)

Если указано, с какого момента в прошлом или как долго длится действие, то необходимо использовать present perfect. *На русский язык такие предложения переводятся в настоящем времени.*

Сравните:

present simple	present perfect simple (**have been** / **have lived** / **have known** *и т. д.*)
Dan and Kate **are** married. ... *женаты.*	They **have been** married **for five years**. (*неверно* They are married for five years.) ... *женаты в течение пяти лет.*
Are you married? *Вы женаты?*	**How long have** you **been** married? (*неверно* How long are you married?) *Как давно вы женаты?*
Do you **know** Lisa? *Вы знаете Лизу?*	**How long have** you **known** her? (*неверно* How long do you know her?) *Как давно вы её знаете?*
I **know** Lisa. *Я знаю Лизу.*	I've **known** her **for a long time**. (*неверно* I know her for ...) *Я давно её знаю.*
Vicky **lives** in London. *Вики живёт в ...*	**How long has** she **lived** in London? *Как долго она живёт в Лондоне ?* She **has lived** there **all her life**. *Она живёт там всю свою жизнь.*
I **have** a car. *У меня есть машина.*	**How long have** you **had** your car? *Как давно у тебя эта машина?* I've **had** it **since April**. ... *с апреля.*

present continuous	present perfect continuous (**have been** + **-ing**)
I'm **learning** German. *Я учу немецкий язык.*	**How long have** you **been learning** German? (*неверно* How long are you learning German?) *Как давно ты учишь немецкий язык?* I've **been learning** German **for two years**. *Я учу немецкий язык уже два года.*
David **is watching** TV. ... *смотрит телевизор.*	**How long has** he **been watching** TV? *Как долго он смотрит телевизор?* He's **been** (= He **has been**) **watching** TV **since 5 o'clock**. *Он смотрит телевизор с 5 часов.*
It's **raining**. *Идёт дождь.*	It's **been** (= It **has been**) **raining all day**. *Дождь идёт весь день.*

for *и* **since** ➜ **Разделы 20, 104**

Упражнения

19.1 Заполните пропуски в предложениях.

1 Helen is in Ireland. She ___has been___ in Ireland since Monday.
2 I know Lisa. I ___have known___ her for a long time.
3 Sarah and Andy are married. They _____ married since 2005.
4 Ben is ill. He _____ ill for the last few days.
5 We live in Scott Road. We _____ there for a long time.
6 Catherine works in a bank. She _____ there for five years.
7 Alan has a headache. He _____ a headache since he got up this morning.
8 I'm learning English. I _____ English for six months.

19.2 Напишите вопросы, начинающиеся с **How long ... ?**

1 Helen is on holiday.   How long has she been on holiday   ?
2 Steve and Nadia are in Brazil.   How long _____ ?
3 I know Amy.   How long _____ you _____ ?
4 Emily is learning Italian.   _____ ?
5 My brother lives in Canada.   _____ ?
6 I'm a teacher.   _____ ?
7 It is raining.   _____ ?

19.3 Посмотрите на картинки. Закончите предложения, используя выражения из рамки:

| for ten minutes | all day | all her life | ~~for ten years~~ | since he was 20 | since Sunday |

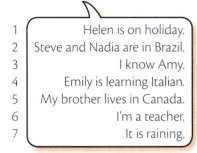

1 ___They have been married for ten years.___
2 She _____ .
3 They _____
4 The sun _____
5 She _____
6 He _____

19.4 Выберите правильный вариант.

1 Mark ~~lives~~ / has lived in Canada since April.   (has lived – _правильно_)
2 Jane and I are friends. I know / I've known her very well.
3 Jane and I are friends. I know / I've known her for a long time.
4 A: Sorry I'm late. How long are you waiting/ have you been waiting?
   B: Not long. Only five minutes.
5 Luke works / has worked in a hotel now. He likes his job a lot.
6 Ruth is reading a newspaper. She is reading / She has been reading it for two hours.
7 'How long do you live / have you lived in this house?'   'About ten years.'
8 'Is that a new coat?'   'No, I have / I've had this coat for a long time.'
9 Tom is / has been in Spain at the moment. He is / He has been there for the last three days.

19.5 Переведите предложения на английский язык.

с 2008 года = since 2008
проводить = spend

1 Мы живём в этом доме с 2008 года.
2 Как давно вы друзья с Ларой?
3 Дети смотрят телевизор с шести часов.
4 Салли давно знает Бена.
5 Снег идёт всё утро.
6 Саша давно изучает испанский?
7 Я болен. Я провёл весь день в кровати.
8 Как давно женаты Кевин и Алла?

for   since   ago

for и since

For (*в течение / уже какое-то время*) и **since** (*с тех пор / с*) используются с указанием на время совершения действия:

○ Helen is in Ireland. She **has been** there
  for three days.
  since Monday.

for + период продолжения действия (**three days** / **two years** и т. д.):	**since** + время начала действия (**Monday** / **9 o'clock** и т. д.):

for + период продолжения действия
(**three days** / **two years** и т. д.):

since + время начала действия
(**Monday** / **9 o'clock** и т. д.):

for	
three days	ten minutes
an hour	two hours
a week	four weeks
a month	six months
five years	a long time

since	
Monday	Wednesday
9 o'clock	12.30
24 July	Christmas
January	I was ten years old
1985	we arrived

○ Richard has been in Canada **for six months**.
  (*неверно* since six months)
  ... находится в Канаде шесть месяцев.

○ Richard has been in Canada **since January**.
  ... находится в Канаде с января.

○ We've been waiting **for two hours**.
  (*неверно* since two hours)
  Мы ждём в течение двух часов.

○ We've been waiting **since 9 o'clock**.
  Мы ждём с 9 часов.

○ I've lived in London **for a long time**.
  Я живу в Лондоне уже давно.

○ I've lived in London **since I was ten years old**.
  Я живу в Лондоне с десяти лет.

ago

ago = (*сколько-то времени*) *тому назад*
  ○ Susan started her new job **three weeks ago**.
    ... приступила к новой работе три недели назад.
  ○ A: When did Tom go out?
    B: **Ten minutes ago**. *Десять минут тому назад.*
  ○ I had dinner **an hour ago**. *...час назад.*
  ○ Life was very different **a hundred years ago**. *...сто лет тому назад.*
Ago используется с past simple (**started/did/had/was** и т. д.).

Сравните использование **ago**, **for** *и* **since**:
  ○ **When did** Helen **arrive** in Ireland?
    She **arrived** in Ireland **three days ago**. *Она приехала ... три дня назад.*

  ○ **How long has** she **been** in Ireland? *Как давно она находится в ...?*
    She **has been** in Ireland **for three days**. *... в течение трёх дней.*
    She **has been** in Ireland **since Monday**. *... с понедельника.*

present perfect + **for/since** → **Раздел 19**   from/until/since/for → **Раздел 104**   **for** и during → **Раздел 105**

Упражнения

20.1 Вставьте **for** или **since**.

1 Helen has been in Ireland ...._since_.... Monday.
2 Helen has been in Ireland ...._for_.... three days.
3 My aunt has lived in Australia .... 15 years.
4 Tina is in her office. She has been there .... 7 o'clock.
5 India has been an independent country .... 1947.
6 The bus is late. We've been waiting .... 20 minutes.
7 Nobody lives in those houses. They have been empty .... many years.
8 Michael has been ill .... a long time. He has been in hospital .... October.

20.2 Напишите ответы на вопросы, используя **ago**.

1 When was your last meal?   _Three hours ago._
2 When was the last time you were ill?   ....
3 When did you last go to the cinema?   ....
4 When was the last time you were in a car?   ....
5 When was the last time you went on holiday?   ....

20.3 Закончите предложения. Используйте **for** или **ago**, а также слова из скобок.

1 Helen arrived in Ireland ...._three days ago._.... (three days)
2 Helen has been in Ireland ...._for three days._.... (three days)
3 Lynn and Mark have been married .... (20 years)
4 Lynn and Mark got married .... (20 years)
5 Dan arrived .... (an hour)
6 I bought these shoes .... (a few days)
7 Silvia has been learning English .... (six months)
8 Have you known Lisa .... ? (a long time)

20.4 Закончите предложения, используя **for** или **since**.

1 (Helen is in Ireland – she arrived there three days ago)
    Helen has been in Ireland for three days.
2 (Jack is here – he arrived on Tuesday)
    Jack has ....
3 (It's raining – it started an hour ago)
    It's been ....
4 (I know Sue – I first met her in 2008)
    I've ....
5 (Claire and Matt are married – they got married six months ago)
    Claire and Matt have ....
6 (Laura is studying medicine at university – she started three years ago)
    Laura has ....
7 (David plays the piano – he started when he was seven years old)
    David has ....

20.5 Напишите о себе. Начните каждое предложение со слов из рамки.

> I've lived …   I've been …   I've been learning …   I've known …   I've had …

1   _I've lived in this town for three years._
2   ....
3   ....
4   ....
5   ....

20.6 Переведите предложения на английский язык.   последний раз = last

1 Том работает в этом офисе с 2011 года.
2 Я приехала в Лондон три дня тому назад.
3 A: Как давно ты знаешь Иру?
   B: 10 лет.
4 Я здесь жду уже долгое время.
5 Мы живём в Кембридже пять лет.
6 Тим играет на гитаре с десяти лет.
7 A: Когда вы последний раз ходили на концерт?
   B: Шесть месяцев назад.
8 У меня есть машина с прошлого октября.

→ **Дополнительные упражнения 16–18** (страницы 258–60)

I have done (present perfect) и I did (past)

*Когда говорят о закончившемся периоде времени (**yesterday** / **last week** и т. д.), то используют* past (**arrived/saw/was** *и т. д.*):

past	+	*закончившийся период времени*
We **arrived**		yesterday. last week. at 3 o'clock. in 2002. six months ago.

yesterday **last week** **six months ago** *закончившийся период времени*

прошлое .... *настоящее*

Не используйте present perfect (**have arrived** / **have done** / **have been** *и т. д.*), *если говорите о закончившемся периоде времени*:

- ◯ I **saw** Paula **yesterday**. (*неверно* I have seen)
  … видела … вчера.
- ◯ Where **were** you **on Sunday afternoon**? (*неверно* Where have you been)
  Где вы были в воскресенье днём?
- ◯ We **didn't have** a holiday **last year**. (*неверно* We haven't had)
  Мы не были в отпуске в прошлом году.
- ◯ A: What **did** you **do last night**? *Что вы делали вчера вечером?*
  B: I **stayed** at home. *Я оставалась дома.*
- ◯ William Shakespeare **lived from 1564 to 1616**. He **was** a writer. He **wrote** many plays and poems.
  … жил … был писателем … написал …

В вопросах **When** … **?** *или* **What time** … **?** *используется* past:

- ◯ **When did** you **buy** your computer? (*неверно* When have you bought)
  Когда ты купил …?
- ◯ **What time did** Andy **go** out? (*неверно* What time has Andy gone out)
  В какое время Энди вышел?

Сравните:

present perfect

- ◯ I **have lost** my key.
  (= *У меня до сих пор нет ключа.*)
- ◯ Ben **has gone** home.
  (= *Сейчас его здесь нет.*)
- ◯ **Have** you **seen** Kate?
  (= *Где она сейчас?*)

время до настоящего момента ➤

прошлое   *настоящее*

- ◯ **Have** you **ever been** to Spain?
  (= *когда-либо в своей жизни*)
- ◯ My friend is a writer. He **has written** many books.
  (= *и он продолжает их писать*)
- ◯ Sam **hasn't phoned** me yet.
  Сэм ещё не позвонил мне.
- ◯ We**'ve lived** in Singapore for six years.
  (= *и мы живём там сейчас*)

past

- ◯ I **lost** my key **last week**.
  Я потеряла ключ на прошлой неделе.
- ◯ Ben **went** home **ten minutes ago**.
  Бен ушёл домой десять минут назад.
- ◯ **Did** you **see** Kate **on Saturday**?
  Ты видел Кейт в субботу?

закончившийся период времени

прошлое   *настоящее*

- ◯ **Did** you **go** to Spain **last year**?
  Вы ездили в Испанию в прошлом году?
- ◯ Shakespeare **wrote** many plays and poems.
  Шекспир написал много пьес и стихов.
- ◯ Sam **didn't phone** me yesterday.
  Сэм не звонил мне вчера.
- ◯ We **lived** in Glasgow for six years, but now we live in Singapore.
  Мы жили в … шесть лет, но сейчас мы живём в …

past simple ➜ **Разделы 12–13**   past perfect ➜ **Разделы 16–19**

Упражнения

21.1 Допишите ответы на вопросы.

1	Have you seen Kate?	Yes, <u>I saw her</u>	five minutes ago.
2	Have you started your new job?	Yes, I	last week.
3	Have your friends arrived?	Yes, they	at 5 o'clock.
4	Has Sarah gone away?	Yes,	on Friday.
5	Have you worn your new suit?	Yes,	yesterday.

21.2 В некоторых предложениях допущена ошибка. Исправьте ошибки, поставив глаголы в правильную форму. Глаголы <u>подчёркнуты</u>.

1 <u>I've lost</u> my key. I can't find it.   OK
2 <u>Have you seen</u> Kate yesterday?   Did you see
3 <u>I've finished</u> my work at 2 o'clock.
4 I'm ready now. <u>I've finished</u> my work.
5 What time <u>have you finished</u> your work?
6 Sue isn't here. <u>She's gone</u> out.
7 Steve's grandmother <u>has died</u> two years ago.
8 Where <u>have you been</u> last night?

21.3 Поставьте глагол в форму present perfect (**I've written** и т. д.) или past (**I wrote** и т. д.).

1 My friend is a writer. He ___has written___ (write) many books.
2 We ___didn't have___ (not/have) a holiday last year.
3 I .... (play) tennis yesterday afternoon.
4 What time .... (you/go) to bed last night?
5 .... (you ever meet) a famous person?
6 The weather .... (not/be) very good yesterday.
7 Kathy travels a lot. She .... (visit) many countries.
8 I .... (switch) off the light before going out this morning.
9 I live in New York now, but I .... (live) in Mexico for many years.
10 'What's Canada like? Is it beautiful?'   'I don't know. I .... (not/be) there.'

21.4 Поставьте глагол в форму present perfect (**I've seen** и т. д.) или past (**I saw** и т. д.).

1 A: ___Have you ever been___ (you/ever/be) to Florida?
  B: Yes, we ___went___ (go) there on holiday two years ago.
  A: .... (you have) a good time?
  B: Yes, it .... (be) great.

2 A: Where's Alan? .... (you/see) him?
  B: Yes, he .... (go) out a few minutes ago.
  A: And Rachel?
  B: I don't know. I .... (not see) her.

3 Rose works in a factory. She .... (work) there for six months.
  Before that she .... (be) a waitress in a restaurant. She
  .... (work) there for two years, but she ....
  (not/enjoy) it very much.

4 A: Do you know Mark's sister?
  B: I .... (see) her a few times, but I ....
    (never speak) to her. .... (you ever speak) to her?
  A: Yes. I .... (meet) her at a party last week. She's very nice.

21.5 Переведите предложения на английский язык.

водить = drive
песня = song

1 Я люблю этот музей. Я здесь был много раз.
2 Вчера я ходила в хороший ресторан.
3 Я потерял паспорт. Ты его видела?
4 Саши нет дома. Она ушла в кино.
5 Карен уехала в супермаркет час назад.
6 Когда вы купили свою машину?
7 Вы когда-нибудь водили автобус?
8 Моя сестра написала много песен. На прошлой неделе она написала новую песню.

➔ **Дополнительные упражнения 19–23, 29–31** (страницы 260–62, 265–67)

is done   was done (пассивные конструкции 1)

A

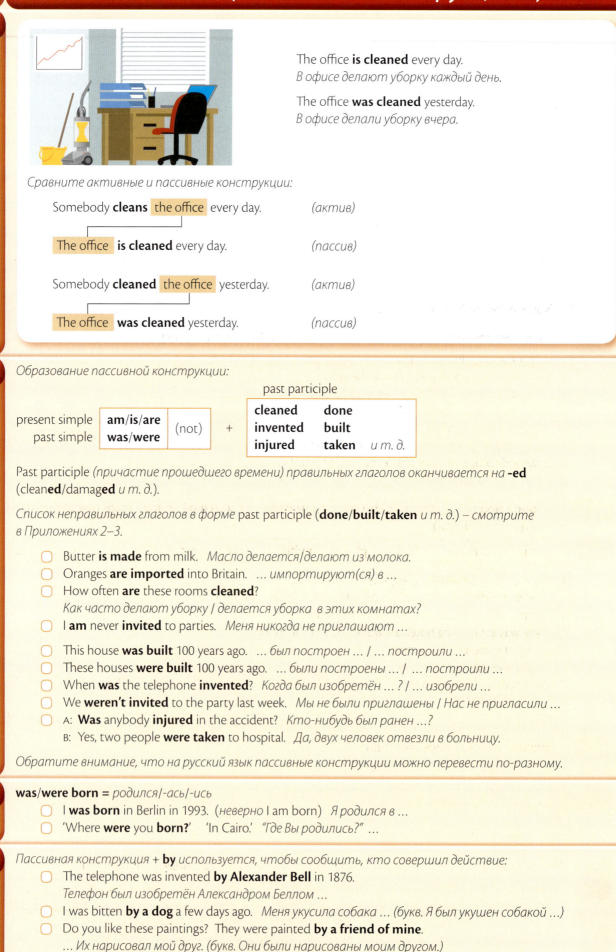

The office **is cleaned** every day.
В офисе делают уборку каждый день.

The office **was cleaned** yesterday.
В офисе делали уборку вчера.

Сравните активные и пассивные конструкции:

Somebody **cleans** the office every day.   *(актив)*

The office **is cleaned** every day.   *(пассив)*

Somebody **cleaned** the office yesterday.   *(актив)*

The office **was cleaned** yesterday.   *(пассив)*

B

Образование пассивной конструкции:

			past participle		
present simple	**am/is/are**	(not) +	**cleaned**	**done**	
past simple	**was/were**		**invented**	**built**	
			injured	**taken**	*и т. д.*

Past participle *(причастие прошедшего времени) правильных глаголов оканчивается на* **-ed**
(clean**ed**/damag**ed** *и т. д.*).

Список неправильных глаголов в форме past participle (**done/built/taken** *и т. д.*) *– смотрите
в Приложениях 2–3.*

- Butter **is made** from milk.   *Масло делается/делают из молока.*
- Oranges **are imported** into Britain.   *... импортируют(ся) в ...*
- How often **are** these rooms **cleaned**?
  Как часто делают уборку / делается уборка в этих комнатах?
- I **am** never **invited** to parties.   *Меня никогда не приглашают ...*

- This house **was built** 100 years ago.   *... был построен ... / ... построили ...*
- These houses **were built** 100 years ago.   *... были построены ... / ... построили ...*
- When **was** the telephone **invented**?   *Когда был изобретён ... ? / ... изобрели ...*
- We **weren't invited** to the party last week.   *Мы не были приглашены / Нас не пригласили ...*
- A: **Was** anybody **injured** in the accident?   *Кто-нибудь был ранен ...?*
  B: Yes, two people **were taken** to hospital.   *Да, двух человек отвезли в больницу.*

Обратите внимание, что на русский язык пассивные конструкции можно перевести по-разному.

C

was/were born = *родился/-ась/-ись*
- I **was born** in Berlin in 1993. (*неверно* I am born)   *Я родился в ...*
- 'Where **were** you **born**?'   'In Cairo.'   *"Где Вы родились?" ...*

D

Пассивная конструкция + **by** *используется, чтобы сообщить, кто совершил действие:*
- The telephone was invented **by Alexander Bell** in 1876.
  Телефон был изобретён Александром Беллом ...
- I was bitten **by a dog** a few days ago.   *Меня укусила собака ... (букв. Я был укушен собакой ...)*
- Do you like these paintings? They were painted **by a friend of mine**.
  ... Их нарисовал мой друг. (букв. Они были нарисованы моим другом.)

is being done / has been done ➜ **Раздел 23**   неправильные глаголы ➜ **Раздел 25, Приложения 2–3**
by ➜ **Раздел 111**   активные и пассивные конструкции ➜ **Приложение 1**

Упражнения

22.1 Составьте предложения из этих слов. Некоторые предложения вопросительные. Предложения 1–7 должны быть в настоящем времени.

1 (the office / clean / every day)   The office is cleaned every day.
2 (how often / these rooms / clean?)   Are these rooms cleaned every day?
3 (glass / make / from sand)   Glass ....
4 (the windows / clean / every two weeks) ....
5 (this room / not / use / very much) ....
6 (we / allow / to park here?) ....
7 (how / this word / pronounce?) ....

Предложения 8–15 должны быть в прошедшем времени.

8 (the office / clean / yesterday)   The office was cleaned yesterday.
9 (the house / paint / last month)   The house ....
10 (my phone / steal / a few days ago) ....
11 (three people / injure / in the accident) ....
12 (when / this bridge / build?) ....
13 (I / not / wake up / by the noise) ....
14 (how / these windows / break?) ....
15 (you / invite / to Jon's party last week?) ....

22.2 В каждом из этих предложений допущена ошибка. Напишите правильные предложения.

1 This house built 100 years ago.   This house was built
2 Football plays in most countries of the world. ....
3 Why did the letter send to the wrong address? ....
4 A film studio is a place where films make. ....
5 Where are you born? ....
6 How many languages are speaking in Switzerland? ....
7 Somebody broke into our house, but nothing stolen. ....
8 When was invented the bicycle? ....

22.3 Заполните пропуски. Используйте глаголы из рамки в пассивной конструкции (настоящего или прошедшего времени):

~~clean~~	damage	find	give	invite	make	make	show	steal	~~take~~

1 The room ___is cleaned___ every day.
2 I saw an accident yesterday. Two people ___were taken___ to hospital.
3 Paper .... from wood.
4 There was a fire at the hotel last week. Two of the rooms ....
5 'Where did you get this picture?' 'It .... to me by a friend of mine.'
6 Many American programmes .... on British TV.
7 'Did James and Sue go to the wedding?' 'No. They ...., but they didn't go.'
8 'How old is this film?' 'It .... in 1985.'
9 My car .... last week, but the next day it .... by the police.

22.4 Напишите, где родились эти люди.

1 (Ian / Edinburgh)   Ian was born in Edinburgh.
2 (Sarah / Manchester)   Sarah ....
3 (her parents / Ireland)   Her ....
4 (you / ???)   I ....
5 (your mother / ???)

22.5 Переведите предложения на английский язык, используя пассивные конструкции.

1 Мои родители родились в Америке.
2 Новые технологии изобретают каждый день.
3 Хлеб делается из муки.
4 Сколько автомашин производят в Германии каждый год?
5 Этот аэропорт был построен в 1970 году.
6 Где родилась Марина?
7 Мой телефон не был украден. Я его потеряла.
8 Эта книга была написана моим другом.

технология = technology
мука = flour
производить = make

is being done
has been done (*пассивные конструкции 2*)

is/are being … (*пассивные конструкции в* present continuous)

Somebody **is painting** the door .   (*актив*)

The door **is being painted**.   (*пассив*)

Кто-то красит дверь. (*сейчас*)
Дверь красят. (*сейчас*)

○ My car is at the garage. It **is being repaired**.   … Её ремонтируют. (*сейчас*)
○ Some new houses **are being built** opposite the park.
  Несколько новых домов строится напротив парка. (строительство в процессе)

Сравните present continuous *и* present simple:
○ The office **is being cleaned** at the moment. (present continuous)
  В офисе делают уборку в настоящий момент.
  The office **is cleaned** every day. (present simple)
  В офисе делают уборку каждый день.
○ Football matches **are** often **played** at the weekend, but no matches **are being played** next weekend.
  … часто проводятся по выходным, но в следующие выходные матчи не проводятся.

Подробно о present continuous *и* present simple *читайте в Разделах 9 и 26.*

has/have been … (*пассивные конструкции в* present perfect)

раньше   сейчас

WET PAINT

Somebody **has painted** the door .   (*актив*)

The door **has been painted**.   (*пассив*)

○ My key **has been stolen**.   *У меня украли ключ. / Мой ключ украден.*
○ My keys **have been stolen**.   *У меня украли ключи. / Мои ключи украдены.*
○ I'm not going to the party. I **haven't been invited**.   … *Я не приглашён. /… Меня не пригласили.*
○ **Has** this shirt **been washed**?   *Эта рубашка выстирана? / Эту рубашку выстирали?*

Сравните present perfect *и* past simple:
○ The room isn't dirty any more. It **has been cleaned**. (present perfect)
  Комната больше не грязная. В ней сделали уборку.
  The room **was cleaned** yesterday. (past simple)
  В комнате сделали уборку вчера.
○ I can't find my keys. I think they'**ve been stolen**. (present perfect)
  … Я думаю, что они украдены.
  My keys **were stolen** last week. (past simple)
  Мои ключи были украдены на прошлой неделе.

Подробно о present perfect *и* past simple *смотрите в Разделе 21.*

is done / was done → **Раздел 22**   *активные и пассивные конструкции* → **Приложение 1**

Упражнения

23.1 Посмотрите на картинки и напишите, что сейчас происходит.

1   The car   *is being repaired.*
2   A bridge ....

3   The windows ....
4   The grass ....

23.2 Посмотрите на картинки. Что сейчас происходит или что уже произошло? Используйте present continuous (**is**/**are being ...**) или present perfect (**has**/**have been ...**).

1   (the office / clean)   *The office is being cleaned.*
2   (the shirts / iron)   *The shirts have been ironed.*
3   (the window / break)   The window ....
4   (the roof / repair)   The roof ....
5   (the car / damage) ....
6   (the houses / knock / down) ....
7   (the trees / cut / down) ....
8   (they / invite / to a party) ....

23.3 Заполните пропуски в предложениях. (Перед тем как выполнить упражнение, изучите Раздел 22.)

1   I can't use my office at the moment. It ...*is being painted*... (paint).
2   We didn't go to the party. We ...*weren't invited*... (not/invite).
3   The washing machine was broken, but it's OK now. It .... (repair).
4   The washing machine .... (repair) yesterday afternoon.
5   A factory is a place where things .... (make).
6   How old are these houses? When .... (they/build)?
7   A: .... (the photocopier / use) at the moment?
    B: No, you can go ahead and use it.
8   I've never seen these flowers before. What .... (they/call)?
9   My sunglasses .... (steal) at the beach yesterday.
10 The bridge is closed at the moment. It .... (damage) last week and it .... (not/repair) yet.

23.4 Переведите предложения на английский язык, используя пассивные конструкции.

1   Этот бассейн часто используется нашими студентами.
2   Мой дом только что покрасили.
3   "Где ваш телевизор?" – "Его ремонтируют".
4   Эти туфли очень грязные. Когда их чистили?
5   Саша, моё платье поглажено?

6   В моём городе строится новый кинотеатр.
7   A: Где твой новый велосипед?
    B: Его украли.
8   Посмотрите на эту птицу! Как она называется?

бассейн = swimming pool
гладить = iron
велосипед = bike
птица = bird

→ **Дополнительные упражнения 24–27** (страницы 263–64)

be/have/do *в настоящем и прошедшем времени*

A be (= am/is/are/was/were) + -ing (cleaning/working *и т. д.*)

am/is/are + -ing (present continuous) → *Разделы 4–5 и 26*	○ Please be quiet. **I'm working**. ... *Я работаю. (сейчас)* ○ It **isn't raining** at the moment. *Дождь не идёт в настоящий момент.* ○ What **are** you **doing** this evening? *Что ты делаешь сегодня вечером?*
was/were + -ing (past continuous) → *Раздел 14*	○ I **was working** when she arrived. *Я работала, когда она приехала.* ○ It **wasn't raining**, so we didn't need an umbrella. *Дождь не шёл, поэтому нам не был нужен зонтик.* ○ What **were** you **doing** at 3 o'clock? *Что вы делали в 3 часа?*

B be + past participle (cleaned/made/eaten *и т. д.*)

am/is/are + past participle (*пассивные конструкции в* present simple) → *Раздел 22*	○ **I'm** never **invited** to parties. *Меня никогда не приглашают на вечеринки.* ○ Butter **is made** from milk. *Масло делается из молока.* ○ These offices **aren't cleaned** every day. *В этих офисах не делают уборку ...*
was/were + past participle (*пассивные конструкции в* past simple) → *Раздел 22*	○ The office **was cleaned** yesterday. *В офисе делали уборку вчера.* ○ These houses **were built** 100 years ago. *... были построены ...* ○ How **was** the window **broken**? *Как было разбито окно?* ○ Where **were** you **born**? *Где вы родились?*

C have/has + past participle (cleaned/lost/eaten/been *и т. д.*)

have/has + past participle (present perfect) → *Разделы 16–19*	○ **I've cleaned** my room. *Я сделал уборку в своей комнате.* ○ Tom **has lost** his passport. *Том потерял свой паспорт.* ○ Kate **hasn't been** to Canada. *Кейт не была в Канаде.* ○ Where **have** Paul and Emma **gone**? *Куда ... ушли?*

D do/does/did + *инфинитив* (clean/like/eat/go *и т. д.*)

do/does + *инфинитив* (*отрицательные и вопросительные предложения в* present simple) → *Разделы 7–8*	○ I like coffee, but I **don't like** tea. *... но я не люблю чай.* ○ Chris **doesn't watch** TV very often. *... не смотрит телевизор ...* ○ What **do** you usually **do** at weekends? *Что ты обычно делаешь по выходным?* ○ **Does** Sam **live** alone? *Сэм живёт один?*
did + *инфинитив* (*отрицательные и вопросительные предложения в* past simple) → *Раздел 13*	○ I **didn't watch** TV yesterday. *Я не смотрел телевизор ...* ○ It **didn't rain** last week. *На прошлой неделе не шёл дождь.* ○ What time **did** Paul and Emma **go** out? *В какое время ... ушли?*

неправильные глаголы ➜ **Раздел 25, Приложения 2–3**

Упражнения

24.1 Вставьте **is**/**are** или **do**/**does**.

1 _Do_ you work in the evenings?
2 Where _are_ they going?
3 Why .... you looking at me?
4 .... Ben live near you?
5 .... you like cooking?

6 .... the sun shining?
7 What time .... the shops close?
8 .... Maria working today?
9 What .... this word mean?
10 .... you feeling all right?

24.2 Вставьте **am not**/**isn't**/**aren't** или **don't**/**doesn't**. Все эти предложения отрицательные.

1 Tom _doesn't_ work at weekends.
2 I'm very tired. I .... want to go out this evening.
3 I'm very tired. I .... going out this evening.
4 Gary .... working this week. He's on holiday.
5 My parents are usually at home. They .... go out very often.
6 Nicola has travelled a lot, but she .... speak any foreign languages.
7 You can turn off the television. I .... watching it.
8 Lisa has invited us to her party next week, but we .... going.

24.3 Вставьте **was**/**were**/**did**/**have**/**has**.

1 Where _were_ your shoes made?
2 .... you go out last night?
3 What .... you doing at 10.30?
4 Where .... your mother born?
5 .... Laura gone home?

6 What time .... she go?
7 When .... these houses built?
8 .... Steve arrived yet?
9 Why .... you go home early?
10 How long .... they been married?

24.4 Вставьте **is**/**are**/**was**/**were**/**have**/**has**.

1 Joe _has_ lost his passport.
2 This bridge .... built ten years ago.
3 .... you finished your work yet?
4 This town is always clean. The streets .... cleaned every day.
5 Where .... you born?
6 I .... just made some coffee. Would you like some?
7 Glass .... made from sand.
8 This is a very old photograph. It .... taken a long time ago.
9 David .... bought a new car.

24.5 Заполните пропуски в предложениях. Выберите подходящий глагол из рамки и поставьте его в правильную форму.

| damage | ~~rain~~ | enjoy | ~~go~~ | pronounce | eat |
| listen | use | open | go | understand | |

1 I'm going to take an umbrella with me. It's _raining_.
2 Why are you so tired? Did you _go_ to bed late last night?
3 Where are the chocolates? Have you .... them all?
4 How is your new job? Are you .... it?
5 My car was badly .... in the accident, but I was OK.
6 Kate has got a car, but she doesn't .... it very often.
7 Lisa isn't at home. She has .... away for a few days.
8 I don't .... the problem. Can you explain it again?
9 Mark is in his room. He's .... to music.
10 I don't know how to say this word. How is it ....?
11 How do you .... this window? Can you show me?

24.6 Переведите предложения на английский язык.

1 "Что ты делаешь?" – "Я пишу имейл".
2 Что делал Бен, когда Вы пришли домой?
3 Ты видела мою новую сумку?
4 "Где живёт Эмма?" – "Я не знаю".
5 Тебе понравились твои подарки?
6 Как это окно было разбито?

7 Тим был в Америке, но он не был в Канаде.
8 Эти телевизоры делаются в Китае.
9 Гари не ест мясо. Он вегетарианец.
10 Я закончил работу и теперь я читаю.

вегетарианец = vegetarian

Правильные и неправильные глаголы

A

Правильные глаголы

Формы past simple и past participle *правильных глаголов оканчиваются на* **-ed**:

clean → clean**ed**   live → liv**ed**   paint → paint**ed**   study → studi**ed**

Past simple (→ *Раздел 12*)

☐ I **cleaned** my room yesterday.
  Я делала уборку в своей комнате вчера.

☐ Chris **studied** chemistry at university.   *… изучал химию …*

Past participle *(причастие прошедшего времени)*

have/has + past participle (present perfect → *Разделы 16–19*):

☐ I **have cleaned** my room.
  Я сделала уборку в своей комнате.

☐ Tina **has lived** in London for ten years.
  … живёт в Лондоне десять лет.

be (**is/are/were/has been** *и т. д.*) + past participle (*пассивные конструкции* → *Разделы 22–23*):

☐ These rooms **are cleaned** every day.
  В этих комнатах делают уборку …

☐ My car **has been repaired**.
  Моя машина отремонтирована.

B

Неправильные глаголы

Формы past simple и past participle *неправильных глаголов образуются по-другому*
(*не оканчиваются на* **-ed**):

	make	break	cut
past simple	**made**	**broke**	**cut**
past participle	**made**	**broken**	**cut**

У некоторых глаголов формы past simple и past participle *совпадают. Например:*

	make	find	buy	cut
past simple } past participle }	**made**	**found**	**bought**	**cut**

☐ I **made** a cake yesterday. (past simple)
  Я испёк торт вчера. (букв. Я сделал)

☐ I **have made** some coffee. (past participle – present perfect)
  Я заварила кофе. (букв. Я сделала)

☐ Butter **is made** from milk. (past participle – passive present)
  Масло делается из молока.

У некоторых глаголов формы past simple и past participle *различаются:*

	break	know	begin	go
past simple	**broke**	**knew**	**began**	**went**
past participle	**broken**	**known**	**begun**	**gone**

☐ Somebody **broke** this window last night. (past simple)
  Кто-то разбил это окно вчера вечером.

☐ Somebody **has broken** this window. (past participle – present perfect)
  Кто-то разбил это окно.

☐ This window **was broken** last night. (past participle – passive past)
  Это окно было разбито вчера вечером.

неправильные глаголы → **Приложения 2–3**   *правописание (правильные глаголы)* → **Приложение 5**

Упражнения

25.1 Напишите формы past simple / past participle этих глаголов. (В этом упражнении формы past simple и past participle совпадают.)

1	make	_made_	6	enjoy	11	hear
2	cut	_cut_	7	buy	12	put
3	get		8	sit	13	catch
4	bring		9	leave	14	watch
5	pay		10	happen	15	understand

25.2 Напишите формы past simple / past participle этих глаголов.

1	break	_broke_ _broken_	8	come		
2	begin		9	know		
3	eat		10	take		
4	drink		11	go		
5	drive		12	give		
6	speak		13	throw		
7	write		14	forget		

25.3 Поставьте глаголы в правильную форму.

1 I _washed_ my hands because they were dirty. (wash)
2 Somebody has _broken_ this window. (break)
3 I feel good. I .... very well last night. (sleep)
4 We .... a really good film yesterday. (see)
5 It .... a lot while we were on holiday. (rain)
6 I've .... my bag. (lose) Have you .... it? (see)
7 Rosa's bike was .... last week. (steal)
8 I .... to bed early because I was tired. (go)
9 Have you .... your work yet? (finish)
10 The shopping centre was .... about 20 years ago. (build)
11 Anna .... to drive when she was 18. (learn)
12 I've never .... a horse. (ride)
13 Jessica is a good friend of mine. I've .... her for a long time. (know)
14 Yesterday I .... and .... my leg. (fall / hurt)
15 My brother .... in the London Marathon last year. Have you ever .... in a marathon? (run / run)

25.4 Заполните пропуски в предложениях. Выберите глагол из рамки и поставьте его в правильную форму.

cost	drive	fly	~~make~~	meet	sell
speak	swim	tell	think	wake up	win

1 I have _made_ some coffee. Would you like some?
2 Have you .... John about your new job?
3 We played basketball on Sunday. We didn't play very well, but we .... the game.
4 I know Gary, but I've never .... his wife.
5 We were .... by loud music in the middle of the night.
6 Stephanie jumped into the river and .... to the other side.
7 'Did you like the film?' 'Yes, I .... it was very good.'
8 Many different languages are .... in the Philippines.
9 Our holiday .... a lot of money because we stayed in an expensive hotel.
10 Have you ever .... a very fast car?
11 All the tickets for the concert were .... very quickly.
12 A bird .... in through the open window while we were having our dinner.

25.5 Переведите предложения на английский язык.   на ферме = on a farm

1 Лара изучала русский язык в университете.
2 Когда был построен ваш дом?
3 Где Джеймс? Я его сегодня не видел.
4 Ты голоден? Я сделала тебе бутерброд.
5 Смотри! Я купил тебе подарок!
6 Салли сломала руку, когда она была в отпуске.
7 В Канаде говорят на английском и на французском.
8 В субботу мы смотрели футбольный матч. Наша команда победила.
9 Когда мы жили на ферме, у меня была лошадь.
10 Вчера я нашла телефон рядом с моим домом.

What are you doing tomorrow?

A

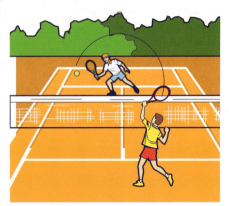

сегодня воскресенье

I'm playing tennis tomorrow.

They **are playing** tennis (**now**).
Они играют в теннис (сейчас).

He **is playing** tennis **tomorrow**.
Он играет в теннис завтра.

am/**is**/**are** + **-ing** (present continuous) *используется для описания действия, которое происходит в настоящий момент:*

- ○ A: Where are Tina and Helen?
  - B: They**'re playing** tennis in the park. *Они играют в теннис в парке.*
- ○ Please be quiet. I**'m working**. *… Я работаю.*

am/**is**/**are** + **-ing** (present continuous) *также используется для описания действия в будущем* (tomorrow / next week *и т. д.*):

- ○ Andrew **is playing** tennis tomorrow. *… играет в теннис завтра.*
- ○ I**'m** not **working** next week. *Я не работаю на следующей неделе.*

B

I am doing something tomorrow = *я договорился или запланировал что-то сделать:*

- ○ Sophie **is going** to the dentist on Friday. *… идёт к стоматологу в пятницу.*
  (= *назначен приём у стоматолога*)
- ○ We**'re having** a party next weekend.
  Мы устраиваем вечеринку …
- ○ **Are** you **meeting** your friends tonight?
  Ты встречаешься с друзьями …?
- ○ What **are** you **doing** tomorrow evening?
  Что ты делаешь завтра вечером?
- ○ I**'m** not **going** to the cinema tonight. I**'m staying** at home.
  Я не иду в кино … Я остаюсь дома.

Использование 'I**'m going to** do something' (→ *Раздел 27*).

I'm going to a concert tomorrow.

C

Обратите внимание, что для выражения запланированного действия в будущем используется present continuous (I**'m staying** / **are** you **coming** *и т. д.*):

- ○ I**'m staying** at home this evening. (*неверно* I stay)
- ○ **Are** you **going** out tonight? (*неверно* Do you go)
- ○ Lisa **isn't coming** to the party next week. (*неверно* Lisa doesn't come)

Когда речь идёт о расписаниях, программах, времени отправления поездов и т. д., то используется present simple (**start**, **arrives** *и т. д.*):

- ○ The train **arrives** at 7.30. *Поезд приезжает в 7:30.*
- ○ What time **does** the film **finish**? *Когда заканчивается фильм?*

Сравните:

present continuous (*обычно о планах людей*)	present simple (*расписания, программы и т. д.*)
○ I**'m going** to a concert tomorrow. *Завтра я иду на концерт.*	○ The concert **starts** at 7.30. *Концерт начинается в 7.30.*
○ What time **are** you **leaving**? *В какое время вы уезжаете?*	○ What time **does** your train **leave**? *В какое время уходит ваш поезд?*

present continuous → **Разделы 4–5**   present simple → **Разделы 6–8**   I'm going to … → **Раздел 27**

Упражнения

26.1 Посмотрите на картинки. Что эти люди делают в следующую пятницу?

1	2	3	4	5
Friday tennis	FRIDAY cinema	FRIDAY meet Dave	Friday LUNCH WITH WILL	Friday Party at
ANDREW	RICHARD	RACHEL	KAREN	TOM AND SUE

1   *Andrew is playing tennis on Friday.*
2   Richard .... to the cinema.
3   Rachel ....
4   .... lunch with Will.
5   ....

26.2 Напишите вопросы. Во всех этих предложениях говорится о действии в будущем.

1   (you / go / out / tonight?)   *Are you going out tonight?*
2   (you / work / next week?)   ....
3   (what / you / do / tomorrow evening?)   ....
4   (what time / your friends / come?)   ....
5   (when / Lisa / go / on holiday?)   ....

26.3 Напишите предложения о себе. Что вы делаете в ближайшие несколько дней?

1   *I'm staying at home tonight.*
2   *I'm going to the theatre on Monday.*
3   ....
4   ....
5   ....
6   ....

26.4 Поставьте глаголы в форму present continuous (**he is leaving** и т. д.) или present simple (**the train leaves** и т. д.).

1   '   *Are you going*   (you/go) out tonight?'   'No, I'm too tired.'
2   *We're going*   (we/go) to a concert tonight.   *It starts*   (it/start) at 7.30.
3   Do you know about Sarah? .... (she/get) married next month!
4   A: My parents .... (go) on holiday next week.
    B: Oh, that's nice. Where .... (they/go)?
5   Silvia is doing an English course at the moment. The course .... (finish) on Friday.
6   There's a party tomorrow night, but .... (I/not/go).
7   .... (I/go) out with some friends tonight. Why don't you come too?
    .... (we/meet) at the Royal Hotel at 8 o'clock.
8   A: How .... (you/get) home after the party tomorrow? By taxi?
    B: No, I can go by bus. The last bus .... (leave) at midnight.
9   A: .... (you/come) with us to the cinema tonight?
    B: Yes, what time .... (the film / begin)?
10 A: What .... (you/do) tomorrow afternoon?
    B: .... (I/work).

26.5 Переведите предложения на английский язык.

лететь = fly
встречаться с = meet

1   В понедельник мы летим в Париж.
2   Ты едешь в отпуск в августе?
3   Завтра я не работаю.
4   Ты сегодня вечером идёшь на вечеринку?
5   Когда приезжает твой автобус?
6   Фильм начинается в 5:00 и заканчивается в 7:00.
7   Во вторник Нина встречается с Анной.
8   Борис придёт в воскресенье?

I'm going to ...

A

I'm going to do something

I'm going to watch TV this evening.

утром   сегодня вечером

She **is going to watch** TV this evening.   *Она собирается смотреть телевизор сегодня вечером.*

am/**is**/**are going to** ... = *собираюсь (-ется, -емся и т. д.); используется для описания действия в будущем:*

I he/she/it we/you/they	**am** **is** **are**	(not) **going to**	do ... drink ... watch ...

am **is** **are**	I he/she/it we/you/they	**going to**	buy ... ? eat ... ? wear ... ?

B

I am going to do something = *я уже принял решение, я намерен это сделать:*

I decided to do it ──────────▶ **I'm going to do it**

прошлое   *настоящее*   *будущее*

- ○ **I'm going to buy** some books tomorrow.   *Я собираюсь купить ...*
- ○ Sarah **is going to sell** her car.   *... намерена продать ...*
- ○ **I'm not going to have** breakfast this morning. I'm not hungry.
  Я не собираюсь завтракать ...
- ○ What **are** you **going to wear** to the wedding next week?
  Что ты планируешь надеть на свадьбу ... ?
- ○ A: Your hands are dirty.
     B: Yes, I know. **I'm going to wash** them.   *... Я собираюсь их вымыть.*
- ○ **Are** you **going to invite** Mark to your party?   *Вы собираетесь пригласить ... ?*

Для выражения запланированного действия в будущем также можно использовать present continuous
(**I am doing**) (→ *Раздел 26*):
- ○ I **am playing** tennis with Julia tomorrow.   *Я играю в теннис ... завтра.*

C

Something **is going to happen**

Something **is going to happen** = *что-то точно или вероятно
произойдёт в будущем, и сейчас имеются подтверждения этого:*

- ○ Look at the sky! It**'s going to rain**.
  Посмотри на небо! Пойдёт дождь.

- ○ Oh dear! It's 9 o'clock and I'm not ready.
  I'm going to be late.   *... Я опоздаю.*

It's going to rain.

настоящее для действия в будущем → **Раздел 26**   will → **Разделы 28–29**

Упражнения

27.1 Что говорят эти люди?

27.2 Заполните пропуски. Используйте **going to** + глаголы из рамки:

do	eat	give	lie down	stay	walk	~~wash~~	watch	~~wear~~

1 My hands are dirty. _I'm going to wash_ them.
2 What _are you going to wear_ to the party tonight?
3 It's a nice day. I don't want to take the bus. I ....
4 Steve is going to London next week. He .... with some friends.
5 I'm hungry. I .... this sandwich.
6 It's Sarah's birthday next week. We .... her a present.
7 Sue says she's feeling very tired. She .... for an hour.
8 Your favourite programme is on TV tonight. .... you .... it?
9 What .... Rachel .... when she leaves school?

27.3 Посмотрите на картинки. Что сейчас произойдёт?

1 _It's going to rain._
2 The shelf ....
3 The car ....
4 He ....

27.4 Что вы собираетесь делать сегодня или завтра? Напишите три предложения.

1 I'm ....
2 ....
3 ....

27.5 Переведите предложения на английский язык.

1 Мы собираемся поужинать.
2 Я не собираюсь покупать новый телефон.
3 Что ты наденешь сегодня вечером?
4 Что Анжела собирается делать после университета?
5 Поторопись! Мы опоздаем.
6 Очень холодно. Пойдёт снег.
7 Влад и Ирина собираются продать свой дом.
8 Что ты собираешься делать на выходных?

Поторопись! =
Hurry up!
на выходных =
at the weekend

will/shall 1

A

SARAH

Sarah goes to work every day. She is always there from 8.30 until 4.30.

It is 11 o'clock now. Sarah **is** at work.
Сейчас 11 часов. Сара на работе.

At 11 o'clock yesterday, she **was** at work.
В 11 часов вчера она была на работе.

At 11 o'clock tomorrow, she **will be** at work.
В 11 часов завтра она будет на работе.

will + инфинитив (**will be** / **will win** / **will come** и т. д.):

I/we/you/they he/she/it	**will ('ll)** **will not (won't)**	be win eat come *и т. д.*

will	I/we/you/they he/she/it	be? win? eat? come? *и т. д.*

'll = **will**: I**'ll** (I will) / you**'ll** / she**'ll** *и т. д.*
won't = **will not**: I **won't** (= I will not) / you **won't** / she **won't** *и т. д.*

B

Will *используется, когда говорят о будущем (завтра / на следующей неделе и т. д.). На русский язык* **will** *переводится будущим временем:*

- Sue travels a lot. Today she is in Madrid. Tomorrow she**'ll be** in Rome. Next week she**'ll be** in Tokyo.
  … Завтра она будет в Риме. На следующей неделе она будет в Токио.
- You can call me this evening. I**'ll be** at home. *… Я буду дома.*
- Leave the old bread in the garden. The birds **will eat** it. *… Птицы его съедят.*
- We**'ll** probably **go** out this evening. *Мы, вероятно, куда-нибудь сходим сегодня вечером.*
- **Will** you **be** at home this evening? *Ты будешь дома …?*

- I **won't be** here tomorrow. (= I will not be here) *Завтра меня здесь не будет.*
- Don't drink coffee before you go to bed. You **won't sleep**. *… не заснёшь.*

Часто употребляются вместе **I think** … **will** … :

- **I think** Kelly **will pass** the exam. *Я думаю, Келли сдаст экзамен.*
- **I don't think** it **will rain** this afternoon. *Я не думаю, что будет дождь …*
- **Do you think** the exam **will be** difficult? *Ты думаешь, экзамен будет сложным?*

C

Will *не используется, когда сообщают о ранее принятом решении или запланированном действии*
(→ *Разделы 26–27*):

- We**'re going** to the cinema on Saturday. Do you want to come with us? (*неверно* We will go)
  Мы идём в кино в субботу …
- I**'m** not **working** tomorrow. (*неверно* I won't work)
  Я не работаю завтра.
- **Are** you **going to do** the exam? (*неверно* Will you do)
  Ты собираешься сдавать экзамен?

D

shall

Можно сказать **I shall** (= I will) *или* **we shall** (= we will):

- **I shall be** late tomorrow.   *или*   **I will (I'll) be** late tomorrow.
- I think **we shall win**.   *или*   I think **we will (we'll) win**.

Но **shall** *не употребляется с другими местоимениями* (**you/they/he/she/it**):

- **Tom will** be late. (*неверно* Tom shall be)

What are you doing tomorrow? → **Раздел 26**   I'm going to … → **Раздел 27**   will/shall 2 → **Раздел 29**

Упражнения

28.1 Хелен путешествует по Европе. Заполните пропуски, используя **she was**, **she's** или **she'll be**.

1 Yesterday ___she was___ in Paris.
2 Tomorrow _____ in Amsterdam.
3 Last week _____ in Barcelona.
4 Next week _____ in London.
5 At the moment _____ in Brussels.
6 Three days ago _____ in Munich.
7 At the end of her trip _____ very tired.

Helen

28.2 Где вы будете в это время? Напишите предложения о себе. Используйте:

    I'll be ...   или   **I'll probably be ...**   или   **I don't know where I'll be.**

1 (at 10 o'clock tomorrow) ___I'll probably be on the beach.___
2 (one hour from now) _____
3 (at midnight tonight) _____
4 (at 3 o'clock tomorrow afternoon) _____
5 (two years from now) _____

28.3 Вставьте **will** (**'ll**) или **won't**.

1 Don't drink coffee before you go to bed. You ___won't___ sleep.
2 'Are you ready yet?' 'Not yet. I _____ be ready in five minutes.'
3 I'm going away for a few days. I'm leaving tonight, so I _____ be at home tomorrow.
4 It _____ rain, so you don't need to take an umbrella.
5 A: I don't feel very well this evening.
   B: Well, go to bed early and you _____ feel better in the morning.
6 It's Ben's birthday next Monday. He _____ be 25.
7 I'm sorry I was late this morning. It _____ happen again.

28.4 Напишите предложения с **I think ...** или **I don't think ...** .

1 (Kelly will pass the exam) ___I think Kelly will pass the exam.___
2 (Kelly won't pass the exam) ___I don't think Kelly will pass the exam.___
3 (we'll win the game) I _____
4 (I won't be here tomorrow) _____
5 (Sue will like her present) _____
6 (they won't get married) _____
7 (you won't enjoy the film) _____

28.5 Выберите правильный вариант. (Перед тем как выполнить упражнение, изучите Раздел 26.)

1 ~~We'll go~~ / We're going to the theatre tonight. We've got tickets. (<u>We're going</u> – *правильно*)
2 'What <u>will you do / are you doing</u> tomorrow evening?' 'Nothing. I'm free.'
3 <u>They'll go / They're going</u> away tomorrow morning. Their train is at 8.40.
4 I'm sure your aunt <u>will lend / is lending</u> us some money. She's very rich.
5 'Why are you putting on your coat?' '<u>I'll go / I'm going</u> out.'
6 Do you think Clare <u>will phone / is phoning</u> us tonight?
7 Steve can't meet us on Saturday. <u>He'll work / He's working</u>.
8 <u>Will you / Shall you</u> be at home tomorrow evening?
9 A: What are your plans for the weekend?
   B: Some friends <u>will come / are coming</u> to stay with us.

28.6 Переведите предложения на английский язык.

                                                                            хорошо проводить время =
                                                                                have a good time

1 Завтра в 5 часов я буду в Москве.
2 Я думаю, тебе понравится подарок.
3 Диана, вероятно, скоро придёт домой.
4 Я уверен, что ты хорошо проведёшь время.
5 Я не думаю, что Джессика опоздает.

6 Что вы делаете в субботу?
7 В пятницу Олега не будет на работе.
8 Завтра Виктор идёт на футбольный матч. У него уже есть билет.

will/shall 2

I'll … (**I will**) *используется, когда говорящий предлагает что-то сделать или только что решил что-то сделать:*

- ○ 'My bag is very heavy.' **'I'll carry** it for you.' … *"Я понесу её".*
- ○ '**I'll phone** you tomorrow, OK?' 'OK, bye.'
  "Я позвоню тебе завтра, хорошо?" …

Если говорящий решает что-то сделать или не делать, то часто используется
I think I'll … / I don't think I'll … :

- ○ I'm tired. **I think I'll go** to bed early tonight. … *Думаю, что сегодня я лягу спать рано.*
- ○ It's a nice day. **I think I'll sit** outside. … *Думаю, что я посижу на улице.*
- ○ It's raining. **I don't think I'll go** out. … *Не думаю, что я пойду на улицу.*

Не используйте present simple (**I go / I phone** *и т. д.*) *в таких ситуациях:*

- ○ **I'll phone** you tomorrow, OK? (*неверно* I phone you)
- ○ I think **I'll go** to bed early. (*неверно* I go to bed)

Не используйте **I'll …** , *если говорите о ранее принятом решении* (→ *Разделы 26–27*):

- ○ **I'm working** tomorrow. (*неверно* I'll work) *Завтра я работаю.*
- ○ I don't want my car any more. I'm **going to sell** it. (*неверно* I'll sell)
  … *Я собираюсь её продать.*
- ○ What **are** you **doing** at the weekend? (*неверно* What will you do)
  Что вы делаете на этих выходных?

Shall I … ? Shall we … ?

Shall I / Shall we … ? *используется, когда предлагают что-то сделать:*

- ○ It's very warm in this room. **Shall I open** the window?
  … *Мне открыть окно? (букв. Я открою окно?)*
- ○ A: **Shall I phone** you this evening? *Я позвоню тебе …? …*
  B: Yes, please.
- ○ I'm going to a party tonight. What **shall I wear?** … *Что мне надеть?*

- ○ It's a nice day. **Shall we go** for a walk? … *Пойдём гулять?*
- ○ Where **shall we go** for our holidays this year? *Куда бы нам поехать в отпуск?*
- ○ A: Let's go out this evening.
  B: OK, what time **shall we meet**? *Хорошо, во сколько встретимся?*

What are you doing tomorrow? → Раздел 26   I'm going to … → Раздел 27   will/shall 1 → Раздел 28
Let's → Разделы 36, 54

Упражнения

29.1 Заполните пропуски. Используйте **I'll** (**I will**) + глаголы из рамки:

~~carry~~   do   eat   show   sit   stay

1	My bag is very heavy.	*I'll carry* _____ it for you.
2	I don't want this banana.	Well, I'm hungry. _____ it.
3	Do you want a chair?	No, it's OK. _____ on the floor.
4	Did you phone Sophie?	Oh no, I forgot. _____ it now.
5	Are you coming with me?	No, I don't think so. _____ here.
6	How do you use this camera?	Give it to me and _____ you.

29.2 Заполните пропуски. Используйте **I think I'll ...** или **I don't think I'll ...** + глаголы из рамки:

buy   buy   ~~go~~   have   play

1 It's cold today. *I don't think I'll go* _____ out.
2 I'm hungry. I _____ something to eat.
3 I feel very tired. _____ tennis.
4 I like this hat. _____ it.
5 This camera is too expensive. _____ it.

29.3 Выберите правильный вариант.

1 ~~I phone~~ / I'll phone you tomorrow, OK?   (<u>I'll phone</u> – *правильно*)
2 I haven't done the shopping yet. <u>I do / I'll do</u> it later.
3 I like sport. <u>I watch / I'll watch</u> a lot of sport on TV
4 I need some exercise. I think <u>I go / I'll go</u> for a walk.
5 Carl <u>is going to buy / will buy</u> a new car. He told me last week.
6 'This book belongs to Tina.' 'OK. <u>I give / I'll give / I'm going to give</u> it to her.'
... doing / Will you do anything this evening?
... out with some friends.
... work / I'm working / I'll work.

... пользуйте слова из обеих рамок.

some sandwiches   the TV
the light   ~~the window~~

Shall I open the window?
_____
_____

... **... ?** Используйте слова из обеих рамок.

where | buy   invite
who | go   ~~meet~~

OK, *what time shall we meet?*
OK, _____
OK, _____
OK, _____

3 | Let's spend ...
4 | Let's have a party.

29.6 Переведите предложения на английский язык, используя **will** или **shall**.

приносить = bring
свободен = free

1 Я принесу Вам стул.
2 Не думаю, что мы поедем в отпуск в этом году.
3 Я голоден. Думаю, я сделаю бутерброд.
4 Дождь идёт? Мне взять зонтик?
5 Сходим в парк?
6 Я позвоню Нине вечером.
7 Во сколько завтра встретимся?
8 A: Ты свободна в субботу?
   B: Нет, я иду на вечеринку.

might

A

He **might go** to New York.
Возможно, он поедет в Нью-Йорк.

It **might rain**.
Может быть, пойдёт дождь.

might + *инфинитив* (**might go** / **might be** / **might rain** *и т. д.*):

I/we/you/they he/she/it	**might** (not)	**be** **go** **play** **come** *и т. д.*

B

I might = *я, возможно / может быть, …*

- I **might go** to the cinema this evening, but I'm not sure.
  Возможно, я пойду в кино сегодня вечером, но я не уверена.
- A: When is Rebecca going to phone you?
  B: I don't know. She **might phone** this afternoon.
     … Может быть, она позвонит сегодня днём.
- Take an umbrella with you. It **might rain**.
- Buy a lottery ticket. You **might be** lucky.
  … Возможно, тебе повезёт.
- A: Are you going out tonight?
  B: **I might**. *Может быть.*

Сравните:
- I**'m playing** tennis tomorrow. *(точно)*
  I **might play** tennis tomorrow. *(возможно)*
- Rebecca **is going to phone** later. *(точно)*
  Rebecca **might phone** later. *(возможно)*

C

I might not = *я, возможно / может быть, не …*

- I **might not go** to work tomorrow.
  Возможно, я не пойду на работу …
- Tim **might not come** to the party.
  Тим, может быть, не придёт на вечеринку.

D

may

Вместо **might** *можно использовать* **may**. **I may** = **I might**:
- I **may go** to the cinema this evening. (= I might go)
- Tim **may not come** to the party. (= Tim might not come)

May I … ? (*Можно мне … ?*) *используется, чтобы спросить разрешения:*
- **May I** ask a question? *Можно задать вопрос?*
- A: **May I** sit here? *Можно сюда сесть?*
  B: Yes, of course.

Чтобы спросить разрешения, можно также использовать **Can I** … ?
- **Can I** sit here?

will ➜ **Разделы 28–29**   can ➜ **Раздел 31**

Упражнения

30.1 Напишите предложения с **might**.

1 (it's possible that I'll go to the cinema)   *I might go to the cinema.*
2 (it's possible that I'll see you tomorrow)   I ....
3 (it's possible that Sarah will forget to phone) ....
4 (it's possible that it will snow today) ....
5 (it's possible that I'll be late tonight) ....

Напишите предложения с **might not**.

6 (it's possible that Mark will not be here next week) ....
7 (it's possible that I won't have time to go out) ....

30.2 Вас спрашивают о планах. У вас есть некоторые идеи, но вы не уверены.
Выберите слова из рамки и напишите предложения с **I might**.

| fish | go away | ~~Italy~~ | Monday | a new car | taxi |

1 Where are you going for your holidays?   I'm not sure.   *I might go to Italy.*
2 What are you doing at the weekend?   I don't know. I ....
3 When will you see Kate again?   I'm not sure. ....
4 What are you going to have for dinner?   I don't know. ....
5 How are you going to get home tonight?   I'm not sure. ....
6 I hear you won some money. What are you going to do with it?   I haven't decided yet. ....

30.3 Вы задали Бену вопросы о его планах на завтра. В некоторых планах он уверен, но в большинстве случаев он сомневается.

1 Are you playing tennis tomorrow?   Yes, in the afternoon.
2 Are you going out tomorrow evening?   Possibly.
3 Are you going to get up early?   Perhaps.
4 Are you working tomorrow?   No, I'm not.
5 Will you be at home tomorrow morning?   Maybe.
6 Are you going to watch TV?   I might.
7 Are you going out in the afternoon?   Yes, I am.
8 Are you going shopping?   Perhaps.

Ben

Теперь напишите, что Бен будет делать завтра. Где необходимо, также используйте **might**.

1   *He's playing tennis tomorrow afternoon.*
2   *He might go out tomorrow evening.*
3 He ....
4 ....
5 ....
6 ....
7 ....
8 ....

30.4 Напишите три предложения о том, что вы, возможно, будете делать завтра.
Используйте **might**.

1 ....
2 ....
3 ....

30.5 Переведите предложения на английский язык, используя **might** или **may**.

спортзал = gym
на Новый год = at New Year

1 Возможно, завтра мы тебя увидим.
2 Марина больна. Может быть, она останется дома.
3 A: Вы идёте на вечеринку?
   B: Возможно, я пойду.
4 Я устал. Возможно, я не пойду в спортзал.

5 Я могу Вам помочь?
6 В субботу, возможно, пойдёт снег.
7 Возможно, я поеду в Финляндию на Новый год.
8 Может быть, завтра меня не будет на работе.

can и could

He **can play** the piano.
Он умеет играть на пианино.

Вы не могли бы открыть дверь?

can + *инфинитив* (**can do** / **can play** / **can come** *и т. д.*):

		do				do?
I/we/you/they he/she/it	**can** **can't** (**cannot**)	**play** **see** **come** *и т. д.*		**can**	I/we/you/they he/she/it	**play?** **see?** **come?** *и т. д.*

I can do something = *я знаю как, умею или имею возможность что-то (с)делать:*

- I **can play** the piano. My brother **can play** the piano too.
  Я умею играть на пианино. Мой брат тоже умеет …
- Sarah **can speak** Italian, but she **can't speak** Spanish.
  … может говорить по-итальянски, но не может …
- A: **Can** you **swim**? *Ты умеешь плавать?*
- B: Yes, but I'm not a very good swimmer.
- A: **Can** you **change** twenty pounds? *Вы можете разменять двадцать фунтов?*
- B: I'm sorry, I **can't**. *… не могу.*
- I'm having a party next week, but Paul and Rachel **can't come**. *… не смогут прийти.*

В прошедшем времени (yesterday / last week *и т. д.*) *используется* **could/couldn't** (= *мог / не мог и т. д.*):

- When I was young, I **could run** very fast. *… могла бегать очень быстро.*
- Before Maria came to Britain, she **couldn't understand** much English. Now she **can understand** everything. *… не понимала многого по-английски … понимает всё.*
- I was tired last night, but I **couldn't sleep**. *… но я не мог заснуть.*
- I had a party last week, but Paul and Rachel **couldn't come**. *… не смогли прийти.*

Can you … ? **Could you** … ? **Can I** … ? **Could I** … ?

Can you … ? *(Вы можете … ?) или* **Could you** … ? *(Вы не могли бы … ?):*

- **Can you** open the door, please? *или* **Could you** open the door, please?
  Вы можете открыть дверь? / Вы не могли бы … ?
- **Can you** wait a moment, please? *или* **Could you** wait … ?
  Подождите, минутку, пожалуйста. / Вы не могли бы … ?

Can I have … ? *или* **Can I get** … ? *(Можно мне … ?):*

- **Can I have** a glass of water, please? *или* **Can I get** … ?
  Можно мне (получить) стакан воды, … ?

Can I … ? *или* **Could I** … ? *(Можно мне … ?) используется, чтобы спросить разрешения:*

- **Can I** sit here?
- Tom, **could I** borrow your umbrella?
  Том, можно одолжить твой зонтик?

May I … ? ➜ Раздел 30

Упражнения

31.1 Посмотрите на картинки и спросите Стива, умеет ли он это делать:

chess

10 kilometres

Вы

Steve

1 Can you swim?
2
3
4
5
6

Что из этого вы умеете делать? Напишите предложения о себе, используя **I can** или **I can't**.

7 I
8
9

10
11
12

31.2 Заполните пропуски. Используйте **can** или **can't** + глагол из рамки:

come   find   hear   see   speak

1 I'm sorry, but we ......can't come...... to your party next Saturday.
2 I like this hotel room. You .... the mountains from the window.
3 You are speaking very quietly. I .... you.
4 Have you seen my bag? I .... it.
5 Catherine got the job because she .... five languages.

31.3 Заполните пропуски. Используйте **can't** или **couldn't** + глагол из рамки:

decide   eat   find   go   go   sleep

1 I was tired, but I ......couldn't sleep...... .
2 I wasn't hungry yesterday. I .... my dinner.
3 Kate doesn't know what to do. She ....
4 I wanted to speak to Mark yesterday, but I .... him.
5 James .... to the concert next Saturday. He has to work.
6 Paula .... to the meeting last week. She was ill.

31.4 Что можно сказать в этих ситуациях? Используйте **can** или **could**.

1 (open/door)

Could you open
the door, please?

2 (pass/salt)

SALT

3 (have/postcards)

4 (turn off / radio)

5 (borrow/newspaper)

6 (use/pen)

31.5 Переведите предложения на английский язык, используя **can** или **could**.

ночью = at night
зарядить = charge

1 Наташа может говорить по-немецки.
2 Я не могу спать ночью.
3 Я не могу найти свои ключи. Ты можешь мне помочь?
4 Вчера Влад не мог прийти на работу.

5 Их дочь очень умная.
   Она умела читать, когда ей было три года!
6 Здесь можно зарядить мой телефон?
7 Можно, пожалуйста, поговорить с менеджером?
8 Иногда я не понимаю своих детей.

must   mustn't   don't need to

A

It's a fantastic film. You must see it.

must + инфинитив (**must do / must work** и т. д.):		
I/we/you/they he/she/it	**must**	do go see eat и т. д.

B

I must (do something) = *мне нужно / я должен(-на) что-то (с)делать:*
- ◯ I'm very hungry. I **must eat** something. … *Мне нужно поесть.*
- ◯ It's a fantastic film. You **must see** it. … *Вам надо его посмотреть.*
- ◯ The windows are very dirty. We **must clean** them. … *Мы должны их вымыть.*

В прошедшем времени (yesterday / last week и т. д.) используется **had to** *… (неверно must):*
- ◯ I was very hungry. I **had to eat** something. *(неверно* I must eat*)*
  … *Мне нужно было поесть.*
- ◯ We **had to walk** home last night. There were no buses. *(неверно* We must walk*)*
  Нам пришлось идти домой пешком …

C

mustn't (= must not)

I mustn't (do something) = *мне нельзя/запрещено что-то делать:*
- ◯ I **must go**. I **mustn't be** late.
  Я должна идти. Мне нельзя опаздывать.
- ◯ I **mustn't forget** to phone Chris.
  Я должен не забыть позвонить Крису.
- ◯ Be happy! You **mustn't be** sad.
  … *Не грусти. (букв. … Ты не должна грустить.)*
- ◯ You **mustn't touch** the pictures.
  Картины не трогать.

You mustn't touch the pictures.

D

don't need to

I don't need (to do something) = *мне не нужно; у меня нет необходимости что-то делать:*
- ◯ I **don't need to go** yet. I can stay a little longer. *Мне ещё не нужно уходить …*
- ◯ You **don't need to shout**. I can hear you OK. *Нет необходимости кричать …*

Можно также использовать **don't have to** *… :*
- ◯ I **don't have to go** yet. I can stay a little longer. *Мне ещё не нужно уходить …*

Сравните использование **don't need to** *и* **mustn't**:
- ◯ You **don't need to** go. You can stay here if you want.
  Вам необязательно уходить. Вы можете остаться здесь, …
- ◯ You **mustn't** go. You must stay here.
  Вам нельзя уходить. Вы должны остаться здесь.

I have to … ➜ **Раздел 34**

Упражнения

32.1 Заполните пропуски. Используйте **must** + глаголы из рамки:

be	~~eat~~	go	learn	meet	wash	win

1 I'm very hungry. I _____must eat_____ something.
2 Marilyn is a very interesting person. You _____ her.
3 My hands are dirty. I _____ them.
4 You _____ to drive. It will be very useful.
5 I _____ shopping. I need to buy some food.
6 The game tomorrow is very important for us. We _____ .
7 You can't always have things immediately. You _____ patient.

32.2 Вставьте **I must** или **I had to**.

1 _____I had to_____ walk home last night. There were no buses.
2 It's late. _____ go now.
3 I don't usually work on Saturdays, but last Saturday _____ work.
4 _____ get up early tomorrow. I have a lot to do.
5 I came here by train. The train was full and _____ stand all the way.
6 I was nearly late for my appointment this morning. _____ run to get there on time.
7 I forgot to phone David yesterday. _____ phone him later today.

32.3 Заполните пропуски. Используйте **mustn't** или **don't need to** + глаголы из рамки:

forget	~~go~~	lose	phone	rush	wait

1 I _____don't need to go_____ home yet. I can stay a little longer.
2 We have a lot of time. We _____ .
3 Keep these papers in a safe place. You _____ them.
4 I'm not ready yet, but you _____ for me. You can go now and I'll come later.
5 We _____ to turn off the lights before we leave.
6 I must contact David, but I _____ him – I can send him an email.

32.4 Найдите предложения с одинаковым значением.

1 We can leave the meeting early.	A We must stay until the end.	1 _____E_____
2 We must leave the meeting early.	B We couldn't stay until the end.	2 _____
3 We mustn't leave the meeting early.	C We can't stay until the end.	3 _____
4 We had to leave the meeting early.	D We can stay until the end.	4 _____
5 We don't need to leave the meeting early.	E We don't need to stay until the end.	5 _____

32.5 Вставьте **must** / **mustn't** / **had to** / **don't need to**.

1 You _____don't need to_____ go. You can stay here if you want.
2 It's a fantastic film. You _____must_____ see it.
3 The restaurant won't be busy tonight. We _____ reserve a table.
4 I was very busy last week. I _____ work every evening.
5 I want to know what happened. You _____ tell me.
6 I don't want Sue to know what happened. You _____ tell her.
7 I _____ go now or I'll be late for my appointment.
8 'Why were you so late?' 'I _____ wait half an hour for a bus.'
9 We _____ decide now. We can decide later.
10 It's Lisa's birthday next week. I _____ forget to buy her a present.

32.6 Переведите предложения на английский язык, используя **must**, **mustn't**, **had to** и **don't need to**.

1 Я должна позвонить матери. Сегодня её день рождения.
2 Это важная встреча. Ты не должен опаздывать!
3 Ты должен прочитать её новую книгу!
4 Нам не нужно покупать Тому подарок.
5 Сегодня я должна была встать очень рано.
6 Вы должны вести себя тихо в библиотеке.
7 Нам нельзя говорить Нине о вечеринке. Это сюрприз!
8 Мне обязательно нужно почистить свои туфли. Они грязные.

день рождения = birthday
вести себя тихо = be quiet

should

A

You shouldn't watch TV so much.

should + *инфинитив*
(**should do** / **should watch** *и т. д.*):

I/we/you/they he/she/it	should shouldn't	do stop go watch *и т. д.*

B

You **should** do something = *вам следует, стоит, нужно что-то (с)делать:*

- ◯ Tom doesn't study enough. He **should study** harder. ... *Ему следует учиться усерднее.*
- ◯ It's a good film. You **should go** and see it. ... *Вам стоит его посмотреть.*
- ◯ When you play tennis, you **should** always **watch** the ball. ... *нужно всегда следить за мячом.*

C

You **shouldn't** do something = *что-то делать не следует.*
Shouldn't = should not:

- ◯ Tom **shouldn't go** to bed so late. *Тому не следует ложиться спать так поздно.*
- ◯ You watch TV all the time. You **shouldn't watch** TV so much.
  ... *Тебе не следует столько смотреть телевизор.*

D

Часто употребляются вместе: **I think** ... **should** ...

Do you think I should buy this hat?

I think ... **should** ... :

- ◯ **I think** Lisa **should buy** some new clothes.
  Я думаю, Лизе надо купить новую одежду.
- ◯ It's late. **I think** I **should go** home now.
  ... *Думаю, что сейчас мне пора домой.*
- ◯ A: Shall I buy this coat?
  B: Yes, I **think** you **should**. *Думаю, что да.*

I don't think ... **should** ... :

- ◯ **I don't think** you **should work** so hard.
  Думаю, тебе не следует ... (букв. Не думаю, что тебе следует ...)
- ◯ **I don't think** we **should go** yet. It's too early.
  Не думаю, что нам уже нужно уходить ...

Do you think ... **should** ... ?:

- ◯ **Do you think** I **should buy** this hat?
  Как ты думаешь, мне стоит купить ... ?
- ◯ What time **do you think** we **should go** home?
  Во сколько, по-твоему, нам следует идти домой?

E

Must *выражает настоятельную рекомендацию или указание.* **Should** *выражает совет:*

- ◯ It's a **good** film. You **should** go and see it. *(совет)*
  ... *Тебе следует пойти посмотреть его.*
- ◯ It's a **fantastic** film. You **must** go and see it. *(настоятельная рекомендация)*
  ... *Ты должен пойти посмотреть его.*

F

Для выражения совета вместо **should** *можно использовать* **ought to**:

- ◯ It's a good film. You **ought to go** and see it. (= you should go)
  ... *Тебе следует пойти посмотреть его.*
- ◯ I think Lisa **ought to buy** some new clothes. (= Lisa should buy)
  Я думаю, Лизе надо купить новую одежду.

shall ➔ **Разделы 28–29**   must ➔ **Раздел 32**

Упражнения

33.1 Заполните пропуски, используя **you should** + глаголы из рамки:

> eat   go   take   visit   ~~watch~~   wear

1 When you play tennis, *you should watch* the ball.
2 It's late and you're very tired .... to bed.
3 .... plenty of fruit and vegetables.
4 If you have time, ... the Science Museum. It's very interesting.
5 When you're driving, ... a seat belt.
6 It's too far to walk from here to the station. .... a taxi.

33.2 Посмотрите на картинки и напишите об этих людях. Используйте **He/She shouldn't ... so ...** .

① You watch TV too much.   ② You eat too much.   ③ You work too hard.   ④ You drive too fast.

1 *She shouldn't watch TV so much.*   3 .... hard.
2 He ....   4 ....

33.3 Вы не можете принять решение и советуетесь с другом. Напишите вопросы с
Do you think I should ... ?

1 You are in a shop. You are trying on a jacket. (buy?)
  You ask your friend: *Do you think I should buy this jacket?*
2 You can't drive. (learn?)
  You ask your friend: Do you think ....
3 You don't like your job. (get another job?)
  You ask your friend: ....
4 You are going to have a party. (invite Gary?)
  You ask your friend: ....

33.4 Напишите предложения с **I think ... should ...** и **I don't think ... should ...** .

1 We have to get up early tomorrow. (go home now)   *I think we should go home now.*
2 That coat is too big for you. (buy it)   *I don't think you should buy it.*
3 You don't need your car. (sell it) ....
4 Karen needs a rest. (have a holiday) ....
5 Sarah and Dan are too young. (get married) ....
6 You're not well this morning. (go to work) ....
7 James isn't well today. (go to the doctor) ....
8 The hotel is too expensive for us. (stay there) ....

33.5 Что думаете вы? Напишите предложения с **should**.

1 I think *everybody should learn another language.*
2 I think everybody ....
3 I think ....
4 I don't think ....
5 I think I should ....

33.6 Переведите предложения на английский язык, используя **should**.

1 Вам стоит попробовать этот торт.
2 Борису не следует так много работать.
3 Когда, по-твоему, нам следует подарить Тому его подарок?
4 Сейчас поздно и тебе нужно ложиться спать.
5 Вы думаете, нам нужно купить новую машину?
6 Саше не следует есть так много шоколада.
7 Думаю, что мне стоит пойти погулять.
8 Я не думаю, что тебе следует плавать в реке.

попробовать = try
шоколад = chocolate
пойти погулять = go for a walk

77

I have to …

A

This is my medicine. I have to take it three times a day.

THREE TIMES A DAY

I have to do something = *я вынужден / мне приходится / мне надо что-то (с)делать*

I/we/you/they	**have**	**to do** **to work**
he/she/it	**has**	**to go** **to wear** *и т. д.*

- ○ I'll be late for work tomorrow. I **have to go** to the dentist. … *Мне нужно сходить к …*
- ○ Jane starts work at 7 o'clock, so she **has to get** up at 6. … *вынуждена / ей надо вставать …*
- ○ You **have to pass** a test to get a driving licence.
  Необходимо успешно сдать тест, чтобы получить водительские права.

B

В прошедшем времени (yesterday / last week и т. д.) используется **had to** … :
- ○ I was late for work yesterday. I **had to go** to the dentist. … *Мне нужно было сходить к …*
- ○ We **had to walk** home last night. There were no buses. *Нам пришлось идти домой пешком. …*

C

В вопросах и отрицаниях необходимо использовать **do/does** *(в настоящем времени)*
и **did** *(в прошедшем времени):*

настоящее время

do	I/we/you/they	
does	he/she/it	**have to … ?**

I/we/you/they	**don't**	
he/she/it	**doesn't**	**have to …**

прошедшее время

did	I/we/you/they	
does	he/she/it	**have to … ?**

I/we/you/they		
he/she/it	**didn't have to …**	

- ○ What time **do** you **have to go** to the dentist tomorrow? *Когда тебе нужно идти к … ?*
- ○ **Does** Jane **have to work** on Sundays? *Джейн вынуждена работать по … ?*
- ○ Why **did** they **have to leave** the party early? *Почему им пришлось уйти с …?*

I **don't have to** (do something) = *мне не нужно / нет необходимости что-то делать:*
- ○ I'm not working tomorrow, so I **don't have to get** up early.
  … поэтому мне не надо рано вставать.
- ○ Ian **doesn't have to work** very hard. He's got an easy job.
  Иэну не нужно много работать. …
- ○ We **didn't have to wait** very long for the bus – it came in a few minutes.
  Нам не пришлось долго ждать автобуса …

D

must *и* **have to**

Если вы выражаете своё личное мнение и хотите сказать, что, <u>по вашему мнению</u>, *необходимо что-то сделать, то используйте* **must** *или* **have to**:
- ○ It's a fantastic film. You **must** see it. *или* You **have to** see it.

Have to *(неверно* **must***) используется, если что-то необходимо сделать согласно правилу, обязательству и т. д. Это не личное мнение говорящего. Сравните:*
- ○ Jane won't be at work this afternoon. She **has to** go to the doctor.
  … Ей придётся идти к врачу. (= не моё личное мнение, а факт)
- ○ Jane isn't well. She doesn't want to go to the doctor, but I told her she **must** go.
  … Она не хочет …, но я ей сказала, что она должна сходить. (= моё личное мнение)

must / mustn't / needn't ➔ **Раздел 32**

Упражнения

34.1 Заполните пропуски. Используйте **have to** или **has to** + глаголы из рамки:

> do   hit   read   speak   travel   ~~wear~~

1 My eyes are not very good. I _have to wear_ glasses.
2 At the end of the course all the students .... a test.
3 Sarah is studying literature. She .... a lot of books.
4 Albert doesn't understand much English. You .... very slowly to him.
5 Kate is often away from home. She .... a lot in her job.
6 In tennis you .... the ball over the net.

34.2 Заполните пропуски. Используйте **have to** или **had to** + глаголы из рамки:

> answer   buy   change   go   ~~walk~~

1 We _had to walk_ home last night. There were no buses.
2 It's late. I .... now. I'll see you tomorrow.
3 I went to the supermarket after work yesterday. I .... some food.
4 This train doesn't go all the way to London. You .... at Bristol.
5 We did an exam yesterday. We .... six questions out of ten.

34.3 Закончите предложения. Некоторые из них должны быть в настоящем времени, некоторые – в прошедшем.

1 I have to get up early tomorrow.	What time _do you have to get up_ ?
2 George had to wait a long time.	How long .... ?
3 Lisa has to go somewhere.	Where .... ?
4 We had to pay a lot of money.	How much .... ?
5 I have to do some work.	What exactly .... ?

34.4 Напишите предложения с **don't**/**doesn't**/**didn't have to … .**

1 Why are you going out? You _don't have to go out._
2 Why is Sue waiting? She ....
3 Why did you get up early? You ....
4 Why is Paul working so hard? He ....
5 Why do you want to leave now? We ....

34.5 Выберите правильный вариант. В некоторых предложениях возможны оба варианта (**must** или **have to**). В других предложениях правилен только один из них.

1 It's a fantastic film. You must see / have to see it. (*оба варианта правильны*)
2 Jessica won't be at work this afternoon. She ~~must go~~ / has to go to the doctor. (has to go – *правильно*)
3 You can't park your car here for nothing. You must pay / have to pay.
4 I didn't have any money with me last night, so I must borrow / had to borrow some.
5 I eat too much chocolate. I really must stop / have to stop.
6 Paul is in a hurry. He must meet / has to meet somebody in five minutes.
7 What's wrong? You must tell / have to tell me. I want to help you.

34.6 Напишите несколько предложений о том, что вам (вашим друзьям или членам семьи) приходится, придётся или пришлось (с)делать.

1 (every day) _I have to travel ten miles every day._
2 (every day) ....
3 (yesterday) ....
4 (tomorrow) ....

34.7 Переведите предложения на английский язык, используя **have to** / **doesn't have to … .**

1 Завтра мне необходимо встать очень рано.
2 Вам пришлось работать вчера?
3 Почему Вере пришлось уйти так рано?
4 Моя бабушка вынуждена принимать это лекарство каждый день.
5 Во сколько ты должна быть в офисе?
6 Автобус не пришёл, поэтому нам пришлось взять такси.
7 Мне нужно покупать билет в этот музей?
8 Было солнечно, поэтому мне не пришлось брать зонтик.

> Во сколько = What time
> взять такси = take a taxi
> зонтик = umbrella

Would you like ... ?   I'd like ...

A

Would you like ... ? = *Хотите/Хочешь ... ?*

Would you like ... ? *используется, чтобы предложить что-нибудь:*

- ◯ A: **Would you like** some coffee? *Хочешь кофе?*
  B: No, thank you.
- ◯ A: **Would you like** a chocolate? *Хотите конфету?*
  B: Yes, please.
- ◯ A: What **would you like**, tea or coffee?
  Что ты хочешь – чай или кофе?
  B: Tea, please.

Would you like to ... ? *используется, чтобы пригласить кого-то:*

- ◯ **Would you like to go** for a walk? *Хотите прогуляться?*
- ◯ A: **Would you like to have** lunch with us on Sunday? *Хочешь пообедать с нами...?*
  B: Yes, **I'd love to**. *Да, с удовольствием. (букв. Я очень хотела бы.)*
- ◯ What **would you like to do** this evening? *Что ты хочешь делать ...?*

B

I'd like ... – *это вежливый способ сказать* 'I want'. **I'd like** = **I would** like:

- ◯ I'm thirsty. **I'd like** a drink. *... Я хочу / хотела бы попить.*
- ◯ (*в турбюро*) **I'd like** some information about hotels, please.
  Я хочу / хотел бы получить информацию о гостиницах ...
- ◯ I'm feeling tired. **I'd like to stay** at home this evening.
  ... Я хочу / хотела бы остаться дома ...

C

Would you like ... ? *и* **Do you like ... ?**

Would you like ... ? / **I'd like** ...	**Do you like ... ?** / **I like** ...

Would you like some tea? = *Хотите чая?*	**Do you like tea?** = *Вам нравится чай?*
◯ A: **Would you like** to go to the cinema tonight? *Хочешь пойти в кино ...?* B: Yes, I'd love to.	◯ A: **Do you like** going to the cinema? *Тебе нравится ходить в кино?* B: Yes, I go to the cinema a lot.
◯ **I'd like** an orange, please. *Дайте, пожалуйста, апельсин.* *(букв. Я хотела бы ...)*	◯ **I like** oranges. *Мне нравятся апельсины.*
◯ What **would you like** to do next weekend? *Что ты хочешь делать в следующие выходные?*	◯ What **do you like** to do at weekends? *Что тебе нравится делать по выходным?*

like to do *и* like -ing → Раздел 32   I would do something if ... → Раздел 100

Упражнения

35.1 Посмотрите на картинки. Напишите, что говорят эти люди. Используйте **Would you like ... ?**

① Would you like a chocolate?

35.2 Что вы скажете Лоре в этих ситуациях? Используйте **Would you like to ... ?**

1 You want to go to the cinema tonight. Perhaps Laura will go with you. (go)
   You say: *Would you like to go to the cinema tonight?*
2 You want to play tennis tomorrow. Perhaps Laura will play too. (play)
   You say: ....
3 You have an extra ticket for a concert next week. Perhaps Laura will come. (come)
   You say: ....
4 It's raining and Laura is going out. She doesn't have an umbrella, but you have one. (borrow)
   You say: ....

35.3 Выберите правильный вариант.

1 '~~Do you like~~ / Would you like a chocolate?'   'Yes, please.'   (Would you like – *правильно*)
2 'Do you like / Would you like bananas?'   'Yes, I love them.'
3 'Do you like / Would you like an ice cream?'   'No, thank you.'
4 'What do you like / would you like to drink?'   'A glass of water, please.'
5 'Do you like / Would you like to go out for a walk?'   'Not now. Perhaps later.'
6 I like / I'd like tomatoes, but I don't eat them very often.
7 What time do you like / would you like to have dinner this evening?
8 'Do you like / Would you like something to eat?'   'No, thanks. I'm not hungry.'
9 'Do you like / Would you like your new job?'   'Yes, I'm enjoying it.'
10 I'm tired. I like / I'd like to go to sleep now.
11 'I like / I'd like a sandwich, please.'   'Sure. What kind of sandwich?'
12 'What kind of music do you like / would you like?'   'All kinds.'

35.4 Переведите предложения на английский язык, используя **I'd like**, **would you like**, **do you like** и т. д.

1 Хотите стакан воды?
2 (в кафе) Я хочу два кофе, пожалуйста.
3 Я хотела бы рассказать вам историю.
4 Хочешь увидеть мои фото с отпуска?
5 Марина хочет путешествовать.
6 а: Ты хотела бы посмотреть фильм в воскресенье?
   в: Очень хотела бы!
7 Ты любишь конфеты?
8 Что бы Вы хотели на завтрак?

рассказать историю =
   tell a story
фото с отпуска =
   holiday photos
на завтрак = for breakfast

Do this!   Don't do that!   Let's do this!

Когда кому-то говорят что-то сделать, то используют **come/look/go/wait/be** *и т. д.* :

- ☐ A: **Come** here and **look** at this! *Иди сюда и посмотри на это!*
  B: What is it?
- ☐ I don't want to talk to you. **Go** away! *… Уходи!*
- ☐ I'm not ready yet. Please **wait** for me. *… Пожалуйста, подождите меня.*
- ☐ Please **be** quiet. I'm working. *Пожалуйста, тихо. …*

также в предложениях:

- ☐ **Have** a good holiday! / **Have** a nice time! / **Have** a good flight! / **Have** fun!
  Желаю хорошего отпуска! / … хорошо провести время! / … хорошего полёта! / Повеселитесь!
- ☐ A: **Have** a chocolate. *Хотите конфету? (букв. Возьмите конфету.)*
  B: Oh, thanks.

Когда говорят чего-то не делать, то используют **don't** *…:*

- ☐ Be careful! **Don't fall**. *… Не упади!*
- ☐ Please **don't go**. Stay here with me. *Пожалуйста, не уходи. …*
- ☐ Be here on time. **Don't be** late. *… Не опаздывайте.*

Когда предлагают сделать что-то вместе, то используют **Let's** … . Let's = Let us.

- ☐ It's a nice day. **Let's go** out.
  … Давай сходим куда-нибудь.
- ☐ Come on! **Let's dance**.
  … Давай потанцуем!
- ☐ Are you ready? **Let's go**.
  Ты готов? Пошли!
- ☐ **Let's have** fish for dinner tonight.
  Давай поедим рыбу сегодня на ужин.
- ☐ A: Shall we go out tonight?
  B: No, I'm tired. **Let's stay** at home.
  … Давай останемся дома.

Отрицательное предложение: **Let's not** … .

- ☐ It's cold. **Let's not** go out. Let's stay at home.
  … Давай никуда не пойдём. Давай останемся дома.
- ☐ **Let's not** have fish for dinner tonight. Let's have chicken.
  Давай не будем есть рыбу … Давай поедим курицу.

shall we … ? ➜ **Раздел 29**

Упражнения

36.1 Посмотрите на картинки. Что говорят эти люди? Некоторые предложения должны быть утвердительными (**buy**/**come** и т. д.), а некоторые – отрицательными (**don't buy** / **don't come** и т. д.). Используйте глаголы из рамки:

| be | buy | ~~come~~ | ~~drink~~ | drop | forget | have | sit | sleep | smile |

1. Come ...... in!
2. Don't drink ...... the water!
3. It's too expensive. .... it.
4. OK, are you ready? .... !
5. .... on the cat!
6. Bye! .... a nice time!
7. .... to phone me. — Don't worry. I won't.
8. I'm going to bed now. — OK. .... well.
9. .... careful with that vase. .... it!

36.2 Закончите предложения. Используйте **let's** и выражения из рамки:

| ~~go for a swim~~ | go to a restaurant | take a taxi | wait a little | watch TV |

1 Would you like to play tennis? No, *let's go for a swim* .
2 Do you want to walk home? No, ...
3 Shall I put a CD on? No, ...
4 Shall we eat at home? No, ...
5 Would you like to go now? No, ...

36.3 Напишите ответы на вопросы. Используйте **No, don't …** или **No, let's not …** .

1 Shall I wait for you? *No, don't wait for me.*
2 Shall we go home now? *No, let's not go home yet.*
3 Shall we go out? ....
4 Do you want me to close the window? ....
5 Shall I phone you tonight? ....
6 Do you think we should wait for Andy? ....
7 Do you want me to turn on the light? ....
8 Shall we go by bus? ....

36.4 Переведите предложения на английский язык.

1 Садитесь, пожалуйста.
2 Давай посмотрим фильм в воскресенье.
3 Не трогай тарелку! Она горячая.
4 Давай не будем говорить о Гари.
5 Идите до конца улицы и поверните налево.

6 Не забудь своё пальто.
7 Расскажи мне о своём дне.
8 Желаю приятного вечера!
9 Давай не будем готовить сегодня вечером. Давай закажем пиццу.

трогать = touch
говорить о = talk about
готовить = cook
заказать = order

83

I used to …

A

Дейв несколько лет назад

I work in a factory.

Дейв сейчас

I work in a supermarket. I used to work in a factory.

Dave **used to work** in a factory.
Дейв раньше работал на фабрике.

Now he **works** in a supermarket.
Теперь он работает в супермаркете.

he **used to** work	he works
в прошлом	*сейчас*

Dave **used to work** … = *раньше работал на фабрике, сейчас он там не работает.*

B

Можно также сказать **I used to work** … / **she used to have** … / **they used to be** … *и т. д.* :

I/you/we/they he/she/it	**used to**	**be** **work** **have** **play** *и т. д.*

Used to *используется, когда сообщают о регулярном действии или о состоянии в прошлом.*
На русский язык переводится как "раньше делал/был/имел":

- When I was a child, I **used to like** chocolate.
  Когда я была ребёнком, мне нравился шоколад.
- I **used to read** a lot of books, but I don't read much these days.
  Я раньше много читал, но теперь я читаю мало.
- Lisa has short hair now, but it **used to be** very long.
  … но раньше они были очень длинные.
- They **used to live** in the same street as us, so we **used to see** them a lot. But we don't see them much these days.
  … раньше жили …, поэтому мы часто с ними виделись. …
- Helen **used to have** a piano, but she sold it a few years ago.
  У Хелен раньше было пианино, но она его продала …

I used to have very long hair.

Отрицательные предложения: **I didn't use to** … .

- When I was a child, I **didn't use to like** tomatoes.
  В детстве, я не любил помидоры.

Вопросительные предложения: **did you use to** … ?

- Where **did** you **use to live** before you came here?
  Где вы жили до приезда сюда?

C

Used to… *используется только в прошедшем времени. Форма* I use to … *в настоящем времени не существует:*

- I **used to play** tennis. These days I **play** golf. (*неверно* I use to play golf)
  Я раньше играла в теннис. Теперь я играю в гольф.
- We usually **get** up early. (*неверно* We use to get up early)
  Мы обычно встаём рано.

Упражнения

37.1 Посмотрите на картинки. Заполните пропуски, используя **used to ...** .

① This is me a few years ago.

She used to have long hair.

② When I was younger ...

He .... football.

③ I'm a hairdresser now.

A FEW YEARS AGO

.... a taxi driver.

④ We live in London now.

OUR HOUSE IN THE COUNTRY 20 YEARS AGO

.... in the country.

⑤ This is me 20 years ago. I never wear glasses now.

⑥ NOW

A LONG TIME AGO

This building ....

37.2 Сейчас Карен много работает, и у неё почти нет свободного времени. Несколько лет назад всё было по-другому.

Карен несколько лет назад

Do you do any sport? → Yes, I swim every day and I play volleyball.

Do you go out much? → Yes, most evenings.

Do you play a musical instrument? → Yes, the guitar.

Do you like reading? → Yes, I read a lot.

Do you travel much? → Yes, I go away two or three times a year.

Карен сейчас

I work very hard in my job. I don't have any free time.

Напишите предложения о Карен, используя **used to ...** .

1   She used to swim every day.
2   She ....
3   ....
4   ....
5   ....
6   ....

37.3 Заполните пропуски. Используйте **used to** или present simple (**I play** / **he lives** и т. д.).

1   I ...used to play... tennis. I stopped playing a few years ago.
2   'Do you do any sport?'   'Yes, I ...play... basketball.'
3   'Do you have a car?'   'No, I .... one, but I sold it.'
4   George .... a waiter. Now he's the manager of a hotel.
5   'Do you go to work by car?'   'Sometimes, but most days I .... by train.'
6   When I was a child, I never .... meat, but I eat it now.
7   Mary loves watching TV. She .... TV every evening.
8   We .... near the airport, but we moved to the city centre a few years ago.
9   Normally I start work at 7 o'clock, so I .... up very early.
10   What games .... you .... when you were a child?

37.4 Переведите предложения на английский язык, используя **used to**.

1   Анна раньше была очень стеснительной.
2   Вы раньше работали в Туле?
3   Моя бабушка любила этот фильм.
4   Раньше у меня была собака. Теперь у меня кошка.
5   Моя дочь раньше играла на гитаре.

6   Раньше Борис не ел рыбу. Теперь он её любит.
7   Где вы работали до того, как стали учителем?
8   У нас не было большого дома, когда мы жили в Лондоне.

стеснительный = shy
играть на гитаре = play the guitar

85

there is   there are

A

SUNDAY
MONDAY
TUESDAY
WEDNESDAY
THURSDAY
FRIDAY
SATURDAY
} 7

There's a man on the roof.
На крыше находится мужчина.

There's a train at 10.30.
Есть поезд в 10:30.

There are seven days in a week.
В неделе семь дней.

единственное число

there is … (there's)
(*есть/находится/лежит и т. д.*)
is there … ?
there is not … (there isn't
или there's not)

○ **There's** a big tree in the garden.
  В саду есть большое дерево.
○ **There's** a good film on TV tonight.
  Сегодня вечером по телевизору идёт хороший фильм.
○ A: Do you have any money?
  B: Yes, **there's** some in my bag.   *Да, есть у меня в сумке.*
○ A: Excuse me, **is there** a hotel near here?
  … здесь поблизости есть гостиница?
  B: Yes, **there is**. / No, **there isn't**.   *Да, есть. / Нет, нету.*
○ We can't go skiing. **There isn't** any snow.
  Мы не можем пойти кататься на лыжах.   Нет снега.

множественное число

there are …
(*есть/находятся/лежат и т. д.*)
are there … ?
there are not … (there aren't)

○ **There are** some big trees in the garden.   *В саду есть …*
○ **There are** a lot of accidents on this road.
  На этой дороге случается много аварий.
○ A: **Are there** any restaurants near here?
  Здесь поблизости есть … ?
  B: Yes, **there are**. / No, **there aren't**.
○ This restaurant is very quiet.   **There aren't** many people here.
  … Здесь немного народу.
○ How many players **are there** in a football team?
  Сколько игроков в футбольной команде?

B

Сравните использование **there is** *и* **it is**:

there is	it is

There's a book on the table.	I like this book . **It's** interesting.
(*неверно* It's a book on the table.)	(**It** = this book)
На столе лежит книга.	*Мне нравится эта книга. Она интересная.*

Сравните:
○ A: What's **that noise**?   *Что там за шум?*
  B: **It's** a train. (**It** = that noise)   *Это поезд.*
  There's a train at 10.30. **It's** a fast train. (**It** = the 10.30 train)
  Есть поезд в 10:30. Это скорый поезд.

○ **There's** a lot of salt in this soup.   *В супе очень много соли.*
  I don't like **this soup**. **It's** too salty. (**It** = this soup)
  Мне не нравится этот суп. Он слишком солёный.

there was / were / has been *и т. д.* → **Раздел 39**   if *и* there → **Раздел 40**   some *и* any → **Раздел 77**

Упражнения

38.1 Брокстон – небольшой город. Прочитайте информацию в рамке и напишите предложения о Брокстоне. Используйте **There is**/**are** или **There isn't**/**aren't**.

1	a castle?	No
2	any restaurants?	Yes (a lot)
3	a hospital?	Yes
4	a swimming pool?	No
5	any cinemas?	Yes (two)
6	a university?	No
7	any big hotels?	No

1 *There isn't a castle.*
2 *There are a lot of restaurants.*
3 ....
4 ....
5 ....
6 ....
7 ....

38.2 Напишите предложения о вашем городе (или о городе, который вы знаете). Используйте **There is**/**are** или **There isn't**/**aren't**.

1 *There are a few restaurants.*
2 *There's a big park.*
3 ....
4 ....
5 ....
6 ....

38.3 Вставьте **there is** / **there isn't** / **is there** или **there are** / **there aren't** / **are there**.

1 Broxton isn't an old town. *There aren't* any old buildings.
2 Look! .... a picture of your brother in the newspaper!
3 'Excuse me, ... a bank near here?' 'Yes, at the end of the street.'
4 .... five people in my family: my parents, my two sisters and me.
5 'How many students .... in the class?' 'Twenty.'
6 The road is usually very quiet. .... much traffic.
7 .... a bus from the city centre to the airport?' 'Yes, every 20 minutes.'
8 .... any problems?' 'No, everything is OK.'
9 .... nowhere to sit down. .... any chairs.

38.4 Напишите предложения с **There are ...** . Используйте слова из рамок.

~~seven~~	twenty-six
eight	thirty
fifteen	fifty

letters	~~days~~
players	days
planets	states

September	the solar system
the USA	~~a week~~
a rugby team	the English alphabet

1 *There are seven days in a week.*
2 ....
3 ....
4 ....
5 ....
6 ....

38.5 Вставьте **there's** / **is there** или **it's** / **is it**.

1 ' *There's* a train at 10.30. ' *Is it* a fast train?'
2 I'm not going to buy this shirt. .... too expensive.
3 'What's wrong?' '.......................... something in my eye.'
4 .... a red car outside your house. .... yours?
5 '.......................... anything good on TV tonight?' 'Yes, ... a programme I want
to see at 8.15.'
6 'What's that building?' '.......................... a school.'
7 '.......................... a restaurant in this hotel?' 'No, I'm afraid not.'

38.6 Переведите предложения на английский язык.

1 В моей комнате есть телевизор.
2 A: Здесь поблизости есть магазины?
   B: Да, есть.
3 В нашем городе нет театра.
4 A: Здесь поблизости есть банкомат?
   B: Нет, нету.
5 Сколько студентов в вашем классе?
6 В нашем доме три комнаты.
7 В холодильнике нет яиц.
8 A: Что это за здание?
   B: Это больница.

банкомат = cashpoint
холодильник = fridge
яйца = eggs
здание = building
больница = hospital

there was/were   there has/have been
there will be

A   there was / there were *(прошедшее время)*

There is a train every hour.
Каждый час есть поезд.

The time now is 11.15.
There was a train at 11 o'clock.
В 11 часов был поезд.

Сравните:

there is/are *(настоящее время)*

- ○ **There's** a good film on TV tonight.
  Сегодня вечером по телевизору идёт …
- ○ We are staying at a very big hotel.
  There are 550 rooms.
  Здесь 550 комнат.
- ○ Is everything OK? **Are there** any problems?
  … Есть какие-либо проблемы?

- ○ I'm hungry, but **there isn't** anything to eat.
  … но есть нечего.

there was/were *(прошедшее время)*

- ○ **There was** a good film on TV last night.
  Вчера вечером по телевизору шёл …
- ○ We stayed at a very big hotel.
  There were 550 rooms.
  Там было 550 комнат.
- ○ Was everything OK yesterday? **Were there** any problems?
  … Были какие-либо проблемы?
- ○ I was hungry when I got home, but **there wasn't** anything to eat.
  … но есть было нечего.

B   there has been / there have been *(present perfect)* = *произошло, случилось (к настоящему моменту)*

There's been an accident.

- ○ Look! **There's been** an accident.
  (**there's been** = there **has** been)
  … Здесь произошла авария.
- ○ This road is very dangerous. **There have been** many accidents.
  … Здесь произошло много аварий.

Сравните с **there was** *(прошедшее время):*

- ○ **There was** an accident **last night**.
  (*неверно* There has been an accident last night.)
  Вчера вечером произошла авария.

Подробно о past simple *и* present perfect *смотрите в Разделе 21.*

C   there will be = *будет/будут*

There will be rain tomorrow afternoon.

- ○ Do you think **there will be** a lot of people at the party on Saturday?
  Как ты думаешь, на вечеринке … будет много народу?
- ○ The manager of the company is leaving, so **there will be** a new manager soon.
  … поэтому скоро будет новый менеджер.
- ○ I'm going away tomorrow. I'll do my packing today because **there won't be** time tomorrow.
  (**there won't be** = there **will not** be)
  … потому что завтра не будет времени.

was/were ➔ Раздел 11   has/have been ➔ Разделы 16–19   will ➔ Раздел 28   there is/are ➔ Раздел 38
there *и* it ➔ Разделы 38, 40   some *и* any ➔ Раздел 77

Упражнения

39.1 Посмотрите на картинки. Сейчас в комнате пусто, а что там было на прошлой неделе? Напишите предложения с **There was ...** или **There were ...** . Используйте слова из рамки.

an armchair	a carpet	some flowers	a sofa
some books	~~a clock~~	three pictures	a small table

 на прошлой неделе

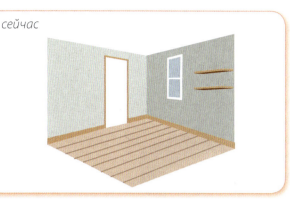 сейчас

1 _There was a clock_ .... on the wall near the window.
2 .... on the floor.
3 .... on the wall near the door.
4 .... in the middle of the room.
5 .... on the table.
6 .... on the shelves.
7 .... in the corner near the door.
8 .... opposite the armchair.

39.2 Вставьте **there was** / **there wasn't** / **was there** или **there were** / **there weren't** / **were there**.

1 I was hungry, but ___there wasn't___ anything to eat.
2 Was everything OK yesterday? ___Were there___ any problems?
3 I opened the envelope, but it was empty. .... nothing in it.
4 'We stayed at a very nice hotel.' 'Really? .... a swimming pool?'
5 'Did you buy any bananas?' 'No, ... any in the shop.'
6 The wallet was empty. .... any money in it.
7 .... many people at the meeting? 'No, very few.'
8 We didn't visit the museum. .... enough time.
9 I'm sorry I'm late. .... a lot of traffic.
10 Twenty years ago .... many tourists here. Now there are a lot.

39.3 Вставьте **there** + **is** / **are** / **was** / **were** / **has been** / **have been** / **will be**.

1 _There was_ a good film on TV last night.
2 .... 24 hours in a day.
3 .... a party at the club last Friday, but I didn't go.
4 'Where can I get something to eat?' '.. a cafe at the end of the street.'
5 'Why are the police outside the bank?' '.. a robbery.'
6 When we arrived at the theatre, ... a long queue outside.
7 When you arrive tomorrow, ... somebody at the station to meet you.
8 Ten years ago .... 500 children at the school. Now .... more than a thousand.
9 Last week I went back to the town where I was born. It's very different now. .... a lot of changes.
10 I think everything will be OK. I don't think .... any problems.

39.4 Переведите предложения на английский язык.

1 На стоянке было много машин.
2 В субботу не будет концерта.
3 На конференции будет 200 человек.
4 Здесь произошли три аварии с января.
5 Сколько человек в вашей семье?
6 На твоей вечеринке будет музыка?
7 Ресторан был почти пустой. Было только два человека.
8 Гостиница была не очень хорошая. В нашей комнате не было телевизора.

на стоянке = in the car park
на конференции = at the conference
с = since
почти = nearly

It ...

A

В предложениях, где сообщается время / день недели / расстояние / погода, необходимо использовать **it**:

время

- ○ What time is **it**? *Который час?*
- ○ **It**'s half past ten. *Половина одиннадцатого.*
- ○ **It**'s late. *(Сейчас) поздно.*
- ○ **It**'s time to go home. *Время идти домой.*

день

- ○ What day is **it**? *Какой сегодня день?*
- ○ **It**'s Thursday. *(Сегодня) четверг.*
- ○ **It**'s 16 March. *(Сегодня) 16 марта.*
- ○ **It** was my birthday yesterday. *Вчера был мой день рождения.*

расстояние

our house

3 kilometres

city centre

- ○ **It**'s three kilometres from our house to the city centre.
  От нашего дома до центра города три километра.
- ○ How far is **it** from New York to Los Angeles? *Как далеко от ... до ... ?*
- ○ **It**'s a long way from here to the station.
  Отсюда далеко до станции.
- ○ We can walk home. **It** isn't far. *... Это недалеко.*

В вопросах и отрицаниях используется **far** (**is it far**? / **it isn't far**).
В утвердительных предложениях используется **a long way** (**it's a long way**).

погода

○ **It**'s raining.	**It** isn't raining.	Is **it** snowing?
Идёт дождь.	*Не идёт дождь.*	*Идёт снег?*
○ **It** rains a lot here.	**It** didn't rain yesterday.	Does **it** snow very often?
Здесь много дождей.	*Вчера не было дождя.*	*Часто идёт снег?*

- ○ **It**'s warm/hot/cold/fine/cloudy/windy/sunny/foggy/dark *и т. д.*
  (Сейчас) тепло/жарко/холодно/хорошая погода/облачно/ветрено/
  солнечно/туман/темно и т. д.
- ○ **It**'s a nice day today. *Сегодня хорошая погода.*

Сравните использование **it** и **there**:

- ○ **It rains** a lot in winter. *Зимой часто идёт дождь.*
  There is **a lot of rain** in winter. *Зимой много дождей.*
- ○ **It** was very **windy**. *Было очень ветрено.*
  There was **a strong wind** yesterday. *Вчера был сильный ветер.*

B

It's nice to ... *и т. д.*

It's	easy / difficult / impossible / dangerous / safe / expensive / interesting / nice / wonderful / terrible *и т. д.*	to ...

- ○ **It**'s nice **to see you again**. *Рад тебя снова видеть.*
- ○ **It**'s impossible **to understand her**. *Её невозможно понять.*
- ○ **It** wasn't easy **to find your house**. *Было нелегко найти ваш дом.*

C

Не забудьте использовать **it**:

- ○ **It**'s raining again. (*неверно* Is raining again)
- ○ Is **it** true that you're going away? (*неверно* Is true that ...)
  Это правда, что ты уезжаешь?

there is → **Раздел 38**

Упражнения

40.1 Напишите, какая погода изображена на картинках. Используйте **It's ...** .

1 It's raining.
2 ....
3 ....
4 ....
5 ....
6 ....

40.2 Вставьте **it is** (**it's**) или **is it**.

1 What time ..... is it ..... ?
2 We have to go now. .... very late.
3 .... true that Ben can fly a helicopter?
4 'What day .... today? Tuesday?' 'No, ... Wednesday.'
5 .... ten kilometres from the airport to the city centre.
6 .... OK to call you at your office?
7 'Do you want to walk to the hotel?' 'I don't know. How far .... ?'
8 .... Lisa's birthday today. She's 27.
9 I don't believe it! .... impossible.

40.3 Напишите вопросы с **How far ... ?**

1 (here / the station)   How far is it from here to the station?
2 (the hotel / the beach)   How ....
3 (New York / Washington)   ....
4 (your house / the airport)   ....

40.4 Вставьте **it** или **there**.

1 The weather isn't so nice today. ..... It ..... 's cloudy.
2 ..... There ..... was a strong wind yesterday.
3 ....'s hot in this room. Open a window.
4 .... was a nice day yesterday. ....
   was warm and sunny.
5 .... was a storm last night. Did you hear it?
6 I was afraid because .... was very dark.
7 ....'s often cold here, but .... isn't much rain.
8 ....'s a long way from here to the nearest shop.

40.5 Заполните пропуски. Используйте слова и выражения из обеих рамок.

it's	easy	dangerous	to	work here	~~get up early~~
	~~difficult~~	nice		visit different places	go out alone
	impossible	interesting		see you again	make friends

1 If you go to bed late, ... it's difficult to get up early ..... in the morning.
2 Hello, Jane. .... How are you?
3 .... There is too much noise.
4 Everybody is very nice at work. ....
5 I like travelling. ....
6 Some cities are not safe. .... at night.

40.6 Переведите предложения на английский язык.

1 Здесь солнечно в июле.
2 Как далеко от Москвы до Волгограда?
3 Сейчас очень рано.
4 Это правда, что у тебя новая работа?
5 Было очень холодно и было много снега.
6 Очень легко найти этот музей.
7 От моего дома до центра города недалеко.
8 Дорого купить квартиру в Лондоне?

I am, I don't *и т. д.*

A

She isn't tired, but **he is**.
(**he is** = he is tired)

He likes tea, but **she doesn't**.
(**she doesn't** = she doesn't like tea)

В этих примерах необязательно повторять всё предложение полностью ('he is <u>tired</u>', 'she doesn't <u>like tea</u>').

Эти глаголы можно использовать таким же образом:

am/is/are was/were have/has do/does/did can will might must

○ I haven't got a car, but my sister **has**. (= my sister has got a car)
  У меня нет машины, а у моей сестры есть.
○ A: Please help me.
  B: I'm sorry. I **can't**. (= I can't help you) *Извините. Не могу.*
○ A: Are you tired?
  B: I **was**, but I**'m not** now. *Раньше да, а сейчас нет.*
○ A: Do you think Laura will come and see us?
  B: She **might**. *Возможно (придёт).*
○ A: Are you going now?
  B: Yes, I'm afraid I **must**. *Да, боюсь, что я должна идти.*

В таких случаях краткие формы **'m/'s/'ve** *и т. д. не используются.*
Необходимо использовать **am/is/have** *и т. д. :*
  ○ She isn't tired, but he **is**. (*неверно* but he's)

Но можно использовать отрицательные краткие формы **isn't / haven't / won't** *и т. д. :*
  ○ My sister has got a car, but I **haven't**. *... а у меня нет.*
  ○ A: Are you and Jane working tomorrow? *Вы с Джейн работаете завтра?*
    B: I am, but Jane **isn't**. *Я да, а Джейн нет.*

B

После **Yes** *и* **No** *можно использовать* **I am / I'm not** *и т. д. :*
  ○ 'Are you tired?' 'Yes, I **am**. / No, I**'m not**.'
  ○ 'Will Alan be here tomorrow?' 'Yes, he **will**. / No, he **won't**.'
  ○ A: Is there a bus to the airport? *Есть ли автобус до аэропорта?*
    B: Yes, there **is**. / No, there **isn't**. *Да, есть. / Нет, нету.*

C

В present simple *используется* **do/does** (→ *Разделы 7–8*):
  ○ I don't like hot weather, but James **does**. *Я не люблю …, а Джеймс любит.*
  ○ Ben works hard, but I **don't**. *Бен много работает, а я нет.*
  ○ A: Do you enjoy your work? *Тебе нравится … ?*
    B: Yes, I **do**. *Да.*

В past simple *используется* **did** (→ *Раздел 13*):
  ○ A: Did you and Chris enjoy the film?
    B: I **did**, but Chris **didn't**. *Я да, а Крис нет.*
  ○ 'I had a good time.' 'I **did** too.' … *"Я тоже".*
  ○ 'Did it rain yesterday?' 'No, it **didn't**.' *'Нет, не шёл.'*

have you? / **don't you?** *и т. д.* ➜ **Раздел 42**   **so am I** / **neither am I** *и т. д.* ➜ **Раздел 43**

Упражнения

41.1 Закончите предложения, используя только один из глаголов (**is**/**have**/**can** и т. д.).

1 Kate wasn't hungry, but we ....._were_..... .
2 I'm not married, but my brother ....
3 Ben can't help you, but I ....
4 I haven't seen the film, but Tom ....
5 Karen won't be here, but Chris ....
6 You weren't late, but I ....

41.2 Закончите предложения, используя только глагол в отрицательной форме (**isn't**/**haven't**/**can't** и т. д.).

1 My sister can play the piano, but I ....._can't_..... .
2 Sam is working today, but I ....
3 I was working, but my friends ....
4 Mark has been to China, but I ....
5 I'm ready to go, but Tom ....
6 I've got a key, but Sarah ....

41.3 Закончите предложения, используя только **do**/**does**/**did** или **don't**/**doesn't**/**didn't**.

1 I don't like hot weather, but Sue ....._does_..... .
2 Sue likes hot weather, but I ....._don't_..... .
3 My mother wears glasses, but my father ....
4 You don't know Paul very well, but I ....
5 I didn't enjoy the party, but my friends ....
6 I don't watch TV much, but Peter ....
7 Kate lives in London, but her parents ....
8 You had breakfast this morning, but I ....

41.4 Закончите предложения. Напишите о себе и о других людях.

1 I didn't ....._go out last night, but my friends did._.....
2 I like ...., but ....
3 I don't ...., but ....
4 I'm ....
5 I haven't ....

41.5 Вставьте глагол в утвердительной или отрицательной форме.

1 'Are you tired?'   'I ....._was_..... earlier, but I'm not now.'
2 Steve is happy today, but he .... yesterday.
3 The bank isn't open yet, but the shops ....
4 I haven't got a telescope, but I know somebody who ....
5 I would like to help you, but I'm afraid I ....
6 I don't usually go to work by car, but I .... yesterday.
7 A: Have you ever been to the United States?
    B: No, but Sandra .... She went there on holiday last year.
8 'Do you and Chris watch TV a lot?'   'I ...., but Chris doesn't.'
9 I've been invited to Sam's wedding, but Kate ....
10 'Do you think Sarah will pass her driving test?'   'Yes, I'm sure she .... !'
11 'Are you going out tonight?'   'I .... I don't know for sure.'

41.6 Ответьте на вопросы, используя **Yes, I have.** / **No, I'm not.** и т. д.

1 Are you American?   ....._No, I'm not._.....
2 Have you got a car?   ....
3 Do you feel OK?   ....
4 Is it snowing?   ....
5 Are you hungry?   ....
6 Do you like classical music?   ....
7 Will you be in Paris tomorrow?   ....
8 Have you ever broken your arm?   ....
9 Did you buy anything yesterday?   ....
10 Were you asleep at 3 a.m.?   ....

41.7 Переведите предложения на английский язык.

1 Ты не занята, а я занят!
2 Джессика умеет водить машину, а я нет.
3 "Ты увидишь Лену завтра?" – "Нет, не увижу".
4 Мне не понравился концерт, а Тиму понравился.
5 Лола ходит в спортзал, а я нет.
6 "Борис когда-нибудь был в Берлине?" – "Да, был".
7 Я люблю кошек, а мой муж не любит.
8 Я не видел этот фильм, а Алла видела.

занят = busy
ходить в спортзал = go to the gym
когда-нибудь = ever

Have you?   Are you?   Don't you? *и т. д.*

A

Для выражения удивления или заинтересованности часто используются фразы **have you?** / **is it?** / **can't he?** *и т. д. На русский язык они переводятся словами "неужели?", "действительно?", "разве?", "правда?" и т. д. :*

- ☐ A: **You're** late. *Вы опоздали.*
  B: Oh, **am I?** I'm sorry. *Разве? Извините.*
- ☐ A: **I was** ill last week. *Я была больна …*
  B: **Were you?** I didn't know that. *Неужели? Я этого не знал.*
- ☐ '**It's** raining again.'   '**Is it?** It was sunny ten minutes ago.'   … *"Правда? …"*
- ☐ A: **There's** a problem with the car. *С машиной какая-то проблема.*
  B: **Is there?** What's wrong with it? *Правда? …*
- ☐ '**Bill can't** drive.'   '**Can't he?** I didn't know that.'   … *"Неужели? …"*
- ☐ '**I'm not** hungry.'   '**Aren't you?** I am.'   … *"Серьёзно? …"*
- ☐ '**Sue isn't** at work today.'   '**Isn't she?** Is she ill?'   … *"Неужели? …"*

В present simple *используются* **do**/**does**, *в* past simple – **did**:
- ☐ '**I speak** four languages.'   '**Do you?** Which ones?'
- ☐ '**Ben doesn't** eat meat.'   '**Doesn't he?** Does he eat fish?'
- ☐ A: **Nicola got** married last week. … *вышла замуж …*
  B: **Did she?** Really? *Что ты говоришь? Правда?*

B

Разделительные вопросы, или вопросы "с хвостиком"

Если **have you?** / **is it?** / **can't she?** *и т. д. используются в конце предложения, то они образуют разделительные вопросы (= … не правда ли? … не так ли? и т. д.).*

утвердительное предложение → отрицание в "хвостике"

It's a beautiful day,	**isn't it?**
Kate lives in London,	**doesn't she?**
You closed the window,	**didn't you?**
Those shoes are nice,	**aren't they?**
Tom will be here soon,	**won't he?**

Yes, it's perfect.
Yes, that's right.
Yes, I think so.
Yes, very nice.
Yes, probably.

отрицательное предложение → "хвостик" без отрицания

That isn't your car,	**is it?**
You haven't met my mother,	**have you?**
Helen doesn't go out much,	**does she?**
You won't be late,	**will you?**

… *не правда ли?*
… *не так ли?*

No, it's my mother's.
No, I haven't.
No, she doesn't.
No, I'm never late.

I am / I don't *и т. д.* → **Раздел 41**

Упражнения

42.1 Ответьте фразой **Do you?** / **Doesn't she?** / **Did they?** и т. д.

1	I speak four languages.	*Do you* ?	Which ones?
2	I work in a bank.	?	I work in a bank too.
3	I didn't go to work yesterday.	?	Were you ill?
4	Jane doesn't like me.	?	Why not?
5	You look tired.	?	I feel fine.
6	Kate phoned me last night.	?	What did she say?

42.2 Ответьте фразой **Have you?** / **Haven't you?** / **Did she?** / **Didn't she?** и т. д.

1	I've bought a new car.	*Have you* ?	What make is it?
2	Tim doesn't eat meat.	*Doesn't he* ?	Does he eat fish?
3	I've lost my key.	?	When did you last have it?
4	Sue can't drive.	?	She should learn.
5	I was born in Italy.	?	I didn't know that.
6	I didn't sleep well last night.	?	Was the bed uncomfortable?
7	There's a film on TV tonight.	?	Are you going to watch it?
8	I'm not happy.	?	Why not?
9	I saw Paula last week.	?	How is she?
10	Maria works in a factory.	?	What kind of factory?
11	I won't be here next week.	?	Where will you be?
12	The clock isn't working.	?	It was working yesterday.

42.3 Закончите разделительные вопросы, добавив **isn't it?** / **haven't you?** и т. д.

1	It's a beautiful day,	*isn't it* ?	Yes, it's perfect.
2	These flowers are nice,	?	Yes, what are they?
3	Jane was at the party,	?	Yes, but I didn't speak to her.
4	You've been to Paris,	?	Yes, many times.
5	You speak German,	?	Yes, but not very well.
6	Martin looks tired,	?	Yes, he works very hard.
7	You'll help me,	?	Yes, of course I will.

42.4 Закончите разделительные вопросы, добавив **is it?** / **do you?** и т. д. или **isn't it?** / **don't you?** и т. д.

1	You haven't got a car,	*have you* ?	No, I can't drive.
2	You aren't tired,	?	No, I feel fine.
3	Lisa is a very nice person,	?	Yes, everybody likes her.
4	You can play the piano,	?	Yes, but I'm not very good.
5	You don't know Mike's sister,	?	No, I've never met her.
6	Sarah went to university,	?	Yes, she studied psychology.
7	The film wasn't very good,	?	No, it was terrible.
8	Anna lives near you,	?	That's right. In the same street.
9	You won't tell anybody what I said,	?	No, of course not.

42.5 Переведите предложения на английский язык, используя **does he?** / **will they?** и т. д.

1 Марина работает в больнице, не так ли?
2 Фильм был классный, правда?
3 Эти пирожные отличные, не правда ли?
4 "Дэвид болел в отпуске". – "Неужели?"
5 "Анна говорит на французском, немецком и итальянском". – "Правда?"
6 "На этой улице есть очень приятное кафе". – "Действительно?"
7 Инна будет на вечеринке, правда?
8 "Моя машина сломалась". – "Неужели?"

в отпуске = on holiday
ломаться = break down
пирожное = cake

too/either   so am I / neither do I *и т. д.*

too = *тоже*   **not … either** = *тоже не …*

Too *и* **either** *ставятся в конце предложения.*

Too *используется в утвердительном предложении:*

- ☐ A: I'm happy.
  B: I**'m** happy **too**.
  Я тоже счастлив.

- ☐ A: I enjoyed the film.
  B: I **enjoyed** it **too**.
  Мне он тоже понравился.

- ☐ Jane is a doctor. Her husband **is** a doctor **too**.
  … тоже врач.

Either *используется в отрицательном предложении:*

- ☐ A: I'm not happy.
  B: I**'m not** happy **either**.
  (*неверно* I'm not … too)

- ☐ A: I can't cook.
  B: I **can't either**.
  Я тоже не умею.

- ☐ Ben doesn't watch TV. He **doesn't** read newspapers **either**.
  … не смотрит … также не читает …

so am I / neither do I *и т. д. = и я тоже (не)*

so	**am/is/are** …
	was/were …
	do/does …
	did …
	have/has …
neither	**can** …
	will …
	would …

so am I = I am too
so have I = I have too (*и т. д.*):

- ☐ A: I**'m** working.
  B: **So am I.** *Я тоже.*

- ☐ A: I **was** late for work today.
  B: **So was Sam.** *Сэм тоже.*

- ☐ A: I **work** in a bank.
  B: **So do I.** *Я тоже.*

- ☐ A: **We went** to the cinema last night.
  B: Did you? **So did we.** *… И мы тоже.*

- ☐ A: I**'d** like to go to Australia.
  B: **So would I.** *Я тоже.*

neither am I = I'm not either
neither can I = I can't either (*и т. д.*):

- ☐ A: I **haven't** got a key.
  B: **Neither have I.** *У меня тоже нет.*

- ☐ A: **Kate can't** cook.
  B: **Neither can Tom.** *Том тоже не умеет.*

- ☐ A: I **won't** (= will not) be here tomorrow.
  B: **Neither will I.** *И меня тоже не будет.*

- ☐ A: I **never go** to the cinema.
  B: **Neither do I.** *Я тоже не хожу.*

Вместо Neither *можно использовать* **Nor**:

- ☐ A: I'm not married.
  B: **Nor am I.** *или* **Neither am I.**

Запомните: So **am I** (*неверно* So I am), Neither **have I** (*неверно* Neither I have).

I am / I don't *и т. д.* → **Раздел 41**

Упражнения

43.1 Вставьте **too** или **either**.

I'm happy ___too___ .
I'm not hungry _____ .
I'm going out _____ .
rained on Sunday _____ .
he can't ride a bike _____ .
don't like shopping _____ .
er father is a teacher _____ .

So am I / So do I / So can I и т. д.).

So did I.

... I.

ишите предложения о себе. По возможности используйте
но прочитайте примеры:

Вы можете ответить: ___So am I.___ или ___I'm not.___

Вы можете ответить: ___Neither do I.___ или ___I do.___

You
3 I'm not American.
4 I like cooking.
5 I don't like cold weather.
6 I slept well last night.
7 I've never run a marathon.
8 I don't use my phone much.
9 I'm going out tomorrow evening.
10 I haven't been to Scotland.
11 I didn't watch TV last night.
12 I go to the cinema a lot.

43.4 Переведите предложения на английский язык.

водить = drive

1 Ирине понравился концерт, и мне
  он тоже понравился.
2 Я не была в Лондоне, и Анна тоже
  не была.
3 A: Я хотела бы поехать в Испанию.
  B: Я тоже.
4 Ваш муж – тоже учитель?

5 A: Я не умею водить машину.
  B: Я тоже.
6 У Антона нет машины. У Лили тоже нет.
7 A: Нам не понравился ресторан.
  B: Нам тоже.
8 A: Я работаю в Лондоне.
  B: Я тоже.

isn't, haven't, don't *и т. д. (отрицания)*

В отрицательных предложениях используется **not** (**n't**):

утвердительная → форма	отрицательная форма	
am	**am not** (**'m not**)	○ I**'m not** tired.
is	**is not** (**isn't** *или* **'s not**)	○ It **isn't** (*или* It**'s not**) raining.
are	**are not** (**aren't** *или* **'re not**)	○ They **aren't** (*или* They**'re not**) here.
was	**was not** (**wasn't**)	○ Julian **wasn't** hungry.
were	**were not** (**weren't**)	○ The shops **weren't** open.
have	**have not** (**haven't**)	○ I **haven't** finished my work.
has	**has not** (**hasn't**)	○ Sue **hasn't** got a car.
will	**will not** (**won't**)	○ We **won't** be here tomorrow.
can	**cannot** (**can't**)	○ George **can't** drive.
could	**could not** (**couldn't**)	○ I **couldn't** sleep last night.
must	**must not** (**mustn't**)	○ I **mustn't** forget to phone Jane.
should	**should not** (**shouldn't**)	○ You **shouldn't** work so hard.
would	**would not** (**wouldn't**)	○ I **wouldn't** like to be an actor.

don't/doesn't/didn't

отрицание в present simple	I/we/you/they he/she/it	**do not** (**don't**) **does not** (**doesn't**)	**work/live/go** *и т. д.*
отрицание в past simple	I/they/he/she *и т. д.*	**did not** (**didn't**)	

утвердительное предложение →	отрицательное предложение
I **want** to go out. →	I **don't want** to go out.
They **work** hard. →	They **don't work** hard.
Lisa **plays** the guitar. →	Lisa **doesn't play** the guitar.
My father **likes** his job. →	My father **doesn't like** his job.
I **got** up early this morning. →	I **didn't get** up early this morning.
They **worked** hard yesterday. →	They **didn't work** hard yesterday.
We **played** tennis. →	We **didn't play** tennis.
Emily **had** dinner with us. →	Emily **didn't have** dinner with us.

Don't …

Look!	→	**Don't look!**
Wait for me.	→	**Don't wait** for me.

В некоторых предложениях **do** *является основным глаголом* (**don't do** / **doesn't do** / **didn't do**):

Do something!	→	**Don't do** anything!
Sue **does** a lot at weekends.	→	Sue **doesn't do** much at weekends.
I **did** what you said.	→	I **didn't do** what you said.

отрицание в present simple ➜ **Раздел 7**   *отрицание в* past simple ➜ **Раздел 13**
don't look / **don't wait** *и т. д.* ➜ **Раздел 36**   **Why isn't/don't** … ? ➜ **Раздел 45**

Упражнения

43.1 Вставьте **too** или **either**.

1	I'm happy.	I'm happy _too_ .
2	I'm not hungry.	I'm not hungry ....
3	I'm going out.	I'm going out ....
4	It rained on Saturday.	It rained on Sunday ....
5	Rachel can't drive a car.	She can't ride a bike ....
6	I don't like shopping.	I don't like shopping ....
7	Emma's mother is a teacher.	Her father is a teacher ....

43.2 Напишите ответ, используя **So ... I** (**So am I** / **So do I** / **So can I** и т. д.).

1	I went to bed late last night.	_So did I._
2	I'm thirsty.	
3	I've just eaten.	
4	I need a holiday.	
5	I'll be late tomorrow.	
6	I was very tired this morning.	

Напишите ответ, используя **Neither ... I**.

7	I can't go to the party.
8	I didn't phone Alex last night.
9	I haven't got any money.
10	I'm not going out tomorrow.
11	I don't know what to do.

43.3 Вы разговариваете с Марией. Напишите предложения о себе. По возможности используйте **So ... I** или **Neither ... I**. Внимательно прочитайте примеры:

I'm tired today. — Вы можете ответить: _So am I._ или _I'm not._

I don't work hard. — Вы можете ответить: _Neither do I._ или _I do._

Maria | You

1	I'm learning English.
2	I can ride a bike.
3	I'm not American.
4	I like cooking.
5	I don't like cold weather.
6	I slept well last night.
7	I've never run a marathon.
8	I don't use my phone much.
9	I'm going out tomorrow evening.
10	I haven't been to Scotland.
11	I didn't watch TV last night.
12	I go to the cinema a lot.

43.4 Переведите предложения на английский язык.

водить = drive

1 Ирине понравился концерт, и мне он тоже понравился.
2 Я не была в Лондоне, и Анна тоже не была.
3 A: Я хотела бы поехать в Испанию.
   B: Я тоже.
4 Ваш муж – тоже учитель?
5 A: Я не умею водить машину.
   B: Я тоже.
6 У Антона нет машины. У Лили тоже нет.
7 A: Нам не понравился ресторан.
   B: Нам тоже.
8 A: Я работаю в Лондоне.
   B: Я тоже.

isn't, haven't, don't *и т. д. (отрицания)*

В отрицательных предложениях используется **not** (**n't**):

утвердительная → *отрицательная*
форма *форма*

am	**am not** (**'m not**)
is	**is not** (**isn't** *или* **'s not**)
are	**are not** (**aren't** *или* **'re not**)
was	**was not** (**wasn't**)
were	**were not** (**weren't**)
have	**have not** (**haven't**)
has	**has not** (**hasn't**)
will	**will not** (**won't**)
can	**cannot** (**can't**)
could	**could not** (**couldn't**)
must	**must not** (**mustn't**)
should	**should not** (**shouldn't**)
would	**would not** (**wouldn't**)

○ I**'m not** tired.
○ It **isn't** (*или* It**'s not**) raining.
○ They **aren't** (*или* They**'re not**) here.
○ Julian **wasn't** hungry.
○ The shops **weren't** open.
○ I **haven't** finished my work.
○ Sue **hasn't** got a car.
○ We **won't** be here tomorrow.
○ George **can't** drive.
○ I **couldn't** sleep last night.
○ I **mustn't** forget to phone Jane.
○ You **shouldn't** work so hard.
○ I **wouldn't** like to be an actor.

don't/doesn't/didn't

отрицание в present simple	I/we/you/they	**do not** (**don't**)	
	he/she/it	**does not** (**doesn't**)	**work/live/go** *и т. д.*
отрицание в past simple	I/they/he/she *и т. д.*	**did not** (**didn't**)	

утвердительное → *отрицательное*
предложение *предложение*

I **want** to go out.	→	I **don't want** to go out.
They **work** hard.	→	They **don't work** hard.
Lisa **plays** the guitar.	→	Lisa **doesn't play** the guitar.
My father **likes** his job.	→	My father **doesn't like** his job.
I **got** up early this morning.	→	I **didn't get** up early this morning.
They **worked** hard yesterday.	→	They **didn't work** hard yesterday.
We **played** tennis.	→	We **didn't play** tennis.
Emily **had** dinner with us.	→	Emily **didn't have** dinner with us.

Don't …

Look!	→	**Don't look!**
Wait for me.	→	**Don't wait** for me.

В некоторых предложениях **do** *является основным глаголом* (**don't do** / **doesn't do** / **didn't do**):

Do something!	→	**Don't do** anything!
Sue **does** a lot at weekends.	→	Sue **doesn't do** much at weekends.
I **did** what you said.	→	I **didn't do** what you said.

отрицание в present simple → **Раздел 7**   *отрицание в* past simple → **Раздел 13**
don't look / **don't wait** *и т. д.* → **Раздел 36**   **Why isn't/don't** … ? → **Раздел 45**

Упражнения

44.1 Сделайте эти предложения отрицательными.

1 He's gone away.　*He hasn't gone away.*
2 They're married.　_____
3 I've had dinner.　_____

4 It's cold today.　_____
5 We'll be late.　_____
6 You should go.　_____

44.2 Сделайте эти предложения отрицательными. Используйте **don't**/**doesn't**/**didn't**.

1 She saw me.　*She didn't see me.*
2 I like cheese.　_____
3 They understood.　_____

4 He lives here.　_____
5 Go away!　_____
6 I did the shopping.　_____

44.3 Сделайте эти предложения отрицательными.

1 She can swim.　*She can't swim.*
2 They've arrived.　_____
3 I went to the bank.　_____
4 He speaks German.　_____
5 We were angry.　_____

6 He'll be pleased.　_____
7 Call me tonight.　_____
8 It rained yesterday.　_____
9 I could hear them.　_____
10 I believe you.　_____

44.4 Заполните пропуски, вставив отрицательную форму (**isn't**/**haven't**/**don't** и т. д.).

1 They aren't rich. They ___*haven't*___ got much money.
2 'Would you like something to eat?' 'No, thank you. I _____ hungry.'
3 I _____ find my glasses. Have you seen them?
4 Steve _____ go to the cinema much. He prefers to watch DVDs at home.
5 We can walk to the station from here. It _____ very far.
6 'Where's Jane?' 'I _____ know. I _____ seen her today.'
7 Be careful! _____ fall!
8 We went to a restaurant last night. I _____ like the food very much.
9 I've been to Japan many times, but I _____ been to Korea.
10 Julia _____ be here tomorrow. She's going away.
11 'Who broke that window?' 'Not me. I _____ do it.'
12 We didn't see what happened. We _____ looking at the time.
13 Lisa bought a new coat a few days ago, but she _____ worn it yet.
14 You _____ drive so fast. It's dangerous.

44.5 Вы задали Гари вопросы. Он на них ответил 'Yes' или 'No'. Напишите о Гари, используя утвердительные или отрицательные предложения.

Gary

You

Are you married?	No.	1	*He isn't married.*
Do you live in London?	Yes.	2	*He lives in London.*
Were you born in London?	No.	3	_____
Do you like London?	No.	4	_____
Would you like to live in the country?	Yes.	5	_____
Can you drive?	Yes.	6	_____
Have you got a car?	No.	7	_____
Do you read newspapers?	No.	8	_____
Are you interested in politics?	No.	9	_____
Do you watch TV most evenings?	Yes.	10	_____
Did you watch TV last night?	No.	11	_____
Did you go out last night?	Yes.	12	_____

44.6 Переведите предложения на английский язык.

1 Не волнуйся. Я не забуду о твоём дне рождения.
2 Ира не могла поверить новостям.
3 Вам не следует волноваться так сильно.
4 Я не хотел бы быть учителем.
5 Мне нельзя опаздывать на встречу.

6 Пожалуйста, не уходите без меня.
7 Музеи не были открыты в понедельник.
8 Я не знал, что делать.

волноваться = worry
поверить = believe
так сильно = so much
опаздывать на встречу =
    be late for the meeting

is it … ?   have you … ?   do they … ? и т. д.
(вопросы 1)

утвердительное предложение	**you**	**are**	**You are** eating.
вопросительное предложение	**are**	**you**	**Are you** eating? What **are you** eating?

В вопросительных предложениях вспомогательный глагол (**is**/**are**/**have** и т. д.) ставится перед подлежащим:

утвердительное предложение		вопросительное предложение
подлежащее + глагол		глагол + подлежащее

I	**am** late.	→		**Am**	**I** late?
That seat	**is** free.	→		**Is**	**that seat** free?
She	**was** angry.	→	Why **was**	**she** angry?
David	**has** gone.	→	Where **has**	**David** gone?
You	**have** got a car.	→		**Have**	**you** got a car?
They	**will** be here soon.	→	When **will**	**they** be here?
Paula	**can** swim.	→		**Can**	**Paula** swim?

Запомните: в вопросах подлежащее ставится после вспомогательного глагола.

- ☐ Where **has David** gone? (*неверно* Where has gone David?)
  Куда ушёл Дэвид?
- ☐ **Are those people** waiting for something? (*неверно* Are waiting … ?)
  Те люди чего-то ждут?
- ☐ When **was the telephone** invented? (*неверно* When was invented … ?)
  Когда был изобретён телефон?

do … ? / does … ? / did … ?

вопросы в present simple	**do**	I/we/you/they	**work/live/go** и т. д. … ?
	does	he/she/it	
вопросы в past simple	**did**	I/they/he/she и т. д	

утвердительное предложение		вопросительное предложение
They **work** hard.	→	**Do** they **work** hard?
You **watch** television.	→	How often **do** you **watch** television?
Chris **works** hard.	→	**Does** Chris **work** hard?
She **gets up** early.	→	What time **does** she **get** up?
They **worked** hard.	→	**Did** they **work** hard?
You **had** dinner.	→	What **did** you **have** for dinner?
She **got** up early.	→	What time **did** she **get** up?

В некоторых предложениях **do** является и вспомогательным, и основным глаголом (do you **do** / did he **do** и т. д.):

- ☐ What **do** you usually **do** at weekends? *Что ты … делаешь по выходным?*
- ☐ A: What **does** your brother **do**? *Где работает твой брат? (букв. Что делает…)*
  B: He works in a bank.
- ☐ A: I broke my finger last week.
  B: How **did** you **do** that? (*неверно* How did you that?)
  Как это произошло? (букв. Как ты это сделал?)

Why isn't … ? / Why don't … ? и т. д. (**Why** + отрицание):

- ☐ Where's John? **Why isn't he** here?   … *Почему его здесь нет?*
- ☐ **Why can't Paula** come to the meeting tomorrow? *Почему … не сможет прийти … ?*
- ☐ **Why didn't you** phone me last night? *Почему ты мне не позвонила … ?*

вопросы в present simple → **Раздел 8**   вопросы в past simple → **Раздел 13**   вопросы 2–3 → **Разделы 46–47**
what/which/how → **Разделы 48–49**

Упражнения

45.1 Напишите вопросы.

1	I can swim.	(and you?)	*Can you swim?.*
2	I work hard.	(and Jack?)	*Does Jack work hard?*
3	I was late this morning.	(and you?)	
4	I've got a key.	(and Kate?)	
5	I'll be here tomorrow.	(and you?)	
6	I'm going out this evening.	(and Paul?)	
7	I like my job.	(and you?)	
8	I live near here.	(and Nicola?)	
9	I enjoyed the film.	(and you?)	
10	I had a good holiday.	(and you?)	

45.2 Вы разговариваете о вождении машины. Напишите полные вопросительные предложения.

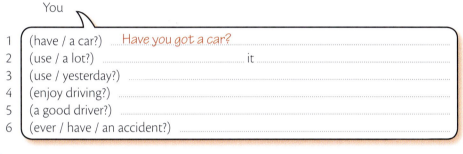

You

1 (have / a car?) *Have you got a car?* — Yes, I have.
2 (use / a lot?) _____ it — Yes, nearly every day.
3 (use / yesterday?) _____ — Yes, to go to work.
4 (enjoy driving?) _____ — Not very much.
5 (a good driver?) _____ — I think I am.
6 (ever / have / an accident?) _____ — No, never.

45.3 Составьте вопросы, соблюдая правильный порядок слов.

1 (has / gone / where / David?) *Where has David gone?*
2 (working / Rachel / is / today?) *Is Rachel working today?*
3 (the children / what / are / doing?) What _____
4 (made / is / how / cheese?) _____
5 (to the party / coming / is / your sister?) _____
6 (you / the truth / tell / don't / why?) _____
7 (your guests / have / yet / arrived?) _____
8 (leave / what time / your train / does?) _____
9 (to work / Emily / why / go / didn't?) _____
10 (your car / in the accident / was / damaged?) _____

45.4 Закончите вопросительные предложения.

1 I want to go out. — Where *do you want to go?*
2 Kate and Paul aren't going to the party. — Why *aren't they going?*
3 I'm reading. — What _____
4 Sue went to bed early. — What time _____
5 My parents are going on holiday. — When _____
6 I saw Tom a few days ago. — Where _____
7 I can't come to the party. — Why _____
8 Tina has gone away. — Where _____
9 I need some money. — How much _____
10 Angela doesn't like me. — Why _____
11 It rains sometimes. — How often _____
12 I did the shopping. — When _____

45.5 Переведите предложения на английский язык.   вчера вечером = last night

1 Что сейчас делает Марк?
2 Вы голодны?
3 Лара знает Кевина?
4 Когда ты вчера легла спать?
5 Ты ходила на футбольный матч в субботу?
6 Когда Том придёт сюда?
7 Почему вы мне не сказали о вечеринке?
8 Куда вы ходили вчера вечером?

Who saw you?   Who did you see?
(вопросы 2)

A

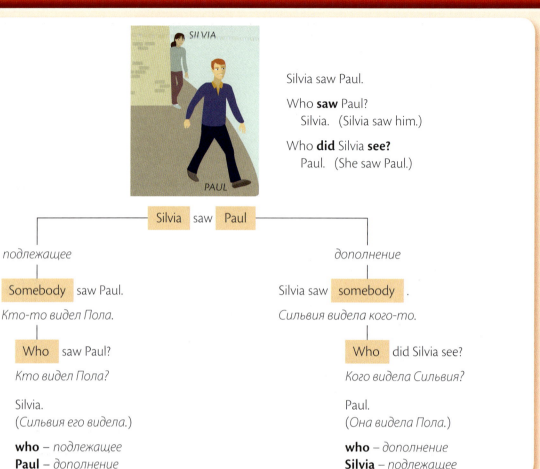

Silvia saw Paul.

Who **saw** Paul?
  Silvia.   (Silvia saw him.)

Who **did** Silvia **see?**
  Paul.   (She saw Paul.)

| Silvia | saw | Paul |

подлежащее   *дополнение*

Somebody saw Paul.   Silvia saw somebody .

Кто-то видел Пола.   *Сильвия видела кого-то.*

Who saw Paul?   Who did Silvia see?

Кто видел Пола?   *Кого видела Сильвия?*

Silvia.   Paul.
(*Сильвия его видела.*)   (*Она видела Пола.*)

who – *подлежащее*   **who** – *дополнение*
Paul – *дополнение*   **Silvia** – *подлежащее*

B

В этих вопросах **who/what** – *является подлежащим:*
- ☐ **Who lives** in this house? (*неверно* Who does live?)
  Кто живёт в этом доме?
- ☐ **What happened?** (*неверно* What did happen?)
  Что случилось?
- ☐ **What's happening?** (What's = What **is**)
  Что происходит?
- ☐ **Who's got** my key? (Who's = Who **has**)
  У кого мой ключ? (букв. Кто имеет … ?)

В этих вопросах **who/what** *является дополнением:*
- ☐ Who did **you** meet yesterday?   *Кого ты вчера встретила?*
- ☐ What did **Paul** say?   *Что сказал Пол?*
- ☐ Who are **you** phoning?   *Кому вы звоните?*
- ☐ What was **Silvia** wearing?   *Во что была одета Сильвия?*

Сравните:
- ☐ George likes oranges.   →   **Who likes** oranges? – George.
    What does George like? – Oranges.

- ☐ Jane won a new car.   →   **Who won** a new car? – Jane.
    What did Jane win? – A new car.

C

Who (*кто?*) *используется, когда задают вопрос о человеке/людях.*
What (*что? какой … ?*) *используется, когда задают вопрос о неодушевлённых предметах, понятиях и т. д.*
- ☐ **Who** is your favourite **singer**?   *Кто твой любимый певец?*
- ☐ **What** is your favourite **song**?   *Какая у тебя любимая песня?*

Упражнения

46.1 Составьте вопросы с **who** или **what**. Здесь **who**/**what** – подлежащее.

1   Somebody broke the window.
2   Something fell off the shelf.
3   Somebody wants to see you.
4   Somebody took my umbrella.
5   Something made me ill.
6   Somebody is coming.

Who broke the window?
What ....
.... me?
....
....
....

46.2 Составьте вопросы с **who**/**what** (подлежащее или дополнение).

1   I bought something.
2   Somebody lives in this house.
3   I phoned somebody.
4   Something happened last night.
5   Somebody knows the answer.
6   Somebody did the washing-up.
7   Jane did something.
8   Something woke me up.
9   Somebody saw the accident.
10 I saw somebody.
11 Somebody has got my pen.
12 This word means something.

What did you buy?.
Who lives in this house?
....
....
....
....
....
....
....
....
....
....

46.3 Вы хотите узнать недостающую информацию (XXXXX). Напишите вопросы с **who** или **what**.

1   I lost **XXXXX** yesterday, but fortunately **XXXXX** found it and gave it back to me.

What did you lose?
Who found it?

2   **XXXXX** phoned me last night. She wanted **XXXXX**.

Who ....
What ....

3   I needed some advice, so I asked **XXXXX**. He said **XXXXX**.

4   I hear that **XXXXX** got married last week. **XXXXX** told me.

5   I met **XXXXX** on my way home this evening. She told me **XXXXX**.

6   Steve and I played tennis yesterday. **XXXXX** won. After the game we **XXXXX**.

7   It was my birthday last week and I had some presents. **XXXXX** gave me a book and Catherine gave me **XXXXX**.

46.4 Переведите предложения на английский язык.

1   Что вы делали вчера вечером?
2   Кто может мне помочь?
3   Что тебе дал Гари?
4   Кто работает в том офисе?
5   Кому ты сказала о встрече?
6   Кто тебе сказал о встрече?
7   Кто выиграл матч вчера?
8   Где вы купили свою машину?

встреча = meeting
матч = match

Who is she talking to?   What is it like?
(вопросы 3)

A

JESSICA

Jessica is talking to somebody.

Who is she talking **to**?
С кем она разговаривает?

В *вопросах, которые начинаются с* **Who** ... ? / **What** ... ? / **Where** ... ? / **Which** ... ?, *предлоги* (**to**/**from**/**with** *и т. д.*) *обычно ставятся в конце предложения*:

- ◻ A: **Where** are you **from**? *Вы откуда?*
  B: I'm from Thailand.

- ◻ A: Jack was afraid.
  B: **What** was he afraid **of**? *Чего он боялся?*

- ◻ A: **Who** do these books belong **to**? *Кому принадлежат эти книги?*
  B: They're mine.

- ◻ A: Tom's father is in hospital.
  B: **Which hospital** is he **in**? *В какой он больнице?*

- ◻ A: Kate is going on holiday.
  B: **Who with**? / **Who** is she going **with**? *С кем? / С кем она едет?*

- ◻ 'Can we talk?'   'Sure. **What** do you want to talk **about**?'
  ... *"Да, конечно. О чём ты хочешь поговорить?"*

B

What's it like? / What are they like? *и т. д.*

What's your new house **like**?

It's very big.

What**'s** it like? = What **is** it like?

What's it like? = *Какой он? / Что он собой представляет?*

В *вопросе* **What is it like?**, **like** *является предлогом, а не глаголом.* (*Сравните:* '**Do** you **like** your new house?' *и т. д.*)

- ◻ A: There's a new restaurant in our street.
  B: **What's** it **like**? Is it good? *Какой он? ...*
  A: I don't know. I haven't eaten there yet.

- ◻ A: **What's** your new teacher **like**? *Что представляет собой ...?*
  B: She's very good. We learn a lot.

- ◻ A: I met Nicola's parents yesterday.
  B: Did you? **What** are they **like**? ... *Какие они?*
  A: They're very nice.

- ◻ A: Did you have a good holiday? **What** was the weather **like**? ... *Какая была погода?*
  B: It was lovely. It was sunny every day.

вопросы → **Разделы 45–46**   what/which/how → **Раздел 48**   *предлоги* → **Разделы 103–113**

Упражнения

47.1 Вы хотите узнать недостающую информацию (XXXXX). Напишите вопросы с **who** или **what**.

1 The letter is from **XXXXX**. — *Who is the letter from?*
2 I'm looking for a **XXXXX**. — What .... you ....
3 I went to the cinema with **XXXXX**. — ....
4 The film was about **XXXXX**. — ....
5 I gave the money to **XXXXX**. — ....
6 The book was written by **XXXXX**. — ....

47.2 Напишите вопросы о людях, изображённых на картинках. Используйте глагол из рамки + предлог:

go	listen	look	~~talk~~	talk	wait

1 → It was very good.
3 → I'm going to a restaurant.
4 → Yes, very interesting.
5 → BUS 4 11 60 96

1 *Who is she talking to?*
2 What .... they ....
3 Which restaurant ....
4 What ....
5 What ....
6 Which bus ....

47.3 Напишите вопросы, начинающиеся с **Which ... ?**

1 Tom's father is in hospital. — *Which hospital is he in?*
2 We stayed at a hotel. — .... you ....
3 Jack plays for a football team.
4 I went to school in this town.

47.4 Вы хотите узнать о другой стране. Задайте вопросы знакомому, который там побывал. Используйте **What is/are ... like?**

1 (the roads) *What are the roads like?*
2 (the food) ....
3 (the people) ....
4 (the weather) ....

47.5 Задайте вопросы, используя **What was/were ... like?**

1 Your friend has just come back from holiday. Ask about the weather.
   What was the weather like?
2 Your friend has just come back from the cinema. Ask about the film.
   ....
3 Your friend has just finished an English course. Ask about the lessons.
   ....
4 Your friend has just come back from holiday. Ask about the hotel.
   ....

47.6 Переведите предложения на английский язык.

1 О ком вы говорите?
2 На какой улице твой дом?
3 С кем Том идёт на вечеринку?
4 О чём эта книга?
5 Какой поезд вы ждёте?
6 Что представляет собой его начальник?
7 Какая была погода в Риме?
8 Откуда Саша?
9 Какую музыку ты обычно слушаешь?

говорить о = talk about
начальник = manager

105

What ... ?   Which ... ?   How ... ?
(вопросы 4)

A

What + *существительное* (**What colour** ... ? / **What kind** ... ? *и т. д.*) = *Какого... ? / Какую ... ? и т. д.*:

- ☐ **What colour** is your car?   *Какого цвета ваша машина?*
- ☐ **What colour** are your eyes?   *Какого цвета твои глаза?*
- ☐ **What size** is this shirt?   *Какого размера ... ?*
- ☐ **What make** is your TV?   *Какой марки ... ?*
- ☐ **What time** is it?   *Который час?*
- ☐ **What day** is it today?   *Какой сегодня день?*
- ☐ **What kind** of job do you want?   *Какого типа работу ты хочешь?*
  (*или* **What type** of job ... ? / **What sort** of job ... ?)

What *без существительного* = *Какой ... ? / Что ... ? и т. д.*:

- ☐ **What**'s your favourite colour?   *Какой твой любимый цвет?*
- ☐ **What** do you want to do tonight?   *Что ты хочешь делать сегодня вечером?*

B

Which + *существительное* = *Какой из ...? / Который ...? (о предметах или людях)*:

- ☐ **Which train** did you catch – the 9.50 or the 10.30?
  На каком из поездов ты ехала – ... ?
- ☐ **Which doctor** did you see – Doctor Ellis, Doctor Gray or Doctor Hill?
  К какому врачу ты ходила – ... ?

Which *без существительного используется, когда говорят о предметах или понятиях, но не о людях*:

- ☐ **Which** is bigger – Canada or Australia?   *Что больше – ... ? (букв. Какая больше ...)*

Когда говорят о людях, то используют **who** *(без существительного)*:

- ☐ **Who** is taller – Joe or Gary? (*неверно* Which is taller?)   *Кто выше – ... ?*

C

What *или* **which**?

Which *используется в ситуациях, когда выбор ограничен (= какой из имеющихся)*:

- ☐ We can go this way or that way.
  Which way shall we go?   *По какой дороге пойдём?*
- ☐ There are four umbrellas here.
  Which is yours?   *Какой (из них) твой?*

? или **?** или **?** или **?**

WHICH?

What *имеет более общее значение*:

- ☐ **What**'s the capital of Argentina?   *Какой город является столицей Аргентины?*
- ☐ **What sort** of music do you like?   *Какая музыка вам нравится?*

Сравните:

- ☐ **What colour** are his eyes? (*неверно* Which colour?)
  Which colour do you prefer, **pink or yellow**?
  Какой цвет ты предпочитаешь – розовый или жёлтый?
- ☐ **What** is the longest river in the world?   *Какая река самая длинная в мире?*
  Which is the longest river – **the Mississippi, the Amazon or the Nile**?
  Какая река самая длинная – Миссисипи, Амазонка или Нил?

D

How ... ? = *Как ... ? / Каким образом ... ?*

- ☐ **How** was the party last night?   *Как прошла вечеринка ... ?*
- ☐ **How** do you usually go to work?   *Как вы обычно добираетесь до работы?*

В вопросах можно также использовать **how** + *прилагательное/наречие* (**how tall** / **how old** / **how often** *и т. д.*):

	often do you use your car?' 'Every day.'	"Как часто ... ?"
	far is it from here to the airport?' 'Five kilometres.'	"Как далеко ... ?"
	long have they been married?' 'Ten years.'	"Как долго/давно ... ?"
'How	**tall** are you?' 'I'm 1 metre 70.'	"Какого ты роста?"
	old is your mother?' 'She's 45.'	"Сколько лет ... ?"
	much was your car?' 'A thousand pounds.'	"Сколько стоила ... ?"
	big is the house?' 'Not very big.'	"Какого размера ... ?"

вопросы ➜ **Разделы 45–47**   How long does it take? ➜ **Раздел 49**   which one(s) ➜ **Раздел 76**

Упражнения

48.1 Напишите вопросы, начинающиеся с **What**.

1	I've got a new TV.	(make?)	*What make is it?*
2	I want a job.	(kind?)	*What kind of job do you want?*
3	I bought a new sweater.	(colour?)	What ....
4	I got up early this morning.	(time?)	.... get up?
5	I like music.	(type?)	....
6	I want to buy a car.	(kind?)	....

48.2 Допишите вопросы. Используйте **Which ... ?**

① *Which way* .... shall we go?
City Centre   City Centre

② .... is yours?

③ CINEMA 1   CINEMA 2
.... do you want to see?

④ 10   25   32
.... goes to the centre?

48.3 Вставьте **what**/**which**/**who**.

1 *What* .... is that man's name?
2 *Which* .... way shall we go? Left or right?
3 You can have tea or coffee. .... do you prefer?
4 .... day is it today?' 'Friday.'
5 This is a nice office. .... desk is yours?
6 .... is your favourite sport?

7 .... is more expensive, meat or fish?
8 .... is older, Liz or Steve?
9 .... kind of camera do you have?
10 A: I have three cameras.
    B: .... camera do you use most?
11 .... nationality are you?

48.4 Заполните пропуски, используя **How** + прилагательное или наречие (**high**/**long** и т. д.).

1	*How high* .... is Mount Everest?	Nearly 9000 metres.
2	.... is it to the station?	It's about two kilometres from here.
3	.... is Helen?	She's 26.
4	.... do the buses run?	Every ten minutes.
5	.... is the water in the pool?	Two metres.
6	.... have you lived here?	Nearly three years.

48.5 Напишите вопросы, начинающиеся с **How ... ?**

1 Are you 1 metre 70? 1.75? 1.80?   *How tall are you?*
2 Is this box one kilogram? Two? Three? ....
3 Are you 20 years old? 22? 25? ....
4 Did you spend £20? £30? £50? ....
5 Do you watch TV every day? Once a week? Never? ....
6 Is it 1000 miles from Paris to Moscow? 1500? 2000? ....

48.6 Переведите предложения на английский язык.

1 Какой марки ваша машина?
2 Какой самый большой город в Бразилии?
3 Как часто вы ходите в спортзал?
4 Какое домашнее животное ты предпочитаешь – кошку или собаку?
5 Какого цвета твой новый диван?
6 Сколько лет вашему брату?
7 Как давно Мария работает на эту компанию?
8 Какой город старше – Москва или Петербург?

самый большой = the biggest
спортзал = gym
домашнее животное = pet

How long does it take … ?

A

How long does it take from … to … ?

How long **does it take** by plane from New York to Washington?
Сколько времени занимает перелёт от Нью-Йорка до Вашингтона?

It takes an hour.   *Это занимает один час.*
How long does it take … ? = *Сколько времени занимает … ?*

It takes … = *Это занимает …*

- How long **does it take** by train from London to Manchester?
  Сколько времени занимает поездка на поезде от … до … ?
- **It takes** two hours by train from London to Manchester.
  Поездка на поезде … занимает два часа. (букв. Это занимает два часа …)
- How long **does it take** by car from your house to the station?
  Как долго добираться на машине от … ?
- **It takes** ten minutes by car from my house to the station.
  Поездка на машине … занимает десять минут.

B

How long does it take to do something?

How long	does did will	it take to … ?

It	takes took will take		a week a long time three hours	to …
	doesn't didn't won't	take	long	

- How long **does it take to cross** the Atlantic by ship?
  Сколько нужно времени, чтобы пересечь Атлантику на корабле?
- 'I came by train.' 'Did you? How long **did it take** (**to get** here)?'
  "… Сколько времени потребовалось (чтобы сюда доехать)?"
- How long **will it take to get** from here to the hotel?
  Сколько времени займёт дорога отсюда до гостиницы?

- **It takes** a long time **to learn** a language.   *Изучение языка занимает много времени.*
- **It doesn't take** long **to cook** an omelette.   *Не нужно много времени, чтобы приготовить омлет.*
- **It won't take** long **to fix** the computer.   *На ремонт компьютера не потребуется много времени.*

C

How long does it take you to do something?

How long	does did will	it take	you Tom them	to … ?

It	takes took will take	me Tom them	a week a long time three hours	to …

I started reading the book on Monday.
I finished it on Wednesday evening.

It **took me** three days **to read** it.   *Чтение (этой книги) заняло у меня три дня.*

- How long **will it take me to learn** to drive?
  Сколько времени мне потребуется, чтобы научиться водить машину?
- **It takes Tom** 20 minutes **to get** to work in the morning.
  Дорога на работу утром занимает у Тома 20 минут. (букв. Это занимает у Тома 20 минут, чтобы …)
- **It took us** an hour to do the shopping.   *Мы потратили час на покупки.*
- **Did it take you** a long time **to find** a job?   *Вы долго искали работу?*
- **It will take me** an hour **to cook** dinner.   *Мне потребуется час, чтобы приготовить ужин.*

Упражнения

49.1 Посмотрите на картинки и напишите вопросы с **How long ... ?**

1   *How long does it take by plane from London to Amsterdam?*
2
3
4

49.2 Сколько времени это занимает? Напишите полные предложения.

1   fly from your city/country to London
     It takes two hours to fly from Stuttgart to London.

2   fly from your city/country to New York

3   study to be a doctor in your country

4   walk from your home to the nearest shop

5   get from your home to the nearest airport

49.3 Напишите вопросы с **How long did it take ... ?**

1   (Jane found a job.)   *How long did it take her to find a job?*
2   (I walked to the station.)   you
3   (Tom painted the bathroom.)
4   (I learnt to ski.)
5   (They repaired the car.)

49.4 Прочитайте описания ситуаций и напишите предложения с **It took ... .**

1   I read a book last week. I started reading it on Monday. I finished it three days later.
     It took me three days to read the book.

2   We walked home last night. We left at 10 o'clock and we arrived home at 10.20.

3   I learnt to drive last year. I had my first driving lesson in January. I passed my driving test six months later.

4   Mark drove to London yesterday. He left home at 7 o'clock and got to London at 10.

5   Lisa began looking for a job a long time ago. She got a job last week.

6   *Напишите предложение о себе.*

49.5 Переведите предложения на английский язык.

1   Сколько времени занимает перелёт из Москвы до Лондона?
2   Саше потребовалось два месяца, чтобы найти новую работу.
3   Обучение в университете занимает три года.
4   Поездка на машине от моей квартиры до офиса занимает один час.
5   Нам потребуется три недели, чтобы сделать ремонт гостиной.
6   Приготовление обеда не займёт много времени.
7   Вы долго искали стоянку машин?
8   Сколько времени вам потребовалось, чтобы написать книгу?

обучение (здесь) = study
сделать ремонт (здесь) = decorate
стоянка машин = car park

Do you know where ... ?
I don't know what ... и т. д.

Do you know where Laura is?

Вопрос: Where **is** Laura? *Где Лора?*

но   **Do you know** where **Laura** **is** ? *Ты знаешь, где Лора?*

(*неверно* Do you know where is Laura?)

Обратите внимание:

I know	
I don't know	where **Laura is**.
Can you tell me	

Сравните:

Who **are those people**?	*но*	**Do you know**	who **those people are**	
How old **is Nicola**?		**Can you tell me**	how old **Nicola is**	?
What time **is it**?			what time **it is**	
Where **can I** go?			where **I can** go	
How much **is this camera**?		**I know**	how much **this camera is**	
When **are you** going away?		**I don't know**	when **you're** going away	.
Where **have they** gone?		**I don't remember**	where **they have** gone	
What **was Kate** wearing?			what **Kate was** wearing	

Вопросы с **do**/**does**/**did** (present simple *и* past simple)

Where **does he live** ? *Где он живёт?*

но   **Do you know** where **he lives** ? *Вы знаете, где он живёт?*
(*неверно* Do you know where does he live?)

Сравните:

How **do airplanes** fly?	*но*	**Do you know**	how **airplanes fly**	?
What **does Jane** want?		**I don't know**	what **Jane wants**	
Why **did she** go home?		**I don't remember**	why **she went** home	
Where **did I** put the key?		**I know**	where **I put** the key	.

Вопросы, начинающиеся с **Is** ... ? / **Do** ... ? / **Can** ... ? *и т. д.*

Сравните:

Is Jack at home?	*но*	**Do you know**	**if**	**Jack is** at home	?
Have they got a car?				**they've got** a car	
Can Ben swim?			*или*	**Brian can** swim	
Do they live near here?		**I don't know**	**whether**	**they live** near here	.
Did anybody see you?				**anybody saw** you	

В этих предложениях можно использовать **if** *или* **whether** (= ли):

- Do you know **if** they've got a car? *или* Do you know **whether** they've got a car?
  Вы знаете, есть ли у них машина?
- I don't know **if** anybody saw me. *или* I don't know **whether** anybody saw me.
  Я не знаю, видел ли меня кто-нибудь.

Упражнения

50.1 Ответьте на вопросы, используя **I don't know where**/**when**/**why ...** и т. д.

1	Have your friends gone home?	(where) *I don't know where they've gone.*
2	Is Kate in her office?	(where) I don't know ....
3	Is the castle very old?	(how old) ....
4	Will Paul be here soon?	(when) ....
5	Was he angry because I was late?	(why) ....
6	Has Emily lived here a long time?	(how long) ....

50.2 Закончите предложения.

1	(How do airplanes fly?)	Do you know ...*how airplanes fly*...........	?
2	(Where does Susan work?)	I don't know	.
3	(What did Peter say?)	Do you remember	?
4	(Why did he go home early?)	I don't know	.
5	(What time does the meeting begin?)	Do you know	?
6	(How did the accident happen?)	I don't remember.	.

50.3 Выберите правильный вариант.

1 Do you know what time ~~is it~~ / it is? (Do you know what time <u>it is</u>? – *правильно*)
2 Why <u>are you</u> / you are going away?
3 I don't know where <u>are they</u> / they are going.
4 Can you tell me where is the museum / <u>the museum is</u>?
5 Where <u>do you want</u> / you want to go for your holidays?
6 Do you know what do elephants eat / <u>elephants eat</u>?
7 I don't know how far <u>is it</u> / it is from the hotel to the station.

50.4 Напишите вопросы, начинающиеся с **Do you know if ... ?**

1	(Have they got a car?)	*Do you know if they've got a car?*
2	(Are they married?)	Do you know ....
3	(Does Sue know Bill?)	....
4	(Will Gary be here tomorrow?)	....
5	(Did he pass his exam?)	....

50.5 Напишите вопросы, начинающиеся с **Do you know ... ?**

1	(What does Laura want?)	*Do you know what Laura wants?*
2	(Where is Paula?)	Do ....
3	(Is she working today?)	....
4	(What time does she start work?)	....
5	(Are the shops open tomorrow?)	....
6	(Where do Sarah and Jack live?)	....
7	(Did they go to Jane's party?)	....

50.6 Закончите вопросы, используя свои собственные идеи.

1	Do you know why ...*the bus was late*...........	?
2	Do you know what time	?
3	Excuse me, can you tell me where	?
4	I don't know what	.
5	Do you know if	?
6	Do you know how much	?

50.7 Переведите предложения на английский язык.   пирожное = cake

1 Вы знаете, какая это улица?
2 Я не знаю, кто сделал эти пирожные.
3 Вы можете сказать, сколько стоят эти брюки?
4 Я не помню, сколько лет Молли.
5 Вы можете мне сказать, во сколько открывается музей?
6 Ты знаешь, был ли Том в Индии?
7 Я знаю, где живут Кевин и Наташа.
8 Мы не знаем, хочет ли Анна поехать в отпуск с нами.

She said that ...   He told me that ...

A

На прошлой неделе вы были на вечеринке. Там было много ваших знакомых. Вот что они говорили:

Сегодня вы встречаетесь с Марком и рассказываете ему о вечеринке. Вы передаёте Марку то, что говорили ваши знакомые:

CLARE

I'm enjoying my new job.

My father isn't well.

am
is } → was

○ Clare said that **she was** enjoying her new job.
   … сказала, что ей нравится …
○ She said that **her father wasn't** well.
   Она сказала, что её отец нездоров.

SARAH

We're going to buy a house.

BEN

are → were

○ Sarah and Ben said that **they were** going to buy a house.
   … сказали, что они собираются купить …

PETER

I have to leave early.

My sister has gone to Australia.

have
has } → had

○ Peter said that **he had** to leave early.
   … сказал, что ему нужно (было) уйти …
○ He said that **his sister had** gone to Australia.
   Он сказал, что его сестра уехала …

KATE

I can't find a job.

can → could

○ Kate said that **she couldn't** find a job.
   … сказала, что она не может найти …

STEVE

I'll phone you.

will → would

○ Steve said that **he would** phone me.
   … сказал, что он мне позвонит.

RACHEL

I don't like my job.

My son doesn't like school.

do
does } → did

○ Rachel said that **she didn't** like her job.
   … сказала, что ей не нравится …
○ She said that **her son didn't** like school.
   … сказала, что её сыну не нравится …

MIKE

You look tired.

I feel fine.

YOU

look → looked

feel → felt
и т. д.   и т. д.
(настоящее) (прошедшее)

○ Mike said that **I looked** tired.
   … сказал, что я выглядела …
○ I said that **I felt** fine.
   Я сказала, что хорошо себя чувствовала.

B

say *и* **tell** = *говорить, сказать*

say (→ **said**)
○ He **said** that he was tired.
   (*неверно* He said me)
   Он сказал, что устал.
○ What did she **say to** you? (*неверно* say you)
   Что она тебе сказала/говорила?
Нужно говорить **he said to me**, **I said to Ann** *и т. д.*
(*неверно* 'he said me', 'I said Ann').

tell (→ **told**)
○ He **told me** that he was tired.
   (*неверно* He told that)
   Он сказал мне, что устал.
○ What did she **tell you**? (*неверно* tell to you)
   Что она тебе сказала/говорила?
Нужно говорить **he told me**, **I told Ann** *и т. д.*
(*неверно* 'he told to me', 'I told to Ann').

C

Можно сказать:
○ He said **that** he was tired. *или* He said he was tired. *(без that)*
○ Kate told me **that** she couldn't find a job. *или* Kate told me she couldn't find a job.

I told you to … ➜ **Раздел 54**

Упражнения

51.1 Прочитайте, что говорят эти люди. Напишите предложения, начинающиеся с **He**/**She**/**They said** (**that**) ... .

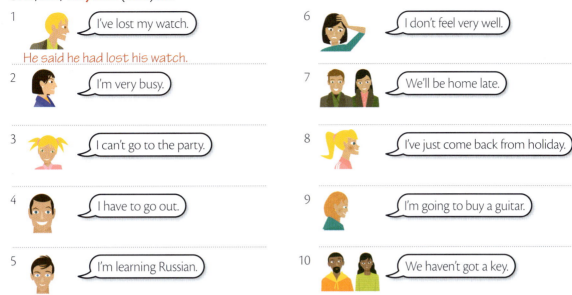

1 I've lost my watch.

He said he had lost his watch.

2 I'm very busy.

3 I can't go to the party.

4 I have to go out.

5 I'm learning Russian.

6 I don't feel very well.

7 We'll be home late.

8 I've just come back from holiday.

9 I'm going to buy a guitar.

10 We haven't got a key.

51.2 Закончите предложения, используя информацию на картинках.

1 I'm enjoying my new job. — CLARE
2 I'm not hungry. — EMMA
3 I need it. — MIKE
4 I don't want to go. INVITATION — HANNAH
5 You can have it. — SUSAN
6 I'll send you a postcard. — MARTIN
7 Where's Robert? He's gone home. — NICOLA
8 I want to watch TV. — DAVID
9 I'm going to the cinema. — MARY

1 I met Clare last week. She said she was enjoying her new job .
2 Emma didn't want anything to eat. She said ....
3 I wanted to borrow Mike's ladder, but he said ....
4 Hannah was invited to the party, but she said ....
5 Susan told me she didn't want the picture. She said ....
6 Martin has just gone away on holiday. He said ....
7 I was looking for Robert. Nicola said ....
8 'Why did David stay at home?' 'He said .... '
9 'Has Mary gone out?' 'I think so. She said ....'

51.3 Заполните пропуски, используя **say**/**said** или **tell**/**told**.

1 He ....said.... he was tired.
2 What did she ....tell.... you?
3 Anna .... she didn't like Peter.
4 Jack .... me that you were ill.
5 Please don't .... Dan what happened.
6 Did Lucy .... she would be late?
7 The woman .... she was a reporter.
8 The woman .... us she was a reporter.
9 They asked me a lot of questions, but I didn't .... them anything.
10 They asked me a lot of questions, but I didn't .... anything.

51.4 Переведите предложения на английский язык.

скоро = soon

1 Лара сказала, что она учит немецкий.
2 Джереми сказал нам, что он не умеет плавать.
3 Том сказал мне, что он купил новую машину.
4 Она сказала, что встретит нас в аэропорту.
5 Что Марина вам сказала?
6 Ты сказала, что ты не голодна.
7 Игорь сказал Инне, что он скоро едет в отпуск.
8 Она нам сказала, что найти её дом легко.

work/working   go/going   do/doing

A

*В английском языке инфинитив – это начальная форма глагола (**work**, **see**, **understand** и т. д.):*

- ☐ Do you **work**?   *Вы работаете?*
- ☐ I can't **see** you.   *Я тебя не вижу.*

*Иногда перед инфинитивом стоит **to**:*

- ☐ I want **to work**.   *Я хочу работать.*
- ☐ It's nice **to see** you.   *Рад вас видеть.*

B

work/go/be *и т. д. (инфинитив)*

*С **will**/**can**/**must** и т. д. используется инфинитив:*

will shall might may can could must should would	

- ☐ Anna **will be** here soon.
- ☐ **Shall** I **open** the window?   → *Разделы 28–29*
- ☐ I **might phone** you later.
- ☐ **May** I **sit** here?   → *Раздел 30*
- ☐ I **can't meet** you tomorrow.
- ☐ **Could** you **pass** the salt, please?   → *Раздел 31*
- ☐ It's late. I **must go** now.   → *Раздел 32*
- ☐ You **shouldn't work** so hard.   → *Раздел 33*
- ☐ **Would** you **like** some coffee?   → *Раздел 35*

*С **do**/**does**/**did** также используется инфинитив:*

do/does (present simple)	
did (past simple)	

- ☐ **Do** you **work**?   → *Разделы 7–8*
- ☐ They **don't work** very hard.
- ☐ Helen **doesn't know** many people.
- ☐ How much **does** it **cost**?
- ☐ What time **did** the train **leave**?   → *Раздел 13*
- ☐ We **didn't sleep** well.

C

to work / **to go** / **to be** *и т. д. (**to** + инфинитив)*

(I'm) **going to** …	
(I) **have to** …	
(I) **want to** …	
(I) **would like to** …	
(I) **used to** …	

- ☐ I'**m going to play** tennis tomorrow.   → *Раздел 27*
- ☐ What **are** you **going to do**?
- ☐ I **have to go** now.   → *Раздел 34*
- ☐ Everybody **has to eat**.
- ☐ Do you **want to go** out?   → *Раздел 53*
- ☐ They don't **want to come** with us.
- ☐ I'**d like to talk** to you.   → *Раздел 35*
- ☐ **Would** you **like to go** out?
- ☐ Dave **used to work** in a factory.   → *Раздел 37*

D

working/going/playing *и т. д.*

am/is/are + **-ing** (present continuous)	
was/were + **-ing** (past continuous)	

- ☐ Please be quiet. I'**m working**.   → *Разделы 4–5, 9, 26*
- ☐ Tom **isn't working** today.
- ☐ What time **are** you **going** out?
- ☐ It **was raining**, so we didn't go out.   → *Разделы 14–15*
- ☐ What **were** you **doing** at 11.30 yesterday?

глаголы + **to …**/**-ing** (**I want to do** / **I enjoy doing**) ➜ **Раздел 53**   **go** *и* **-ing** ➜ **Раздел 56**

Упражнения

52.1 Закончите предложения. Вставьте **... phone Paul** или **... to phone Paul**.

1 I'll _phone Paul_ .
2 I'm going _to phone Paul_ .
3 Can you .... Paul?
4 Shall I .... ?
5 I'd like ....

6 Do you have .... ?
7 You should ....
8 I want ....
9 I might ....
10 You must ....

52.2 Заполните пропуски, используя глаголы из рамки. В некоторых предложениях необходимо использовать инфинитив (**work**/**go** и т. д.), а в других предложениях – форму глагола на **-ing** (**working**/**going** и т. д.).

do/doing	get/getting	~~sleep/sleeping~~	watch/watching
eat/eating	go/going	stay/staying	wear/wearing
fly/flying	listen/listening	wait/waiting	~~work/working~~

1 Please be quiet. I'm _working_ .
2 I feel tired today. I didn't _sleep_ very well last night.
3 What time do you usually .... up in the morning?
4 'Where are you .... ?' 'To the office.'
5 Did you .... TV last night?
6 Look at that plane! It's .... very low.
7 You can turn off the radio. I'm not .... to it.
8 They didn't .... anything because they weren't hungry.
9 My friends were .... for me when I arrived.
10 'Does Susan always .... glasses?' 'No, only for reading.'
11 'What are you .... tonight?' 'I'm .... at home.'

52.3 Поставьте глагол в правильную форму:

инфинитив (**work**/**go** и т. д.) или
to ... (**to work** / **to go** и т. д.) или
-ing (**working**/**going** и т. д.)

1 Shall I _open_ the window? (open)
2 It's late. I have _to go_ now. (go)
3 Amanda isn't _working_ this week. She's on holiday. (work)
4 I'm tired. I don't want .... out. (go)
5 It might .... , so take an umbrella with you. (rain)
6 What time do you have .... tomorrow morning? (leave)
7 I'm sorry I can't .... you. (help)
8 My brother is a student. He's .... physics. (study)
9 Would you like .... on a trip round the world? (go)
10 When you saw Maria, what was she .... ? (wear)
11 When you go to London, where are you going .... ? (stay)
12 I'm hungry. I must .... something to eat. (have)
13 'Where's Gary?' 'He's .... a bath.' (have)
14 I used .... a car, but I sold it last year. (have)
15 He spoke very quietly. I couldn't .... him. (hear)
16 You don't look well. I don't think you should .... to work today. (go)
17 I don't know what he said. I wasn't .... to him. (listen)
18 I missed the bus and had .... home. (walk)
19 I want .... what happened. (know) You must .... me. (tell)
20 May I .... this book? (borrow)

52.4 Переведите предложения на английский язык.   прибывать = arrive

1 Мне закрыть дверь?
2 Бренда раньше работала в банке.
3 Когда прибыл ваш поезд?
4 В субботу я, возможно, пойду в кино.

5 (в ресторане) Что вы хотите пить?
6 Куда бы вы хотели пойти завтра?
7 Мы собираемся купить новую машину.
8 (по телефону) Я не могу говорить. Я ужинаю.

to ... (I want to do) и -ing (I enjoy doing)

A *После этих глаголов используется* **to** + *инфинитив* (**I want to do**):

want	plan	decide	try
hope	expect	offer	forget
need	promise	refuse	learn

+ **to** ... (**to do** / **to work** / **to be** *и т. д.*)

- ○ What do you **want to do** this evening?   *Что ты хочешь делать сегодня вечером?*
- ○ It's not very late. We don't **need to go** home yet.   ... *Нам пока ещё не нужно идти домой.*
- ○ Tina has **decided to sell** her car.   *Тина решила продать свою машину.*
- ○ You **forgot to switch** off the light when you went out.   *Вы забыли выключить свет, когда ...*
- ○ My brother is **learning to drive**.   ... *учится водить машину.*
- ○ I **tried to read** my book, but I was too tired.   *Я пыталась читать книгу, но ...*

B *После этих глаголов используется форма глагола на* **-ing** (**I enjoy doing**):

enjoy	stop	suggest
mind	finish	

+ **-ing** (**doing** / **working** / **being** *и т. д.*)

- ○ I **enjoy dancing**. (*неверно* enjoy to dance)
  Я люблю танцевать.
- ○ I don't **mind getting** up early.
  Я не против того, чтобы рано вставать.
- ○ Has it **stopped raining**?
  Дождь закончился?
- ○ Sonia **suggested going** to the cinema.
  Соня предложила сходить в кино.

I enjoy dancing.

C *После этих глаголов можно использовать* **-ing** *или* **to** ...

like	love	start	continue
prefer	hate	begin	

+ **-ing** (**doing** *и т. д.*) *или* **to** ... (**to do** *и т. д.*)

- ○ Do you **like getting** up early? *или* Do you **like to get** up early?
  Вы любите рано вставать?
- ○ I **prefer travelling** by car. *или* I **prefer to travel** by car.
  Я предпочитаю путешествовать на машине.
- ○ Anna **loves dancing**. *или* Anna **loves to dance**. *Анна любит танцевать.*
- ○ I **hate being** late. *или* I **hate to be** late. *Я ненавижу опаздывать.*
- ○ It **started raining**. *или* It **started to rain**. *Начался дождь.*

D *После* **would like** ... *и т. д. используется* **to** + *инфинитив*:

would like	**would** love
would prefer	**would** hate

+ **to** ... (**to do** / **to work** / **to be** *и т. д.*)

- ○ Emma **would like to meet** you.   *Эмма хочет с Вами познакомиться.*
- ○ I**'d love to go** to Australia. (I**'d** = I **would**)
  Мне бы очень хотелось съездить в ...
- ○ A: **Would** you **like to sit** down? *Вы хотите сесть?*
  B: No, I**'d prefer to stand**, thank you. *Нет, я предпочитаю постоять, ...*
- ○ I like this apartment. I **wouldn't like to move**.
  ... *Я не хочу переезжать.*
- ○ I live in a small village. I**'d hate to live** in a big city.
  ... *Я бы очень не хотел жить в большом городе. (букв. Я бы ненавидел ...)*

would like → **Раздел 35**   I want you to ... → **Раздел 54**   go + -ing → **Раздел 56**   *предлог* + -ing → **Раздел 112**

Упражнения

53.1 Поставьте глагол в правильную форму (**to ...** или **–ing**).

1 I enjoy ___dancing___ . (dance)
2 What do you want ___to do___ tonight? (do)
3 Bye! I hope _____ you again soon. (see)
4 I learnt _____ when I was five years old. (swim)
5 Have you finished _____ the kitchen? (clean)
6 Where's Anna? I need _____ her something. (ask)
7 Do you enjoy _____ other countries? (visit)

8 The weather was nice, so I suggested _____ for a walk by the river. (go)
9 Where's Ben? He promised _____ here on time. (be)
10 I'm not in a hurry. I don't mind _____ . (wait)
11 What have you decided _____? (do)
12 Dan was angry and refused _____ to me. (speak)
13 I'm tired. I want _____ to bed. (go)
14 I was very upset and started _____ . (cry)
15 I'm trying _____ . (work) Please stop _____ . (talk)

53.2 Заполните пропуски, поставив глаголы из рамки в правильную форму (**to ...** или **–ing**).

| ~~go~~ | go | help | lose | rain | read | see | send | wait | watch |

1 'Have you ever been to Australia?' 'No, but I'd love ___to go___.'
2 Amy had a lot to do, so I offered _____ her.
3 I'm surprised that you're here. I didn't expect _____ you.
4 Kate has a lot of books. She enjoys _____ .
5 This ring was my grandmother's. I'd hate _____ it.
6 Don't forget _____ us a postcard when you're on holiday.
7 I'm not going out until it stops _____ .
8 What shall we do this afternoon? Would you like _____ to the beach?
9 When I'm tired in the evenings, I like _____ TV.
10 'Shall we go now?' 'No, I'd prefer _____ a few minutes.'

53.3 Заполните пропуски в ответах на вопросы.

1	Do you usually get up early?	Yes, I like ___to get up early___ .
2	Do you ever go to museums?	Yes, I enjoy _____ .
3	Would you like to go to a museum now?	No, I'm hungry. I'd prefer _____ to a restaurant.
4	Do you drive a lot?	No, I don't like _____ .
5	Have you ever been to New York?	No, but I'd love _____ one day.
6	Do you often travel by train?	Yes, I enjoy _____ .
7	Shall we walk home or take a taxi?	I don't mind _____ , but a taxi would be quicker.

53.4 Закончите предложения, используя **to ...** или **–ing**. Напишите о себе.

1 I enjoy _____
2 I don't like _____
3 If it's a nice day tomorrow, I'd like _____
4 When I'm on holiday, I like _____
5 I don't mind _____ , but _____
6 I wouldn't like _____

53.5 Переведите предложения на английский язык.

1 Том и Анна решили продать свой дом.
2 Нина не против того, чтобы работать по субботам.
3 Мы бы очень хотели жить рядом с морем.
4 Дождь закончился два часа назад.

5 Я предлагаю пойти в кафе.
6 Я не ожидал увидеть Эмму на встрече.
7 Питер пытался найти нас в парке.
8 Было поздно, но Дэвид продолжал работать.

рядом с морем = near the sea

➜ **Дополнительное упражнение 32** (страница 268)

I want you to ...   I told you to ...

I want you to ...

The woman **wants to go**.
Девушка хочет уйти.

The man **doesn't want** the woman **to go**.
Парень не хочет, чтобы девушка уходила.
He **wants** her **to stay**.
Он хочет, чтобы она осталась.

I want	you somebody Sarah	**to do** something

○ I **want you to be** happy. (*неверно* I want that you are happy)
Я хочу, чтобы ты был счастлив.
○ They didn't **want anybody to know** their secret. *Они не хотели, чтобы кто-либо знал ...*
○ Do you **want me to lend** you some money? *Ты хочешь, чтобы я одолжила тебе денег?*

также с **would like**:
○ **Would** you **like me to lend** you some money? *Ты хотел бы, чтобы я ... ?*

Конструкция *глагол + кто-то + **to** ... также используется после глаголов* **ask/tell/advise/expect/
persuade/teach**:
○ Sue **asked** a friend **to lend** her some money. *... попросила друга одолжить ей ...*
○ I **told** you **to be** careful. *Я попросил тебя быть осторожной.*
○ What do you **advise** me **to do**? *Что ты мне посоветуешь?*
○ I didn't **expect** them **to be** here. *Я не ожидала, что они будут здесь.*
○ We **persuaded** Gary **to come** with us. *Мы убедили Гари пойти с нами.*
○ I **am teaching** my brother **to swim**. *Я учу брата плавать.*

I told you **to** ... / **I told** you **not to** ...

JANE   ME

→ Jane **told** me **to wait** for her.
Джейн попросила меня её подождать.

BEN   MOLLY

→ Ben **told** Molly **not to wait** for him.
Бен сказал Молли, чтобы она его не ждала.

make *и* **let**

После **make** *и* **let** *не используется* **to**:
○ He's very funny. He **makes** me **laugh**. (*неверно* makes me to laugh)
... Он меня смешит. (букв. заставляет смеяться)
○ At school our teacher **made** us **work** very hard.
... учитель заставлял нас очень много работать.
○ I didn't have my phone with me, so Sue **let** me **use** hers. (*неверно* let me to use)
... разрешила мне воспользоваться её телефоном.

Let's ... (= **Let us**) *используют, когда предлагают сделать что-нибудь вместе:*
○ Come on! **Let's dance**. *...Давай потанцуем!*
○ A: Do you want to go out tonight?
B: No, I'm tired. **Let's stay** at home. *... Давай останемся дома.*

Let's ... → **Раздел 36**   He told me that ... → **Раздел 51**

Упражнения

54.1

Напишите предложения, начинающиеся с **I want you ...** / **I don't want you ...** / **Do you want me ... ?**

1 (you must come with me) I want you to come with me.
2 (listen carefully) I want ....
3 (please don't be angry) I don't ....
4 (shall I wait for you?) Do you ....
5 (don't call me tonight) ....
6 (you must meet Sarah) ....

54.2

Посмотрите на картинки и закончите предложения.

1 Dan persuaded me to go to the cinema.
2 I wanted to get to the station. A woman told ....
3 Ben wasn't well. I advised ....
4 Laura had a lot of luggage. She asked ....
5 I was too busy to talk to Tom. I told ....
6 I wanted to make a phone call. Paul let ....
7 Sue is going to call me later. I told ....
8 Amy's mother taught ....

54.3

Заполните пропуски, используя глаголы из рамки. В некоторых предложениях необходимо использовать **to** (**to go** / **to wait** и т. д.); в других предложениях **to** не используется (**go**/**wait** и т. д.).

arrive	borrow	get	~~go~~	go	make	repeat	tell	think	wait

1 Please stay here. I don't want you to go yet.
2 I didn't hear what she said, so I asked her .... it.
3 'Shall we begin?' 'No, let's .... a few minutes.'
4 Are they already here? I expected them .... much later.
5 Kevin's parents didn't want him .... married.
6 I want to stay here. You can't make me .... with you.
7 'Is that your bike?' 'No, it's John's. He let me .... it.'
8 Rachel can't come to the party. She told me .... you.
9 Would you like a drink? Would you like me .... some coffee?
10 'Kate doesn't like me.' 'What makes you .... that?'

54.4

Переведите предложения на английский язык.

заканчивать работу = finish work

1 Я хочу, чтобы вы пришли на вечеринку.
2 Мы не ожидали, что фильм нам понравится.
3 Борис убедил друга помочь ему.
4 Ты хочешь, чтобы я приготовил ужин?
5 Давай поедем в отпуск в Испанию.
6 Кто учит тебя водить машину?
7 Гари попросил детей не разговаривать в библиотеке.
8 Мой начальник разрешает мне заканчивать работу рано по пятницам.
9 Этот фильм всегда заставляет меня плакать.

I went to the shop to …

Paula wanted a newspaper, so she
went to the shop.

Why did she go to the shop?
Зачем она зашла в магазин?
To get a newspaper.
Чтобы купить газету.

She went to the shop **to get** a newspaper.
Она зашла в магазин, чтобы купить газету.

---

to … (**to get** / **to see** и т. д.) используют, чтобы объяснить причину действия:

- ○ A: Why are you going out?
    B: **To buy** some food.   *Чтобы купить продукты.*
- ○ Catherine went to the station **to meet** her friend.   … *чтобы встретить подругу.*
- ○ Sue turned on the television **to watch** the news.   … *чтобы посмотреть новости.*
- ○ I'd like to go to Spain **to learn** Spanish.   … *чтобы выучить испанский язык.*

money/**time to** (do something):

- ○ We need some **money to buy** food.
    Нам нужны деньги, чтобы купить продукты.
- ○ I don't have **time to watch** TV.
    У меня нет времени, чтобы смотреть телевизор.

to … *и* **for** …

to + *глагол* (**to get** / **to see** *и т. д.*)	**for** + *существительное* (**for a newspaper** / **for food** *и т. д.*)
○ I went to the shop **to get** a newspaper. (*неверно* for get)	○ I went to the shop **for a newspaper**.
○ They're going to Brazil **to see** their friends.	○ They're going to Brazil **for a holiday**.
○ We need some money **to buy** food.	○ We need some money **for food**.

wait for = *ждать кого-то/что-то*

- ○ Please **wait for** me.   … *подождите меня.*
- ○ Are you **waiting for** the bus?   *Вы ждёте автобус?*

wait to (do something) = *ждать с целью что-то сделать:*

- ○ Hurry up! I'm **waiting to go**.
    … *Мне нужно уходить. (букв. Жду, чтобы уйти.)*
- ○ Are you **waiting to see** the doctor?
    Вы дожидаетесь приёма у врача?

wait for (somebody/something) **to** … = *ждать выполнения
какого-либо действия:*

- ○ The lights are red. You have to **wait for them to change**.
    … *Вам придётся подождать, пока он сменится.*
- ○ Are you **waiting for the doctor to come**?
    Вы ждёте врача? (букв. когда приедет врач)

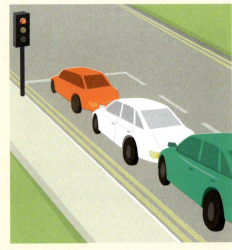

They're **waiting for the lights to change**.

---

go to … *и* **go for** … → **Раздел 56**   **something to eat** / **nothing to do** *и т. д.* → **Раздел 80**
enough + **to/for** … → **Раздел 92**   **too** + **to/for** … → **Раздел 93**

Упражнения

55.1 Напишите предложения с **I went to …** . Используйте слова и фразы из обеих рамок.

a coffee shop ~~the station~~		buy some vegetables get some medicine
the chemist the market	+	meet a friend ~~get a train ticket~~

1   I went to the station to get a train ticket.
2   I went ....
3   ....
4   ....

55.2 Закончите предложения. Используйте фразы из рамки.

to get some fresh air	to read the newspaper	to wake him up
to open this door	to see who it was	~~to watch the news~~

1   I turned on the TV ....to watch the news..................................... .
2   Alice sat down in an armchair ....
3   Do I need a key .... ?
4   I went for a walk by the river ....
5   I knocked on the door of David's room ....
6   The doorbell rang, so I looked out of the window ....

55.3 Закончите предложения (**to …**). Используйте свои собственные идеи.

1   I went to the shop ....to get a newspaper.................................... .
2   I'm very busy. I don't have time ....
3   I called Amy ....
4   I'm going out ....
5   I borrowed some money ....

55.4 Вставьте **to** или **for**.

1   I went out .....to..... get some bread.
2   We went to a restaurant .... have dinner.
3   Robert wants to go to university .... study economics.
4   I'm going to London .... an interview next week.
5   I'm going to London .... visit some friends of mine.
6   Do you have time .... a cup of coffee?
7   I got up late this morning. I didn't have time .... wash.
8   Everybody needs money .... live.
9   We didn't have any money .... a taxi, so we walked home.
10 The office is very small. There's space only .... a desk and chair.
11 A: Excuse me, are you waiting .... be served?
    B: No, I'm already being served, thanks.

55.5 Закончите предложения, используя слова из рамки:

it / to arrive	you / tell me	~~them / change~~	the film / begin

1   We stopped at the lights and waited ....for them to change.................. .
2   I sat down in the cinema and waited ....
3   We called an ambulance and waited ....
4   'Do you know what to do?'   'No, I'm waiting ....

55.6 Переведите предложения на английский язык.

Швейцария = Switzerland
поступать в университет =
go to university

1   Вера едет в Швейцарию, чтобы гулять в горах.
2   Я ходила в магазин, чтобы купить бананы.
3   Тим ездил в Манчестер, чтобы навестить родителей.
4   У нас нет денег на отпуск в этом году.
5   Вы ждёте, чтобы поговорить с менеджером?
6   В следующем году Ким поступает в университет, чтобы изучать испанский язык.
7   Я жду, когда закончится дождь.
8   У меня нет времени, чтобы смотреть телевизор.

121

go to ...   go on ...   go for ...   go -ing

A

go to ... = идти/ехать куда-то (**go to work** / **go to London** / **go to a concert** и т. д.)

- What time do you usually **go to work**? ... идёте на работу?
- I'm **going to China** next week. Я еду в Китай ...
- Sophie didn't want to **go to the concert**. ... идти на концерт.
- A: Where's Tom?
  B: He's **gone to bed**. ... лёг спать. (букв. пошёл в кровать)
- I **went to the dentist** yesterday. Я ходил к стоматологу ...

go to →

go to sleep = засыпать:

- I was very tired and **went to sleep** quickly. ... и заснул быстро.

go home (без **to**) = идти домой:

- I'm **going home** now. (неверно going to home)

B

go on ...

go on	holiday	ездить в отпуск
	a trip	отправляться в поездку
	a tour	ездить на экскурсию
	a cruise	ездить в круиз
	strike	объявлять забастовку

- We're **going on holiday** next week.
- Children often **go on school trips**.
- Workers at the airport have **gone on strike**.
  Рабочие в аэропорту объявили забастовку.

C

go for ... = отправляться куда-то с целью ...

go (somewhere) for	a walk	идти / ходить на прогулку
	a run	идти на / делать пробежку
	a swim	идти плавать / купаться
	a drink	идти что-нибудь выпить
	a meal	идти что-нибудь поесть

- 'Where's Emma?' 'She's **gone for a walk**.'
- Do you **go for a run** every morning?
- The water looks nice. I'm **going for a swim**.
- I met Chris in town, so we **went for a coffee**.
- Shall we **go** out **for a meal**? I know a good restaurant.

D

go + -ing

Go + -ing используется с названиями многих видов спорта (**swimming** / **skiing** и т. д.), а также с **shopping** (= ходить по магазинам).

I **go**	shopping
he is **going**	swimming
we **went**	fishing
they have **gone**	sailing
she wants to **go**	skiing
	jogging и т. д.

I'm going skiing.

- Are you **going shopping** this afternoon?
  Ты пойдёшь по магазинам сегодня днём?
- It's a nice day. Let's **go swimming**. (или Let's **go for a** swim.)
  ... Давай пойдём купаться.
- Richard has a small boat and he often **goes sailing**.
  ... и он часто плавает под парусом.
- I **went jogging** before breakfast this morning.
  Я бегала (букв. ходила на пробежку) ...

Упражнения

56.1 Где необходимо, вставьте **to**/**on**/**for**.

1 I'm going ___to___ China next week.
2 Richard often goes ___—___ sailing. *(без предлога)*
3 Sue went _____ Mexico last year.
4 Jack goes _____ jogging every morning.
5 I'm going out _____ a walk. Do you want to come?
6 I'm tired because I went _____ bed very late last night.
7 Mark is going _____ holiday _____ Italy next week.
8 The weather was warm and the river was clean, so we went _____ a swim.
9 The taxi drivers went _____ strike when I was in New York.
10 Let's go _____ the cinema this evening?
11 It's late. I have to go _____ home now.
12 Would you like to go _____ a tour of the city?
13 Shall we go out _____ dinner this evening?
14 My parents are going _____ a cruise this summer.

56.2 Посмотрите на картинки и допишите предложения. Используйте **go**/**goes**/**going**/**went** + **-ing**.

| ① often | ② last Saturday | ③ every day | ④ next month | ⑤ later | ⑥ yesterday |

RICHARD   EMILY   DAN   JESSICA   PETER   SARAH

1 Richard has a boat. He often ___goes sailing___ .
2 Last Saturday Emily went _____ .
3 Dan _____ every day.
4 Jessica is going on holiday next month. She is _____ .
5 Peter is going out later. He has to _____ .
6 Sarah _____ after work yesterday.

56.3 Заполните пропуски, используя слова из рамки. Где необходимо, вставьте **to**/**on**/**for**.

| ~~a swim~~ | holiday | Portugal | shopping | sleep |
| a walk | home | riding | skiing | university |

1 The water looks nice. Let's go ___for a swim___ .
2 After leaving school, Tina went _____ where she studied psychology.
3 I'm going _____ now. I have to buy a few things.
4 I was very tired last night. I sat down in an armchair and went _____ .
5 I wasn't enjoying the party, so I went _____ early.
6 We live near the mountains. In winter we go _____ most weekends.
7 Robert has got a horse. He goes _____ a lot.
8 The weather is nice. Shall we go _____ along the river?
9 A: Are you going _____ soon?
    B: Yes, next month. We're going _____ . We've never been there before.

56.4 Переведите предложения на английский язык, используя **go** в нужной форме.

1 В четверг я еду в Лондон.
2 В прошлом году Джесс ездила в отпуск в Америку.
3 Я хотела бы погулять в парке.
4 Олег ездит на рыбалку каждые выходные.
5 Как часто ты ходишь по магазинам?
6 Бен и Ирина уехали кататься на лыжах в Австрии.
7 Вчера учителя объявили забастовку.
8 После концерта мы пошли домой.
9 Давайте сходим выпьем кофе.
10 Завтра я иду к врачу.

get

A

get + *существительное* = *получать, покупать, находить и т. д.*

you **get** it

you **don't have** something → you **have** it

- I **got an email** from Sam this morning.   *Я получила имейл от Сэма …*
- I like your sweater. Where did you **get it**?   *… Где ты его купил?*
- Is it hard to **get a job** at the moment?   *Сейчас трудно найти работу?*
- 'Is Lisa here?'   'Yes, I'll **get her** for you.'   *… "Да, я её позову".*

Get *также используется в выражениях* **get a bus** / **a train** / **a taxi** (= *ехать на автобусе, поезде и т. д.*):
- 'Did you walk here?'   'No, I **got the bus**.'   *… "Нет, я приехал на автобусе".*

B

get hungry / **get cold** / **get tired** *и т. д.* (**get** + *прилагательное*) = *становиться … :*

you **get hungry**

you're **not hungry** → you **are hungry**

- If you don't eat, you **get hungry**.
  Если ты не поешь, то проголодаешься. (букв. станешь голодным)
- Drink your coffee. It**'s getting cold**.   *… Он остывает.*
- I'm sorry your mother is ill. I hope she **gets better** soon.   *… ей скоро станет лучше.*
- It was raining very hard. We didn't have an umbrella, so we **got** very **wet**.
  … поэтому мы сильно промокли. (букв. стали мокрыми)

Get + *прилагательное может переводиться на русский язык с использованием глагола на -ся:*

get married = *жениться / выходить замуж*	○ Nicola and Frank are **getting married** soon.
get dressed = *одеваться*	○ I got up and **got dressed** quickly.
get lost = *заблудиться*	○ We didn't have a map, so we **got lost**.
get angry = *рассердиться*	○ My brother **gets angry** very easily.
get worse = *ухудшаться*	○ The weather is **getting worse**.

C

get to a place = *добираться куда-то*
- I usually **get to work** before 8.30.   *… добираюсь на работу …*
- We left London at 10 o'clock and **got to Manchester** at 12.45.
  … и добрались до Манчестера …

get here/there (*без* **to**)
- How did you **get here**? By bus?   *Как вы сюда добрались? …*

get home (*без* **to**) = *добираться/приходить домой*
- What time did you **get home** last night?

get to

D

get in/out/on/off = *заходить в / выходить из транспорта*

get in (a car)   **get out** (**of** a car)   **get on**   **get off**
(a bus / a train / a plane)

- Kate **got in** (*или* **into**) **the car** and drove away. *Кейт села в машину и …*
- A car stopped and a man **got out**. (*но* A man got out **of the car**.)
  Машина остановилась, и из неё вышел мужчина.
- We **got on the bus** outside the hotel and **got off** in Church Street.
  Мы сели на автобус … вышли из автобуса …

get to → Раздел 108   in/out/on/off → Разделы 110, 114   get up → Раздел 114   get on → Приложение 6

Упражнения

57.1 Закончите предложения. Используйте **get/gets** и слова из рамки.

a doctor	a lot of rain	a taxi	~~my email~~	the job
a good salary	a new laptop	a ticket	some milk	your boots

1 Did you ......*get my email*...... ? I sent it a week ago.
2 Where did you .... ? They're very nice.
3 Quick! This man is ill. We need to ....
4 I don't want to walk home. Let's ....
5 Tom has an interview tomorrow. I hope he ....
6 When you go to the shop, can you .... ?
7 'Are you going to the concert?'   'Yes, if I can ....'
8 Helen has a well-paid job. She ....
9 The weather is horrible here in winter. We ....
10 I'm going to .... The one I have is too slow.

57.2 Закончите предложения. Используйте **getting** и слова из рамки:

~~cold~~	dark	late	married	ready

1 Drink your coffee. It's ......*getting cold*...... .
2 Turn on the light. It's ....
3 'I'm .... next week.'   'Really? Congratulations!'
4 'Where's Karen?'   'She's .... to go out.'
5 It's .... It's time to go home.

57.3 Закончите предложения. Используйте **get/gets/got** и слова из рамки:

angry	better	~~hungry~~	lost	married	old	wet

1 If you don't eat, you ......*get hungry*...... .
2 Don't go out in the rain. You'll ....
3 My brother .... last year. His wife's name is Sarah.
4 Mark is always very calm. He never ....
5 We tried to find the hotel, but we ....
6 Everybody wants to stay young, but we all ....
7 Yesterday the weather wasn't so good at first, but it .... during the day.

57.4 Напишите предложения, используя **I left …** и **got to …** .

1 home / 7.30 → work / 8.15
   I left home at 7.30 and got to work at 8.15.
2 London / 10.15 → Bristol / 11.45
   I left London at 10.15 and ....
3 the party / 11.15 → home / midnight
   ....
4 *Напишите предложение о себе.*
   I left ....

57.5 Вставьте **got in** / **got out of** / **got on** / **got off**.

1 Kate ......*got in*...... the car and drove away.
2 I .... the bus and walked to my house from the bus stop.
3 Isabel .... the car, shut the door and went into a shop.
4 I made a stupid mistake. I .... the wrong train.

57.6 Переведите предложения на английский язык, используя **get/got/getting**.

1 Твой ужин остывает.
2 Сегодня утром Нина добралась на работу в 11 часов.
3 Вы получили мой имейл?
4 Мы с Салли заблудились в центре города.
5 Вчера я пришла домой очень поздно.
6 Где ты купила эту куртку?
7 Где мне нужно выходить из автобуса?
8 Антон завтра женится.

do и make

Глаголы **do** и **make** соответствуют глаголу "делать" в русском языке.

A

Do – общее слово для действий:

- What are you **doing** this evening? (*неверно* What are you making?)
  Что вы делаете сегодня вечером?
- A: Shall I open the window?
  B: No, it's OK. I'll **do** it. *Нет, не надо. Я открою. (букв. Я это сделаю)*
- Rachel's job is very boring. She **does** the same thing every day.
  … Она делает одно и то же каждый день.
- I **did** a lot of things yesterday. *Я много всего сделал …*

What do you do? = *Кем Вы работаете?*

- 'What do you **do**?' 'I work in a bank.'

B

Make = *производить, создавать и т. д. Например:*

She's **making** coffee.	He has **made** a cake.	They **make** umbrellas.	It was **made** in China.
Она заваривает кофе.	*Он испёк торт.*	*Они производят зонтики.*	*Это было сделано в Китае.*

Сравните **do** *и* **make**:

- I **did** a lot yesterday. I **cleaned** my room, I **wrote** some letters and I **made** a cake.
  Я сделал много дел … Я сделал уборку в …, написал несколько писем и испёк торт.
- A: What do you **do** in your free time? Sport? Reading? Hobbies? *Что ты делаешь …*
  B: I **make** clothes. I **make** dresses and jackets. I also **make** toys for my children.
  Я шью одежду. Я шью … Я также делаю игрушки …

C

Выражения с **do**

do	an exam / a test	сдавать экзамен / тест
	a course	проходить курс / обучение
	homework	выполнять домашнее задание
	housework	делать работу по дому
	somebody a favour	оказывать услуги
	an exercise	делать упражнение

- I'm **doing my driving test** next week.
- John has just **done a training course**.
- Our children have to **do** a lot of **homework**.
- I hate **doing housework**, especially cleaning.
- Sue, could you **do me a favour**?
- I go for a run and **do exercises** every morning.

также в выражениях: **do the shopping** *(делать покупки)* / **do the washing** *(стирать бельё)* / **do the washing-up** *(мыть посуду)* / **do the ironing** *(гладить бельё)* / **do the cooking** *(готовить еду) и т. д. :*

- I **did the washing**, but I didn't **do the shopping**. *Я выстирала бельё, но не сделала покупки.*

D

Выражения с **make**

make	a mistake	допускать ошибку
	an appointment	записываться на приём
	a phone call	звонить по телефону
	a list	составлять список
	a noise	шуметь
	a bed	застилать постель

- I'm sorry, I **made a mistake**.
- I need to **make an appointment** to see the doctor.
- Excuse me, I have to **make a phone call**.
- Have you **made a shopping list**?
- It's late. Don't **make a noise**.
- Sometimes I forget to **make my bed** in the morning.

Нужно говорить **make a film** *(снимать фильм), но* **take a photo** / **take a picture** *(фотографировать):*

- When was **this film made**? *но* When was **this photo taken**?

do/does/did *(отрицания и вопросы)* ➜ **Разделы 44–45** **make** somebody do something ➜ **Раздел 54**

Упражнения

58.1 Вставьте **make/making/made** или **do/doing/did/done**.

1 'Shall I open the window?'   'No, it's OK. I'll ......*do*...... it.'
2 What did you .... at the weekend? Did you go away?
3 Do you know how to .... bread?
4 Paper is .... from wood.
5 Richard didn't help me. He sat in an armchair and .... nothing.
6 'What do you ....?'   'I'm a doctor.'
7 I asked you to clean the bathroom. Have you .... it?
8 'What do they .... in that factory?'   'Shoes.'
9 I'm .... some coffee. Would you like some?
10 Why are you angry with me? I didn't .... anything wrong.
11 'What are you .... tomorrow afternoon?'   'I'm working.'

58.2 Посмотрите на картинки. Что делают эти люди?

1 ...*He's making a cake.*...............
2 They ....
3 He ....
4 ....
5 ....

6 ....
7 ....
8 ....
9 ....
10 ....

58.3 Вставьте **make** или **do** в правильной форме.

1 I hate ......*doing*...... housework, especially cleaning.
2 Why do you always .... the same mistake?
3 'Can you .... me a favour?'   'It depends what it is.'
4 'Have you .... your homework?'   'Not yet.'
5 I need to see the dentist, but I haven't .... an appointment.
6 I'm .... a course in photography at the moment. It's very good.
7 The last time I .... an exam was ten years ago.
8 How many phone calls did you .... yesterday?
9 When you've finished Exercise 1, you can .... Exercise 2.
10 There's something wrong with the car. The engine is .... a strange noise.
11 It was a bad mistake. It was the worst mistake I've ever ....
12 Let's .... a list of all the things we have to .... today.

58.4 Переведите предложения на английский язык, используя **do** или **make**.   в выходные = at weekends

1 Моя мама печёт очень вкусные торты.
2 Сколько экзаменов Анна сдавала в прошлом году?
3 Что ты делаешь в субботу?
4 Дети спят. Не шуми!

5 Наша машина была произведена во Франции.
6 Я делаю работу по дому в выходные.
7 Когда я говорю по-английски, я делаю много ошибок.
8 Я могу записаться на приём к стоматологу?

have

A

have и have got

I **have** (something) *или* I'**ve got** (something) = *у меня есть (букв. я имею)*:

- ○ I **have** a new car.   *или*   I'**ve got** a new car.   *У меня есть новая машина.*
- ○ Sasha **has** long hair.   *или*   Sasha **has got** long hair.   *У Саши длинные волосы.*
- ○ **Do** they **have** any children?   *или*   **Have** they **got** any children?   *У них есть дети?*
- ○ Tom **doesn't have** a job.   *или*   Tom **hasn't got** a job.   *У Тома нет работы.*
- ○ How much time **do** you **have**?   *или*   How much time **have** you **got**?   *Сколько времени у вас есть?*

также в выражениях:

I **have**	a headache / (a) toothache / a pain (in my leg *и т. д.*)
I'**ve got**	a cold / a cough / a sore throat / a temperature / flu *и т. д.*

- ○ I **have** a headache.   *или*   I'**ve got** a headache.   *У меня болит голова.*
- ○ **Do** you **have** a cold?   *или*   **Have** you **got** a cold?   *У тебя простуда?*

В прошедшем времени используются формы I **had** *(без* **got***) /* I **didn't have** */* **Did you have**? *и т. д.* :

- ○ When I first met Sasha, she **had** short hair.   *… у неё были короткие волосы.*
- ○ He **didn't have** any money because he **didn't have** a job.
  У него не было денег, потому что у него не было работы.
- ○ **Did** you **have** enough time to do everything you wanted?
  У вас было достаточно времени, чтобы сделать всё, что … ?

B

have breakfast / have a shower и т. д.

В этих выражениях **have** = *пить/есть/принимать и т. д.* *Не используется* 'have got'.

have	breakfast / lunch / dinner
	a meal / a sandwich / a pizza *и т. д.*
	a cup of coffee / a glass of milk *и т. д.*
	something to eat/drink

- ○ A: Where's Lisa?
  B: She'**s having** lunch.   *… Она обедает.*
- ○ I **don't** usually **have** breakfast.   *… не завтракаю.*
- ○ I **had** three cups of coffee this morning.   *Я выпила …*
- ○ A: **Have** a biscuit!   *Возьмите печенье!*
  B: Oh, thank you.

В этих выражениях используется только **have** *(неверно* have got*):*

have	a bath / a shower
	a rest / a holiday / a party
	a nice time / a good trip / fun *и т. д.*
	a walk / a swim / a game (of tennis *и т. д.*)
	a dream / an accident
	a baby
	a look (at something)

- ○ I **had** a shower this morning.   *Я мылся под душем …*
- ○ We'**re having** a party next week. You must come.
  Мы устраиваем вечеринку …
- ○ **Did** you **have** a good time in Tokyo?
  Ты хорошо провёл время в Токио?
- ○ Sandra **has** just **had** a baby.   *… родила ребёнка.*
- ○ Can I **have** a look at your magazine?
  Можно взглянуть на твой журнал?

Обратите внимание, что для пожеланий используется **Have** … **!** *Например:*

Have a nice day!	**Have** a good trip!	**Have** a good flight!
Have fun!	**Have** a good time!	**Have** a nice weekend!

C

Сравните:

Have *или* **have got**

- ○ I **have** / I'**ve got** a new shower. It's very good.
  У меня есть новый душ. …

Have *(неверно* **have got***)*

- ○ I **have** a shower every morning.
  (неверно I'**ve got** a shower every morning*)*
  Я моюсь под душем каждое утро.

- ○ A: Where's Paul?
  B: He'**s having** a shower.   *Он моется под душем.*

> I've got a
> new shower.

> I'm having
> a shower.

I have / I've got → **Раздел 10**   I've (done) (present perfect) → **Разделы 16–19**   I have to … → **Раздел 34**

Упражнения

59.1 Вставьте **have** или **have got** в правильной форме.

1 *I didn't have* time to do the shopping yesterday.   (I / not / have)
2 ' *Has Lisa got* (или *Does Lisa have*) a car?' 'No, she can't drive.'   (Lisa / have?)
3 He can't open the door .... a key.   (he / not / have)
4 .... a cold last week. He's better now.   (Gary / have)
5 What's wrong? .... a headache?   (you / have?)
6 We wanted to go by taxi, but .... enough money.   (we / not / have)
7 Laura is very busy. .... much free time.   (she / not / have)
8 .... any problems when you were on holiday?   (you / have?)

59.2 Что делают эти люди? Напишите предложения, используя слова из рамки:

a bath	~~breakfast~~	a cup of tea	dinner	a good time	a rest

1 *They're having breakfast.*
2 She ....
3 He ....
4 They ....
5 ....
6 ....

59.3 Что можно сказать в каждой из этих ситуаций? Используйте **have**.

1 Emily is going on holiday. What do you say to her before she goes?
   Have a nice holiday!
2 You meet Clare at the airport. She has just got off her plane. Ask her about the flight.
   Did you have a good flight?
3 Tom is going on a long trip. What do you say to him before he leaves?
   ....
4 It's Monday morning. You are at work. Ask Paula about her weekend.
   ....
5 Paul has just come home after playing tennis with a friend. Ask him about the game.
   ....
6 Rachel is going out this evening. What do you say to her before she goes?
   ....
7 Mark has just returned from holiday. Ask him about his holiday.
   ....

59.4 Заполните пропуски. Используйте **have**/**had** и слова из рамки.

an accident	a glass of water	a look	a walk	~~a party~~	something to eat

1 We *had a party* a few weeks ago. We invited 50 people.
2 'Shall we .... ?' 'No, I'm not hungry.'
3 I was thirsty, so I ....
4 I like to get up early and .... before breakfast.
5 Tina is a very good driver. She has never ....
6 There's something wrong with the engine of my car. Can you .... at it?

59.5 Переведите предложения на английский язык, используя **have** или **have got**.

1 У Гари есть новый мотоцикл.
2 Каждое утро я моюсь под душем.
3 Что ты вчера ел на ужин?
4 У моего дедушки было много денег.
5 Мой брат в Испании. Он хорошо проводит время.

6 Нина уже родила ребёнка?
7 У меня были длинные волосы, когда я был в университете.
8 Я нездорова. У меня простуда.

мотоцикл = motorbike
уже = yet
в университете = at university

I/me   he/him   they/them *и т. д.*

A
Люди

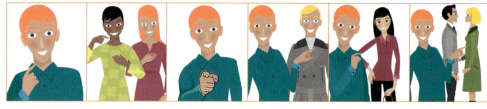

подлежащее	I	we	you*	he	she	they
дополнение	me	us	you*	him	her	them

подлежащее			дополнение	
I	**I** know Tom.	Tom knows **me**.	**me**
we	**We** know Tom.	Tom knows **us**.	**us**
you*	**You** know Tom.	Tom knows **you**.	**you***
he	**He** knows Tom.	Tom knows **him**.	**him**
she	**She** knows Tom.	Tom knows **her**.	**her**
they	**They** know Tom.	Tom knows **them**.	**them**

Я знаю Тома. / Том знает меня.
Мы знаем Тома. / Том знает нас.
*Ты знаешь Тома. / Том знает тебя.**
Он знает Тома. / Том знает его.
Она знает Тома. / Том знает её.
Они знают Тома. / Том знает их.

* **You** = *ты / Вы (вежливое обращение) / вы (два и более человек); вам / вас / тебе / тебя и т. д.*

B
Предметы

It's nice. I like it.

They're nice. I like them.

подлежащее	it	they
дополнение	it	them

- ○ I don't want **this book**. You can have **it**.   *Мне не нужна эта книга. Ты можешь её взять.*
- ○ I don't want **these books**. You can have **them**.   *… эти книги … их взять.*
- ○ Kate never drinks **milk**. She doesn't like **it**.   *… не пьёт молоко … не любит его.*
- ○ I never go to **parties**. I don't like **them**.   *… на вечеринки … не люблю их.*

Говоря о предметах, необходимо использовать **it***. Используйте* **he** *и* **she** *только о людях:*

- ○ **This film** is boring. I don't like **it**. (*неверно* I don't like him)   *Мне он не нравится.*
- ○ **James** isn't very nice. I don't like **him**.   *… Мне он не нравится.*

C
*После предлога (***for/to/with** *и т. д.) используется* **me/her/them** *и т. д. (дополнение):*

- ○ This letter isn't **for me**. It's **for you**.   *Это письмо не для меня. Оно для тебя.*
- ○ Who is that woman? Why are you looking **at her**?   *… Почему ты смотришь на неё?*
- ○ We're going to the cinema. Do you want to come **with us**?   *… Хотите пойти с нами?*
- ○ Sue and Kevin are going to the cinema. Do you want to go **with them**?   *… с ними?*
- ○ A: Where's the newspaper?
  B: You're sitting **on it**.   *Ты сидишь на ней.*

give it/them to … :

- ○ I want that book. Please give **it to me**.   *… Пожалуйста, дайте её мне.*
- ○ Robert needs these books. Can you give **them to him**, please?
  … Вы можете дать их ему?

my/his/their *и т. д.* → **Раздел 61**   Give me that book / Give it to me → **Раздел 97**

Упражнения

60.1 Закончите предложения, используя **him**/**her**/**them**.

1 I don't know those girls. Do you know ____them____ ?
2 I don't know that man. Do you know _____ ?
3 I don't know those people. Do you know _____ ?
4 I don't know David's wife. Do you know _____ ?
5 I don't know Mr Stevens. Do you know _____ ?
6 I don't know Sarah's parents. Do you know _____ ?
7 I don't know the woman in the black coat. Do you know _____ ?

60.2 Заполните пропуски, используя **I**/**me**/**you**/**she**/**her** и т. д.

1 **I** want to see **her**, but ____she____ doesn't want to see ____me____ .

2 **They** want to see **me**, but _____ don't want to see _____ .
3 **She** wants to see **him**, but _____ doesn't want to see _____ .
4 **We** want to see **them**, but _____ don't want to see _____ .
5 **He** wants to see **us**, but _____ don't want to see _____ .
6 **They** want to see **her**, but _____ doesn't want to see _____ .
7 **I** want to see **them**, but _____ don't want to see _____ .
8 **You** want to see **her**, but _____ doesn't want to see _____ .

60.3 Напишите предложения, начинающиеся с **I like ...** , **I don't like ...** или **Do you like ...** ?

1 I don't eat tomatoes. ____I don't like them____ .
2 George is a very nice man. I like _____ .
3 This jacket isn't very nice. I don't _____ .
4 This is my new car. Do _____ ?
5 Mrs Clark is not very friendly. I _____ .
6 These are my new shoes. _____ ?

60.4 Закончите предложения, используя **I**/**me**/**he**/**him** и т. д.

1 Who is that woman? Why are you looking at ____her____ ?
2 'Do you know that man?' 'Yes, I work with _____ .'
3 Where are the tickets? I can't find _____ .
4 I can't find my keys. Where are _____ ?
5 We're going out. You can come with _____ .
6 I've got a new motorbike. Do you want to see _____ ?
7 Maria likes music. _____ plays the piano.
8 I don't like dogs. I'm afraid of _____ .
9 I'm talking to you. Please listen to _____ .
10 Where is Anna? I want to talk to _____ .
11 You can have these CDs. I don't want _____ .
12 My brother has a new job, but _____ doesn't like _____ very much.

60.5 Закончите предложения.

1 I need that book. Can you ____give it to me____ ?
2 He wants the key. Can you give _____ ?
3 She wants the keys. Can you _____ ?
4 I need my bag. Can you _____ ?
5 They want the money. Can you _____ ?
6 We want the pictures. Can you _____ ?

60.6 Переведите предложения на английский язык.

хорошо = well
неприветлива = unfriendly

1 "Вы знаете Кевина?" – "Да, я знаю его очень хорошо".
2 Я не ем бананы. Я их не люблю.
3 Это хорошая книга. Я хочу её прочитать.
4 Тот мужчина смотрит на тебя. Ты его знаешь?
5 Наташа очень неприветлива. Она мне не нравится.
6 Вечером я иду на вечеринку. Ты хочешь пойти со мной?
7 "У меня есть для тебя подарок". – "Для меня?"
8 Это Танина сумка. Ты можешь ей её отдать?

my/his/their и т. д.

A

my umbrella мой зонтик	our umbrella наш зонтик	your umbrella *ваш/твой зонтик*	his umbrella *его зонтик*	her umbrella *её зонтик*	their umbrella *их зонтик*

I	→	**my**
we	→	**our**
you	→	**your**
he	→	**his**
she	→	**her**
they	→	**their**

I	like	**my**	house.
We	like	**our**	house.
You	like	**your**	house.
He	likes	**his**	house.
She	likes	**her**	house.
They	like	**their**	house.

it	→	**its**

Oxford (= **it**) is famous for **its** university.

Формы **my/your/his** *и т. д. используются с существительными:*

my hands *мои руки*	**his** new **car** *его новая машина*	**her parents** *её родители*
our clothes *наша одежда*	**your** best **friend** *твой лучший друг*	**their room** *их комната*

B

Формы **my/your/his** *и т. д. не изменяются. Сравните с переводом на русский язык:*

I	
my husband *мой муж*	
my car *моя машина*	
my parents *мои родители*	

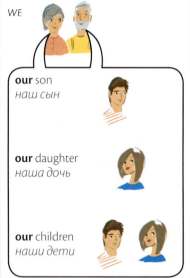

WE	
our son *наш сын*	
our daughter *наша дочь*	
our children *наши дети*	

YOU	
your bike *твой/ваш велосипед*	
your book *твоя/ваша книга*	
your keys *твои/ваши ключи*	

C

Обратите внимание на разницу в использовании **its** *и* **it's**.

- ○ **its**   Oxford is famous for **its** university.
  … известен своим университетом.
- ○ **it's** (= it **is**)   I like Oxford. **It's** a nice place. (= It **is** a nice place.)
  … Это приятное место.

D

Обратите внимание, что в английском языке нет прямого эквивалента местоимения "свой":

- ○ **I** love **my** city. *Я люблю свой город.*
- ○ **She** can't find **her** keys. *Она не может найти свои ключи.*
- ○ **Ben** hates **his** job. *Бен ненавидит свою работу.*

mine/yours *и т. д.* → **Раздел 62**   I/me/my/mine → **Раздел 63**

Упражнения

61.1 Закончите предложения, следуя образцу.

1 I'm going to wash ....my hands.......... .
2 She's going to wash .... hands.
3 We're going to wash ....

4 He's going to wash ....
5 They're going to wash ....
6 Are you going to wash .... ?

61.2 Закончите предложения, следуя образцу.

1 He ...lives with his parents....... .
2 They live with .... parents.
3 We .... parents.
4 Martina lives ....

5 I .... parents.
6 John ....
7 Do you live .... ?
8 Most children ....

61.3 Посмотрите на родословное дерево и заполните пропуски при помощи **his/her/their**.

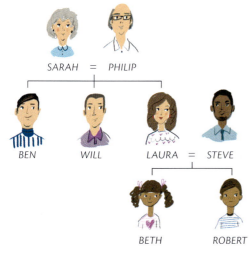

SARAH = PHILIP

BEN   WILL   LAURA = STEVE

BETH   ROBERT

1 I saw Sarah with .....her..... husband, Philip.
2 I saw Laura and Steve with .... children.
3 I saw Steve with .... wife, Laura.
4 I saw Ben with .... brother, Will.
5 I saw Laura with .... brother, Will.
6 I saw Sarah and Philip with .... son, Will.
7 I saw Laura with .... parents.
8 I saw Beth and Robert with .... parents.

61.4 Вставьте **my/our/your/his/her/their/its**.

1 Do you like ....your..... job?
2 I know Mr Watson, but I don't know .... wife.
3 Alice and Tom live in London. .... son lives in Australia.
4 We're going to have a party. We're going to invite all .... friends.
5 Anna is going out with .... friends this evening.
6 I like tennis. It's .... favourite sport.
7 'Is that .... car?' 'No, I don't have a car.'
8 I want to contact Maria. Do you know .... number?
9 Do you think most people are happy in .... jobs?
10 I'm going to wash .... hair before I go out.
11 This is a beautiful tree. .... leaves are a beautiful colour.
12 John has a brother and a sister. .... brother is 25, and .... sister is 21.

61.5 Заполните пропуски. Используйте **my/his/their** и т. д. + слова из рамки:

coat	homework	house	husband	~~job~~	key	name

1 James doesn't enjoy ....his job...... . It's not very interesting.
2 I can't get in. I don't have ....
3 Sally is married. .... works in a bank.
4 Please take off .... and sit down.
5 'What are the children doing?' 'They're doing ....'
6 'Do you know that man?' 'Yes, but I don't know ....'
7 We live in Barton Street. .... is at the end on the left.

61.6 Переведите предложения на английский язык.

велосипед = bike

1 Это моя сестра Анна.
2 Вам нравится наша новая машина?
3 Наши родители в Киеве.
4 Тим любит баскетбол. Это его любимый спорт.

5 Это Ваша дочь?
6 Где твой велосипед?
7 Париж известен своими музеями.
8 Сколько лет их сыну?

Whose is this?   It's mine/yours/hers и т. д.

A

мой*	наш*	ваш	его	её	их

I	→	my	→	mine	It's **my** money.	It's **mine**.
we	→	our	→	ours	It's **our** money.	It's **ours**.
you	→	your	→	yours	It's **your** money.	It's **yours**.
he	→	his	→	his	It's **his** money.	It's **his**.
she	→	her	→	hers	It's **her** money.	It's **hers**.
they	→	their	→	theirs	It's **their** money.	It's **theirs**.

* **mine** = мой / моя / моё / мои; **ours** = наш / наша / наше / наши и т. д.

B

My/**your** и т. д. используются с существительными (**my hands** / **your book** и т. д.):

- **My hands** are cold. *У меня холодные руки. (букв. Мои руки …)*
- Is this **your book**? *Это твоя книга?*
- Helen gave me **her umbrella**. *Хелен дала мне свой зонтик.*
- It's **their problem**, not **our problem**. *Это их проблема, а не наша проблема.*

Без существительного используются **mine**/**yours** *и т. д.* :

- Is this book **mine** or **yours**? *Эта книга моя или твоя?*
- I didn't have an umbrella, so Sarah gave me **hers**. *… дала мне свой.*
- It's their problem, not **ours**. *Это их проблема, а не наша.*
- We went in our car, and they went in **theirs**. *… а они поехали на своей.*

His *можно использовать с существительным или без него:*

- A: Is this **his camera** or **hers**? *Это его фотоаппарат или её?*
- B: It's **his**. *Его.*

C

a friend **of mine** / a friend **of his** / some friends **of yours** и т. д. = *мой друг / его друг / твои друзья и т. д.*

- This is Jenny, a friend **of mine**. (*неверно* a friend of me)
  Это Дженни, моя подруга.
- Tom was in the restaurant with a friend **of his**. (*неверно* a friend of him)
  … был в ресторане со своим другом.
- Are those people friends **of yours**? (*неверно* friends of you)
  Эти люди – Ваши друзья?

D

Whose … **?** = *чей / чья / чьё / чьи*

- **Whose phone** is this? *Чей это телефон?*

Whose *можно использовать с существительным или без него:*

- **Whose wallet** is this?
  Чей это кошелёк?
  Whose is this?
  Чей/Чьё это? } It's mine.
- **Whose shoes** are these?
  Чьи это ботинки?
  Whose are these?
  Чьи/Чьё это? } They're John's.

Whose phone is this?

my/his/their и т. д. → **Раздел 61**   I/me/my/mine → **Раздел 63**   Kate's camera / my brother's car → **Раздел 65**

Упражнения

62.1 Закончите предложения, вставив **mine/yours** и т. д.

1 It's your money. It's ___yours___ .
2 It's my bag. It's _____ .
3 It's our car. It's _____ .
4 They're her shoes. They're _____ .

5 It's their house. It's _____ .
6 They're your books. They're _____ .
7 They're my glasses. They're _____ .
8 It's his coat. It's _____ .

62.2 Выберите правильный вариант.

1 It's their/~~theirs~~ problem, not ~~our~~/ours.   (their и ours – *правильно*)
2 This is a nice camera. Is it your/yours?
3 That's not my/mine umbrella. My/Mine is black.
4 Whose books are these? Your/Yours or my/mine?
5 Catherine is going out with her/hers friends this evening.
6 My/Mine room is bigger than her/hers.
7 They have two children, but I don't know their/theirs names.
8 Can we use your washing machine? Our/Ours isn't working.

62.3 Закончите предложения. Вставьте **friend(s) of mine/yours** и т. д.

1 I went to the cinema with a ___friend of mine___ .
2 They went on holiday with some ___friends of theirs___ .
3 She's going out with a friend _____ .
4 We had dinner with some _____ .
5 I played tennis with a _____ .
6 Tom is going to meet a _____ .
7 Do you know those people? Are they _____ ?

62.4 Посмотрите на картинки. Что говорят эти люди?

62.5 Переведите предложения на английский язык.

решение = decision

1 Их машина чёрная. Наша красная.
2 "Чья это сумка?" – "Она моя".
3 Наташа – твоя подруга?
4 "Это собака Линды?" – "Да, я думаю, что её".

5 Её дом больше, чем его.
6 Пожалуйста, дайте мне эту книгу. Она моя.
7 Это её решение, а не наше.
8 Чьи это очки?

I/me/my/mine

> **I** can see **him**, but **he** can't see **me**.
> *Я могу его видеть, а он не может меня видеть.*

> **You** give me **your** number, and **I'll** give **you** mine.
> *Ты дай мне свой номер, а я дам тебе свой.*

	I и т. д. (→ Раздел 60)	**me** и т. д. (→ Раздел 60)	**my** и т. д. (→ Раздел 61)	**mine** и т. д. (→ Раздел 62)
	I know Tom.	Tom knows **me**.	It's **my** car.	It's **mine**.
	We know Tom.	Tom knows **us**.	It's **our** car.	It's **ours**.
	You know Tom.	Tom knows **you**.	It's **your** car.	It's **yours**.
	He knows Tom.	Tom knows **him**.	It's **his** car.	It's **his**.
	She knows Tom.	Tom knows **her**.	It's **her** car.	It's **hers**.
	They know Tom.	Tom knows **them**.	It's **their** car.	It's **theirs**.

Изучите эти примеры:

○ A: Do **you** know that man? *Ты знаешь этого мужчину?*
  B: Yes, **I** know **him**, but **I** can't remember **his name**.
    Да, я его знаю, но я не помню его имени.

○ **She** was very pleased because **we** invited **her** to stay with **us** at **our house**.
  … потому что мы пригласили её погостить в нашем доме. (букв. … с нами в нашем доме)

○ A: Where are the children? Have **you** seen them? *… Ты их видела?*
  B: Yes, **they** are playing with **their friends** in the park. *Да, они играют со своими друзьями …*

○ That's **my pen**. Can **you** give it to **me**, please?
  Это моя ручка. Ты можешь дать её мне, … ?

○ A: Is this **your umbrella**? *Это твой зонтик?*
  B: No, it's **yours**. *Нет, он твой.*

○ **He** didn't have an umbrella, so **she** gave **him hers**.
  У него не было зонтика, поэтому она дала ему свой.

○ **I'm** going out with a friend of **mine** this evening. (*неверно* a friend of me)
  Я встречаюсь со своей подругой сегодня вечером.

myself/yourself и т. д. → **Раздел 64**   Give me that book / Give it to me → **Раздел 97**

Упражнения

63.1 Заполните пропуски, следуя образцу.

① Do you know that man?

Yes, _I know him, but I can't remember his name_.

② Do you know that woman?

Yes, I know _____ but I can't remember _____.

③ Do you know those people?

Yes, I _____, but I _____ names.

④ Do you know me?

Yes, I _____, but _____.

63.2 Заполните пропуски, следуя образцу.

1 We invited her _to stay with us at our house_.
2 He invited us to stay with _____ at his house.
3 They invited me to stay with _____ house.
4 I invited them to stay _____ house.
5 She invited us to stay _____ house.
6 Did you invite him _____ house?

63.3 Заполните пропуски, следуя образцам.

1 I gave him __my__ phone number, and _he gave me his_.
2 I gave her __my__ phone number, and she gave me _____.
3 He gave me __his__ phone number, and I gave _____.
4 We gave them _____ phone number, and they gave _____.
5 She gave him _____ phone number, and he gave _____.
6 You gave us _____ phone number, and we gave _____.
7 They gave you _____ phone number, and you gave _____.

63.4 Вставьте **him**/**her**/**yours** и т. д.

1 Where's Amanda? Have you seen __her__?
2 Where are my keys? Where did I put _____?
3 This book belongs to Ben. Can you give it to _____?
4 We don't see _____ neighbours much. They're not at home very often.
5 'I can't find my phone. Can I use _____?' 'Yes, of course.'
6 We're going to the cinema. Why don't you come with _____?
7 Did your sister pass _____ exams?
8 Some people talk about _____ work all the time.
9 Last night I went out for a meal with a friend of _____.

63.5 Переведите предложения на английский язык.

1 Я знаю твою сестру, но я не помню её имени.
2 Вы можете дать эту сумку мне?
3 Мои родители собираются навестить нас в субботу.
4 Он скучный. Он постоянно говорит о своей работе.
5 Ваш сын играет с моими детьми в их комнате.
6 Где Джеймс? Я думаю, это пальто его.
7 Иван сдал все свои экзамены.
8 Завтра она едет в Лондон. Ты хочешь поехать с ней?

myself/yourself/themselves и т. д.

A

He's looking at **himself**.
Он смотрится в зеркало.

Help **yourself**!
Угощайтесь!

They're enjoying **themselves**.
Они хорошо проводят время.

На русский язык **myself/himself** и т. д. обычно переводится глаголом на "-ся" или местоимением "себя" / "себе" и т. д.

I	→	me	→	**myself**
he	→	him	→	**himself**
she	→	her	→	**herself**
you	→	you	→	**yourself** / **yourselves**
we	→	us	→	**ourselves**
they	→	them	→	**themselves**

- ☐ **I** looked at **myself** in the mirror.
  Я посмотрелась в зеркало. | *Я посмотрела на себя в …*
- ☐ **He** cut **himself** with a knife. *Он порезался ножом.*
- ☐ **She** fell off her bike, but she didn't hurt **herself**.
  Она упала с велосипеда, но не ушиблась.
- ☐ Please help **yourself**. *Пожалуйста, угощайся.*
- ☐ Please help **yourselves**. *Пожалуйста, угощайтесь.*

Обратите внимание, что выражение **enjoy myself** обычно переводится как "хорошо проводить время":
- ☐ We had a good holiday. **We** enjoyed **ourselves**. … *Мы хорошо провели время.*
- ☐ They had a nice time. **They** enjoyed **themselves**. … *Они хорошо провели время.*

B

Сравните:

me/him/them и т. д.

 She is looking at **him** .

разные люди

- ☐ You never talk to **me**. … *со мной.*
- ☐ I didn't pay for **them**. … *за них.*
- ☐ I'm sorry. Did I hurt **you**?
  Извини. Я тебя не ударила?

myself/himself/themselves и т. д.

He is looking at **himself** .

один и тот же человек

- ☐ Sometimes I talk to **myself**. … *сам с собой.*
- ☐ They paid for **themselves**. … *за себя.*
- ☐ Be careful. Don't hurt **yourself**.
  Осторожно. Не ударься.

C

by myself / **by yourself** и т. д. = *один / одна / сам / сама и т. д.*:
- ☐ I went on holiday **by myself**. *Я ездил в отпуск один.*
- ☐ 'Was she with friends?' 'No, she was **by herself**.' … *"Нет, она была одна."*

D

each other = *друг друга и т. д.*
- ☐ Kate and Helen are good friends. They know **each other** well. … *Они знают друг друга хорошо.*
- ☐ Paul and I live near **each other**. … *живём рядом друг с другом.*

Сравните **each other** и **-selves**:

JAMES SUE

- ☐ James and Sue looked at **each other**.
  … *посмотрели друг на друга.*

JAMES

SUE

- ☐ James and Sue looked at **themselves**.
  … *посмотрели на себя.*

E

Некоторые глаголы на "-ся" или с "себя" соответствуют обычным глаголам в английском языке (*без* myself):
- ☐ I don't **feel** well today. (*неверно* I don't feel myself) *Я плохо себя чувствую.*
- ☐ Where shall we **meet**? *Где мы встретимся?*
- ☐ **Lie down** and have a rest. *Ложись и отдохни.*

me/him/them и т. д. → **Раздел 60**

Упражнения

64.1 Заполните пропуски, используя **myself**/**yourself** и т. д.

1 He looked at ....*himself*........ in the mirror.
2 I'm not angry with you. I'm angry with ....
3 Karen had a good time in Australia. She enjoyed ....
4 My friends had a good time in Australia. They enjoyed ....
5 I picked up a very hot plate and burnt ....
6 He never thinks about other people. He only thinks about ....
7 I want to know more about you. Tell me about .... *(одному человеку)*
8 Goodbye! Have a good trip and take care of ....! *(двум людям)*

64.2 Напишите предложения, используя **by myself** / **by yourself** и т. д.

1 I went on holiday alone.   *I went on holiday by myself.*
2 When I saw him, he was alone.   When I saw him, he ....
3 Don't go out alone.   Don't ....
4 I went to the cinema alone.   I ....
5 My sister lives alone.   My sister ....
6 Many people live alone.   Many people ....

64.3 Напишите предложения, используя **each other**.

1 I like her. / I like him. They like each other.
2 I can't see her. / I can't see him. They can't ....
3 I call her a lot. / I call him a lot. They ....
4 I don't know him. / I don't know him.
5 I'm sitting next to him. / I'm sitting next to her.
6 I gave her a present. / I gave her a present.

64.4 Заполните пропуски. Используйте:
   each other или **ourselves/yourselves/themselves** или **us/you/them**.

1 Paul and I live near ......*each other*...... .
2 Who are those people? Do you know ......*them*......?
3 You can help Tom, and Tom can help you. So you and Tom can help ....
4 There's food in the kitchen. If you and Chris are hungry, you can help ....
5 We didn't go to Emily's party. She didn't invite ....
6 When we go on holiday, we always enjoy ....
7 Helen and Jane were at school together, but they never see .... now.
8 Karen and I are very good friends. We've known .... for a long time.
9 'Did you see Sam and Laura at the party?' 'Yes, but I didn't speak to ....'
10 Many people talk to .... when they're alone.

64.5 Переведите предложения на английский язык.

эгоистичен = selfish
упасть = fall down

1 "Можно взять яблоко?" – "Угощайся".
2 Эмма посмотрела на себя в зеркало.
3 Моя бабушка живёт одна.
4 Ты очень эгоистична. Ты думаешь только о себе!
5 Вы знаете друг друга?
6 Олег упал и ударился.
7 Вечеринка была классная. Мы хорошо провели время.
8 Как ты себя чувствуешь сегодня?

-'s (**Kate's** camera / **my brother's** car и т. д.)

A

My camera

KATE

My car

MY BROTHER

MANAGER

Kate**'s** camera
фотоаппарат Кейт

my brother**'s** car
машина моего брата

the manager**'s** office
офис начальника(-цы)

Когда говорят о принадлежности чего-то человеку, то обычно используют **-'s**:

- ○ I stayed at **my sister's** house. (*неверно* the house of my sister)
  Я жила в доме своей сестры.
- ○ Have you met **Mr Black's** wife? (*неверно* the wife of Mr Black)
  Вы знакомы с женой мистера Блэка?
- ○ Are you going to **James's** party?
  Ты идёшь на вечеринку Джеймса?
- ○ Paul is **a man's** name. Paula is **a woman's** name.
  Пол – это мужское имя. Пола – это женское имя.

Существительное после **-'s** *можно опустить:*

- ○ Sophie's hair is longer than **Kate's**. *Волосы Софи длиннее, чем волосы Кейт.*
- ○ 'Whose umbrella is this?' 'It's **my mother's**.' ... *"Моей матери".*
- ○ 'Where were you last night?' 'I was at **Paul's**.' ... *"Я был у Пола".*

B | **friend's** *и* **friends'**

My house

Our house

my **friend's** house = *дом моей подруги*

После слов **friend/student/mother** *и т. д.*
(единственное число) пишется **'s**:
  my mother**'s** car *машина моей матери*
  my father**'s** car *машина моего отца*

my **friends'** house = *дом моих друзей*

После слов friend**s**/student**s**/parent**s** *и т. д.*
(множественное число) пишется **'** *в конце слова:*
  my parent**s'** car *машина моих родителей*

C

Когда говорят о принадлежности чего-то предмету, месту и т. д., то используют **of** ... :

- ○ Look at the roof **of that building**. (*неверно* that building's roof)
  Посмотри на крышу того здания.
- ○ We didn't see the beginning **of the film**. (*неверно* the film's beginning)
  Мы не видели начало фильма.
- ○ What's the name **of this village**? ... *название этой деревни?*
- ○ Do you know the cause **of the problem**? ... *причину проблемы?*
- ○ You can sit in the back **of the car**. ... *на заднем сидении машины.*
- ○ Madrid is the capital **of Spain**. *Мадрид – столица Испании.*

mine/yours *и т. д.* → Раздел 62   whose ... ? → Раздел 62   -'s (he's / Kate's *и т. д.*) → Приложения 4, 5

Упражнения

65.1 Посмотрите на родословное дерево и закончите предложения о членах этой семьи.

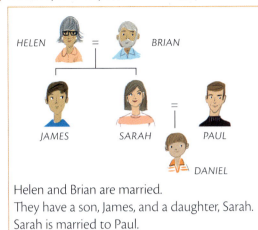

HELEN = BRIAN

JAMES   SARAH = PAUL

DANIEL

Helen and Brian are married.
They have a son, James, and a daughter, Sarah.
Sarah is married to Paul.
Sarah and Paul have a son, Daniel.

1 Brian is ......*Helen's*...... husband.
2 Sarah is Daniel's ...*mother*... .
3 Helen is .... wife.
4 James is Sarah's ....
5 James is .... uncle.
6 Sarah is .... wife.
7 Helen is Daniel's ....
8 Sarah is James's ....
9 Paul is .... husband.
10 Paul is Daniel's ....
11 Daniel is .... nephew.

65.2 Посмотрите на картинки и ответьте на вопросы. В вашем ответе должно быть только одно слово.

JANE   ANDY   ALICE   RACHEL   DAVE

1 Whose is this? *Alice's*
2 Whose is this? ....

3 And this? ....
4 And these? ....

5 And this? ....
6 And these? ....

65.3 В некоторых предложениях допущена ошибка. Где нужно, исправьте ошибку.

1 I stayed at <u>the house of my sister</u>.   *my sister's house*
2 What is <u>the name of this village</u>?   *OK*
3 Do you like <u>the colour of this coat</u>?   ....
4 Do you have <u>the phone number of Simon</u>?   ....
5 <u>The job of my brother</u> is very interesting.   ....
6 Write your name at <u>the top of the page</u>.   ....
7 For me, the morning is <u>the best part of the day</u>. ....
8 <u>The favourite colour of Paula</u> is blue.   ....
9 When is <u>the birthday of your mother</u>?   ....
10 <u>The house of my parents</u> isn't very big.   ....
11 <u>The walls of this house</u> are very thin.   ....
12 The car stopped at <u>the end of the street</u>.   ....
13 Are you going to <u>the party of Silvia</u> next week? ....
14 <u>The manager of the hotel</u> is not here at the moment ....

65.4 Переведите предложения на английский язык.

умный = clever

1 Сашина кошка очень умная.
2 Ты идёшь на вечеринку Бена?
3 Это не моя машина. Это машина моей сестры.
4 "Чьи это книги?" – "Они Наташины".
5 Сколько лет дочери Тома?
6 Вам нужно сходить в офис начальника.
7 Вы знаете название этой улицы?
8 Лима – столица Перу.

a/an ...

A

He's got **a** camera.
У него есть фотоаппарат.

She's waiting for **a** taxi.
Она ждёт такси.

It's **a** beautiful day.
Сегодня прекрасный день.

Используйте **a** *..., если можно сказать "один" / "какой-то" предмет или человек.*
На русский язык **a** *... не переводится:*

- ⭕ Rachel works in **a bank**. (*неверно* in bank)
  ... *работает в банке.*
- ⭕ Can I ask **a question**? (*неверно* ask question)
  ... *задать вопрос?*
- ⭕ I don't have **a job** at the moment. *У меня нет работы ...*
- ⭕ There's **a woman** at the bus stop. *На автобусной остановке стоит женщина.*

B

Перед **a/e/i/o/u** *используйте* **an** (*неверно* a):

- ⭕ Do you want **an a**pple or **a b**anana? ... *яблоко или банан?*
- ⭕ I'm going to buy **a h**at and **an u**mbrella. ... *шляпу и зонтик.*
- ⭕ There was **an i**nteresting programme on TV last night. ... *была интересная передача.*

также **an hour** (**h** *не произносится*: an ̶h̶our)

но **a university** (*произносится* /juːnɪˈvɜːsəti/)
   a European country (*произносится* /jʊərəˈpiːən/)

another (= **an** + **other**) *пишется слитно:*

- ⭕ Can I have **another** cup of coffee? ... *ещё одну чашку кофе?*

C

Используйте **a/an** *..., если хотите сказать, кем является человек или чем является предмет. Например:*

- ⭕ The sun is **a star**. *Солнце – это звезда.*
- ⭕ Football is **a game**. *Футбол – это игра.*
- ⭕ Dallas is **a city in Texas**. *Даллас – это город ...*
- ⭕ A mouse is **an animal**. It's **a small animal**.
  Мышь – это животное. Это маленькое животное.
- ⭕ Joe is **a very nice person**. *Джо – очень приятный человек.*

Используйте **a/an** *... перед названием профессии и т. д.:*

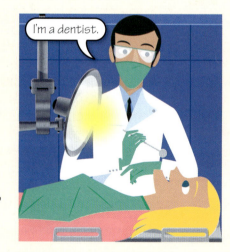

- ⭕ A: What's your job? *Кто вы по профессии?*
  B: I'm **a dentist**. (*неверно* I'm dentist)
- ⭕ A: What does Mark do?
  B: He's **an engineer**. *Он инженер.*
- ⭕ Would you like to be **a teacher**? *Ты хочешь быть учителем?*
- ⭕ Beethoven was **a composer**. ... *был композитором.*
- ⭕ Picasso was **a famous painter**.
  ... *был знаменитым художником.*
- ⭕ Are you **a student**?

a car / **some money** (*исчисляемые/неисчисляемые*) → **Разделы 68–69**   **a** *и* **the** → **Раздел 70**

Упражнения

66.1 Вставьте **a** или **an**.

1 _an_ old book
2 _____ window
3 _____ horse

4 _____ airport
5 _____ new airport
6 _____ organisation

7 _____ university
8 _____ hour
9 _____ economic problem

66.2 Чем являются эти предметы? Используйте слова из рамки.

~~bird~~	fruit	mountain	river	musical instrument
flower	game	planet	tool	vegetable

1 A duck is _a bird_ .
2 A carrot is _____ .
3 Tennis is _____ .
4 A hammer is _____ .
5 Everest is _____ .

6 Saturn is _____ .
7 A banana is _____ .
8 The Amazon is _____ .
9 A rose is _____ .
10 A trumpet is _____ .

66.3 Кто они по профессии? Закончите предложения, используя слова из рамки.

architect	~~dentist~~	shop assistant	photographer
electrician	nurse	taxi driver	

Can I help you?

1 _She's a dentist._
2 He's _____
3 She _____
4 _____

5 _____
6 _____
7 _____
8 And you? I'm _____

66.4 Напишите предложения, используя слова и фразы из обеих рамок.
Где необходимо, также используйте **a/an**.

~~I want to ask you~~	Rebecca works in		old house	artist
Tom never wears	Jane wants to learn	+	party	~~question~~
I can't ride	Mike lives in		bookshop	foreign language
My brother is	This evening I'm going to		hat	bike

1 _I want to ask you a question._
2 _____
3 _____
4 _____
5 _____
6 _____
7 _____
8 _____

66.5 Переведите предложения на английский язык.   приветливый = friendly

1 Хелен работает в магазине.
2 У Антона нет машины.
3 Наташа – очень приветливый человек.
4 Моя сестра хочет быть врачом.

5 Хотите ещё одну чашку чая?
6 Новгород – это город в России.
7 Мне нужно купить пальто.
8 Булгаков был знаменитым русским писателем.

train(s) bus(es)
(единственное и множественное число)

A

Форма множественного числа существительных обычно оканчивается на **-s**:

единственное число	→	множественное число	
a flower	→	some **flowers**	*цветы*
a train	→	two **trains**	*два поезда*
one week	→	a few **weeks**	*несколько недель*
a nice place	→	some nice **places**	*приятные места*
this student	→	these **students**	*эти студенты*

a flower
цветок

some **flowers**
цветы

Правописание (→ Приложение 5):

-s / -sh / -ch / -x → -es	bus → bu**ses**	di**sh** → di**shes**
	chur**ch** → chur**ches**	bo**x** → bo**xes**
также	potato → potato**es**	tomato → tomato**es**

-y → -ies	ba**by** → ba**bies**	dictiona**ry** → dictiona**ries**	par**ty** → par**ties**
но -ay / -ey / -oy → -ys	da**y** → da**ys**	monk**ey** → monk**eys**	bo**y** → bo**ys**

-f / -fe → -ves	shel**f** → shel**ves**	kni**fe** → kni**ves**	wi**fe** → wi**ves**

B

Эти слова используются только во множественном числе:

scissors	glasses	trousers	jeans	shorts	tights	pyjamas

- ○ Do you wear **glasses**? *Вы носите очки?*
- ○ Where **are** the **scissors**? I need **them**. *Где ножницы? Они мне нужны.*

Можно также сказать **a pair of scissors / a pair of trousers / a pair of pyjamas** *и т. д.* :

- ○ I need **a** new **pair of jeans**. *или* I need **some** new **jeans**. (*неверно* a new jeans)
   … *пара джинсов.* / … *джинсы.*

C

У некоторых существительных форма множественного числа не оканчивается на **-s**:

this **man** (*мужчина*) → these **men**	one **foot** (*ступня*) → two **feet**	that **sheep** (*овца*) → those **sheep**
a **woman** (*женщина*) → some **women**	a **tooth** (*зуб*) → all my **teeth**	a **fish** (*рыба*) → a lot of **fish**
a **child** (*ребёнок*) → many **children**	a **mouse** (*мышь*) → some **mice**	

также a **person** → two **people** / some **people** / **a lot of people** *и т. д.* :
- ○ **She**'s a nice **person**. *Она приятный человек.*

но   ○ **They** are nice **people**. (*неверно* nice persons)
   Они приятные люди.

D

People – *существительное множественного числа, поэтому необходимо говорить* **people are / people have** *и т. д.* :

- ○ **A lot of people speak** English. (*неверно* speaks)
   Многие люди говорят по-английски.
- ○ I like **the people** here. **They are** very friendly. (*неверно* peoples)
   Мне нравятся здешние люди. Они очень приветливы.

В английском языке **police** – *существительное множественного числа*:

- ○ **The police want** to talk to anybody who saw the accident. (*неверно* The police wants)
   Полиция хочет говорить с любым, кто видел аварию.

Упражнения

67.1 Напишите форму множественного числа.

1 flower _flowers_
2 boat _____
3 woman _____
4 city _____

5 umbrella _____
6 address _____
7 knife _____
8 sandwich _____

9 family _____
10 foot _____
11 holiday _____
12 potato _____

67.2 Посмотрите на картинки и заполните пропуски в предложениях.

1 There are a lot of _sheep_ in the field.
2 Gary is cleaning his _____ .
3 There are three _____ at the bus stop.

4 Lucy has two _____ .
5 There are a lot of _____ in the river.
6 The _____ are falling from the tree.

67.3 В некоторых предложениях допущены ошибки. Где нужно, исправьте ошибки.

1 I'm going to buy some flowers. _OK_
2 I need a new jeans. _I need a new pair of jeans._ или
   I need some new jeans.

3 It's a lovely park with a lot of beautiful tree.
4 There was a woman in the car with two mens.
5 Sheep eat grass.
6 David is married and has three childs.
7 Most of my friend are student.
8 He put on his pyjama and went to bed.
9 We went fishing, but we didn't catch many fish.
10 Do you know many persons in this town?
11 I like your trouser. Where did you get it?
12 The town centre is usually full of tourist.
13 I don't like mice. I'm scared of them.
14 This scissor isn't very sharp.

67.4 Заполните пропуски, выбрав правильный вариант.

1 It's a nice place. Many people _go_ there on holiday. **go** или **goes**?
2 Some people _____ always late. **is** или **are**?
3 The new city hall is not a beautiful building.
   Most people _____ like it. **don't** или **doesn't**?
4 A lot of people _____ TV every day. **watch** или **watches**?
5 Three people _____ injured in the accident. **was** или **were**?
6 How many people _____ in that house? **live** или **lives**?
7 _____ the police know the cause of the explosion? **Do** или **Does**?
8 The police _____ looking for the stolen car. **is** или **are**?
9 I need my glasses, but I can't find _____ . **it** или **them**?
10 I'm going to buy _____ new jeans today. **a** или **some**?

67.5 Переведите предложения на английский язык.

футболка = T-shirt

1 Люси всегда носит джинсы и футболки.
2 Ты любишь помидоры?
3 Я не могу найти свою пижаму.
4 У меня есть два английских словаря.

5 Дети почистили зубы?
6 Почему полиция хочет поговорить с Томом?
7 Анна не любит знакомиться с новыми людьми.
8 В моём офисе четыре женщины и два мужчины.

a bottle / some water
(исчисляемые/неисчисляемые существительные 1)

A

Существительные делятся на исчисляемые и неисчисляемые.

Исчисляемые существительные

Например: (a) **car** (a) **man** (a) **bottle** (a) **house** (a) **key** (an) **idea** (an) **accident**

С этими существительными можно использовать **one/two/three** *и т. д. (их можно пересчитать):*

one **bottle**   two **bottles**   three **men**   four **houses**

Исчисляемые существительные имеют две формы – единственного числа и множественного числа:

единственное число	a car	the car	**my car** *и т. д.*	
множественное число	cars	two cars	the cars	some cars	many cars *и т. д.*

○ I've got **a car**. *У меня есть машина.*
○ New **cars** are very expensive. *Новые машины очень дорогие.*
○ There aren't **many cars** in the car park. *На стоянке немного машин.*

*Перед существительными в единственном числе (***car/bottle/key*** и т. д.) ставится* **a/an** (→ *Раздел 66*)
или **the/this/that/my** *и т. д.:*

○ We can't get into the house without **a key**. (*неверно* without key)
  Мы не можем попасть в дом без ключа.

B

Неисчисляемые существительные

Например: **water** **air** **rice** **salt** **plastic** **money** **music** **tennis**

water   salt   money   music

С этими существительными **one/two/three** *и т. д. не используются:* ~~one water~~ ~~two musics~~
Неисчисляемые существительные имеют только одну форму:

money   the **money**   my **money**   some **money**   much **money** *и т. д.*

○ I've got **some money**. *У меня есть деньги.*
○ There isn't **much money** in the box. *В коробке немного денег.*
○ **Money** isn't everything. *Деньги – это не всё.*

Обратите внимание, что **money** *используется с* **is/was/has** *и т. д.:*

○ A: Where**'s the money**? *Где деньги?*
  B: **It's** on the table. *Они на столе.*

Перед неисчисляемыми существительными **a/an** *не ставится:*

✗ **money**   ✗ **music**   ✗ **water**

Но можно сказать **a piece of** *... /* **a bottle of** *... и т. д. + неисчисляемое существительное:*

a bottle of water	**a carton of** milk	**a bar of** chocolate
бутылка воды	*пакет молока*	*плитка шоколада*
a piece of cheese	**a bottle of** perfume	**a piece of** music
кусок сыра	*флакон духов*	*музыкальное произведение*
a bowl of rice	**a cup of** coffee	**a game of** tennis
миска риса	*чашка кофе*	*партия в теннис*

Обратите внимание: **a piece of cheese** (*неверно* a piece cheese) *и т. д.*

a/an → **Раздел 66**   *исчисляемые/неисчисляемые 2* → **Раздел 69**

Упражнения

68.1 Что изображено на картинках? Некоторые существительные исчисляемые, а некоторые – неисчисляемые. Где необходимо, вставьте **a/an**. Используйте слова из рамки.

bucket	envelope	money	sand	toothbrush	wallet
egg	jug	~~salt~~	~~spoon~~	toothpaste	water

1 It's _salt_ .	2 It's _a spoon_ .
3 It's	4 It's ....
5 It's	6 It's ....
7 It's	8 It's ....
9 It's	10 It's ....
11 It's	12 It's ....

68.2 В некоторых предложениях пропущено **a/an**. Где необходимо, вставьте **a/an**.

1 I don't have watch. _a watch_
2 Do you like cheese? _OK_
3 I never wear hat. ....
4 Are you looking for job? ....
5 Kate doesn't eat meat. ....
6 Kate eats apple every day. ....
7 I'm going to party tonight. ....
8 Music is wonderful thing. ....
9 Jamaica is island. ....
10 I don't need key. ....
11 Everybody needs food. ....
12 I've got good idea. ....
13 Can you drive car? ....
14 Do you want cup of coffee? ....
15 I don't like coffee without milk. ....
16 Don't go out without umbrella. ....

68.3 Что изображено на картинках? В каждом предложении используйте **a ... of ...** + слова из обеих рамок.

bar	cup	loaf	
bowl	glass	piece	+
~~carton~~	jar	piece	

bread	~~milk~~	tea
chocolate	paper	water
honey	soup	wood

1 _a carton of milk_
2 ....
3 ....
4 ....
5 ....
6 ....
7 ....
8 ....
9 ....

68.4 Переведите предложения на английский язык.

духи = perfume
прибыть = arrive

1 В холодильнике у нас есть молоко и шесть яиц.
2 "Хотите чашку чая?" – "Нет. Я не люблю чай".
3 Пожалуйста, купи бутылку воды и плитку шоколада.
4 На день рождения я получила духи и книги.
5 Президент прибыл в большом чёрном автомобиле.
6 Это моё любимое музыкальное произведение.
7 "Где мои деньги?" – "Они на столе".
8 На обед я съела миску супа и немного хлеба.

147

a cake / some cake / some cakes
(исчисляемые/неисчисляемые существительные 2)

A

a/an и some

a/an + *исчисляемые существительные в единственном числе* (**car/apple/shoe** *и т. д.*):

- ☐ I need **a** new **car**. *Мне нужна новая машина.*
- ☐ Would you like **an** apple? *Ты хочешь яблоко?*

an apple

some* (*= неопределённое число*) + *исчисляемые существительные во множественном числе* (**cars/apples/shoes** *и т. д.*):

- ☐ I need **some** new **shoes**. *Мне нужны новые туфли.*
- ☐ Would you like **some apples**? *Ты хочешь яблок?*

some apples

some* (*= некоторое количество*) + *неисчисляемые существительные* (**water/money/music** *и т. д.*):

- ☐ I need **some money**. *Мне нужны деньги.*
- ☐ Would you like **some cheese**? *Хотите сыра?*
  (*или* Would you like **a piece of** cheese? *... кусочек сыра?*)

some cheese *или*
a piece of cheese

* **Some** *часто не переводится на русский язык.*

Сравните использование **a** *и* **some**:

- ☐ Nicola bought **a hat**, **some shoes** and **some perfume**. *... купила шляпу, туфли и духи.*
- ☐ I read **a newspaper**, made **some phone calls**, and listened to **some music**.
  Я прочитал газету, сделал несколько телефонных звонков и послушал музыку.

B

Многие существительные могут использоваться как исчисляемые и как неисчисляемые. Например:

a cake   **some cakes**   **some cake** *или*
a piece of cake   **a chicken**   **some chickens**   **some chicken** *или*
a piece of chicken

Сравните **a paper** (*= газета*) *и* **some paper**:

- ☐ I want something to read. I'm going to buy **a paper**.   *... Я куплю газету.*
- *но* ☐ I want to make a shopping list. I need **some paper** / **a piece of paper**. (*неверно* a paper)
  ... Мне нужна бумага / листик бумаги.

C

Обратите внимание на использование этих слов:

advice	furniture	hair	information	knowledge	news	weather	work

Эти существительные обычно неисчисляемые, поэтому перед ними не ставится **a/an** *...* (~~a furniture, an advice~~). *Их не используют во множественном числе* (~~advices, knowledges~~ *и т. д.*).

- ☐ Can I talk to you? I need **some advice**. (*неверно* an advice) *... Мне нужен совет.*
- ☐ They've got **some** nice **furniture** in their house. (*неверно* a furniture) *... есть красивая мебель.*
- ☐ Silvia has very long **hair**. (*неверно* hairs) *У ... очень длинные волосы.*
- ☐ Where can I get **some information** about hotels here? (*неверно* an information)
  ... получить информацию о ...?
- ☐ My job requires a lot of specialist **knowledge**. (*неверно* knowledges)
  Моя работа требует много специальных знаний.
- ☐ A: I've just had **some news** about Tina.   *... новости о Тине.*
  B: Is **it** good or bad? (*неверно* Are they) *Они хорошие или плохие?*
- ☐ It's nice **weather** today. (*неверно* a nice weather) *... хорошая погода.*
- ☐ A: Do you like your job? *Ты любишь свою работу?*
  B: Yes, but it's hard **work**. (*неверно* a hard work) *Да, но там нужно много работать.*

Можно сказать **a job**, *но нельзя сказать* a work:

- ☐ I've got **a** new **job**. (*неверно* a new work) *У меня новая работа.*
- ☐ I can't go out tonight. I've got to do **some work**. (*неверно* a work)
  ... мне нужно поработать (букв. сделать кое-какую работу).

Упражнения

69.1 Что изображено на этих картинках? Используйте **a** или **some**.

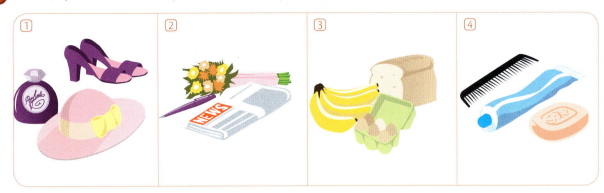

1 *some perfume, a hat and some shoes*
2 ....
3 ....
4 ....

69.2 Напишите предложения, начинающиеся с **Would you like a ... ?** или **Would you like some ... ?**

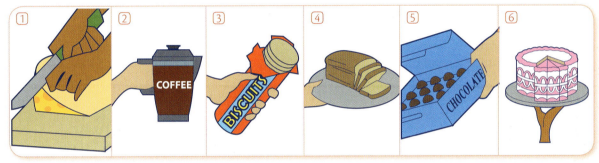

1 *Would you like some cheese?*   4 ....?
2 Would you like ....?   5 ....?
3 Would ....?   6 ....?

69.3 Вставьте **a/an** или **some**.

1 I read .....*a*..... book and listened to .....*some*..... music.
2 I need .... money. I want to buy .... food.
3 We met .... interesting people at the party.
4 I'm going to open .... window to get .... fresh air.
5 Rachel didn't eat much for lunch – only .... apple and .... bread.
6 We live in .... big house. There's .... nice garden with .... beautiful trees.
7 I'm going to make a table. First I need .... wood.
8 Listen to me carefully. I'm going to give you .... advice.
9 I want to make a list of things to do. I need .... paper and .... pen.

69.4 Выберите правильный вариант.

1 I'm going to buy some new ~~shoe~~/shoes.   (shoes – *правильно*)
2 Mark has brown eye/eyes.
3 Paula has short black hair/hairs.
4 The tour guide gave us some information/informations about the city.
5 We're going to buy some new chair/chairs.
6 We're going to buy some new furniture/furnitures.
7 It's hard to find a work/job at the moment.
8 We had wonderful weather / a wonderful weather when we were on holiday.

69.5 Переведите предложения на английский язык.

1 Мне нужен совет об автомобилях.
2 Хотите немного торта?
3 Мы купили новую мебель для нашей спальни.
4 Я собираюсь купить туфли и платье.
5 У Нины есть работа?
6 У Марины длинные чёрные волосы и красивые глаза.
7 Борису нужна информация об Англии.
8 Салли читает книгу и слушает музыку.

спальня = bedroom
слушать = listen to

a/an и the

a/an

1 2 3

Can you open **a** window?

Здесь есть три окна.
a window = *любое из этих трёх окон*

○ I've got **a car**.
   (Одна из многих существующих машин.)
○ Can I ask **a question**?
   *(Может быть много вопросов.
   Можно задать какой-то один вопрос?)*
○ Is there **a hotel** near here?
   *(Существует много гостиниц.
   Поблизости есть какая-нибудь?)*
○ Paris is **an interesting city**.
   *(Париж – один из многих
   интересных городов.)*
○ Lisa is **a student**.
   (Лиза – одна из многих студенток.)

the

Can you open **the** window?

Здесь есть только одно окно.
the window = *именно это окно*

○ I'm going to clean **the car** tomorrow.
   (= свою машину)
○ Can you repeat **the question**, please?
   (= тот вопрос, который вы задали)
○ We enjoyed our holiday. **The hotel** was
   very nice.
   (= наша гостиница)
○ Paris is **the capital of France**. *(Во Франции
   есть только одна столица.)*
○ Lisa is **the youngest student** in her class.
   *(В классе есть только одна самая юная
   студентка.)*

A/**the** *не переводятся на русский язык*: **a** window / **the** window = *окно*

Сравните **a** *и* **the**:

○ I bought **a jacket** and **a shirt** . **The jacket** was cheap, but **the shirt** was expensive.

(= тот пиджак и та рубашка, которые я купил)

The *используется, если понятно, о ком или о чём идёт речь. Например:*

the door / **the ceiling** / **the floor** / t**he carpet** / **the light** *и т. д. (в комнате)*
the roof / **the garden** / **the kitchen** / **the bathroom** *и т. д. (в доме)*
the centre / **the station** / **the airport** / **the town hall** *и т. д. (в городе)*

○ 'Where's Tom?   'In **the kitchen**.'
   (= на кухне этого дома или этой квартиры)
○ Turn off **the light** and close **the door**.
   (= свет и дверь в этой комнате)
○ Do you live far from **the centre**?
   (= от центра твоего города)
○ I'd like to speak to **the manager**, please.
   (= с менеджером этого магазина)

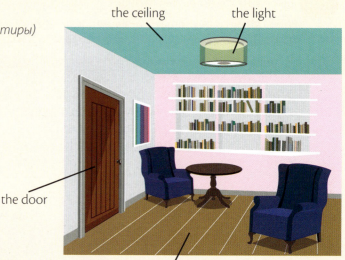

the ceiling   the light

the door

the floor

a/an ➜ **Раздел 66**   the ➜ **Разделы 71–74**

Упражнения

70.1 Вставьте **a/an** или **the**.

1 We enjoyed our trip. _____The_____ hotel was very nice.
2 'Can I ask _____a_____ question?' 'Sure. What do you want to know?'
3 You look very tired. You need _____a_____ holiday.
4 'Where's Tom?' 'He's in ____the____ garden.'
5 Eve is _____an_____ interesting person. You should meet her.
6 A: Excuse me, can you tell me how to get to ____the____ city centre?
  B: Yes, go straight on and then take ____the____ next turning left.
7 A: Shall we go out for _____a_____ meal this evening?
  B: Yes, that's _____a_____ good idea.
8 It's _____a_____ nice morning. Let's go for _____a_____ walk.
9 Amanda is _____a_____ student. When she finishes her studies, she wants to be _____a_____ journalist. She lives with two friends in _____a_____ apartment near ____the____ college where she is studying. ____the____ apartment is small, but she likes it.
10 Peter and Mary have two children, _____a_____ boy and _____a_____ girl. ____the____ boy is seven years old, and ____the____ girl is three. Peter works in _____a_____ factory. Mary doesn't have _____a_____ job at the moment.

70.2 Допишите предложения. Используйте **a** или **the** + слова из рамки:

airport   cup   dictionary   ~~door~~   floor   picture

1 Can you open ___the door___, please?
2 How far is it to _____?
3 Can I have __a cup__ of coffee, please?
4 That's _____a_____ nice _____ – I like it.
5 Can you pass me _____, please?
6 Why are you sitting on _____?

70.3 Исправьте ошибки в предложении. Где необходимо, используйте **a/an** или **the**.

1 Don't forget to turn off light when you go out.   turn off the light
2 Enjoy your trip, and don't forget to send me postcard.
3 What is name of this village?
4 Canada is very big country.
5 What is largest city in Canada?
6 I like this room, but I don't like colour of carpet.   a colured carpet
7 'Are you OK?' 'No, I've got headache.'
8 We live in old house near station.   near the station
9 What is name of director of film we saw last night?

70.4 Переведите предложения на английский язык.

1 У меня есть вопрос.
2 Ташкент – столица Узбекистана.
3 Это очень интересный город.
4 Нам нужно такси в аэропорт.
5 Какой самый старый город в Англии?
6 Они живут в новой квартире в центре.
7 "Где дети?" – "Они в саду".
8 Это очень хорошая книга. Я знаю автора.

(4) в (здесь) = to
автор = author

the ...

A

The используется, когда ясно, о ком или о чём идёт речь:

- ○ What is **the name** of this street? *Как называется эта улица? (букв. Каково название ...)*
- ○ Who is **the best player** in your team? *Кто лучший игрок в вашей команде?*
- ○ Can you tell me **the time**, please? *Вы не подскажете время?*
- ○ My office is on **the top floor**. (= the top floor of the building) *... на верхнем этаже.*

Обратите внимание:

- ○ Do you live near **the city centre**? (*неверно* near city centre)
  Ты живёшь рядом с центром города?
- ○ Excuse me, where is **the nearest bank**? (*неверно* where is nearest ...)
  Извините, где ближайший банк?

B

the same ... = *тот же, одинаковый*

- ○ We live in **the same street**. (*неверно* in same street) *Мы живём на одной и той же улице.*
- ○ A: Are these two books different?
  B: No, they're **the same**. (*неверно* they're same) *Нет, они одинаковые.*

C

Обратите внимание на другие употребления **the**:

the sun (*солнце*) / **the moon** (*луна*) / **the world** (*мир*) / **the sky** (*небо*) / **the sea** (*море*) /
the country (*за городом*)

- ○ **The sky** is blue and **the sun** is shining. *Небо голубое, и солнце светит.*
- ○ Do you live in a town or in **the country**? *... в городе или за городом?*

the police / **the fire brigade** (*пожарная бригада*) / **the army** – *этого города, этой страны и т. д.*

- ○ My brother is a soldier. He's in **the army**. *... Он в армии.*
- ○ What do you think of **the police**? Do they do a good job? *... о полиции? ...*

the top / **the end** / **the middle** / **the left** *и т. д.*

- ○ Write your name at **the top of** the page. *... наверху страницы.*
- ○ My house is at **the end of** the street. *... в конце улицы.*
- ○ The table is in **the middle of** the room. *... в середине комнаты.*
- ○ Do you drive on **the right** or on **the left** in your country?
  В вашей стране ездят по правой или по левой стороне?

the top

the left | the middle | the right

the bottom

(play) **the piano** / **the guitar** / **the trumpet** *и т. д.* (*музыкальные инструменты*)

- ○ Sasha is learning to play **the piano**. *Саша учится играть на пианино.*

the radio

- ○ I listen to **the radio** a lot. *Я часто слушаю радио.*

the internet

- ○ What do you use **the internet** for? *Для чего ты используешь интернет?*

D

The *не используется перед*:

television / TV

- ○ I watch **TV** a lot. *Я часто смотрю телевизор.*
- ○ What's on **television** tonight? *Что идёт по телевизору ...?*

но Can you turn off **the TV**? *Ты можешь выключить телевизор (= прибор)?*

breakfast / lunch / dinner

- ○ What did you have for **breakfast**? (*неверно* the breakfast) *... на завтрак?*
- ○ **Dinner** is ready! *Ужин готов!*

next (*следующий*) / **last** (*прошлый*) + **week/month/year/summer/Monday** *и т. д.*

- ○ I'm not working **next week**. (*неверно* the next week) *... на следующей неделе.*
- ○ Did you have a holiday **last summer**? (*неверно* the last summer) *... прошлым летом?*

the

a/an *и* the ➜ **Раздел 70**   the ➜ **Разделы 72–74**   the oldest / the most expensive *и т. д.* ➜ **Раздел 91**

Упражнения

71.1 Где необходимо, вставьте **the**. Напротив правильных предложений напишите **OK**.

1 What is name of this street? — *the name*
2 What's on TV tonight? — *OK*
3 Our apartment is on second floor.
4 Would you like to go to moon?
5 Which is best hotel in this town?
6 What time is lunch?
7 How far is it to city centre?
8 We're going away at end of May.
9 What are you doing next weekend?
10 I didn't like her first time I met her.
11 I'm going out after dinner.
12 It's easy to get information from internet.
13 My sister got married last month.
14 My dictionary is on top shelf on right.
15 We live in country about ten miles from nearest town.

71.2 Закончите предложения. Используйте **the same** + слова из рамки:

> age   colour   problem   ~~street~~   time

1 I live in North Street and you live in North Street. We live in ... *the same street* .
2 I arrived at 8.30 and you arrived at 8.30. We arrived at ....
3 James is 25 and Sue is 25. James and Sue are ....
4 My shirt is dark blue and so is my jacket. My shirt and jacket are ....
5 I have no money and you have no money. We have ....

71.3 Посмотрите на картинки и закончите предложения. Где необходимо, вставьте **the**.

1 ... *The sun* ... is shining.
2 She's playing ....
3 They're having ....
4 He's watching ....
5 They're swimming in ....
6 Tom's name is at .... of the list.

71.4 Заполните пропуски, используя слова из рамки. Где необходимо, также вставьте **the**.

> capital   ~~dinner~~   police   lunch   middle   name   sky   TV

1 We had ... *dinner* ... at a restaurant last night.
2 We stayed at a very nice hotel, but I don't remember ....
3 .... is very clear tonight. You can see all the stars.
4 Sometimes there are some good films on .... late at night.
5 Somebody was trying to break into the shop, so I called ....
6 Tokyo is .... of Japan.
7 'What did you have for .... ?'   'A salad.'
8 I woke up in .... of the night.

71.5 Переведите предложения на английский язык.

звони в = call
проводить время = spend time

1 Кто самый старый в вашей семье?
2 Тим и Фиона живут в центре Лондона.
3 Анна, звони в полицию!
4 Моя дочь проводит слишком много времени в интернете.
5 Мы с Салли ходили в одну и ту же школу.
6 Я хотела бы жить за городом.
7 Что ты делаешь на следующей неделе?
8 Мы ели яйца на завтрак.

153

go to work   go home   go to the cinema

A

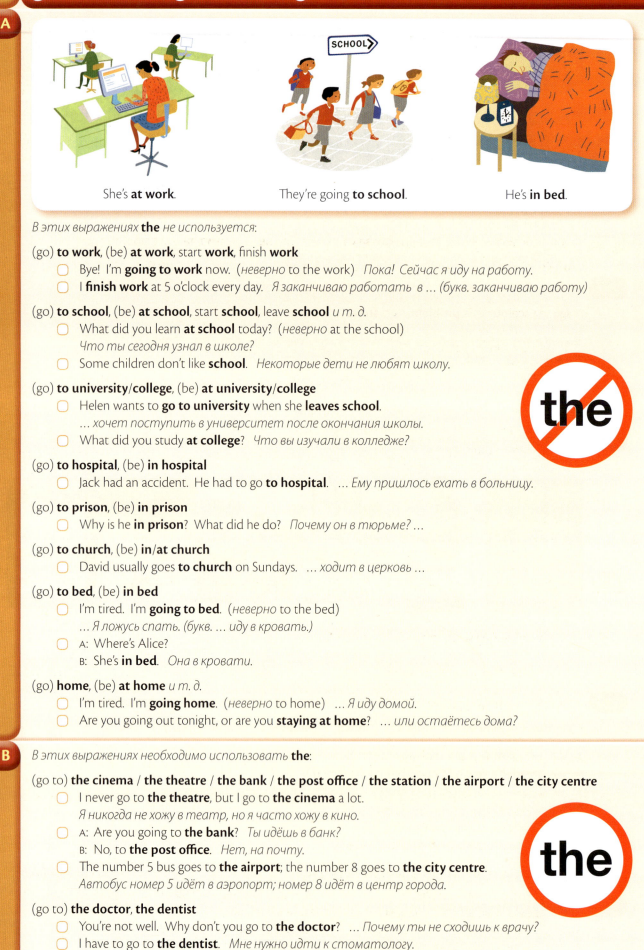

She's **at work**.   They're going **to school**.   He's **in bed**.

В этих выражениях **the** *не используется*:

(go) **to work**, (be) **at work**, start **work**, finish **work**

- ○ Bye! I'm **going to work** now. (*неверно* to the work) *Пока! Сейчас я иду на работу.*
- ○ I **finish work** at 5 o'clock every day. *Я заканчиваю работать в … (букв. заканчиваю работу)*

(go) **to school**, (be) **at school**, start **school**, leave **school** *и т. д.*

- ○ What did you learn **at school** today? (*неверно* at the school)
  Что ты сегодня узнал в школе?
- ○ Some children don't like **school**. *Некоторые дети не любят школу.*

(go) **to university/college**, (be) **at university/college**

- ○ Helen wants to **go to university** when she **leaves school**.
  … хочет поступить в университет после окончания школы.
- ○ What did you study **at college**? *Что вы изучали в колледже?*

(go) **to hospital**, (be) **in hospital**

- ○ Jack had an accident. He had to go **to hospital**. *… Ему пришлось ехать в больницу.*

(go) **to prison**, (be) **in prison**

- ○ Why is he **in prison**? What did he do? *Почему он в тюрьме? …*

(go) **to church**, (be) **in/at church**

- ○ David usually goes **to church** on Sundays. *… ходит в церковь …*

(go) **to bed**, (be) **in bed**

- ○ I'm tired. I'm **going to bed**. (*неверно* to the bed)
  … Я ложусь спать. (букв. … иду в кровать.)
- ○ A: Where's Alice?
  B: She's **in bed**. *Она в кровати.*

(go) **home**, (be) **at home** *и т. д.*

- ○ I'm tired. I'm **going home**. (*неверно* to home) *… Я иду домой.*
- ○ Are you going out tonight, or are you **staying at home**? *… или остаётесь дома?*

B

В этих выражениях необходимо использовать **the**:

(go to) **the cinema** / **the theatre** / **the bank** / **the post office** / **the station** / **the airport** / **the city centre**

- ○ I never go to **the theatre**, but I go to **the cinema** a lot.
  Я никогда не хожу в театр, но я часто хожу в кино.
- ○ A: Are you going to **the bank**? *Ты идёшь в банк?*
  B: No, to **the post office**. *Нет, на почту.*
- ○ The number 5 bus goes to **the airport**; the number 8 goes to **the city centre**.
  Автобус номер 5 идёт в аэропорт; номер 8 идёт в центр города.

(go to) **the doctor**, **the dentist**

- ○ You're not well. Why don't you go to **the doctor**? *… Почему ты не сходишь к врачу?*
- ○ I have to go to **the dentist**. *Мне нужно идти к стоматологу.*

the → **Разделы 70–71, 73–74**   in/at → **Разделы 106–107**   to/in/at → **Раздел 108**   (at) home → **Раздел 108**

Упражнения

72.1 Где находятся эти люди? Закончите предложения. Где необходимо, используйте **the**.

1 He's in ___bed___ .
2 They're at _____ .
3 She's in _____ .
4 She's at _____ .
5 They're at _____ .
6 He's in _____

72.2 Заполните пропуски, используя слова из рамки. Где необходимо, также вставьте **the**.

~~bank~~ bed ~~church~~ home post office school station

1 I need to change some money. I have to go to ___the bank___ .
2 David usually goes to ___church___ on Sundays.
3 In Britain, children go to _____ from the age of five.
4 There were a lot of people at _____ waiting for the train.
5 We went to their house, but they weren't at _____ .
6 I'm going to _____ now. Goodnight!
7 I'm going to _____ to get some stamps.

72.3 Закончите предложения. Где необходимо, используйте **the**.

1 If you want to catch a plane, you ___go to the airport___ .
2 If you want to see a film, you go to _____ .
3 If you are tired and you want to sleep, you _____ .
4 If you rob a bank and the police catch you, you _____ .
5 If you have a problem with your teeth, you _____ .
6 If you want to study after you leave school, you _____ .
7 If you are badly injured in an accident, you _____ .

72.4 В некоторых предложениях допущена ошибка. Где нужно, исправьте ошибку.

1 We went to cinema last night. ___to the cinema___
2 I finish work at 5 o'clock every day. ___OK___
3 Lisa wasn't feeling well yesterday, so she went to doctor. _____
4 I wasn't feeling well this morning, so I stayed in bed. _____
5 Why is Angela always late for work? _____
6 'Where are your children?'   'They're at school.' _____
7 We have no money in bank. _____
8 When I was younger, I went to church every Sunday. _____
9 What time do you usually get home from work? _____
10 Do you live far from city centre? _____
11 'Where shall we meet?'   'At station.' _____
12 James is ill. He's in hospital. _____
13 Kate takes her children to school every day. _____
14 Would you like to go to university? _____
15 Would you like to go to theatre this evening? _____

72.5 Переведите предложения на английский язык.

от … до = from … to
по пятницам = on Fridays

1 "Где дети?" – "Они в кровати".
2 Мы идём в кино завтра вечером.
3 Вчера моя дочь не ходила в школу.
4 До свидания. Сейчас я иду домой.
5 Почему ты хочешь поступить в университет?
6 Мой отец болен. Он должен ехать в больницу.
7 Какой автобус идёт от центра города до аэропорта?
8 По пятницам Борис не ходит на работу.

I like **music**   I hate **exams**

The *не используется, когда говорят об общих понятиях:*

- I like **music**, especially **classical music**. (*неверно* the music … the classical music)
  Я люблю музыку, особенно классическую музыку.
- We don't eat **meat** very often. (*неверно* the meat)
  Мы не едим мясо часто.
- **Life** is not possible without **water**. (*неверно* The life … the water)
  Жизнь невозможна без воды.
- I hate **exams**. (*неверно* the exams)
  Я ненавижу экзамены.
- Is there a shop near here that sells **newspapers**?
  Здесь поблизости есть магазин, где продаются газеты?

The *не используется с названиями игр и видов спорта:*

- My favourite sports are **football** and **skiing**. (*неверно* the football … the skiing)
  Мои любимые виды спорта – футбол и лыжи.

The *не используется с названиями языков и учебных предметов* (**history/physics/biology** *и т. д.*):

- Do you think **English** is difficult? (*неверно* the English)
  Как ты думаешь, английский язык сложный?
- Tom's brother is studying **physics** and **chemistry**.
  … изучает физику и химию.

flowers *или* **the flowers**?

Сравните:

- **Flowers** are beautiful.
  (= *цветы вообще*)

- I don't like **cold weather**.
  (= *холодную погоду вообще*)

- We don't eat **fish** very often.
  (= *рыбу вообще*)

- Are you interested in **history**?
  (= *интересуешься историей вообще?*)

- I love this garden.
  The flowers are beautiful.
  (= *цветы в этом саду*)

- **The weather** isn't very good today.
  (= *погода сегодня*)

- We had a great meal last night.
  The fish was excellent.
  (= *та рыба, которую мы ели*)

- Do you know much about **the history** of your country?
  (= *об истории твоей страны*)

The flowers are beautiful.

the → Разделы 70–72, 74

Упражнения

73.1 Как вы к этому относитесь?

big cities	computer games	exams	jazz	parties
chocolate	dogs	housework	museums	tennis

Выберите семь слов из рамки и напишите предложения с:

I like ...   I don't like ...   I love ...   или   **I hate ...**

1 I hate exams.   или   I like exams. (и т. д.)
2 ....
3 ....
4 ....
5 ....
6 ....
7 ....
8 ....

73.2 Вы этим интересуетесь? Напишите предложения, используя фразы из рамки:

I'm (very) interested in ...	I know a lot about ...	I don't know much about ...
I'm not interested in ...	I know a little about ...	I don't know anything about ...

1 (history)   I'm very interested in history.
2 (politics)   I ....
3 (sport)   ....
4 (art)   ....
5 (astronomy)   ....
6 (economics)   ....

73.3 Выберите правильный вариант.

1 My favourite sport is football / ~~the football~~. (football – *правильно*)
2 I like this hotel. ~~Rooms~~ / The rooms are very nice. (The rooms – *правильно*)
3 Everybody needs friends / the friends.
4 Jane doesn't go to parties / the parties very often.
5 I went shopping this morning. Shops / The shops were very busy.
6 'Where's milk / the milk?'   'It's in the fridge.'
7 I don't like milk / the milk. I never drink it.
8 'Do you do any sports?'   'Yes, I play basketball / the basketball.'
9 An architect is a person who designs buildings / the buildings.
10 We went for a swim in the river. Water / The water was very cold.
11 I don't like swimming in cold water / the cold water.
12 Excuse me, can you pass salt / the salt, please?
13 I like this town. I like people / the people here.
14 Vegetables / The vegetables are good for you.
15 Houses / The houses in this street are all the same.
16 I can't sing this song. I don't know words / the words.
17 I enjoy taking pictures / the pictures. It's my hobby.
18 Do you want to see pictures / the pictures that I took when I was on holiday?
19 English / The English is used a lot in international business / the international business.
20 Money / The money doesn't always bring happiness / the happiness.

73.4 Переведите предложения на английский язык.

работа по дому = housework
предмет = subject
выращивать = grow

1 Бен ненавидит работу по дому.
2 Анна любит фильмы, но она не любит книги.
3 Мой любимый предмет – биология.
4 Вчера мы ходили на концерт. Музыка была замечательная.
5 Вы выращиваете цветы в своём саду?
6 Мы ездили в Париж. Музеи были очень интересные.
7 Эд интересуется политикой.
8 Я говорю по-французски, но я не знаю историю Франции.

the ... (с географическими названиями)

A

Континенты, страны, штаты, острова, города и т. д.

С географическими названиями **the** *обычно не используется:*
- ☐ **Russia** is a very large country. *(неверно the Russia)*
- ☐ **Cairo** is the capital of **Egypt**. *Каир – столица Египта.*
- ☐ **Kronstadt** is a small island near St. Petersburg.
  Кронштадт – это маленький остров …
- ☐ **Peru** is in **South America**. *Перу находится в Южной Америке.*

Но **the** + *названия, включающие слова "федерация"/"республика"/"штат"/"королевство":*
> **the** Russian **Federation**   **the** Czech **Republic**
> **the** United **States** of America (**the** USA)   **the** United **Kingdom** (**the** UK)

B

the -s *(географические названия во множественном числе)*

the + *названия стран/островов/гор во множественном числе:*
the Netherlands *Нидерланды*	**the** Philippines *Филиппины*
the Canary Islands *Канарские острова*	**the** Urals *Уральские горы*

C

Моря, реки и т. д.

the + *названия океанов/морей/рек/каналов:*
the Atlantic (Ocean) *Атлантический океан*	**the** Volga (River) *(река) Волга*
the Mediterranean (Sea) *Средиземное море*	**the** Ladoga Canal *Ладожский канал*
the Amazon *(река) Амазонка*	**the** Black Sea *Чёрное море*

Но названия отдельных озёр используются без **the**:
> **Lake Baikal** *(неверно the Lake Baikal)* *озеро Байкал*
> **Lake Geneva** *Женевское озеро*

D

Названия улиц, зданий и т. д.

С названиями улиц, площадей и т. д. **the** *обычно не используется:*
- ☐ Kevin lives in **Newton Street**.
- ☐ Where is **Nevsky Prospect**, please?
- ☐ **Red Square** is in Moscow.

С названиями аэропортов, вокзалов и многих учреждений **the** *не используется:*
Pulkovo Airport	**Kursk Station**	**Westminster Abbey**
London Zoo	**Edinburgh Castle**	

также

Cambridge University, **Moscow State University** *и т. д.*

Но обычно **the** + *названия гостиниц, музеев, театров, кинотеатров и т. д. :*
the Kosmos Hotel	**the** Hermitage (Museum)
the Tretyakov Gallery	**the** Bolshoi (Theatre)

Обратите внимание, что нужно говорить **the Kremlin**:
- ☐ The museum is near **the Kremlin**. *(неверно near Kremlin)*

E

the ... of ...

the + *конструкции с ... of ... :*
the Museum **of** Bread	**the** Great Wall **of** China
the University **of** California	**the** Tower **of** London

Нужно говорить **the north / the south / the east / the west** (of ...):
- ☐ I've been to **the north of Italy**, but not to **the south**.
  Я была на севере Италии, а не на юге.

Упражнения

74.1 Посмотрите на карту и допишите предложения. Используйте информацию из рамки. Где необходимо, вставьте **The**.

№		
1	*Cairo*	is the capital of Egypt.
2	*The Atlantic*	is between Africa and America.
3		is a country in northern Europe.
4		is a river in South America.
5		is the largest continent in the world.
6		is the largest ocean.
7		is a river in Europe.
8		is a country in East Africa.
9		is between Canada and Mexico.
10		are mountains in South America.
11		is the capital of Thailand.
12		are mountains in central Europe.
13		is between Saudi Arabia and Africa.
14		is an island in the Caribbean.
15		are a group of islands near Florida.

Alps
Amazon
Andes
Asia
~~Atlantic~~
Bahamas
Bangkok
~~Cairo~~
Jamaica
Kenya
Pacific
Red Sea
Rhine
Sweden
United States

74.2 Где необходимо, вставьте **the**. Напротив правильных предложений напишите **OK**.

1 Kevin lives in Newton Street. *OK*
2 We went to see an opera at Bolshoi Theatre. *at the Bolshoi Theatre*
3 Have you ever been to China?
4 Have you ever been to Philippines?
5 Have you ever been to south of France?
6 Can you tell me where Regal Cinema is?
7 Can you tell me where Bond Street is?
8 Can you tell me where Museum of Art is?
9 Europe is bigger than Australia.
10 Belgium is smaller than Netherlands.
11 Which river is longer – Mississippi or Nile?
12 Did you go to Tretyakov Gallery when you were in Moscow?
13 We stayed at Park Hotel in Hudson Road.
14 How far is it from Trafalgar Square to Waterloo Station?
15 Rocky Mountains are in North America.
16 Texas is famous for oil and cowboys.
17 I hope to go to United States next year.
18 Mary comes from west of Ireland.
19 Alan is a student at Manchester University.
20 Panama Canal joins Atlantic Ocean and Pacific Ocean.

74.3 Переведите предложения на английский язык.

порт = port
курорт = resort

1 Роттердам – это большой порт в Нидерландах.
2 Я хочу сходить в Большой Театр.
3 Волга – самая длинная река в России?
4 Сочи – это популярный курорт на Чёрном море.
5 Марк из Ричмонда. Это город на севере Англии.
6 Гордон работает в гостинице Гранд в Лондоне.
7 Вы хотите увидеть Лондонский Тауэр?
8 Нина хочет жить в Соединённых Штатах и учиться в Гарварде.

➜ **Дополнительные упражнения 33–34** (страница 269–70)

this/that/these/those

this = этот/эта/это

Do you like **this** picture?

this
these

these = эти

These flowers are for you.

this picture
эта картина
these flowers
эти цветы

that = тот/та/то

Do you like **that** picture?

that
those

those = те

Who are **those** people?

that picture
та картина
those people
те люди

Слова **this/that/these/those** можно использовать с существительным (**this picture** / **those girls** и т. д.) или без существительного:

- **This hotel** is expensive, but it's very nice. *Эта гостиница …*
- A: Who's **that girl**? *Кто та девушка?*
  B: I don't know.
- Do you like **these shoes**? I bought them last week. *… эти туфли …*
- **Those apples** look nice. Can I have one? *Те яблоки …*

} *с существительным*

- **This** is a nice hotel, but it's very expensive. *Это хорошая гостиница, но …*
- A: Excuse me, is **this** your bag? *… это Ваша сумка?*
  B: Oh yes, thank you.
- Who's **that**? (= Who is that person?) *Кто это?*
- Which shoes do you prefer – **these** or **those**? *… – эти или те?*

} *без существительного*

That может указывать на то, что произошло:

- A: I'm sorry I forgot to phone you. *… я забыл тебе позвонить.*
  B: **That**'s all right. *Это не проблема.*
- **That** was a great party. Thank you very much. *Это была классная вечеринка …*

That может указывать на то, что только что сказал собеседник:

- A: You're a teacher, aren't you? *Вы учитель, не так ли?*
  B: Yes, **that**'s right. *Да, это так.*
- A: Martin has a new job.
  B: Really? I didn't know **that**. *Правда? Я этого не знала.*
- A: I'm going on holiday next week.
  B: Oh, **that**'s nice. *О, это здорово.*

This is … и **is that** … ? используют в разговоре по телефону:

- Hi Sarah, **this** is David.
  (**this** = говорящий)
- Is **that** Sarah?
  (**that** = другой человек)

DAVID

Hi Sarah, this is David.

This is … используют, когда людей представляют друг другу:

- A: Ben, **this is** Chris. *Бен, это Крис.*
  B: Hello, Chris – nice to meet you.
  C: Hi.

Ben, this is Chris.

AMANDA   BEN   CHRIS

this one / that one → **Раздел 76**

Упражнения

75.1 Заполните пропуски. Используйте **this**/**that**/**these**/**those** + слова из рамки:

| birds | house | plates | postcards | seat | ~~shoes~~ |

① Do you like *these shoes* ?

② Who lives in .... ?

③ How much are .... ? POSTCARDS

④ Look at ....

⑤ Excuse me, is .... free?

⑥ .... are dirty.

75.2 Напишите вопросительные предложения: **Is this**/**that your ... ?** или **Are these**/**those your ... ?**

① *Is this your bag?*

② ....

③ ....

④ ....

⑤ ....

⑥ ....

⑦ ....

⑧ ....

⑨ ....

⑩ ....

75.3 Заполните пропуски. Используйте **this is** или **that's** или **that**.

1 A: I'm sorry I'm late.
  B: ...*That's*... all right.

2 A: I can't come to the party tomorrow.
  B: Oh, ... a pity. Why not?

3 *on the phone*
  SUE: Hello, Jane. .... Sue.
  JANE: Oh, hi Sue. How are you?

4 A: You're lazy.
  B: .... not true!

5 A: Beth plays the piano very well.
  B: Does she? I didn't know ....

6 *Mark meets Paul's sister, Helen.*
  PAUL: Mark, ... my sister, Helen.
  MARK: Hi, Helen.

7 A: I'm sorry I was angry yesterday.
  B: .... OK. Forget it!

8 A: You're a friend of Tom's, aren't you?
  B: Yes, ... right.

75.4 Переведите предложения на английский язык.

1 Эта книга очень интересная.
2 Эти цветы прекрасны! Спасибо!
3 Тот мальчик в красной футболке – ваш сын?
4 Кто те люди у окна?
5 Привет, Том. Это Наташа.
6 "Вы Бен, не так ли?" – "Да, это так".
7 "Извините, я опоздал". – "Это не проблема".
8 *(по телефону)* Здравствуйте, это Молли. Это Джессика?

футболка = T-shirt
не так ли = aren't you

one/ones

These chocolates are good.
Would you like **one**?

Would you like **one** ? *Ты хочешь?*

= Would you like **a chocolate** ? *Ты хочешь конфету?*

one = a/an … (**a chocolate** / **an apple** *и т. д.*)

- I need **a pen**. Do you have **one**? *Мне нужна ручка. У тебя есть?*
- A: Is there **a bank** near here? *Здесь рядом есть банк?*
  B: Yes, there's **one** at the end of this street. *Да, есть в конце этой улицы.*

*В русском языке нет эквивалента '***one***' в этом значении. Существительное может быть опущено, если смысл ясен из контекста.*

one *и* ones

one *(единственное число)*	**ones** *(множественное число)*

Which **one**
do you want?

This one.

Which **ones**
do you want?

The white ones.

Which **one**? = Which **hat**?	Which **ones**? = Which **flowers**?
one = hat/car/girl *и т. д.*	**ones** = flowers/cars/girls *и т. д.*

this one / **that one** = *этот, эта, тот и т. д.*
- Which **car** is yours? **This one** or **that one**?
  Какая машина твоя? Эта или та?

the one … = *тот, который; та, которая … и т. д.*
- A: Which **hotel** did you stay at?
  B: **The one** opposite the station.
     В той, которая напротив …
- I found this **key**. Is it **the one** you lost?
  … ключ. Это тот, который ты потеряла?

the … one
- I don't like the black **coat**, but I like **the brown one**.
  … чёрное пальто, но нравится коричневое.
- Don't buy that **camera**. Buy **the other one**.
  … тот фотоаппарат. Купи другой.

a/an … one
- This **cup** is dirty. Can I have **a clean one**?
  Эта чашка грязная. Можно мне чистую?
- That **biscuit** was nice. I'm going to have **another one**.
  То печенье было вкусное. Я съем ещё одно.

these/those *или* **these ones** / **those ones** = *эти, те*
- Which **flowers** do you want? **These** or **those**?
  или **These ones** or **those ones**?
  Какие цветы Вы хотите? Эти или те?

the ones … = *те, которые …*
- A: Which **books** are yours?
  B: **The ones** on the table.
     Те, которые лежат на столе.
- I found these **keys**. Are they **the ones** you lost?
  … ключи. Это те, которые ты …

the … ones
- I don't like the red **shoes**, but I like **the green ones**.
  … красные туфли, но нравятся зелёные.
- Don't buy those **apples**. Buy **the other ones**.
  Не покупай те яблоки. Купи другие.

some … ones
- These **cups** are dirty. Can we have **some clean ones**?
  Эти чашки грязные. Можно нам чистые?
- My **shoes** are very old. I'm going to buy **some new ones**.
  Мои туфли … Я собираюсь купить новые (туфли).

which … ? → **Раздел 48**   another → **Раздел 66**   this/that → **Раздел 75**

Упражнения

76.1 Анна задала Бену несколько вопросов. Напишите ответы Бена, используя информацию из рамки.
В ответах используйте **one** (вместо **a/an ...**).

Ben doesn't need a car	Ben has just had a cup of coffee	there's a chemist in Mill Road
Ben is going to get a bike	~~Ben doesn't have a pen~~	Ben doesn't have an umbrella

1 A: Can you lend me a pen? B: I'm sorry, _I don't have one_ .
2 A: Would you like to have a car? B: No, I don't _____ .
3 A: Do you have a bike? B: No, but _____ .
4 A: Can you lend me an umbrella? B: I'm sorry, but _____ .
5 A: Would you like a cup of coffee? B: No, thank you _____ .
6 A: Is there a chemist near here? B: Yes _____ .

76.2 Закончите предложения. Используйте **a/an ... one** + слова из рамки.

better	**big**	~~**clean**~~	**different**	**new**	**old**

1 This cup is dirty. Can I have _a clean one_ ?
2 I'm going to sell my car and buy _____ .
3 That's not a very good photo, but this is _____ .
4 I want today's newspaper. This is _____ .
5 This box is too small. I need _____ .
6 Why do we always go to the same restaurant? Let's go to _____ .

76.3 Анна разговаривает с Беном. Закончите диалоги, используя имеющуюся информацию +
one/ones.

1 *Anna stayed at a hotel. It was opposite the station.* A: We stayed at a hotel. B: _Which one_ ? A: _The one opposite the station._	6 *Anna is looking at a picture. It's on the wall.* A: That's an interesting picture. B: _____ ? A: _____
2 *Anna sees some shoes in a shop window. They're green.* A: I like those shoes. B: Which _____ ? A: The _____	7 *Anna sees a girl in a group of people. She's tall with long hair.* A: Do you know that girl? B: _____ ? A: _____
3 *Anna is looking at a house. It has a red door.* A: That's a nice house. B: _____ ? A: _____ with _____	8 *Anna is looking at some flowers in the garden. They're yellow.* A: Those flowers are beautiful. B: _____ ? A: _____
4 *Anna is looking at some CDs. They're on the top shelf.* A: Are those your CDs? B: _____ ? A: _____	9 *Anna is looking at a man in a restaurant. He has a moustache and glasses.* A: Who's that man? B: _____ ? A: _____
5 *Anna is looking at a jacket in a shop. It's black.* A: Do you like that jacket? B: _____ ? A: _____	10 *Anna took some photos at the party last week.* A: Did I show you my photos? B: _____ ? A: _____

76.4 Переведите предложения на английский язык, используя **one/ones**.

холодильник = fridge
пирожок = pie
даже лучше = even better
очень вкусный = delicious
напротив = opposite

1 Наш холодильник очень старый. Давай купим новый.
2 "Мне нравятся те цветы ". – "Какие?"
3 Я не хочу это синее платье. Я куплю красное.
4 Карен только что испекла эти пирожки. Хотите?
5 Его первая книга была хорошей, но его новая – даже лучше.
6 Конфета была очень вкусная. Можно мне ещё одну?
7 Мне нравятся твои туфли. Это те, которые ты купила в Лондоне?
8 "Здесь рядом есть автобусная остановка?" – "Да, есть напротив парка".

some и any

A

some

> I have **some** money.

any

> I **don't** have **any** money.

В утвердительных предложениях используйте **some**:

- ☐ I'm going to buy **some** clothes.
  Я собираюсь купить одежду.
- ☐ There's **some** ice in the fridge.
  В холодильнике есть лёд.
- ☐ We made **some** mistakes.
  Мы совершили ошибки.

Some *здесь означает "некоторое количество" или "какой-то".*

В отрицательных предложениях используйте **any**:

- ☐ I'm **not** going to buy **any** clothes.
  Я не собираюсь покупать одежду.
- ☐ There **isn't any** milk in the fridge.
  В холодильнике нет молока.
- ☐ We **didn't** make **any** mistakes.
  Мы не совершили ошибок.

Not ... **any** *здесь означает "нисколько" или "никакой".*

Some *и* **any** *часто не переводятся на русский язык.*

B

any *и* **some** *в вопросительных предложениях*

В вопросах обычно (но не всегда) используется **any** *(неверно* **some***):*

- ☐ Is there **any** ice in the fridge? *В холодильнике есть лёд?*
  (букв. сколько-нибудь льда)
- ☐ Does he have **any** friends? *У него есть друзья? (букв. какие-нибудь друзья)*
- ☐ Do you need **any** help? *Вам нужна помощь? (букв. какая-нибудь помощь)*

> Do you have **any** money?

*Когда что-нибудь предлагают (***Would you like** ... **?***), то используют* **some** *(неверно* **any***):*

- ☐ A: Would you like **some** coffee? *Хотите кофе?*
  B: Yes, please.

*Когда о чём-нибудь просят (***Can I have** ... **?** *и т. д.), то также используют* **some**:

- ☐ A: Can I have **some** soup, please? *Можно мне супа ...?*
  B: Yes. Help yourself.
- ☐ A: Can you lend me **some** money? *Можешь одолжить мне денег?*
  B: Sure. How much do you need?

> Would you like **some** coffee?

C

some *и* **any** *без существительного*

- ☐ I didn't take any pictures, but Jessica took **some**. *Я не сделал снимков, а Джессика сделала.*
- ☐ You can have some coffee, but I don't want **any**. *... а я не хочу.*
- ☐ I've just made some coffee. Would you like **some**? *... Ты хочешь?*
- ☐ 'Where's your luggage?' 'I don't have **any**.' *... "У меня его нет".*
- ☐ 'Are there any biscuits?' 'Yes, there are **some** in the kitchen.' *... "Да, на кухне есть".*

D

something / **somebody** *(или* **someone***)*

- ☐ She said **something**.
  Она что-то сказала.
- ☐ I saw **somebody** *(или* **someone***)*.
- ☐ Would you like **something** to eat?
- ☐ **Somebody**'s at the door.

anything / **anybody** *(или* **anyone***)*

- ☐ She **didn't** say **anything**.
  Она ничего не сказала.
- ☐ I **didn't** see **anybody** *(или* **anyone***)*.
- ☐ Are you doing **anything** tonight?
- ☐ Where's Sue? Has **anybody** seen her?

a и *some* → **Раздел 69**   somebody/anything *и т. д.* → **Раздел 80**

Упражнения

Вставьте **some** или **any**.

1 I bought ......*some*...... cheese, but I didn't buy ......*any*...... bread.
2 In the middle of the room there was a table and .... chairs.
3 There aren't .... shops in this part of town.
4 Gary and Alice don't have .... children.
5 Do you have .... brothers or sisters?
6 There are .... beautiful flowers in the garden.
7 Do you know .... good hotels in London?
8 'Would you like .... tea?' 'Yes, please.'
9 When we were on holiday, we visited .... interesting places.
10 Don't buy .... rice. We don't need ....
11 I went out to buy .... bananas, but they didn't have .... in the shop.
12 I'm thirsty. Can I have .... water, please?

Закончите предложения. Используйте **some** или **any** + слова из рамки.

air	cheese	help	milk	questions
batteries	friends	languages	pictures	~~shampoo~~

1 I want to wash my hair. Is there ......*any shampoo*...... ?
2 The police want to talk to you. They want to ask you ....
3 I had my camera, but I didn't take ....
4 Do you speak .... foreign .... ?
5 Yesterday evening I went to a restaurant with .... of mine.
6 Can I have .... in my coffee, please?
7 The radio isn't working. There aren't .... in it.
8 It's hot in this office. I'm going out for .... fresh ....
9 A: Would you like .... ?
   B: No, thank you. I've had enough to eat.
10 I can do this job alone. I don't need ....

Закончите предложения. Используйте **some** или **any**.

1 Kate didn't take any pictures, but ......*I took some*...... . (I/take)
2 'Where's your luggage?' '......*I don't have any*...... .' (I/not/have)
3 'Do you need any money?' 'No, thank you ....' (I/have)
4 'Can you lend me some money?' 'I'm sorry, but ....' (I/not/have)
5 The tomatoes in the shop didn't look very good, so .... (I/not/buy)
6 There were some nice oranges in the shop, so .... (I/buy)
7 'How much coffee did you drink yesterday?' '........................ .' (I/not/drink)

Вставьте **something**/**somebody** или **anything**/**anybody**.

1 A woman stopped me and said ......*something*...... , but I didn't understand.
2 'What's wrong?' 'There's .... in my eye.'
3 Do you know .... about politics?
4 I went to the shop, but I didn't buy ....
5 .... has broken the window. I don't know who.
6 There isn't .... in the bag. It's empty.
7 I'm looking for my keys. Has .... seen them?
8 Would you like .... to drink?
9 I didn't eat .... because I wasn't hungry.
10 This is a secret. Please don't tell ....

Переведите предложения на английский язык, используя **some**/**any**.

1 В шкафчике есть кофе.
2 У нас нет яиц.
3 Можно мне торта?
4 Послушай! Кто-то поёт
   твою любимую песню.
5 Я хочу тебе что-то сказать.

6 Ты знаешь кого-нибудь,
   кто живёт в Манчестере?
7 Завтра вечером мы ничего не делаем.
8 Я видела красивые картины в том музее.
9 Я заварила чай. Ты хочешь?

шкафчик = cupboard
сказать = tell

not + any   no   none

The car park is empty.   *Стоянка пуста.*

There are**n't any** cars.
There are **no** cars.   } *Там нет машин.*

How many cars are there in the car park?
None.   *Нисколько.*

Можно использовать **not** (**-n't**) **+ any**:
- There are**n't any** cars in the car park.   *На стоянке нет машин.*
- Tracey and Jack do**n't** have **any** children.   *У... нет детей.*
- You can have some coffee, but I do**n't** want **any**.   *... а я не хочу.*

Можно использовать **no** + *существительное* (**no cars** / **no garden** *и т. д.*).
No ... = **not any** *или* **not a**:
- There are **no cars** in the car park. (= there are**n't any** cars)
- We have **no coffee**. (= we do**n't** have **any** coffee)
- It's a nice house, but there's **no garden**. (= there is**n't a** garden)

No ... *часто используется после* **have** *и* **there is/are**.

Глагол в отрицательной форме + **any** = *глагол в утвердительной форме* + **no**
- They **don't** have **any** children.   *или*   They **have no** children.   (*неверно* They don't have no children)
  У них нет детей.
- There **isn't any** sugar in your coffee.   *или*   There**'s no** sugar in your coffee.
  В твоём кофе нет сахара.

no *и* **none**

Используйте **no** + *существительное* (**no money** / **no children** *и т. д.*):
- We have **no money**.   *У нас нет денег.*
- Everything was OK. There were **no problems**.   *... Проблем не было.*

Используйте **none** *без существительного*:
- A: How much money do you have?
  B: **None**.   *Нисколько (нет).*
- A: Were there any problems?
  B: No, **none**.   *Нет, не было.*

none *и* **no-one**

none	= *нисколько*
no-one	= *никто, никого и т. д.*

None *можно использовать в ответ на вопросы* **How much**? / **How many**? (*о предметах или людях*):
- A: **How much** money do you have?
  B: **None**.   *Нисколько.*
- A: **How many** people did you meet?   *Сколько человек ты встретил?*
  B: **None**.   *Ни одного.*

No-one *можно использовать в ответ на вопрос* **Who**? :
- A: **Who** did you meet?   *Кого Вы встретили? / С кем ты познакомился?*
  B: **No-one**.   *или*   **Nobody**.   *Никого. / Ни с кем.*

отрицательные предложения ➡ **Раздел 44**   **some** *и* **any** ➡ **Раздел 77**
anybody/nobody/nothing *и т. д.* ➡ **Разделы 79–80**

Упражнения

78.1 Перепишите эти предложения, используя **no**.

1 We don't have any money.   *We have no money.*
2 There aren't any shops near here.   There are ....
3 Carla doesn't have any free time. ....
4 There isn't a light in this room. ....

Перепишите эти предложения, используя **any**.

5 We have no money.   *We don't have any money.*
6 There's no milk in the fridge. ....
7 There are no buses today. ....
8 Tom has no brothers or sisters. ....

78.2 Вставьте **no** или **any**.

1 There's ....*no*.... sugar in your coffee.
2 My brother is married, but he doesn't have .... children.
3 Sue doesn't speak .... foreign languages.
4 I'm afraid there's .... coffee. Would you like some tea?
5 'Look at those birds!' 'Birds? Where? I can't see .... birds.'
6 'Do you know where Jessica is?' 'No, I have .... idea.'

Вставьте **no**, **any** или **none**.

7 There aren't .... pictures on the wall.
8 The weather was cold, but there was .... wind.
9 I wanted to buy some oranges, but they didn't have .... in the shop.
10 Everything was correct. There were .... mistakes.
11 'How much luggage do you have?' '..............!'
12 'How much luggage do you have?' 'I don't have ....!'

78.3 Закончите предложения. Используйте **any** или **no** + слова из рамки.

difference	friends	furniture	heating	idea
money	~~problems~~	questions	queue	

1 Everything was OK. There were ....*no problems*.... .
2 Jack and Emily would like to go on holiday, but they have ....
3 I'm not going to answer ....
4 He's always alone. He has ....
5 There is .... between these two machines. They're exactly the same.
6 There wasn't .... in the room. It was completely empty.
7 'Do you know how the accident happened?' 'No, I have ....'
8 The house is cold because there isn't ....
9 We didn't have to wait to get our train tickets. There was ....

78.4 Дайте краткие ответы (одно или два слова) на эти вопросы. Где необходимо, используйте **none**.

1 How many letters did you write yesterday? *Two.* или *A lot.* или *None.*
2 How many sisters do you have? ....
3 How much coffee did you drink yesterday? ....
4 How many photos have you taken today? ....
5 How many legs does a snake have? ....

78.5 Переведите предложения на английский язык.   багаж = luggage

1 У Меган нет детей.
2 "Кто встретил тебя в аэропорту?" – "Никто".
3 "Сколько сахара в моём чае?" – "Нисколько".
4 В холодильнике нет апельсинового сока.
5 Извините, сегодня у меня нет свободного времени.
6 У нас не было багажа.
7 Студенты не задали никаких вопросов.
8 Вчера мы не потратили денег.

not + anybody/anyone/anything
nobody/no-one/nothing

not + anybody/anyone
nobody/no-one } *никто, никого и т. д.*
(*о людях*)

- There **isn't** { **anybody** / **anyone** } in the room.
  В комнате никого нет.
- There **is** { **nobody** / **no-one** } in the room.
  В комнате никого нет.
- A: **Who** is in the room?
  B: **Nobody**. / **No-one**.   *Никого.*

-body *и* **-one** *одинаковы по значению:*
any**body** = any**one**   no**body** = no-**one**

not + anything
nothing } *ничто, ничего и т. д.*
(*о предметах*)

- There **isn't anything** in the bag.
  В сумке ничего нет.
- There **is nothing** in the bag.
  В сумке ничего нет.
- A: **What**'s in the bag?
  B: **Nothing**.
     Ничего.

not + anybody/anyone
- I do**n't** know **anybody** (*или* **anyone**) here.
  Я здесь никого не знаю.

nobody = not + anybody
no-one = not + anyone
- I'm lonely. I have **nobody** to talk to.
  (= I do**n't** have **anybody**)
  … Мне не с кем поговорить.
- The house is empty. There is **no-one** in it.
  (= There is**n't anyone** in it.)
  … В нём никого нет.

not + anything
- I ca**n't** remember **anything**.
  Я не могу ничего вспомнить.

nothing = not + anything
- She said **nothing**.
  (= She did**n't** say **anything**.)
  Она ничего не сказала.
- There's **nothing** to eat.
  (= There is**n't anything** to eat.)
  Есть нечего.

Слова **nobody/no-one/nothing** *можно использовать в начале предложения или отдельно в качестве ответа на вопрос:*

- The house is empty. **Nobody** lives there.
  … Никто там не живёт.
- A: Who did you speak to?
  С кем ты разговаривал?
  B: **No-one**. *Ни с кем.*

- **Nothing** happened.
  Ничего не произошло.
- A: What did you say?
  Что ты сказал?
  B: **Nothing**. *Ничего.*

Запомните: *глагол в отрицательной форме* + **anybody/anyone/anything**
                глагол в утвердительной форме + **nobody/no-one/nothing**

- He does**n't** know **anything**. (*неверно* He doesn't know nothing)
- Do**n't** tell **anybody**. (*неверно* Don't tell nobody)
- There **is nothing** to do in this town. (*неверно* There isn't nothing)

some *и* **any** → Раздел 77   **any** *и* **no** → Раздел 78   **somebody/anything/nowhere** *и т. д.* → Раздел 80

Упражнения

79.1 Перепишите эти предложения, используя **nobody**/**no-one** или **nothing**.

1 There isn't anything in the bag.   *There's nothing in the bag.*
2 There isn't anybody in the office.   There's ....
3 I don't have anything to do.   I ....
4 There isn't anything on TV.   ....
5 There wasn't anyone at home.   ....
6 We didn't find anything.   ....

79.2 Перепишите эти предложения, используя **anybody**/**anyone** или **anything**.

1 There's nothing in the bag.   *There isn't anything in the bag.*
2 There was nobody on the bus.   There wasn't ....
3 I have nothing to read.   ....
4 I have no-one to help me.   ....
5 She heard nothing.   ....
6 We have nothing for dinner.   ....

79.3 Ответьте на вопросы, используя только **nobody**/**no-one** или **nothing**.

1a What did you say?   *Nothing.*   5a Who knows the answer? ....
2a Who saw you?   *Nobody.*   6a What did you buy? ....
3a What do you want? ....   7a What happened? ....
4a Who did you meet? ....   8a Who was late? ....

Теперь ответьте на те же вопросы полными предложениями.
Используйте **nobody**/**no-one**/**nothing** или **anybody**/**anyone**/**anything**:

1b   *I didn't say anything.*
2b   *Nobody saw me.*
3b I don't ....
4b I ....
5b .... the answer.
6b ....
7b ....
8b ....

79.4 Заполните пропуски. Используйте **nobody**/**no-one**/**nothing** или **anybody**/**anyone**/**anything**:

1 That house is empty.   *Nobody*   lives there.
2 Jack has a bad memory. He can't remember   *anything*   .
3 Be quiet! Don't say ....
4 I didn't know about the meeting. .... told me.
5 'What did you have to eat?' '.. . I wasn't hungry.'
6 I didn't eat .... I wasn't hungry.
7 Helen was sitting alone. She wasn't with ....
8 I'm afraid I can't help you. There's .... I can do.
9 I don't know .... about car engines.
10 The museum is free. It doesn't cost .... to go in.
11 I heard a knock on the door, but when I opened it, there was .... there.
12 The hotel receptionist spoke very fast. I didn't understand ....
13 'What are you doing tonight?' '.. . Why?'
14 Sophie has gone away. .... knows where she is. She didn't tell
.... where she was going.

79.5 Переведите предложения на английский язык.   рассказать = say

1 Дома никого нет.
2 Сейчас мы ничего не можем сделать.
3 Я ничего не рассказала о Гари.
4 Никто не знает, кто живёт в том доме.
5 В холодильнике ничего нет.
6 Я ничего не знаю о компьютерах.
7 "Ты видела кого-нибудь в парке?" – "Нет, никого".
8 Никто не сказал мне о вечеринке.

somebody/anything/nowhere и т. д.

Somebody (или **Someone**) has broken the window.

She has **something** in her mouth.

Tom lives **somewhere** near London.

somebody/someone	something	somewhere
кто-то, кого-то и т. д.	*что-то, чего-то и т. д.*	*где-то, куда-то*

люди (**-body** *или* **-one**)

somebody *или* **someone**	○ There is **somebody** (или **someone**) at the door. *Кто-то пришел.*
anybody *или* **anyone**	○ Is there **anybody** (или **anyone**) at the door? *Кто-то пришел?*
nobody *или* **no-one**	○ There isn't **anybody** (или **anyone**) at the door. *Никто не пришел.*
	○ There is **nobody** (или **no-one**) at the door. *Никто не пришел.*

-body *и* **-one** *одинаковы по значению*: **somebody** = **someone**, **nobody** = **no-one** *и т. д.*

предметы (**-thing**)

something	○ Lucy said **something**, but I didn't understand what she said. *Люси что-то сказала, но …*
anything	○ Are you doing **anything** at the weekend? *… что-нибудь делаете …*
nothing	○ I was angry, but I did**n't** say **anything**. *… ничего не сказал.*
	○ 'What did you say?' '**Nothing**.' *… "Ничего".*

места (**-where**)

somewhere	○ Ruth's parents live **somewhere** in the south of England. *… где-то на юге …*
anywhere	○ Did you go **anywhere** last weekend? *… куда-нибудь …*
nowhere	○ I'm staying here. I'm **not** going **anywhere**. *… Я никуда не пойду.*
	○ I don't like this town. There is **nowhere** to go. *… некуда сходить.*

something/anybody *и т. д.* + *прилагательное* (**big**/**cheap**/**interesting** *и т. д.*)

○ Did you meet **anybody interesting** at the party?
… кого-нибудь интересного …

○ We always go to the same place. Let's go **somewhere different**.
… Давай съездим в какое-нибудь другое место. (букв. куда-нибудь)

○ A: What's that letter?
B: It's **nothing important**. *Ничего важного.*

something/anybody *и т. д.* + **to** …

○ I'm hungry. I want **something to eat**. *… Я хочу что-нибудь поесть.*

○ Tony doesn't have **anybody to talk** to. *Тони не с кем поговорить.*

○ There is **nowhere to eat** in this village. *В этой деревне негде поесть.*

---

some *и* **any** → **Раздел 77**   **any** *и* **no** → **Раздел 78**   **anybody/nothing** *и т. д.* → **Раздел 79**
everything/-body/-where → **Раздел 81**

Упражнения

80.1 Вставьте **somebody** (или **someone**) / **something** / **somewhere**.

1 Lucy said _something_ . What did she say?
2 I've lost _____ . What have you lost?
3 Sue and Tom went _____ . Where did they go?
4 I'm going to phone _____ . Who are you going to phone?

80.2 Ответьте на вопросы, используя только **nobody** (или **no-one**) / **nothing** / **nowhere**.

1a What did you say? _Nothing._
2a Where are you going? _____
3a What do you want? _____
4a Who are you looking for? _____

Теперь ответьте на те же вопросы полными предложениями.
Используйте **not** + **anybody**/**anything**/**anywhere**.

1b _I didn't say anything._   3b _____
2b I'm not _____   4b _____

80.3 Вставьте **somebody**/**anything**/**nowhere** и т. д.

1 It's dark. I can't see _anything_ .
2 Tom lives _somewhere_ near London.
3 Do you know _____ about computers?
4 'Listen!' 'What? I can't hear _____ .'
5 'What are you doing here?' 'I'm waiting for _____ .'
6 We need to talk. There's _____ I want to tell you.
7 'Did _____ see the accident?' 'No, _____ .'
8 We weren't hungry, so we didn't eat _____ .
9 'What's going to happen?' 'I don't know. _____ knows.'
10 'Do you know _____ in Paris?' 'Yes, a few people.'
11 'What's in that cupboard?' _____ . It's empty.'
12 I'm looking for my glasses. I can't find them _____ .
13 I don't like cold weather. I want to live _____ warm.
14 Is there _____ interesting on TV tonight?
15 Have you ever met _____ famous?

80.4 Закончите предложения, используя слова из обеих рамок.

something	anything	nothing
something	anywhere	nowhere
somewhere		~~nowhere~~

do	eat	park	sit
drink	~~go~~	read	stay

1 We don't go out very much because there's _nowhere to go_ .
2 There isn't any food in the house. We don't have _____ .
3 I'm bored. I've got _____ .
4 'Why are you standing?' 'Because there isn't _____ .'
5 'Would you like _____ ?' 'Yes, please – a glass of water.'
6 If you're going to the city centre, take the bus. Don't drive because there's _____ .
7 I want _____ . I'm going to buy a magazine.
8 I need _____ in London. Can you recommend a hotel?

80.5 Переведите предложения на английский язык.

здесь рядом = near here
необычное = unusual

1 Вы что-нибудь делаете в субботу?
2 Ты знаешь кого-нибудь, кто говорит по-испански?
3 Здесь рядом негде поесть.
4 Вы ездили куда-нибудь прошлым летом?
5 Я не видела ничего необычного.
6 Вы хотите что-нибудь попить?
7 Игорь живёт где-то рядом с Новгородом.
8 Вы делали что-нибудь интересное в Англии?

every *и* all

every

Every house in the street is the same.

every house in the street =
all the houses in the street

*каждый дом на улице =
все дома на улице*

Используйте **every** + *существительное в единственном числе* (**every house** / **every country** *и т. д.*):

- Sarah has been to **every country** in Europe. *... в каждой стране ...*
- **Every summer** we have a holiday by the sea. *Каждое лето ...*
- She looks different **every time** I see her. *Она выглядит по-другому каждый раз, как ...*

После **every** *... используется глагол в единственном числе:*

- **Every house** in the street **is** the same. (*неверно* are the same)
  Каждый дом на улице ...
- **Every country has** a national flag. (*неверно* have)
  У каждой страны есть ...

Сравните **every** *и* **all**:

- **Every student** in the class passed the exam. *Каждый студент ...*	- **All the students** in the class passed the exam. *Все студенты ...*
- **Every country has** a national flag. *У каждой страны ...*	- **All countries have** a national flag. *У всех стран ...*

every day *и* **all day**

every day = *каждый день*

- It rained **every day** last week.
  Дождь шёл каждый день ...
- Ben watches TV for about two hours **every evening**. *... каждый вечер.*

также **every morning/night/summer** *и т. д.*

all day = *весь день*

- It rained **all day** yesterday.
  Дождь шёл весь день ...
- On Monday, I watched TV **all evening**.
  ... весь вечер.

также **all morning/night/summer** *и т. д.*

everybody (*или* **everyone**) / **everything** / **everywhere**

everybody or **everyone** *все* **everything** *всё* **everywhere** *везде*	- **Everybody** (*или* **Everyone**) needs friends. *Всем нужны друзья.* - Do you have **everything** you need? *У тебя есть всё, что нужно?* - I lost my watch. I've looked **everywhere** for it. *... Я везде их искала.*

После **everybody/everyone/everything** *используйте глагол в единственном числе:*

- **Everybody has** problems. (*неверно* Everybody have)

all ➜ Раздел 82

Упражнения

81.1 Заполните пропуски. Используйте **every** + слова из рамки:

> day   room   ~~student~~   time   word

1 _Every student_ in the class passed the exam.
2 My job is very boring. _____ is the same.
3 Kate is a very good tennis player. When we play, she wins _____ .
4 _____ in the hotel has free wi-fi and a minibar.
5 'Did you understand what she said?' 'Most of it, but not _____ .'

81.2 Заполните пропуски. Используйте **every day** или **all day**.

1 Yesterday it rained _all day_ .
2 I buy a newspaper _____ , but sometimes I don't read it.
3 I'm not going out tomorrow. I'll be at home _____ .
4 I usually drink about four cups of coffee _____ .
5 Paula was ill yesterday, so she stayed in bed _____ .
6 I'm tired now because I've been working hard _____ .
7 Last year we went to the seaside for a week, and it rained _____ .

81.3 Вставьте **every** или **all**.

1 Bill watches TV for about two hours _every_ evening.
2 Julia gets up at 6.30 _____ morning.
3 The weather was nice yesterday, so we sat outside _____ afternoon.
4 I'm going away on Monday. I'll be away _____ week.
5 'How often do you go skiing?' '_____ year. Usually in March.'
6 A: Were you at home at 10 o'clock yesterday?
 B: Yes, I was at home _____ morning. I went out after lunch.
7 My sister loves new cars. She buys one _____ year.
8 I saw Sam at the party, but he didn't speak to me _____ evening.
9 We go away on holiday for two or three weeks _____ summer.

81.4 Вставьте **everybody**/**everything**/**everywhere**.

1 _Everybody_ needs friends.
2 Chris knows _____ about computers.
3 I like the people here. _____ is very friendly.
4 This is a nice hotel. It's comfortable and _____ is very clean.
5 Kevin never uses his car. He goes _____ by motorcycle.
6 Let's get something to eat. _____ is hungry.
7 Sue's house is full of books. There are books _____ .
8 You are right. _____ you say is true.

81.5 Заполните пропуски, вставив только по одному слову.

1 Everybody _has_ problems.
2 Are you ready yet? Everybody _____ waiting for you.
3 The house is empty. Everyone _____ gone out.
4 Gary is very popular. Everybody _____ him.
5 This town is completely different now. Everything _____ changed.
6 I got home very late last night. I came in quietly because everyone _____ asleep.
7 Everybody _____ mistakes!
8 A: _____ everything clear? _____ everybody know what to do?
 B: Yes, we all understand.

81.6 Переведите предложения на английский язык.   деревня = village

1 Роберт и Полли ездят в Португалию каждое лето.
2 В моём офисе мне все нравятся.
3 Было солнечно все выходные.
4 Я везде искал свой паспорт.
5 Алан всегда всё знает.
6 Каждое утро я пью чашку кофе.
7 Шёл дождь, поэтому мы были дома весь день.
8 Все магазины в деревне были закрыты.

all   most   some   any   no/none

A

Сравните:

children/money/books *и т. д.* (вообще):	the children / the money / these books *и т. д.* :
○ **Children** like playing.	○ Where are **the children**?
Дети любят играть.	*Где дети? (= наши дети)*
○ **Money** isn't everything.	○ I want to buy a car, but I don't have **the money**.
Деньги – это не всё.	*... но у меня нет денег.*
○ I enjoy reading **books**.	○ Have you read **these books**?
Мне нравится читать книги.	*Ты читал эти книги?*
○ Everybody needs **friends**.	○ I often go out with **my friends**.
Всем нужны друзья.	*... со своими друзьями.*

B

most / most of ... , **some / some of ...** *и т. д.*

        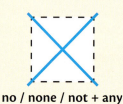

all   most   some   any   no / none / not + any

most/some *и т. д.* + существительное

all most some any no	-of	cities children books money

○ **Most children** like playing.
(= *дети вообще*)
Большинство детей любят играть.
○ I don't want **any money**.
Я не хочу никаких денег.
○ **Some books** are better than others.
Некоторые книги лучше других.
○ He has **no friends**. *У него нет друзей.*
○ **All cities** have the same problems.
У всех городов одни и те же проблемы.

Не используйте **of** *в этих предложениях:*
○ **Most people** drive too fast.
(*неверно* Most of people)
○ **Some birds** can't fly.
(*неверно* Some of birds)

most of / some of *и т. д.* + **the/this/my** ... *и т. д.*

all	(of)	the ...
most some any none	of	this/that ... these/those ... my/your ... *и т. д.*

○ **Most of the children at this school** are
under 11 years old.
Большинство детей в этой школе ...
○ I don't want **any of this money**.
Я не хочу нисколько из этих денег.
○ **Some of these books** are very old.
Некоторые из этих книг ...
○ **None of my friends** live near me.
Никто из моих друзей ...

Можно сказать **all the** ... *или* **all of the** ...:
○ **All the students in our class** passed the exam.
(*или* **All of the students** ...) *Все студенты ...*
○ Amy has lived in London **all her life**.
(*или* ... **all of her life**.) *... всю свою жизнь.*

C

all of it / most of them / none of us *и т. д.*

all most some any none	of	it them us you

○ You can have **some of this cake**, but not **all of it**.
... часть этого торта, но не весь торт.
○ A: Do you know those people?
B: **Most of them**, but not **all of them**. *Большинство из них, но не всех.*
○ **Some of us** are going out tonight. Why don't you come with us? *Некоторые из нас ...*
○ I have a lot of books, but I haven't read **any of them**. *... ни одной из них.*
○ A: How many of these books have you read?
B: **None of them**. *Ни одной из них.*

---

the ... (children / the children *и т. д.*) → Раздел 73   some *и* any → Раздел 77   no/none/any → Раздел 78
all *и* every → Раздел 81

Упражнения

82.1 Допишите предложения. Используйте слова из скобок (**some**/**most** и т. д.). Где необходимо, также вставьте **of** (**some of** / **most of** и т. д.).

1. ....*Most*.... children like playing. (**most**)
2. ....*Some of*.... this money is yours. (**some**)
3. .... people never stop talking. (**some**)
4. .... the shops in the city centre close at 6.30. (**most**)
5. .... people have mobile phones these days. (**most**)
6. I don't like .... the pictures in the living room. (**any**)
7. He's lost .... his money. (**all**)
8. .... my friends are married. (**none**)
9. Do you know .... the people in this picture? (**any**)
10. .... birds can fly. (**most**)
11. I enjoyed .... the film, but I didn't like the ending. (**most**)
12. .... sports are very dangerous. (**some**)
13. We can't find anywhere to stay. .... the hotels are full. (**all**)
14. You must have .... this cheese. It's delicious. (**some**)
15. The weather was bad when we were on holiday. It rained .... the time. (**most**)

82.2 Посмотрите на картинки и ответьте на вопросы. Используйте: **all**/**most**/**some**/**none** + **of them** / **of it**

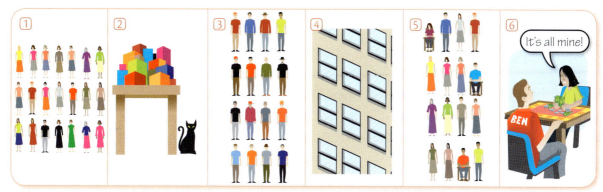

1. How many of the people are women?   *Most of them.*
2. How many of the boxes are on the table? ....
3. How many of the men are wearing hats? ....
4. How many of the windows are open?   ....
5. How many of the people are standing?   ....
6. How much of the money is Ben's?   ....

82.3 В некоторых предложениях допущена ошибка. Где нужно, исправьте ошибку.

1. Most of children like playing.   *Most children*
2. All the students failed the exam.   *OK*
3. Some of people work too hard.   ....
4. Some of questions in the exam were very easy. ....
5. I haven't seen any of those people before. ....
6. All of insects have six legs.   ....
7. Have you read all these books?   ....
8. Most of students in our class are very nice. ....
9. Most of my friends are going to the party. ....
10. I'm very tired this morning – I was awake most of night. ....

82.4 Переведите предложения на английский язык.

1. Большинство людей не любят пауков.
2. Я поняла большинство вопросов на экзамене.
3. Некоторые люди не едят мясо.
4. Вчера мы познакомились с некоторыми Аниными друзьями.
5. Никто из нас не говорит по-итальянски.
6. Я не смотрел ни один из этих фильмов.
7. "Вы знаете этих людей?" – "Большинство из них".
8. "Кто ходил на вечеринку?" – "Мы все".

паук = spider
на экзамене = in the exam

both   either   neither

A

both/either/neither *используются, когда говорят о двух людях или предметах:*

■ + ■	**both** *оба/обе*
? или ?	**either** *или …или* *любой(ая)*
✕ ✕	**neither** (not + either) *ни тот ни другой*

- Rebecca has two children. **Both** are students. … *Оба студенты.*
- Would you like sweets or an ice cream? You can have **either**.
  … *Ты можешь взять или то, или другое.*
- A: Do you want to go to the cinema or the theatre?
  B: **Neither**. I want to stay at home. *Ни то ни другое. Я хочу остаться дома.*

Сравните, как употребляются **either** *и* **neither**:

- 'Would you like **tea** or **coffee**?' { '**Either**. I don't mind.' *"Или то, или другое. Мне всё равно".*
  'I **don't** want **either**.' *"Я не хочу ни то ни другое".*
  '**Neither**.' *"Ни то ни другое".*

B

both/either/neither + *существительное*

both + *существительное во множественном числе*

either
neither } + *существительное в единственном числе*

both	windows/books/children *и т. д.*
either neither	window/book/child *и т. д.*

- Last year I went to Paris and Rome. I liked **both cities** very much.
  … *Мне очень понравились оба города.*
- First I worked in an office, and later in a shop. **Neither job** was very interesting.
  … *Ни одна из этих работ не была особенно интересной.*
- There are two ways from here to the station. You can go **either way**.
  Есть два пути … Вы можете пойти любым путём.

C

both of … / **either of** … / **neither of** …

both	(of)	the …
either neither	of	these/those … my/your/Paul's … *и т. д.*

- **Neither of my parents** went to university.
  Ни один из моих родителей не учился в университете.
- I **haven't** read **either of these books**.
  Я не читала ни одну из этих книг.

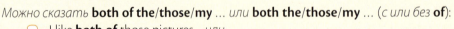

I like both of those pictures.

Можно сказать **both of the/those/my** … *или* **both the/those/my** … (*с или без* **of**):

- I like **both of** those pictures. *или*
  I like **both** those pictures.
- **Both of** Paul's sisters are married. *или*
  Both Paul's sisters are married.
- *но* **Neither of** Paul's sisters is married. (*неверно* Neither Paul's sisters)

D

both of them / **neither of us** *и т. д.* = оба (обе) из них, ни один (одна) из нас

both either neither	of	them us you

- Paul has two sisters. **Both of them** are married. … *Обе замужем.*
- Sue and I didn't eat anything. **Neither of us** was hungry.
  … *Ни одна из нас не была голодна.*
- Who are those two people? I **don't** know **either of them**.
  … *Я не знаю ни одного из них.*

I can't either / neither can I → Раздел 43

Упражнения

83.1 Вставьте **both**/**either**/**neither**. Где необходимо, также используйте **of**.

1 Last year I went to Paris and Rome. I liked ....._both_..... cities very much.
2 There were two pictures on the wall. I didn't like ....._either of_..... them.
3 It was a good football match. .... teams played well.
4 It wasn't a good football match. .... team played well.
5 'Is your friend English or American?' '............................... . She's Australian.'
6 We went away for two days, but the weather wasn't good. It rained .... days.
7 A: I bought two newspapers. Which one do you want?
   B: .... It doesn't matter which one.
8 I invited Sam and Chris to the party, but .... them came.
9 'Do you go to work by car or by bus?' '............................... . I always walk.'
10 'Which jacket do you prefer, this one or that one?' 'I don't like .... them.'
11 'Do you work or are you a student?' '............................... . I work and I'm a student too.'
12 My friend and I went to the cinema, but .... us liked the film. It was really bad.
13 Helen has two sisters and a brother. .... sisters are married.
14 Helen has two sisters and a brother. I've met her brother, but I haven't met .... her sisters.

83.2 Посмотрите на картинки и допишите предложения. Используйте **Both ...** или **Neither ...** .

1 ....._Both cups are_..... empty.   4 .... beards.
2 .... are open.   5 .... to the airport.
3 .... wearing a hat.   6 .... correct.

83.3 Парень и девушка одинаково ответили на вопросы. Напишите предложения, используя
Both/**Neither of them ...** .

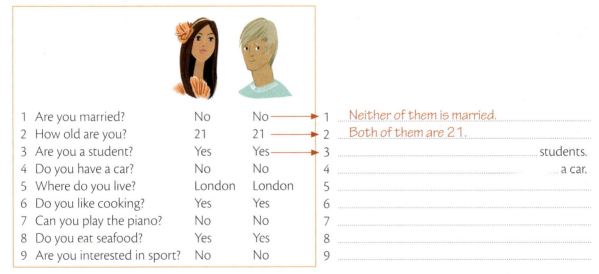

1 Are you married?	No	No →	1	_Neither of them is married._
2 How old are you?	21	21 →	2	_Both of them are 21._
3 Are you a student?	Yes	Yes →	3	.... students.
4 Do you have a car?	No	No	4	.... a car.
5 Where do you live?	London	London	5	....
6 Do you like cooking?	Yes	Yes	6	....
7 Can you play the piano?	No	No	7	....
8 Do you eat seafood?	Yes	Yes	8	....
9 Are you interested in sport?	No	No	9	....

83.4 Переведите предложения на английский язык.

1 У меня двое детей. Оба ходят в школу.
2 У меня есть две сестры. Ни одна из них не
   живёт в России.
3 A: Вы предпочитаете Лондон или Нью-Йорк?
   B: Мне нравятся оба города.
4 A: Вы хотите сока или воды?
   B: Или то или другое. Мне всё равно.

5 A: Ты знаешь Джеймса и Сашу?
   B: Да, они оба очень приятные.
6 A: Где Анна и Тина?
   B: Я не знаю. Я не видела ни одну из них.
7 Ни один из моих родителей не говорит
   по-английски.
8 Они оба говорят по-немецки.

a lot   much   many

a lot of food
много еды

not much food
немного еды

a lot of books
много книг

not many books
немного книг

Much *(много) используется с неисчисляемыми существительными*
(**much food / much money** *и т. д.*):

- ◯ Did you buy **much food**?
- ◯ We don't have **much luggage**.
- ◯ A: Do you have any **money**?
   B: I have some, but **not much**.

How much … ? = *Сколько … ?*
- ◯ **How much money** do you want?

Many *(много) используется с существительными во множественном числе*
(**many books / many people** *и т. д.*):

- ◯ Did you buy **many books**?
- ◯ We don't know **many people**.
- ◯ A: Did you take any **photos**?
   B: I took some, but **not many**.

How many … ? = *Сколько … ?*
- ◯ **How many** photos did you take?

A lot of *(= много) используется как с исчисляемыми, так и с неисчисляемыми существительными*:
- ◯ We bought **a lot of food**.
- ◯ Paula doesn't have **a lot of** free **time**.
- ◯ We bought **a lot of books**.
- ◯ Did they ask **a lot of questions**?

Можно сказать:
- ◯ There **is** a lot of **food/money/water** …
   (глагол в единственном числе)
- ◯ There **are** a lot of **trees/shops/people** …
   (глагол во множественном числе)
- ◯ A lot of **people speak** English.
   (неверно speaks)

Much *используется в вопросительных и отрицательных предложениях*:
- ◯ Do you drink **much coffee**?
- ◯ I don't drink **much coffee**.

В утвердительных предложениях **much** *обычно не используется*:
- ◯ I drink **a lot of coffee**. *(неверно* I drink much coffee)
- ◯ A: Do you drink much coffee?
   B: Yes, **a lot**. *(неверно* Yes, much)

Many *и* **a lot of** *используются во всех типах предложений (утвердительных/отрицательных/вопросительных)*:
- ◯ We have **many** friends / **a lot of** friends.
- ◯ We don't have **many** friends / **a lot of** friends.
- ◯ Do you have **many** friends / **a lot of** friends?

Much *и* **a lot** *можно использовать без существительного*:
- ◯ Amy spoke to me, but she didn't say **much**.
   … говорила со мной, но мало что сказала. (букв. не сказала много)
- ◯ A: Do you watch TV **much**? *Вы часто (букв. много) смотрите телевизор?*
   B: No, **not much**. *Нет, нечасто.*
- ◯ We like films, so we go to the cinema **a lot**. *(неверно* go to the cinema much)
   … поэтому мы часто (букв. много) ходим в кино.
- ◯ I don't like him very **much**. *Он мне не особенно нравится.*
- ◯ I don't have **much** money. *У меня мало денег.*

Упражнения

84.1 Вставьте **much** или **many**.

1 Did you buy .... *much* .... food?
2 There aren't .... hotels in this town.
3 We don't have .... petrol. We need to stop and get some.
4 Were there .... people on the train?
5 Did .... students fail the exam?
6 Paula doesn't have .... money.
7 I wasn't hungry, so I didn't eat ....
8 I don't know where Gary lives these days. I haven't seen him for .... years.

Вставьте **How much** или **How many**.

9 .... people are coming to the party?
10 .... milk do you want in your coffee?
11 .... bread did you buy?
12 .... players are there in a football team?

84.2 Закончите предложения. Используйте **much** или **many** + слова из рамки:

~~books~~   countries   luggage   people   time   times

1 I don't read very much. I don't have ..... *many books* ..... .
2 Hurry up! We don't have ....
3 Do you travel a lot? Have you been to .... ?
4 Tina hasn't lived here very long, so she doesn't know ....
5 'Do you have .... ?'   'No, only this bag.'
6 I know Tokyo well. I've been there ....

84.3 Закончите предложения. Используйте **a lot of** + слова из рамки:

accidents   ~~books~~   fun   interesting things   traffic

1 I like reading. I have ..... *a lot of books* ....
2 We enjoyed our visit to the museum. We saw ....
3 This road is very dangerous. There are ....
4 We enjoyed our holiday. We had ....
5 It took me a long time to drive here. There was ....

84.4 В некоторых из этих предложений **much** использовано не совсем верно. Измените предложения или напишите **OK**.

1 Do you drink <u>much coffee</u>?   *OK*
2 I drink <u>much tea</u>.   *a lot of tea*
3 It was a cold winter. We had <u>much snow</u>.
4 There wasn't <u>much snow</u> last winter.
5 It costs <u>much money</u> to travel around the world.
6 We had a cheap holiday. It didn't cost <u>much</u>.
7 Do you know <u>much</u> about computers?
8 'Do you have any luggage?'   'Yes, <u>much</u>.'

84.5 Напишите предложения об этих людях. Используйте **much** и **a lot**.

1 James loves films.   (go to the cinema)   *He goes to the cinema a lot.*
2 Nicola thinks TV is boring.   (watch TV)   *She doesn't watch TV much.*
3 Tina is a good tennis player.   (play tennis)   She ....
4 Mark doesn't like driving.   (use his car)   He ....
5 Paul spends most of the time at home.   (go out)
6 Sue has been all over the world.   (travel)

84.6 Переведите предложения на английский язык.

1 У нас есть много DVD-дисков.
2 На конференции было много человек?
3 Ирина много читает. У неё есть много книг.
4 Сколько еды нам нужно для вечеринки?
5 Сколько студентов в вашем классе?

6 A: Ты ешь много шоколада?
   B: Нет, немного.
7 Сандра любит Испанию.
   Она много туда ездит.
8 Извините, сегодня у меня мало времени.

DVD-диски = DVDs
на конференции =
at the conference

(a) little   (a) few

A

(a) **little** + *неисчисляемое существительное:*

(a) **little** water
(a) **little** time
(a) **little** money
(a) **little** soup

a little water
немного воды

(a) **few** + *существительное во множественном числе:*

(a) **few** books
(a) **few** questions
(a) **few** people
(a) **few** days

a few books
несколько книг

B

a little = *немного*

- ○ She didn't eat anything, but she drank **a little water**.
  … но она выпила немного воды.
- ○ I speak **a little Spanish**.
  Я немного говорю по-испански.
- ○ A: Can you speak Spanish?
  B: **A little**. *Немного.*

a few = *несколько*

- ○ Excuse me, I have to make **a few phone calls**.
  … несколько телефонных звонков.
- ○ I speak **a few words** of Spanish.
  … несколько слов по-испански.
- ○ A: Are there any shops near here?
  B: Yes, **a few**. *Да, несколько.*
- ○ We're going away for **a few days**.
  Мы уезжаем на несколько дней.

C

~~little~~ (*без* **a**) = *мало / почти нет*

- ○ There was **little food** in the fridge.
  It was nearly empty.
  В холодильнике было мало еды …

very little = *совсем/очень мало*

- ○ Dan is very thin because he eats **very little**.
  … потому что он ест очень мало.

~~few~~ (*без* **a**) = *мало / почти нет*

- ○ There were **few people** in the theatre.
  It was nearly empty.
  В театре было мало зрителей …
  (букв. мало человек)

very few = *совсем/очень мало*

- ○ Your English is very good. You make **very few mistakes**.
  … Вы делаете совсем мало ошибок.

D

Сравните **little** *и* **a little**:

- ○ They have **a little** money, so they're not poor.
  У них есть немного денег, поэтому они не бедные.
- ○ They have **little** money. They are very poor.
  У них мало денег. Они очень бедные.

Сравните **few** *и* **a few**:

- ○ I have **a few** friends, so I'm not lonely.
  У меня есть несколько друзей, поэтому я не одинок.
- ○ I'm sad and I'm lonely. I have **few** friends.
  Мне грустно, и я одинок. У меня почти нет друзей.

I have a little money.

I have little money.

I have a few friends.

I have few friends.

исчисляемые/неисчисляемые → **Разделы 68–69**

Упражнения

85.1 Ответьте на вопросы, используя **a little** или **a few**.

1 'Do you have any money?' 'Yes, ___a little___.'
2 'Do you have any envelopes?' 'Yes, _____.'
3 'Do you want sugar in your coffee?' 'Yes, _____, please.'
4 'Did you take any photos when you were on holiday?' 'Yes, _____.'
5 'Does your friend speak English?' 'Yes, _____.'
6 'Are there any good restaurants in this town?' 'Yes, _____.'

85.2 Используйте **a little** или **a few** + слова из рамки:

chairs	days	fresh air	friends	milk	Russian	times	~~years~~

1 Mark speaks Italian well. He lived in Italy for ___a few years___ .
2 Can I have _____ in my coffee, please?
3 'When did Amy go away?' '_____ ago.'
4 'Do you speak any foreign languages?' 'I can speak _____.'
5 'Are you going out alone?' 'No, I'm going with _____.'
6 'Have you ever been to Mexico?' 'Yes, _____.'
7 There wasn't much furniture in the room – just a table and _____
8 I'm going out for a walk. I need _____ .

85.3 Закончите предложения. Используйте **very little** или **very few** + слова из рамки:

coffee	hotels	~~mistakes~~	people	rain	time	work

1 Your English is very good. You make ___very few mistakes___ .
2 I drink _____ . I prefer tea.
3 The weather here is very dry in summer. There is _____ .
4 It's difficult to find a place to stay in this town. There are _____ .
5 Hurry up. We have _____ .
6 The town is very quiet at night. _____ go out.
7 Some people in the office are very lazy. They do _____ .

85.4 Вставьте **little** / **a little** или **few** / **a few**.

1 There was ___little___ food in the fridge. It was nearly empty.
2 'When did Sarah go out?' '_____ minutes ago.'
3 I can't decide now. I need _____ time to think about it.
4 There was _____ traffic, so we arrived earlier than we expected.
5 The bus service isn't very good at night – there are _____ buses after 9 o'clock.
6 'Would you like some soup?' 'Yes, _____, please.'
7 I'd like to practise my English more, but I have _____ opportunity.

85.5 В некоторых предложениях допущена ошибка. Где нужно, исправьте ошибку. Напротив правильных предложений напишите **OK**.

1 We're going away <u>for few days</u> next week. ___for a few days___
2 Everybody needs little luck. _____
3 I can't talk to you now – I have few things to do. _____
4 I eat very little meat – I don't like it very much. _____
5 Excuse me, can I ask you few questions? _____
6 There were little people on the bus – it was nearly empty. _____
7 Mark is a very private person. Few people know him well. _____

85.6 Переведите предложения на английский язык.

1 Марина несколько лет жила в Лондоне.
2 "Хотите кофе?" – "Немного, пожалуйста".
3 Ночью на дороге совсем мало машин.
4 Мне нужно немного времени, чтобы закончить эту работу.
5 Я знаю совсем мало людей в этом городе.
6 У меня есть несколько идей. Ты хочешь их услышать?
7 Боб знает очень мало о политике.
8 Я ем совсем мало рыбы. Она очень дорогая.

old/nice/interesting и т. д. (прилагательные)

A

прилагательное + существительное (**nice day** / **blue eyes** и т. д.)

	прилагательное + существительное		
It's a **nice**	**day** today.	... хороший день.
Laura has **brown**	**eyes**.	... карие глаза.
There's a very **old**	**bridge** in this village.	... старый мост.
Do you like **Italian**	**food**?	... итальянскую кухню? (букв. пищу)
I don't speak any **foreign**	**languages**.	... ни на каких иностранных языках.
There are some **beautiful yellow**	**flowers** in the garden.	... красивые жёлтые цветы.

B

Окончание прилагательного никогда не меняется:

- This is a **beautiful flower**. *Это красивый цветок.*
- These are **beautiful flowers**. *Это красивые цветы.*

- Where is your **new car**? *... новая машина?*
- Have you seen my **new car**? *... новую машину?*

C

be (**am**/**is**/**was** и т. д.) + *прилагательное*

- The weather **is nice** today. *Погода хорошая сегодня.*
- These flowers **are** very **beautiful**. *Эти цветы очень красивы.*
- I**'m hungry**. Can I have something to eat? *Я голодна. ...*
- The film **wasn't** very **good**. It **was boring**.
  Фильм мне не понравился. Он был скучным.

Обратите внимание, что в некоторых случаях **be** + *прилагательное переводится на русский язык с использованием других конструкций* (→ *Раздел 3*):

- I**'m scared** of dogs. *Я боюсь собак.*
- **Are** you **tired**? *Ты устала?*
- Please **be quiet**. I'm reading. *Пожалуйста, тихо. ...*

I'm hungry.

D

look/**feel**/**smell**/**taste**/**sound** + *прилагательное*

You look tired.

I feel tired.

You sound happy.

It smells good.

It tastes good.

- A: You **look tired**. *Ты выглядишь уставшим.*
  B: Yes, I **feel tired**. *Да, я чувствую себя уставшим.*
- Joe told me about his new job. It **sounds** very **interesting**.
  ... Это звучит очень интересно.
- I'm not going to eat this fish. It doesn't **smell good**.
  ... Она плохо пахнет. (букв. не пахнет хорошо)
- This sauce **tastes** really **good**. *Этот соус очень вкусный.*

Сравните:

He	is **feels** **looks**	**tired**.

They	**are** **look** **sound**	**happy**.

It	is **smells** **tastes**	**good**.

scared, **tired** и т. д. → **Раздел 3**   **get** + *прилагательное* (**get hungry**/**tired**) и т. д. → **Раздел 57**
something/**anybody** + *прилагательное* → **Раздел 80**

Упражнения

86.1 Составьте предложения, соблюдая правильный порядок слов.

1 (new / live in / house / they / a)   <u>They live in a new house.</u>
2 (like / jacket / I / that / green)   I ....
3 (music / like / do / classical / you?)   Do ....
4 (had / wonderful / a / I / holiday)   ....
5 (went to / restaurant / a / Japanese / we)   ....

86.2 Слова в рамке – прилагательные (**black**/**foreign** и т. д.) и существительные (**air**/**job** и т. д.).
Заполните пропуски в предложениях, используя в каждом из них одно прилагательное
и одно существительное.

air	clouds	~~foreign~~	holiday	job	~~languages~~	sharp
black	dangerous	fresh	hot	knife	long	water

1 Do you speak any ....<u>foreign languages</u>.... ?
2 Look at those .... It's going to rain.
3 Sue works very hard, and she's very tired. She needs a ....
4 I would like to have a shower, but there's no ....
5 Can you open the window? We need some ....
6 I need a .... to cut these onions.
7 Fire-fighting is a ....

86.3 Что говорят эти люди? Используйте слова из обеих рамок.

feel(s)	look(s)	~~sound(s)~~	+	~~happy~~	ill	nice
look(s)	smell(s)	taste(s)		horrible	new	surprised

① You ....<u>sound happy</u>.... .
② It ....
③ I ....
④ You ....
⑤ They ....
⑥ It ....

86.4 У Анны и Бена разные мнения. Закончите реплики Бена. Используйте **feel**/**look** и т. д.

Anna / Ben

1 You look tired.   Do I? I ....<u>don't feel tired</u>.................... . (feel)
2 This is a new coat.   Is it? It doesn't .... (look)
3 I'm American.   Are you? You .... (sound)
4 You look cold.   Do I? I .... (feel)
5 These bags are heavy.   Are they? They .... (look)
6 That soup looks good.   Maybe, but it .... (taste)

86.5 Переведите предложения на английский язык.

1 Вчера я смотрела очень интересный фильм.
2 Пожалуйста, тихо. Том спит.
3 В вашем саду много красивых цветов!
4 Тебе нравится индийская пища?
5 Ужин пахнет замечательно!
6 Не ходи туда. Это опасно.
7 Моя работа не очень трудная.
8 Я рада, что Салли и Том счастливы вместе.

quickly/badly/suddenly и т. д. (наречия)

He ate his dinner very **quickly**.
Он съел свой ужин очень быстро.

Suddenly the shelf fell down.
Неожиданно полка упала.

Quickly и **suddenly** – *наречия. Наречие обычно образуется прибавлением* **-ly** *к прилагательному:*

прилагательное	quick	bad	sudden	careful	heavy
	быстрый	*плохой*	*неожиданный*	*осторожный*	*тяжёлый*
наречие	quickly	badly	suddenly	carefully	heavily
	быстро	*плохо*	*неожиданно*	*осторожно*	*тяжело/сильно и т. д.*

Правописание (→ Приложение 5): eas**y** → eas**ily**   heav**y** → heav**ily**

Наречие указывает на то, каким образом выполняется действие:

- ○ The train **stopped suddenly**.   *Поезд остановился внезапно.*
- ○ I **opened** the door **slowly**.   *Я открыла дверь медленно.*
- ○ Please **listen carefully**.   *… слушайте внимательно.*
- ○ I **understand** you **perfectly**.   *Я отлично тебя понимаю.*

It's **raining heavily**.

Сравните:

прилагательное	*наречие*
○ Sasha is very **quiet**. *Саша очень тихая.*	○ Sasha **speaks** very **quietly**. *(неверно speaks very quiet)* *Саша говорит очень тихо.*
○ **Be careful**! *Будьте осторожны!*	○ **Listen carefully**! *(неверно listen careful)* *Слушайте внимательно!*
○ It was **a bad game**. *Это была плохая игра.*	○ Our team **played badly**. *(неверно played bad)* *Наша команда играла плохо.*
○ I **felt nervous**. *Я нервничал.* *(букв. чувствовал себя нервным)*	○ I **waited nervously**. *Я ждал нервно.*

hard   fast   late   early
Эти слова могут быть и прилагательными и наречиями:

○ Sasha's job **is** very **hard**. *Сашина работа очень трудная.*	○ Sasha **works** very **hard**. *(неверно hardly)* *Саша работает очень много.*
○ Ben is **a fast runner**. *Бен – быстрый бегун.*	○ Ben can **run fast**. *Бен может бегать быстро.*
○ The bus **was late/early**. *Автобус опоздал / пришёл рано.*	○ I **went** to bed **late/early**. *Я легла спать поздно/рано.*

Прилагательному **good** *(хороший) соответствует наречие* **well** *(хорошо):*

○ Your English **is** very **good**. *У Вас очень хороший английский.*	○ You **speak** English very **well**. *(неверно very good)* *Вы говорите по-английски очень хорошо.*
○ It was **a good game**. *Это была хорошая игра.*	○ Our team **played well**. *Наша команда играла хорошо.*

Но **well** *также может быть прилагательным (= здоров, в хорошем состоянии):*
- ○ 'How are you?'   'I**'m** very **well**, thank you. And you?' … *"У меня всё в порядке …"*

прилагательные → **Раздел 86**

Упражнения

87.1 Посмотрите на картинки и закончите предложения. Вставьте наречия из рамки:

> angrily   badly   dangerously   fast   ~~heavily~~   quietly

1 It's raining ___heavily___ .
2 He sings very _____ .
3 They came in _____ .
4 She shouted at me _____ .
5 She can run very _____ .
6 He was driving _____ .

87.2 Закончите предложения. Используйте слова из обеих рамок.

> | come | know | sleep | win | | ~~carefully~~ | clearly | hard | well |
> |------|------|-------|-----|---|-----------|---------|------|------|
> | explain | ~~listen~~ | think | work | + | carefully | easily | quickly | well |

1 I'm going to tell you something very important, so please ___listen carefully___ .
2 They _____ . At the end of the day they're always tired.
3 I'm tired this morning. I didn't _____ last night.
4 You play tennis much better than me. When we play, you always _____ .
5 _____ before you answer the question.
6 I've met Alice a few times, but I don't _____ her very _____ .
7 Our teacher doesn't _____ things very _____ . We never understand him.
8 Helen! I need your help. _____ !

87.3 Выберите правильный вариант.

1 Don't eat so ~~quick~~/quickly. It's not good for you.   (quickly – _правильно_)
2 Why are you angry/angrily? I haven't done anything.
3 Can you speak slow/slowly, please?
4 Come on, Dave! Why are you always so slow/slowly?
5 Sam is a very careful/carefully driver.
6 Amy is studying hard/hardly for her examinations.
7 'Where's Anna?'   'She was here, but she left sudden/suddenly.'
8 Please be quiet/quietly. I'm studying.
9 Some companies pay their workers very bad/badly.
10 Those oranges look nice/nicely. Can I have one?
11 I don't remember much about the accident. Everything happened quick/quickly.

87.4 Вставьте **good** или **well**.

1 Your English is very ___good___ . You speak it very ___well___ .
2 Jackie did very _____ in her exams.
3 The party was very _____ . I enjoyed it very much.
4 Mark has a difficult job, but he does it _____ .
5 How are your parents? Are they _____ ?
6 Did you have a _____ holiday? Was the weather _____ ?

87.5 Переведите предложения на английский язык.   веди машину = drive

1 Завтра мне нужно рано вставать.
2 Идёт дождь. Пожалуйста, веди машину медленно и осторожно.
3 Тарелка горячая. Будь осторожна.
4 Джеймс говорит по-английски очень быстро.
5 Моя дочь ложится спать очень поздно.
6 Анна очень хорошо поёт.
7 Почему ты неожиданно остановилась?
8 Вы хорошо знаете Марину?

old/older   expensive / more expensive

A

I'm 92.   I'm 93.

£105   £120

old	older	heavy	heavier	expensive	more expensive
старый	*старше*	*тяжёлый*	*тяжелее*	*дорогие*	*дороже*

Слова **older** / **heavier** / **more expensive** – *прилагательные в сравнительной степени.*
Сравнительная степень образуется при помощи **-er** (**older**) *или* **more** … (**more expensive**).

B

older/heavier *и т. д.*

Короткие слова (1 слог) → **-er**:

old → **older** *(старше)*	slow → **slower** *(медленнее)*	cheap → **cheaper** *(дешевле)*
nice → **nicer** *(приятнее)*	late → **later** *(позже)*	big → **bigger** *(больше)*

Правописание (→ *Приложение 5*):   bi**g** → bi**gg**er   ho**t** → ho**tt**er   thi**n** → thi**nn**er

Слова, оканчивающиеся на **-y** → **-ier**:

easy → **easier**	heavy → **heavier**	early → **earlier**

- ☐ Rome is **old**, but Athens is **older**. (*неверно* more old) … *древний … древнее.*
- ☐ Is it **cheaper** to go by car or by train? (*неверно* more cheap)   … *дешевле …*
- ☐ Helen wants a **bigger** car.   … *машину побольше.*
- ☐ This coat is OK, but I think the other one is **nicer**.   … *красивее.*
- ☐ Don't take the bus. It's **easier** to take a taxi. (*неверно* more easy)   … *проще …*

far → **further**:

- ☐ A: How far is it to the station? A mile? *Как далеко … ?*
  B: No, it's **further**. About two miles. *Нет, дальше …*

C

more …

Длинные слова (2/3/4 слога) → **more** … :

careful → **more careful** *(осторожнее)*	polite → **more polite** *(более вежливый)*
expensive → **more expensive** *(дороже)*	interesting → **more interesting** *(интереснее)*

- ☐ You must be **more careful**. *Ты должен быть осторожнее.*
- ☐ I don't like my job. I want to do something **more interesting**.
  … *что-нибудь более интересное.*
- ☐ Is it **more expensive** to go by car or by train? *Что дороже – ехать на … или … ?*

D

better *и* **worse**

good/well	→	better	bad	→	worse
хороший		*лучше*	*плохой*		*хуже*

- ☐ The weather wasn't very **good** yesterday, but it's **better** today.
  Вчера погода не была хорошей, но сегодня она лучше.
- ☐ A: Do you feel **better** today? *Вы чувствуете себя лучше … ?*
  B: No, I feel **worse**. *Нет, … хуже.*
- ☐ Which is **worse** – a headache or a toothache? *Что хуже – … ?*

older than … / more expensive than … → **Раздел 89**   the oldest / the most expensive → **Раздел 91**

Упражнения

88.1 Посмотрите на картинки и напишите форму сравнительной степени
(**older** / **more interesting** и т. д.).

1 heavy — 40g / 50g — *heavier*

2 big

3 slow — *tortoise* / *snail*

4 expensive — £400 / £600

5 high — 4000 m / 5000 m

6 dangerous — SLOW

88.2 Напишите форму сравнительной степени.

1 old   *older*
2 strong
3 happy
4 modern
5 important

6 good
7 large
8 serious
9 pretty
10 crowded

88.3 Напишите противоположное по значению слово.

1 younger   *older*
2 colder
3 cheaper

4 better
5 nearer
6 easier

88.4 Закончите предложения. Используйте прилагательное в сравнительной степени.

1 Helen's car isn't very big. She wants a .....*bigger*..... one.
2 My job isn't very interesting. I want to do something .....*more interesting*..... .
3 You're not very tall. Your brother is ....
4 David doesn't work very hard. I work ....
5 My chair isn't very comfortable. Yours is ....
6 Your idea isn't very good. My idea is ....
7 These flowers aren't very nice. The blue ones are ....
8 My bag isn't very heavy. Your bag is ....
9 I'm not very interested in art. I'm .... in history.
10 It isn't very warm today. It was .... yesterday.
11 These tomatoes don't taste very good. The other ones tasted ....
12 Britain isn't very big. France is ....
13 London isn't very beautiful. Paris is ....
14 This knife isn't very sharp. Do you have a .... one?
15 People today aren't very polite. In the past they were ....
16 The weather isn't too bad today. Often it is much ....

88.5 Переведите предложения на английский язык.

1 Я не люблю футбол. Баскетбол интереснее.
2 Кто старше – ты или твой брат?
3 Книга плохая, но фильм ещё хуже.
4 Наша квартира маленькая. Нам нужна квартира побольше.

5 Мой отец высокий, но я выше.
6 Москва не очень красивая. Петербург красивее.
7 Что дешевле – мясо или рыба?
8 Пицца не очень полезна. Салат полезнее.

ещё = even
Что (здесь) = Which
полезный = healthy

older than ... more expensive than ...

A

I'm taller than you.

She's **taller than** him.
Она выше него.

Hotel Prices
(per room per night)

Europa Hotel £150
Grand Hotel £130
Royal Hotel £120
Hotel £115

The Europa Hotel is **more expensive than** the Grand.
Гостиница "Европа" дороже, чем гостиница "Гранд".

После прилагательных в сравнительной степени используется **than**
(**older than** ... / **more expensive than** ... *и т. д.*):

- ○ Athens is **older than** Rome. (*неверно* Athens is older Rome.)
  Афины древнее Рима.
- ○ Are oranges **more expensive than** bananas? *Апельсины дороже, чем бананы?*
- ○ It's **easier** to take a taxi **than** to take the bus. *Проще доехать на такси, чем на автобусе.*
- ○ A: How are you today?
  B: Not bad. **Better than** yesterday. *... Лучше, чем вчера.*
- ○ The restaurant is **more crowded than** usual. *... более переполнен, чем обычно.*

B

Обычно говорят: than **me** / than **him** / than **her** / than **us** / than **them**.
Можно сказать:

- ○ I can run faster **than him**. *или* I can run faster **than he can**.
- ○ You are a better singer **than me**. *или* You are a better singer **than I am**.
- ○ I got up earlier **than her**. *или* I got up earlier **than she did**.

C

more/less than ... = *больше/меньше (чем)* ...

- ○ The film was very short – **less than** an hour.
  ... – меньше часа.
- ○ They have **more money than** they need.
  У них больше денег, чем им нужно.
- ○ A: How much did your shoes cost? £60?
  B: No, **more than** that. *Нет, дороже.*
- ○ You go out **more than** me.
  Ты ходишь развлекаться чаще меня.

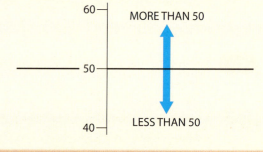

60 —
MORE THAN 50
50 —
40 —
LESS THAN 50

D

a bit older / **much older** *и т. д.*

Box A is **a bit bigger** than Box B.
... немного больше ...

Box C is **much bigger** than Box D.
... намного больше ...

a bit *(немного)* **much** *(намного)*	bigger older better more difficult more expensive	than ...

- ○ Canada is **much bigger** than France. *... намного больше ...*
- ○ Sue is **a bit older** than Joe – she's 25 and he's 24.
  ... немного старше ...
- ○ The hotel was **much more expensive** than I expected.
  ... намного дороже ...
- ○ You go out **much more** than me. *... намного чаще ...*

old → older, expensive → more expensive ➜ Раздел 88   not as ... as ➜ Раздел 90

Упражнения

Напишите предложения о Кейт и Бене. Используйте **than**.

Kate

Ben

1 I'm 26.	1 I'm 24.
2 I'm not a very good swimmer.	2 I'm a very good swimmer.
3 I'm 1 metre 68 tall.	3 I'm 1 metre 63 tall.
4 I start work at 8 o'clock.	4 I start work at 8.30.
5 I don't work very hard.	5 I work very hard.
6 I don't have much money.	6 I have a lot of money.
7 I'm a very good driver.	7 I'm not a very good driver.
8 I'm not very patient.	8 I'm very patient.
9 I'm not a very good dancer.	9 I'm a good dancer.
10 I'm very intelligent.	10 I'm not very intelligent.
11 I speak French very well.	11 I don't speak French very well.
12 I don't go to the cinema very much.	12 I go to the cinema a lot.

1 Kate ....*is older than Ben*........................ .
2 Ben ....*is a better swimmer than Kate*........ .
3 Kate is ....
4 Kate starts .... Ben.
5 Ben ....
6 Ben has ....

7 Kate is a ....
8 Ben ....
9 Ben ....
10 Kate ....
11 Kate ....
12 Ben ....

Закончите предложения. Используйте **than**.

1 He isn't very tall. You're ......*taller than him*...... или ......*taller than he is*...... .
2 She isn't very old. You're ....
3 I don't work very hard. You work ....
4 He doesn't watch TV very much. You ....
5 I'm not a very good cook. You ....
6 We don't know many people. You ....
7 They don't have much money. You ....
8 I can't run very fast. You can ....
9 She hasn't been here very long. You ....
10 They didn't get up very early. You ....
11 He wasn't very surprised. You ....

Закончите предложения. Используйте **a bit** или **much** + сравнительная степень (**older**/**better** и т. д.).

1 Emma is 25. Joe is 24½ .
   Emma ....*is a bit older than Joe*.......................... .
2 Jack's mother is 52. His father is 69.
   Jack's mother ....
3 My camera cost £120. Yours cost £112.
   My camera ....
4 Yesterday I felt terrible. Today I feel OK.
   I feel ....
5 Today the temperature is 12 degrees. Yesterday it was 10 degrees.
   It's ....
6 Sarah is an excellent tennis player. I'm not very good.
   Sarah ....

Переведите предложения на английский язык.

1 Чёрные туфли дороже коричневых туфель.
2 У моих родителей дом больше, чем у нас.
3 Сегодня значительно теплее, чем вчера.
4 Тим немного старше, чем его сестра.
5 Эта книга очень длинная. Она больше 600 страниц.

6 Собаки умнее кошек.
7 Кинотеатр менее переполнен, чем обычно.
8 Кембридж мне нравится намного больше Лондона.

умный = intelligent

not as ... as

not as ... **as** = *не такой ... как*

She's old, but she's **not as old as** he is.
Она старая, но не такая старая, как он.

Box A is**n't as big as** Box B.
Коробка А не такая большая, как коробка В.

- ○ Rome **is not as old as** Athens.
  Рим не такой древний, как Афины.
- ○ The Grand Hotel **isn't as expensive as** the Europa.
  Гостиница "Гранд"не такая дорогая, как "Европа".
- ○ I **don't** play tennis **as often as** you.
  Я не играю в теннис так же часто, как ты.
- ○ The weather is better than it was yesterday. It **isn't as cold**.   ... *Не так холодно.*

not as much as ... / **not as many as** ... = *не так много, как ...*
- ○ I don't have **as much money as** you.
  У меня денег не так много, как у тебя.
- ○ I don't know **as many people as** you.
  Я не знаю так много людей, как ты.
- ○ I don't go out **as much as** you.
  Я не хожу развлекаться так часто, как ты.

Сравните **not as** ... **as** *и* **than**:
- ○ Rome is **not as old as** Athens.
  Athens is **older than** Rome.

- ○ Tennis **isn't as popular as** football.   *Теннис не такой популярный, как футбол.*
  Football is **more popular than** tennis.   *Футбол более популярен, чем теннис.*

- ○ I **don't** go out **as much as** you.   *Я не хожу развлекаться так часто, как ты.*
  You go out **more than** me.   *Ты ходишь развлекаться чаще меня.*

Обычно говорят: as **me** / as **him** / as **her** *и т. д.*
Можно сказать:
- ○ She's not as old **as him**.   *или*   She's not as old **as he is**.
- ○ You don't work as hard **as me**.   *или*   You don't work as hard **as I do**.

the same as ... = *такой же, как ... / тот же, что и ...*
- ○ The weather today is **the same as** yesterday.
  Погода сегодня такая же, как вчера.
- ○ My hair is **the same colour as** yours.
  Мои волосы такого же цвета, как твои.
- ○ I arrived at **the same time as** Tom.
  Я приехала в то же время, что и Том.

much/many ➔ Раздел 84   older than ... / more expensive than ... ➔ Раздел 89

Упражнения

90.1 Посмотрите на картинки и напишите предложения об A, B и C.

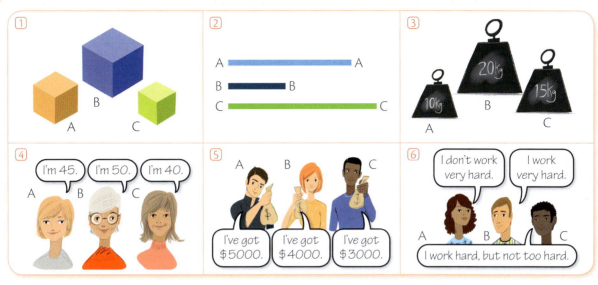

1 A is _bigger than C, but not as big as B_ .
2 A is _____ B, but not _____ C.
3 C is _____ A, but _____.
4 A is _____, but _____.
5 B has got _____.
6 C works _____.

90.2 Напишите предложения, используя **as … as …** .

1 Athens is older than Rome.   Rome _isn't as old as Athens_
2 My room is bigger than yours.   Your room isn't _____.
3 You got up earlier than me.   I didn't _____.
4 We played better than them.   They _____.
5 I've been here longer than you.   You _____.
6 She's more nervous than him.   He _____.

90.3 Вставьте в пропуски **as** или **than**.

1 Athens is older _than_ Rome.
2 I don't watch TV as much _____ you.
3 You eat more _____ me.
4 I'm more tired today _____ I was yesterday.
5 Joe isn't as intelligent _____ he thinks.
6 Belgium is smaller _____ Switzerland.
7 Brazil isn't as big _____ Canada.
8 I can't wait longer _____ an hour.

90.4 Закончите предложения о Джулии, Энди и Лоре. Используйте **the same age** / **the same street** и т. д.

Julia   **Andy**   **Laura**

1 (age)   _Andy is the same age as Laura_
2 (street)   Julia lives _____.
3 (time)   Julia got up _____.
4 (colour)   Andy's _____.

90.5 Переведите предложения на английский язык.

1 Антон высокий, но он не такой высокий, как его брат.
2 Я встал в то же время, что и ты.
3 Вы ходили в ту же школу, что и я?
4 Ужин не был таким дорогим, как я ожидал.
5 Дерево в нашем саду выше нашего дома.
6 Я не ем так много конфет, как ты.
7 У Линды не так много кошек, как у её тёти.
8 Его новые фильмы не такие хорошие, как его старые фильмы.

вставать = get up
ожидать = expect
конфета = sweet

191

the oldest   the most expensive

A

HOTEL PRICES IN KINTON

(Per room per night)

Europa Hotel	£150	Grosvenor	£110
Grand Hotel	£130	Bennets	£100
Royal	£120	Carlton	£98
Astoria	£115	Star	£85
Palace	£115	Station	£75

Box A is **bigger than** Box B.

Box A is **bigger than** all the other boxes.
Коробка A больше других коробок.

Box A is **the biggest** box.
Коробка A – самая большая коробка.

The Europa Hotel is **more expensive than** the Grand.

The Europa Hotel is **more expensive than** all the other hotels in the city.   *… дороже, чем все другие гостиницы в городе.*

The Europa Hotel is **the most expensive** hotel in the city.
Гостиница "Европа" – самая дорогая гостиница в городе.

Bigger / **more expensive** *и т. д. – прилагательные в сравнительной степени (→ Раздел 88).*
Biggest / **most expensive** *и т. д. – прилагательные в превосходной степени.*

B

Превосходная степень образуется при помощи **-est** (**oldest**) *или* **most** … (**most expensive**).

*Прилагательные, состоящие из одного слога (***old***/***cheap***/***nice*** и т. д.) → the* **-est**:
old → **the oldest**   cheap → **the cheapest**   nice → **the nicest**
но   good → **the best**   bad → **the worst**

Правописание (→ Приложение 5):   bi**g** → the bi**gg**est   ho**t** → the ho**tt**est

Прилагательные, оканчивающиеся на **-y** (**easy**/**heavy** и т. д.) → the **-iest**:
easy → **the easiest**   heavy → **the heaviest**   pretty → **the prettiest**

Длинные прилагательные (**careful**/**expensive**/**interesting** и т. д.) → the **most** … :
careful → **the most careful**   interesting → **the most interesting**

C

Обратите внимание: **the** oldest … / **the** most expensive … *и т. д. (артикль* **the** *обязателен)*
- The church is very old. It's **the oldest** building in the town.
  … Это самое старое здание в городе.
- What is **the longest** river in the world?
  Какая река самая длинная в мире?
- Money is important, but it isn't **the most important** thing in life.
  … но не самая важная вещь в мире.
- Excuse me, where is **the nearest** bank?
  … где ближайший банк?

D

Словосочетания **the oldest** / **the best** / **the most expensive** *и т. д. можно использовать без существительного:*
- Luke is a good player, but he isn't **the best** in the team.
  … но он не лучший в команде.

E

Превосходная степень + **I've ever** … / **you've ever** … *и т. д. :*
- The film was very bad. I think it's **the worst** film **I've ever seen**.
  … Я думаю, это был худший фильм, который я когда-либо видела.
- What is **the most unusual** thing **you've ever done**?
  … самая необычная вещь, … вы когда-либо делали?

present perfect + **ever** ➜ **Раздел 18**   older / more expensive ➜ **Разделы 88–89**

Упражнения

Напишите предложения, используя прилагательные в сравнительной (**older** и т. д.) и превосходной степени (**the oldest** и т. д.).

1

big/small
(A/D)   A is bigger than D.
(A)   A is the biggest.
(B)   B is the smallest.

2

long/short
(C/A)   C is .... A.
(D)   D is ....
(B)   B ....

3   I'm 23.   I'm 19.   I'm 24.   I'm 21.

A   B   C   D

young/old
(D/C)   D ....
(B)   ....
(C)   ....

4   £8   £10   £15   £12

A   B   C   D

expensive/cheap
(D/A)   ....
(C)   ....
(A)   ....

5   Restaurant A, Excellent
Restaurant B, Not bad
Restaurant C, Good but not wonderful
Restaurant D, Awful

good/bad
(A/C)   ....
(A)   ....
(D)   ....

Заполните пропуски. Используйте прилагательные в превосходной степени (**the oldest** и т. д.).

1   This building is very old. It's ....the oldest building...... in the town.
2   It was a very happy day. It was .... of my life.
3   It's a very good film. It's .... I've ever seen.
4   She's a very popular singer. She's .... in the country.
5   It was a very bad mistake. It was .... I've ever made.
6   It's a very pretty village. It's .... I've ever seen.
7   It was a very cold day. It was .... of the year.
8   He's a very boring person. He's .... I've ever met.

Напишите предложения с прилагательными в превосходной степени (**the longest** и т. д.). Используйте слова из всех рамок.

~~Sydney~~	Alaska		high		country	river		Africa	South America
Everest	the Nile		large		~~city~~	state		~~Australia~~	the world
Brazil	Jupiter		long		mountain	planet		the USA	the solar system

1   Sydney is the largest city in Australia.
2   Everest ....
3   ....

4   ....
5   ....
6   ....

Переведите предложения на английский язык.

1   Футбол – самый популярный спорт в мире.
2   Это худшая книга, которую я когда-либо читал.
3   Давай зайдём в ближайший супермаркет.
4   Гари заказал самое дорогое блюдо в ресторане.
5   Какая страна самая жаркая: Франция, Испания или Италия?
6   Я думаю, что это лучший итальянский ресторан в Лондоне.
7   Люси – самый интересный человек, которого я знаю.
8   Вопрос 2 был самым простым на экзамене.

Какая (здесь) = Which
заказать = order
блюдо = dish
на экзамене = in the exam

A

I've only got five pounds –
not enough for a taxi.

She isn't going to take a taxi.
She doesn't have **enough money**.
У неё недостаточно денег.

He can't reach the shelf.
He isn't **tall enough**.
Он недостаточно высокий.

B

enough + *существительное* (**enough money** / **enough people** *и т. д.*)

○ A: Is there **enough milk** in your coffee? *В твоём кофе достаточно молока?*
 B: Yes, thank you.
○ We wanted to play football, but we didn't have **enough players**.
 … но у нас было недостаточно игроков.
○ Why don't you buy a car? You've got **enough money**.
 … У тебя достаточно денег.

enough *без существительного*

○ I've got some money, but not **enough** to buy a car.
 … но недостаточно, чтобы купить машину.
○ A: Would you like some more to eat?
 B: No, thanks. I've had **enough**. *Нет, спасибо. Я сыт. (букв. съел достаточно)*
○ You're always at home. You don't go out **enough**.
 … Ты мало появляешься в обществе. (букв. … ты не выходишь из дома достаточно)

C

прилагательное + **enough** (**good enough** / **tall enough** *и т. д.*)

○ A: Shall we sit outside?
 B: No, it isn't **warm enough**. (*неверно* enough warm)   *… недостаточно тепло.*
○ Can you hear the radio? Is it **loud enough** for you? *… достаточно громко … ?*
○ Don't buy that coat. It's nice, but it isn't **long enough**.   *… оно недостаточно длинное.*

Запомните:

enough + *существительное*   *но*   *прилагательное* + **enough**

enough money	tall **enough**
enough time	good **enough**
enough people	old **enough**

D

Можно сказать:

enough for somebody/something	○ This pullover isn't **big enough for me**. *Этот свитер мне мал. (букв. недостаточно большой)* ○ I don't have **enough money for a new car**. *У меня недостаточно денег на новую машину.*
enough to do something	○ I don't have **enough money to buy** a new car. *У меня недостаточно денег, чтобы купить …* ○ Is your English **good enough to have** a conversation? *Твой английский достаточно хорош, чтобы вести беседу?*
enough for somebody/something **to do** something	○ There aren't **enough chairs for everybody to sit** down. *Здесь недостаточно стульев, чтобы все могли сесть.*

to … *и* for … → **Раздел 55**   too → **Раздел 93**

Упражнения

92.1 Посмотрите на картинки и закончите предложения. Используйте **enough** + слова из рамки:

chairs	~~money~~	paint	wind

1 She doesn't have *enough money* .
2 There aren't ....

3 She doesn't have ....
4 There isn't ....

92.2 Посмотрите на картинки и закончите предложения. Используйте прилагательные из рамки + **enough**:

big	long	strong	~~tall~~

1 He *isn't tall enough* .
2 The car ....

3 His legs aren't ....
4 He ....

92.3 Закончите предложения. Используйте **enough** + слова из рамки:

big	eat	~~loud~~	~~milk~~	old	practise	space	time	tired

1 'Is there ___*enough milk*___ in your coffee?'   'Yes, thank you.'
2 Can you hear the radio? Is it ___*loud enough*___ for you?
3 He can leave school if he wants – he's ....
4 When I visited Rome, I didn't have .... to see all the things I wanted to see.
5 This house isn't .... for a large family.
6 Tina is very thin. She doesn't ....
7 My office is very small. There isn't ....
8 It's late, but I don't want to go to bed now. I'm not ....
9 Lisa isn't a very good tennis player because she doesn't ....

92.4 Заполните пропуски. Используйте **enough** + слова в скобках:

1 We don't have *enough money to buy* .... a new car. (money/buy)
2 This knife isn't .... tomatoes. (sharp/cut)
3 The water wasn't .... swimming. (warm/go)
4 Do we have .... sandwiches? (bread/make)
5 We played well, but not .... the game. (well/win)
6 I don't have .... newspapers. (time/read)

92.5 Переведите предложения на английский язык.

1 У Бориса достаточно денег на билет.
2 Кевин недостаточно взрослый, чтобы водить машину.
3 Моё старое пальто было недостаточно тёплым для зимы.
4 Мы хотим купить дом. Наша квартира недостаточно большая.

5 Саша учит немецкий, но она упражняется недостаточно.
6 Этот ресторан достаточно хороший для твоей вечеринки?
7 Я не могу закончить отчёт сегодня. У меня недостаточно времени.
8 У нас достаточно кофе, но недостаточно чашек.

упражняться = practise
отчёт = report

195

too

A

His shoes are **too big** for him.
Его ботинки ему велики.
(букв. слишком большие для него)

There is **too much** sugar in it.
В нём слишком много сахара.

B

too + *прилагательное / наречие* (**too big** / **too hard** *и т. д.*)

- Can you turn the music down? It's **too loud**.
  Вы можете сделать музыку потише? Она слишком громко играет.
- I can't work. I'm **too tired**.
  Я не могу работать. Я слишком устал.
- I think you work **too hard**.
  Я думаю, ты работаешь слишком много.

C

too much / **too many** = *слишком много:*

- I don't like the weather here. There is **too much rain**.
  ... слишком часто идёт дождь. (букв. слишком много дождя)
- Let's go to another restaurant. There are **too many people** here. *... Здесь слишком много народу.*
- Emily studies all the time. I think she studies **too much**. *... занимается слишком много.*
- Traffic is a problem in this town. There are **too many cars**. *... Здесь слишком много машин.*

D

Сравните **too** *и* **not enough**:

- The hat is **too big** for him. *... велика ...*
- The music is **too loud**. Can you turn it down? *... слишком громко играет ...*
- There's **too much sugar** in my coffee. *... слишком много сахара ...*
- I don't feel very well. I ate **too much**. *... слишком много.*

too big *велик(-а/-о/-и)*

- The hat is**n't big enough** for him. *... ему мала. (букв. недостаточно большая)*
- The music is**n't loud enough**. Can you turn it up? *... недостаточно громко играет ...*
- There's **not enough sugar** in my coffee. *... недостаточно сахара ...*
- You're very thin. You do**n't** eat **enough**.
  ... Ты ешь слишком мало (букв. недостаточно).

not big enough *мал(-а/-о/-ы)*

E

Можно сказать:

too ... **for** somebody/something	<ul><li>These shoes are **too big for me**. *... мне велики.*</li><li>It's a small house – **too small for a large family**. *... – слишком маленький для большой семьи.*</li></ul>
too ... **to do** something	<ul><li>I'm **too tired to go** out. *(неверно for go out)* *Я слишком устал, чтобы куда-то идти.*</li><li>It's **too cold to sit** outside. *Слишком холодно, чтобы сидеть на улице.*</li></ul>
too ... **for** somebody **to do** something	<ul><li>She speaks **too fast for me to understand**. *... слишком быстро, чтобы я могла её понять.*</li></ul>

to ... *и* for ... ➜ **Раздел 55**   much/many ➜ **Раздел 84**   enough ➜ **Раздел 92**

Упражнения

93.1 Посмотрите на картинки и закончите предложения. Используйте **too** + слова из рамки:

| big | crowded | fast | heavy | ~~loud~~ | low |

1 The music is _too loud_ .
2 The box is ....
3 The net is ....

4 She's driving ....
5 His jacket is ....
6 The museum is ....

93.2 Вставьте **too** / **too much** / **too many** или **enough**.

1 You're always at home. You don't go out _enough_ .
2 I don't like the weather here. There's _too much_ rain.
3 I can't wait for them. I don't have .... time.
4 There was nowhere to sit on the beach. There were .... people.
5 You're always tired. I think you work .... hard.
6 'Did you have .... to eat?' 'Yes, thank you.'
7 You drink .... coffee. It's not good for you.
8 You don't eat .... vegetables. You should eat more.
9 I don't like the weather here. It's .... cold.
10 Our team didn't play well. We made .... mistakes.
11 'Would you like some milk in your tea?' 'Yes, but not .... :'

93.3 Закончите предложения. Используйте **too** или **enough** + слова в скобках:

1 I couldn't work. I _was too tired_ . (tired)
2 Can you turn the radio up, please? It _isn't loud enough_ . (loud)
3 I don't want to walk home. It's .... (far)
4 Don't buy anything in that shop. It .... (expensive)
5 You can't put all your things in this bag. It .... (big)
6 I couldn't do the exercise. It .... (difficult)
7 Your work needs to be better. It .... (good)
8 I can't talk to you now. I .... (busy)
9 I thought the film was boring. It .... (long)

93.4 Закончите предложения. Используйте **too** (+ прилагательное) + **to ...** .

1 (I'm not going out / cold)   It's _too cold to go out_ .
2 (I'm not going to bed / early)   It's ....
3 (they're not getting married / young)   They're ....
4 (nobody goes out at night / dangerous)   It's ....
5 (don't phone Sue now / late)   It's ....
6 (I didn't say anything / surprised)   I was ....

93.5 Переведите предложения на английский язык, используя **too**.   летом = in summer

1 Эти джинсы мне малы.
2 Мне не понравился фильм. Он был слишком длинный.
3 Вчера я выпил слишком много кофе.
4 Алина всегда устаёт. Она работает слишком много.
5 Мы хотели купить тот компьютер, но он был слишком дорогой.
6 Летом здесь слишком много туристов.
7 Вчера было слишком жарко, чтобы идти на пляж.
8 "В твоём чае слишком много молока?" – "Нет, недостаточно!"

He caught a big fish.
(порядок слов 1)

В английском языке фиксированный порядок слов.
Каждое слово должно стоять на определённом месте.

Сравните:

Yegor caught a big fish. { *Егор поймал большую рыбу.*
Егор большую рыбу поймал.
Поймал Егор большую рыбу.

подлежащее + глагол + дополнение

Anna → **bought** **some new shoes** yesterday.
подлежащее *глагол* *дополнение*

Анна купила новые туфли вчера.

Подлежащее (**Anna**) *ставится перед глаголом* (**bought**).

Сразу после глагола (**bought**) *обычно ставится дополнение*
(**some new shoes**). *Нужно говорить:*

☐ **Anna bought some new shoes** yesterday.
(*неверно* Anna bought yesterday some new shoes)

ANNA SOME NEW SHOES
(подлежащее) *(дополнение)*

подлежащее + глагол + дополнение

Anton **speaks**	**English** very well.	*Антон очень хорошо говорит по-английски.*
I **like**	**Italian food** very much.	*Я очень люблю итальянскую еду.*
Did you **watch**	**TV** all evening?	*Вы весь вечер смотрели телевизор?*
Lisa **phones**	**her mother** every day.	*Лиза каждый день звонит своей матери.*
We **invited**	**a lot of people** to the party.	*Мы пригласили на вечеринку много народу.*
I **opened**	**the door** slowly.	*Я медленно открыла дверь.*
I'm going to **borrow**	**some money** from a friend.	*Я одолжу у подруги денег.*

место и время

We went **to a party** **last night**
куда? *когда?*

Место действия (where?) *обычно ставится перед временем действия* (when?):
☐ We went **to a party last night**. (*неверно* We went last night to a party)
Мы ходили на вечеринку вчера вечером.

	место *(где? куда?)*	*время* *(когда? как долго? как часто?)*	
Lisa walks	**to work**	**every day**.	*Каждый день Лиза ходит на работу пешком.*
Will you be	**at home**	**this evening**?	*Сегодня вечером вы будете дома?*
I usually go	**to bed**	**early**.	*Обычно я рано ложусь спать.*
We arrived	**at the airport**	**at 7 o'clock**.	*Мы прибыли в аэропорт в 7 часов.*
They've lived	**in the same house**	**for 20 years**.	*Они 20 лет живут в том же самом доме.*
Joe has been	**in hospital**	**since June**.	*Джо лежит в больнице с июня.*

порядок слов в вопросах → Разделы 45–47   always/usually/often и т. д. → Раздел 95

Упражнения

94.1 В некоторых предложениях допущена ошибка. Где нужно, исправьте ошибку.

1 Did you watch all evening TV?   *Did you watch TV all evening?*
2 Sue bought some new shoes yesterday.   *OK*
3 I like very much this picture.
4 Tom started last week his new job.
5 I want to speak English fluently.
6 Jessica bought for her friend a present.
7 I drink every day three cups of coffee.
8 Don't eat your dinner too quickly!
9 I borrowed from my brother fifty pounds.

94.2 Составьте предложения, соблюдая правильный порядок слов.

1 (the door / opened / I / slowly)   *I opened the door slowly.*
2 (a new phone / I / last week / got)   I
3 (finished / Paul / quickly / his work)
4 (Emily / very well / French / doesn't speak)
5 (a lot of shopping / did / I / yesterday)
6 (London / do you know / well?)
7 (we / enjoyed / very much / the party)
8 (the problem / carefully / I / explained)
9 (we / at the airport / some friends / met)
10 (did you buy / in England / that jacket?)
11 (every day / do / the same thing / we)
12 (football / don't like / very much / I)

94.3 Составьте предложения, соблюдая правильный порядок слов.

1 (to work / every day / walks / Lisa)   *Lisa walks to work every day.*
2 (at the hotel / I / early / arrived)   I
3 (goes / every year / to Italy / Julia)   Julia
4 (we / since 1998 / here / have lived)   We
5 (in London / Sue / in 1990 / was born)   Sue
6 (didn't go / yesterday / Paul / to work)   Paul
7 (to a wedding / last weekend / went / Helen)
     Helen
8 (I / in bed / this morning / my breakfast / had)
     I
9 (in September / Amy / to university / is going)
     Amy
10 (I / a beautiful bird / this morning / in the garden / saw)
     I
11 (many times / have been / my parents / to the United States)
     My
12 (my umbrella / I / last night / left / in the restaurant)
     I
13 (to the cinema / tomorrow evening / are you going)
     Are ?
14 (the children / I / took / this morning / to school)
     I

94.4 Переведите предложения на английский язык.

1 Мне очень нравится эта книга.
2 Роберт ходит в спортзал каждый день.
3 Сегодня я обедала в ресторане.
4 Салли десять лет работала в банке.
5 Ты можешь завтра отвести детей в кино?
6 Поезд прибыл в Кембридж в семь часов.
7 Я не очень хорошо знаю Марину.
8 Франк родился в Нью-Йорке в 1994 году.

ходить в спортзал = go to the gym
отвести = take

always/usually/often и т. д. (порядок слов 2)

A

Эти слова (**always**/**never** и т. д.) обычно ставятся рядом с глаголом в середине предложения:

always всегда	**ever** когда-нибудь	**also** также, тоже	**all** все
usually обычно	**never** никогда	**just** только что	**both** оба, обе
often часто	**rarely** редко	**already** уже	
sometimes иногда	**seldom** редко	**still** всё ещё	

Сравните порядок слов в английском и в русском языке:

- My brother **never speaks** to me. Мой брат никогда со мной не разговаривает.
- She**'s always** late. Она всегда опаздывает.
- Do you **often go** to restaurants? Вы часто ходите в ресторан?
- I **sometimes eat** too much. (или **Sometimes** I eat too much.)
  Иногда я слишком много ем.
- A: Don't forget to phone Laura.
  B: I**'ve already phoned** her. Я ей уже позвонил.
- I have three sisters. They**'re all** married. … Все они замужем.

B

Always/**never** и т. д. ставятся перед глаголом:

глагол	
always	go
often	play
never	have
и т. д.	и т. д.

- I **always drink** coffee in the morning. (неверно I drink coffee always)
  По утрам я всегда пью кофе.
- Helen **often goes** to London. Хелен часто ездит в Лондон.
- You **sometimes look** unhappy. Иногда ты выглядишь недовольным.
- They **usually have** dinner at 7 o'clock. Обычно они ужинают в …
- We **rarely watch** TV. или We **seldom watch** TV.
  Мы редко смотрим телевизор.
- Richard is a good footballer. He **also plays** tennis and volleyball.
  … Он также играет в теннис и волейбол.
- I have three sisters. They **all live** in London. … Все они живут в …

Но **always**/**never** и т. д. ставятся после **am**/**is**/**are**/**was**/**were**:

am	
is	always
are	often
was	never
were	и т. д.

- I **am always** tired. (неверно I always am tired)
  Я постоянно устаю.
- They **are never** at home during the day. Они никогда не бывают дома …
- It **is usually** very cold here in winter.
  Зимой здесь обычно очень холодно.
- When I was a child, I **was often** late for school.
  … я часто опаздывала в школу.
- A: Where's Laura?
  B: She**'s still** in bed. Она всё ещё в кровати.
- I have two brothers. They**'re both** doctors. … Они оба врачи.

C

Always/**never** и т. д. обычно ставятся между двумя глаголами (**have** … **been** / **can** … **find** и т. д.):

глагол 1		глагол 2
will		go
can	always	find
do	often	remember
и т. д.	never	и т. д.
have	и т. д.	gone
has		been
		и т. д.

- I **will always remember** you. Я тебя всегда буду помнить.
- It **doesn't often rain** here. Здесь дождь идёт нечасто.
- **Do** you **usually go** to work by car?
  Вы обычно ездите на работу … ?
- I **can never find** my keys. Я никогда не могу найти …
- **Have** you **ever been** to Egypt? Вы когда-нибудь были в Египте?
- A: Where's Laura?
  B: She**'s just gone** out. (She's = She has) Она только что вышла.
- My friends **have all gone** to the cinema. Все мои друзья ушли в кино.

---

always/never + present simple ➜ Раздел 6   just/already + present perfect ➜ Раздел 17   all ➜ Разделы 81–82
both ➜ Раздел 83   still ➜ Раздел 96

Упражнения

95.1 Прочитайте ответы Бена на вопросы. Напишите предложения о Бене, используя **often**/**never** и т. д.

Ben

1	Do you ever play tennis?	Yes, often.	_Ben often plays tennis._
2	Do you get up early?	Yes, always.	He ....
3	Are you ever late for work?	No, never.	He ....
4	Do you ever get angry?	Sometimes.	....
5	Do you ever go swimming?	Rarely.	....
6	Are you at home in the evenings?	Yes, usually.	....

95.2 Напишите предложения, используя **never**/**always**/**usually** и т. д.

1 My brother speaks to me. (never) _My brother never speaks to me._
2 Susan is polite. (always) Susan ....
3 I finish work at 5 o'clock. (usually) I ....
4 Sarah has started a new job. (just) Sarah ....
5 I go to bed before midnight. (rarely) ....
6 The bus isn't late. (usually) ....
7 I don't eat fish. (often) ....
8 I will forget what you said. (never) ....
9 Have you lost your passport? (ever) ....
10 Do you work in the same place? (still) ....
11 They stay in the same hotel. (always) ....
12 Jane doesn't work on Saturdays. (usually) ....
13 Is Tina here? (already) ....
14 What do you have for breakfast? (usually) ....
15 I can remember his name. (never) ....

95.3 Напишите предложения, используя **also**.

1 Do you play football? (tennis) _Yes, and I also play tennis._
2 Do you speak Italian? (French) Yes, and I ....
3 Are you tired? (hungry) Yes, and ....
4 Have you been to England? (Ireland) Yes, ...
5 Did you buy any clothes? (some books) ....

95.4 Напишите предложения, используя **both** и **all**.

1 _They both live in London._
   They .... football.
   .... students.
   .... cars.

2 They .... married.
   They .... England.

95.5 Переведите предложения на английский язык.

1 Я редко хожу в театр.
2 Бен часто опаздывает на работу.
3 Вы когда-нибудь ездили за границу?
4 Я никогда не забуду наш отпуск в Берлине.
5 Обычно мы не встаём рано.

6 Джесс здесь нет. Она только что ушла в супермаркет.
7 Иногда я езжу на работу на велосипеде.
8 У меня есть две сестры. Они обе живут в России.

(2) на работу = for work
за границу = abroad
ездить на велосипеде = cycle

201

still   yet   already

still

An hour ago it was raining.
Час назад шёл дождь.

It is **still** raining now.
Сейчас всё ещё идёт дождь.

still = *всё ещё:*

- I had a lot to eat, but I'm **still** hungry. *Я много съел, но я всё ещё голоден.*
- A: Did you sell your car?
  B: No, I've **still** got it. *Нет, она всё ещё у меня.*
- A: Do you **still** live in Barcelona? *Вы всё ещё живёте в Барселоне?*
  B: No, I live in Madrid now.

yet

Twenty minutes ago they were
waiting for Ben.

They are **still** waiting for Ben.
Ben hasn't come yet.
Бен ещё не пришёл.

yet = *ещё (в отрицаниях) / уже (в вопросах)*

Yet *употребляется в отрицаниях* (He **hasn't** come yet.) *и вопросах* (**Has he** come yet?).
Yet *обычно ставится в конце предложения.*

- A: Where's Emma?
  B: She **isn't** here **yet**. *Её ещё нет.*
- A: What are you doing this evening?
  B: I **don't** know **yet**. *Я ещё не знаю.*
- A: Are you ready to go to the party **yet**? *Ты уже готова идти на вечеринку?*
  B: **Not yet**. In a minute. *Ещё нет. …*
- A: Have you finished with the newspaper **yet**? *Ты уже закончил …?*
  B: No, I'm still reading it.

Сравните **yet** *и* **still**:

- She hasn't gone **yet**. = She's **still** here. (*неверно* She's yet here)
  Она ещё не ушла. = *Она всё ещё здесь.*
- I haven't finished eating **yet**. = I'm **still** eating.
  Я ещё не закончил есть. = *Я всё ещё ем.*

already = *уже (раньше, чем ожидалось):*

- A: What time is Joe coming?
  B: He's **already** here. (*неверно* He's yet here) *Он уже здесь.*
- A: I'm going to tell you what happened.
  B: That's not necessary. I **already** know. *… Я уже знаю.*
- Sarah isn't coming to the cinema with us. She has **already** seen the film. *… Она уже видела фильм.*

already/yet + present perfect → **Раздел 17**   *порядок слов* (**still/already**) → **Раздел 95**

Упражнения

96.1 Вы встречаете Тину. Последний раз вы её видели два года назад. Задайте ей вопросы, используя **still**.

Tina – two years ago

1 I play the piano.
2 I live in Clare Street.
3 I'm a student.
4 I've got a motorbike.
5 I go to the cinema a lot.
6 I want to be a teacher.

1 *Do you still play the piano?*
2 Do you ....
3 Are ....
4 ....
5 ....
6 ....

96.2 Напишите по три предложения о каждой ситуации. Сначала внимательно прочитайте примеры.

раньше   *сейчас*

1
(раньше) *They were waiting for the bus.*
(still)   *They are still waiting.*
(yet)   *The bus hasn't come yet.*

2 I'm looking for a job.
(раньше) He was ....
(still)   He ....
(yet)   .... yet.

3
(раньше) She .... asleep.
(still)   ....
(yet)   ....

4 dinner → dinner
(раньше) They ....
(still)   ....
(yet)   ....

96.3 Напишите вопросы, используя **yet**.

1 You and Sue are going out together. You are waiting for her to get ready. Perhaps she is ready now.
  You ask her: *Are you ready yet?*
2 You are waiting for Helen to arrive. She wasn't here ten minutes ago. Perhaps she is here now.
  You ask somebody: .... Helen ....
3 Anna did an exam and is waiting for the results. Perhaps she has her results now.
  You ask her: .... you ....
4 A few days ago you spoke to Tom. He wasn't sure where to go on holiday. Perhaps he has decided now.
  You ask him: ....

96.4 Закончите предложения. Используйте **already**.

1 What time is Joe coming?
2 Do they want to see the film?
3 I have to see Julia before she goes.
4 Do you need a pen?
5 Shall I pay the bill?
6 Shall I tell Paul about the meeting?

He's already here.
No, *they've already seen* it.
It's too late. She ....
No, thanks. I .... one.
No, it's OK. I ....
No, he .... I told him.

96.5 Переведите предложения на английский язык.   Заходите! = Come in!

1 Супермаркет всё ещё открыт? Нам нужно молоко.
2 Вы уже прочитали её новую книгу?
3 Заходите! Игорь и Вера уже здесь.
4 Почему Алина всё ещё на работе?

5 A: Куда вы поедете летом?
  B: Мы ещё не решили.
6 Ты всё ещё работаешь в больнице?
7 "Я помою машину?" – "Я уже это сделала".
8 "Нина нашла новую работу?" – "Ещё нет".

Give me that book!   Give it to me!

A

give *(давать/дарить)*   lend *(одалживать)*   pass *(передавать)*
send *(отправлять)*   show *(показывать)*

SARAH

После этих глаголов (**give/lend** и т. д.) можно использовать
две конструкции:

give something to somebody
- ☐ I gave **the keys to Sarah**.   *Я дал ключи Саре.*

give somebody something
- ☐ I gave **Sarah the keys**.   *Я дал Саре ключи.*

B

give **something to somebody**

		something *(что-то)*	to somebody *(кому-то)*	
That's my book.	**Give**	it	**to** me.	*Дай её мне.*
These are Sue's keys. Can you	**give**	them	**to** her?	*Ты можешь дать их ей?*
Can you	**give**	these flowers	**to** your mother?	*… подарить эти цветы своей маме?*
I	**lent**	my car	**to** a friend of mine.	*Я одолжил свою машину другу.*
Did you	**send**	the money	**to** Laura?	*Ты отправил деньги Лоре?*
We've seen these photos. You	**showed**	them	**to** us.	*… Ты показывала их нам.*

C

give **somebody something**

		somebody *(кому-то)*	something *(что-то)*	
	Give	me	that book. It's mine.	*Дай мне ту книгу. …*
Tom	**gave**	his mother	some flowers.	*Том подарил своей маме цветы.*
I	**lent**	Joe	some money.	*Я одолжил Джо деньги.*
How much money did you	**lend**	him?		*Сколько денег ты одолжил ему?*
I	**sent**	you	an email. Did you get it?	*Я отправил Вам имейл. …*
Nicola	**showed**	us	her holiday photos.	*… показала нам свои фото …*
Can you	**pass**	me	the salt, please?	*… передать мне соль … ?*

Можно также сказать '**buy**/**get** somebody something':
- ☐ I **bought my mother** some flowers. (= I bought some flowers **for** my mother.)
  Я купил своей маме цветы.
- ☐ I'm going to the shop. Can I **get you** anything? (= get anything for you)
  … Тебе что-нибудь купить?

D

Можно сказать:
- ☐ I **gave** the keys **to Sarah**.
- *и* I **gave Sarah** the keys.
  (но неверно I gave to Sarah the keys*)*

- ☐ That's my book. Can you **give** it **to me**?
- *и* Can you **give me** that book?
  (но неверно Can you give to me that book?*)*

С **it** *и* **them** *предпочтительна первая конструкция* (**give** something **to** somebody):
- ☐ I gave **it to her**. *(неверно* I gave her it*)*
- ☐ Here are the keys. Give **them to your father**. *(неверно* Give your father them*)*

it/him/them *и т. д.* ➔ **Раздел 60**

Упражнения

97.1 У Марка были ненужные вещи. Он раздал их разным людям.

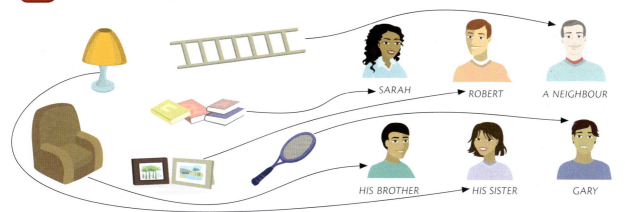

SARAH   ROBERT   A NEIGHBOUR

HIS BROTHER   HIS SISTER   GARY

Напишите предложения, начинающиеся с **He gave … .**

1 What did Mark do with the armchair? *He gave it to his brother.*
2 What did he do with the tennis racket? He gave ....
3 What happened to the books? He ....
4 What about the lamp? ....
5 What did he do with the pictures? ....
6 And the ladder? ....

97.2 Вы подарили друзьям подарки. Это предметы, изображённые на картинках. Напишите по одному предложению о каждой картинке.

1 PAUL   2 JOANNA   3 RICHARD   4 EMMA   5 RACHEL   6 KEVIN

1 *I gave Paul a book.*   4 ....
2 I gave ....   5 ....
3 ....   6 ....

97.3 Напишите предложения, начинающиеся с **Can you give me … ? / Can you pass me … ?** и т. д.

1 (you want the salt)   (pass)   *Can you pass me the salt?*
2 (you need an umbrella)   (lend)   Can you ....
3 (you want my address)   (give)   Can .... your ....
4 (you need twenty pounds)   (lend)   ....
5 (you want more information)   (send)   ....
6 (you want to see the letter) (show)   ....

97.4 Выберите правильный вариант.

1 ~~I gave to Sarah the keys.~~ / I gave Sarah the keys.   (I gave Sarah the keys – *правильно*)
2 I'll <u>lend to you some money</u> if you want. / I'll <u>lend you some money</u> if you want.
3 Did you <u>send the bill me</u>? / Did you <u>send the bill to me</u>?
4 I want to <u>buy for you a present</u>. / I want to <u>buy you a present</u>.
5 Can you <u>pass to me the sugar</u>, please? / Can you <u>pass me the sugar</u>, please?
6 This is Lisa's bag. Can you <u>give it to her</u>? / Can you <u>give her it</u>?
7 I <u>showed to the policeman my identity card</u>. / I <u>showed the policeman my identity card</u>.

97.5 Переведите предложения на английский язык.

1 Пожалуйста, покажите мне Ваш паспорт.
2 Гари подарил Анне цветы.
3 Когда Вы отправили мне этот имейл?
4 Алану был не нужен его старый велосипед, поэтому он отдал его своему брату.
5 Где моя книга? Я одолжил её тебе вчера.

6 Я купил Марку подарок.
7 Передай мне ту чашку, пожалуйста.
8 A: Я потеряла кошелёк.
    B: Я могу дать тебе денег.

велосипед = bike
одолжить = lend
кошелёк = wallet

and but or so because

A

| and = *и/а* | but = *но* | or = *или* | so = *поэтому* | because = *потому что* |

Приведённые выше слова (союзы) используются для соединения двух и более простых предложений в одно сложное:

предложение А The car stopped. ── The driver got out. *предложение Б*

The car stopped **and** the driver got out.

Машина остановилась, и водитель вышел.

B

and/but/or

предложение А		предложение Б
We stayed at home	**and**	(we)* watched television.
My sister is married	**and**	(she)* lives in London.
He doesn't like her,	**and**	she doesn't like him.
I bought a sandwich,	**but**	I didn't eat it.
It's a nice house,	**but**	it doesn't have a garden.
Do you want to go out,	**or**	are you too tired?

* *Повторять 'we' и 'she' необязательно.*

При перечислении ставится запятая (,). Перед последним словом (группой слов) в списке ставится **and**:
○ I got home, had something to eat, sat down in an armchair **and** fell asleep.
   ↗   ↗   ↗

   Я пришёл домой, поел, сел в кресло и заснул.
○ Karen is at work, Anna has gone shopping **and** Chris is playing football.
   Карен на работе, Анна ушла в магазин, а Крис играет в футбол.

C

so = *поэтому*

предложение А		предложение Б
It was very hot,	**so**	I opened the window.
Joe does a lot of sport,	**so**	he's very fit.
They don't like travelling,	**so**	they haven't been to many places.

D

because = *потому что*

предложение А		предложение Б
I opened the window	**because**	it was very hot.
Joe can't come to the party	**because**	he's going away.
Lisa is hungry	**because**	she didn't have breakfast.

Because *в начале предложения = Поскольку:*
○ **Because it was very hot**, I opened the window.
   Поскольку было очень жарко, я открыл окно.

E

В этих предложениях больше одного союза:
○ It was late **and** I was tired, **so** I went to bed.
   Было поздно, и я была уставшей, поэтому я легла спать.
○ I always enjoy visiting London, **but** I wouldn't like to live there **because** it's too big.
   Я всегда с удовольствием посещаю Лондон, но я не хотел бы там жить, потому что он …

when/while/before *и т. д.* → **Раздел 99**

Упражнения

98.1 Напишите предложения. Используйте информацию из рамок + **and**/**but**/**or**.

I stayed at home.	I didn't have your number.
I bought a sandwich.	Shall I wait here?
I went to the window.	I didn't eat it.
I wanted to phone you.	I went by bus this morning.
I jumped into the river.	I watched TV.
I usually drive to work.	I swam to the other side.
Do you want me to come with you?	I looked out.

1 I stayed at home and watched TV.
2 I bought a sandwich, but I didn't eat it.
3 I ....
4 ....
5 ....
6 ....
7 ....

98.2 Посмотрите на картинки и закончите предложения. Используйте **and**/**but**/**so**/**because**.

1 It was very hot, so he opened the window.
2 They couldn't play tennis ....
3 They went to the museum, ...
4 Ben wasn't hungry, ...
5 Helen was late ....
6 Sue said ....

98.3 Напишите предложения о том, что вы делали вчера. Используйте **and**/**but** и т. д.

1 (and) In the evening I stayed at home and studied.
2 (because) I went to bed very early because I was tired.
3 (but) ....
4 (and) ....
5 (so) ....
6 (because) ....

98.4 Переведите предложения на английский язык.

1 Вчера мы ходили в парк и устроили там пикник.
2 Я хотела посмотреть этот фильм, но у меня не было времени.
3 Вы хотите поиграть в теннис сегодня вечером или вы заняты?
4 Лара была больна, и поэтому она пропустила концерт.
5 Я иду спать, потому что я очень устала.
6 Джеймс выглядит недовольным, но я не знаю почему.
7 Было холодно и сыро, поэтому мы остались дома.
8 Я попросила Сашу перевести письмо, потому что она говорит по-немецки.

устроить пикник = have a picnic
пропустить = miss
выглядеть = look
сыро = wet

207

When ...   If ...

A

when = *когда*

When I went out, it was raining.   *Когда я вышел на улицу, шёл дождь.*

Это предложение состоит из двух частей:

| **when I went out** | + | **it was raining** |

Можно сказать:

○ **When I went out**, it was raining.   *или*
   It was raining when I went out.

Если **when** ... *стоит в начале предложения, то ставится запятая* (**,**):

○ Helen was 25 **when** she got married.
   Хелен было 25 лет, когда она вышла замуж.
   When Helen got married, she was 25.
   Когда Хелен вышла замуж, ей было 25 лет.

B

When I am ... / **When I go** ... *и т. д.*

На следующей неделе Сара едет в Нью-Йорк.
У неё есть подруга Лиза, которая живёт в Нью-Йорке.
Но Лиза тоже уезжает – в Мексику.
Поэтому в Нью-Йорке они не встретятся.

Lisa **will be** in Mexico **when** Sarah **is** in New York.

Действие произойдёт в будущем (**next week**)*, но нужно говорить:*
... **when** Sarah **is** in New York.   (*неверно* when Sarah will be)

I'll be in Mexico when you're here.

SARAH   LISA

В предложениях со значением будущего после **when** *используется настоящее время* (**I am** / **I go** *и т. д.*)*.*
Сравните с переводом на русский язык:

○ **When** I **get** home this evening, I'm going to have a shower.
   (*неверно* When I will get home)
   Когда я приду домой сегодня вечером, я приму душ.

○ I can't talk to you now. I'll talk to you later **when** I **have** more time.
   ... Я поговорю с тобой позже, когда у меня будет больше времени.

В предложениях со значением будущего после **before/while/after/until** *также используется настоящее*
время. Сравните с переводом на русский язык:

○ Please close the window **before** you **go** out.
   (*неверно* before you will go)
   Пожалуйста, закрой окно перед тем как ты уйдёшь.

○ Rachel is going to stay in our flat **while** we **are** away.
   (*неверно* while we will be)
   Рейчел поживёт в нашей квартире, пока мы будем в отъезде.

○ I'll wait here **until** you **come** back.
   (*неверно* until you will come back)
   Я подожду здесь, пока ты не вернёшься.

C

if = *если*

○ **If** you're tired, go to bed.   *Если ты устал, ложись спать.*
○ Is it OK **if** I use your phone?   *Можно воспользоваться вашим телефоном?*

В предложениях со значением будущего после **if** *используется настоящее время* (*неверно* will)*.*
Сравните с переводом на русский язык:

○ **If** you **see** Ann tomorrow, can you ask her to call me?   *Если увидишь Энн завтра ... ?*
○ **If** I'**m** late this evening, don't wait for me.   *Если сегодня вечером я задержусь, ...*
○ What shall we do **if** it **rains**?   *Что мы будем делать, если пойдёт дождь?*
○ **If** I **don't feel** well tomorrow, I'll stay at home.   *Если я буду плохо себя чувствовать завтра, ...*

until → **Раздел 104**   before/while/after → **Раздел 105**   if I had ... , if we went ... , etc. → **Раздел 100**

Упражнения

99.1 Напишите предложения, начинающиеся с **when**. Используйте информацию из обеих рамок.

When +

| I went out |
| I'm tired |
| I knocked on the door |
| I go on holiday |
| the programme ended |
| I got to the hotel |

+

| I turned off the TV |
| I always go to the same place |
| there were no rooms |
| it was raining |
| there was no answer |
| I like to watch TV |

1   When I went out, it was raining.
2   ....
3   ....
4   ....
5   ....
6   ....

99.2 Выберите правильный вариант.

1   ~~I stay~~ / I'll stay here until you come / ~~you'll come~~ back.   (I'll stay и you come – *правильно*)
2   I'm going to bed when I finish / I'll finish my work.
3   We must do something before it's / it will be too late.
4   Helen is going away soon. I'm / I'll be very sad when she leaves / she'll leave.
5   Don't go out yet. Wait until the rain stops / will stop.
6   We come / We'll come and visit you when we're / we'll be in England again.
7   When I come to see you tomorrow, I bring / I'll bring our holiday photos.
8   I'm going to Paris next week. I hope to see some friends of mine while I'm / I'll be there.
9   Let's go out for a walk before it gets / it will get dark.
10   I'm not ready yet. I tell / I'll tell you when I'm / I'll be ready.

99.3 Напишите предложения, начинающиеся с **if**. Используйте информацию из обеих рамок.

If +

| you don't hurry |
| you pass the exam |
| you fail the exam |
| you don't want this magazine |
| you want those pictures |
| you're busy now |

+

| you can have them |
| you'll get a certificate |
| you'll be late |
| I'll throw it away |
| we can talk later |
| you can do it again |

1   If you don't hurry, you'll be late.
2   If you pass ....
3   If ....
4   ....
5   ....
6   ....

99.4 Закончите предложения, используя свои собственные идеи.

1   Can you close the window before you go out ?
2   What are you going to do when .... ?
3   I'll wait for you while ....
4   We can go to the beach tomorrow if ....
5   When I start my new job, ...
6   If I have time tomorrow, ...
7   Will you be here when .... ?
8   Tina won't pass her exams if ....

99.5 Переведите предложения на английский язык.

1   Ты можешь закрыть окно, если тебе холодно.
2   Когда будешь говорить с Ричардом, спроси его о его новой работе.
3   Если мы поедем в Мадрид, мы навестим наших друзей.
4   Мы присмотрим за вашей кошкой, пока вы будете во Франции.
5   Не забудь позвонить мне, когда доберёшься домой.
6   Я могу поговорить с Тимом завтра, если он занят сегодня.
7   Бену нужно было получить визу, перед тем как он поехал в Китай.
8   Если ты не будешь учиться, ты не сдашь экзамен.

присматривать за = look after
добраться = get
получить визу = get a visa
сдать = pass

If I had ...   If we went ... *и т. д.*

A

Dan likes sports cars, but he doesn't have one.
He doesn't have enough money.

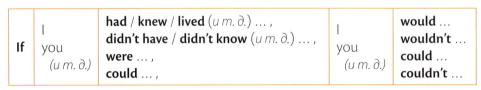

If I had the money ...

DAN

If he **had** the money, he **would buy** a sports car.
Если бы у него были деньги, он купил бы спортивную машину.

Обычно **had** используется в прошедшем времени, но это
предложение не относится к прошедшему времени. **If** he
had the money = *если бы у него были деньги сейчас (но их у него нет).*

If	I you *(и т. д.)*	**had** / **knew** / **lived** (*и т. д.*) ... , **didn't have** / **didn't know** (*и т. д.*) ... , **were** ... , **could** ... ,	I you *(и т. д.)*	**would** ... **wouldn't** ... **could** ... **couldn't** ...

Можно сказать:

○ **If he had** the money, he would buy a car. *Если бы у него были деньги, он бы купил машину.*

или   He would buy a car **if he had** the money. *Он бы купил машину, если бы ...*

I'd / **she'd** / **they'd** *и т. д.* = I **would** / she **would** / they **would** *и т. д.* :

○ I don't know the answer. **If** I **knew** the answer, I**'d tell** you.
    ... *Если бы я знал ответ, я бы тебе сказал.*

○ It's raining, so we're not going out. We**'d get** wet **if** we **went** out.
    ... *Мы бы промокли, если бы вышли на улицу.*

○ Jane lives in a city. She likes cities. She **wouldn't be** happy **if** she **lived** in the country.
    ... *Она не была бы счастлива, если бы жила за городом.*

○ **If** you **didn't have** a job, what **would** you **do**?
    Если бы у тебя не было работы, что бы ты делала?

○ I'm sorry I can't help you. I**'d help** you **if** I **could**. ... *Я бы вам помог, если бы я мог.*

○ **If** we **had** a car, we **could travel** more.
    Если бы у нас была машина, мы могли бы больше путешествовать.

B

If (I) was/were ...

Можно сказать: if I/he/she/it **was** или
                     if I/he/she/it **were**

I wouldn't go out if I were you.

○ It would be nice **if the weather was** better.
    (или... **if the weather were** better)
    Было бы хорошо, если бы погода была лучше.

○ What would Tom do **if he were** here? (или ... **if he was** here)
    Что бы сделал Том, если бы он был здесь?

○ It's not a very nice place. I wouldn't go there **if I were** you. (или ... **if I was** you)
    ... *На твоём месте я бы туда не ездила.*

C

Сравните:

if I have / **if it is** *и т. д.*

○ I must go and see Helen.
    If I **have** time, I **will go** today.
    Если у меня будет время, я схожу ...

○ I like that jacket.
    I**'ll buy** it **if** it **isn't** too expensive.
    Я его куплю, если он не слишком ...

○ I**'ll help** you **if** I **can**.
    Я тебе помогу, если смогу.

if I had / **if it was** *и т. д.*

○ I must go and see Helen.
    If I **had** time, I **would go** today.
    Если бы у меня было время, я бы сходил ...

○ I like this jacket, but it's very expensive.
    I**'d buy** it **if** it **wasn't** so expensive.
    Я бы его купил, если бы он не был ...

○ I**'d help** you **if** I **could**, but I can't.
    Я бы тебе помог, если бы я мог, но ...

if we go / if I have / if I can *и т. д.* → **Раздел 99**

Упражнения

100.1 Заполните пропуски в предложениях.

1 I don't know the answer. If I ___knew___ the answer, I'd tell you.
2 I have a car. I couldn't travel very much if I ___didn't have___ a car.
3 I don't want to go out. If I _____ to go out, I'd go.
4 We don't have a key. If we _____ a key, we could get into the house.
5 I'm not hungry. I would have something to eat if I _____ hungry.
6 Sue enjoys her work. She wouldn't do it if she _____ it.
7 He can't speak any foreign languages. If he _____ speak a foreign language, perhaps he would get a better job.
8 You don't try hard enough. If you _____ harder, you would have more success.
9 I have a lot to do today. If I _____ so much to do, we could go out.

100.2 Поставьте глаголы в правильную форму.

1 If ___he had___ the money, he would buy a fast car. (he/have)
2 Jane likes living in a city. ___She wouldn't be___ happy if she lived in the country. (she/not/be)
3 If I wanted to learn Italian, _____ to Italy. (I/go)
4 I haven't told Helen what happened. She'd be angry if _____. (she/know)
5 If _____ a map, I could show you where I live. (we/have)
6 What would you do if _____ a lot of money? (you/win)
7 It's not a very good hotel. _____ there if I were you. (I/not/stay)
8 If _____ nearer London, we would go there more often. (we/live)
9 It's a shame you have to go now. _____ nice if you had more time. (it/be)
10 I'm not going to take the job. I'd take it if _____ better. (the salary/be)
11 I don't know anything about cars. If the car broke down, _____ what to do. (I/not/know)
12 If you could change one thing in the world, what _____? (you/change)

100.3 Закончите предложения. Используйте информацию из рамки + глагол в правильной форме.

we (have) a bigger house	~~it (be) a bit cheaper~~
we (buy) a bigger house	the air (be) cleaner
we (have) some pictures on the wall	I (watch) it
every day (be) the same	I (be) bored

1 I'd buy that jacket if ___it was a bit cheaper___.
2 If there was a good film on TV tonight, _____.
3 This room would be nicer if _____.
4 If there wasn't so much traffic, _____.
5 Life would be boring if _____.
6 If I had nothing to do, _____.
7 We could invite all our friends to stay if _____.
8 If we had more money, _____.

100.4 Закончите предложения, используя свои собственные идеи.

1 I'd be happier if ___I could get a better job___.
2 If I could go anywhere in the world, _____.
3 I wouldn't be very happy if _____.
4 I'd buy _____ if _____.
5 If I saw an accident in the street, _____.
6 The world would be a better place if _____.

100.5 Переведите предложения на английский язык.   выиграть = win

1 Анна была бы счастливее, если бы ей нравилась её работа.
2 Мы пошли бы на концерт, если бы у нас были билеты.
3 Если бы я знал его имя, я бы тебе сказал.
4 Бен бы много путешествовал, если бы у него были деньги.
5 На твоём месте я бы остановился в гостинице "Гранд".
6 Наша жизнь была бы более интересной, если бы мы жили в Лондоне.
7 Если ты голодна, мы можем пообедать сейчас.
8 Что бы вы сделали, если бы вы выиграли много денег?

a person **who** ...   a thing **that/which** ...
(относительные придаточные предложения 1)

I can speak six languages.

I met a woman. **She** can speak six languages.
- - - - - - - - - *2 предложения* - - - - - - - - -

she → who

- - - - - - - - - *1 предложение* - - - - - - - - -
I met **a woman who** can speak six languages.
Я встретил женщину, которая умеет говорить на шести языках.

JACK

Jack was wearing a hat. **It** was too big for him.
- - - - - - - - - *2 предложения* - - - - - - - - -

it → that *или* **which**

- - - - - - - - - *1 предложение* - - - - - - - - -
Jack was wearing **a hat that** was too big for him.
или
Jack was wearing **a hat which** was too big for him.
На Джеке была (надета) шляпа, которая была ему велика.

who = *кто, который (-ая/-ое/-ые) – о людях (неверно о предметах):*

A thief is **a person**	**who** steals things.		... *человек, который ворует.*
Do you know **anybody**	**who** can play the piano?		... *кого-нибудь, кто умеет ...?*
The man	**who** phoned	didn't give his name.	*Мужчина, который звонил ...*
The people	**who** work in the office	are very friendly.	*Люди, которые работают ...*

that = *который (-ая/-ое/-ые) – о людях и о предметах:*

An airplane is **a machine**	**that** flies.		... *машина, которая летает.*
Emma lives in **a house**	**that** is 400 years old.		... *в доме, которому ...*
The people	**that** work in the office	are very friendly.	*Люди, которые работают ...*

Говоря о людях, можно использовать **that**, *но чаще используется* **who**.

which = *который (-ая/-ое/-ые) – о предметах (неверно о людях):*

An airplane is **a machine**	**which** flies. (*неверно* a machine who ...)
Emma lives in **a house**	**which** is 400 years old.

Which *не используется в отношении людей:*

- Do you remember **the woman who** was playing the piano at the party? (*неверно* the woman which ...)
  Вы помните женщину, которая играла на пианино ... ?

who *и* which *в вопросах* → **Разделы 46, 48**
the people we met *(относительные придаточные предложения 2)* → **Раздел 102**

Упражнения

101.1 Используя слова и фразы из обеих рамок, напишите предложения по образцу:
A ... is a person who ... . Если необходимо, воспользуйтесь словарём.

~~a thief~~	a dentist	doesn't tell the truth	is ill in hospital
a butcher	a fool	takes care of your teeth	~~steals things~~
a musician	a genius	is very intelligent	does stupid things
a patient	a liar	plays a musical instrument	sells meat

1   *A thief is a person who steals things.*
2   A butcher is a person ....
3   A musician ....
4   ....
5   ....
6   ....
7   ....
8   ....

101.2 Составьте одно предложение из двух предложений в скобках.

1   (A man phoned. He didn't give his name.)
    The man who phoned didn't give his name.
2   (A woman opened the door. She was wearing a yellow dress.)
    The woman .... a yellow dress.
3   (Some students took the exam. Most of them passed.)
    Most of the students ....
4   (A policeman stopped our car. He wasn't very friendly.)
    The ....

101.3 Вставьте **who** или **which**.

1   I met a woman ....*who*............ can speak six languages.
2   What's the name of the man .... has just started work in your office?
3   What's the name of the river .... flows through the town?
4   Where is the picture .... was hanging on the wall?
5   Do you know anybody .... wants to buy a car?
6   You always ask questions .... are difficult to answer.
7   I have a friend .... is very good at repairing cars.
8   I think everybody .... went to the party enjoyed it very much.
9   Why does he always wear clothes .... are too small for him?

101.4 В некоторых предложениях допущена ошибка. Где нужно, исправьте ошибку.

1   A thief is <u>a person which</u> steals things.   *a person who steals*
2   An airplane is a machine that flies.   OK
3   A coffee maker is a machine who makes coffee.   ....
4   What's happened to the money that was on the table? ....
5   I don't like people which never stop talking.   ....
6   I know somebody that can help you.   ....
7   I know somebody who works in that shop.   ....
8   Correct the sentences who are wrong.   ....
9   My neighbour bought a car who cost £40,000.   ....

101.5 Переведите предложения на английский язык.

1   Люди, которые живут по соседству, очень шумные.
2   У меня есть друг, который жил в Токио в течение 5 лет.
3   Вы знаете кого-нибудь, кто говорит по-итальянски?
4   Нева – это река, которая течёт через Петербург.
5   Ты видела книгу, которая была на столе?
6   Журналист – это человек, который пишет статьи.
7   Это та девушка, которая украла твой кошелёк?
8   Карен работает на компанию, которая производит компьютеры.

по соседству = next door
в течение = for
течь через = flow through
статья = article
(8) на = for

213

the people **we met**   the hotel **you stayed at**
(относительные придаточные предложения 2)

A

The man is carrying a bag. } 2 предложения
It's very heavy.

1 предложение
The bag (that) **he is carrying** is very heavy.
Сумка, которую он несёт, очень тяжёлая.

Kate won some money. } 2 предложения
What is she going to do with it?

1 предложение
What is Kate going to do with **the money** (that) **she won**?
Что Кейт собирается делать с деньгами, которые она выиграла?

KATE

Можно сказать:
- ⬭ The bag **that** he is carrying … *или* The bag he is carrying … (*с или без* **that**)
- ⬭ … the money **that** Kate won? *или* … the money Kate won?

Если **that/who/which** *является дополнением, то его необязательно использовать (можно опустить):*

подлежащее	глагол	дополнение	
The man	was carrying	a bag	→ **the bag** (that) **the man was carrying**
Kate	won	some money	→ **the money** (that) **Kate won**
You	wanted	some book	→ **the books** (that) **you wanted**
We	met	some people	→ **the people** (who) **we met**

- ⬭ Did you find **the books you wanted**? (*или* … the books **that** you wanted?)
  Ты нашёл книги, которые ты хотел?
- ⬭ **The people we met** were very friendly. (*или* The people **who** we met …)
  Люди, с которыми мы познакомились, …
- ⬭ **Everything I said** was true. (*или* Everything **that** I said …)   *Всё, что я сказала, было правдой.*

Обратите внимание:
- ⬭ The film **we saw** was very good. (*неверно* The film we saw it was …)
  Фильм, который мы посмотрели, был очень хорошим.

B

После глагола может стоять предлог (**to/in/at** *и т. д.*):

Eve **is talking to** a man.	→	Do you know **the man Eve is talking to**?
		Вы знаете мужчину, с которым говорит Ив?
We **stayed at** a hotel.	→	**The hotel we stayed at** was near the station.
		Гостиница, в которой мы жили, была …
I **told** you **about** some books.	→	These are **the books I told you about**.
		Это те книги, о которых я тебе говорила.

Обратите внимание:
… the books **I told you about**. (*неверно* the books I told you about them)

Можно сказать "(место) **where** …":*
- ⬭ **The hotel where** we stayed was near the station. (= The hotel we stayed at …)
  Гостиница, где мы жили, …

C

Если **who/that/which** *является подлежащим, то его необходимо использовать* (→ *Раздел 101*):
- ⬭ I met a woman **who can speak** six languages. (**who** – *подлежащее*)
- ⬭ Jack was wearing a hat **that was** too big for him. (**that** – *подлежащее*)

a person who … , a thing that/which … (*относительные придаточные предложения 1*) ➔ Раздел 101

Упражнения

Составьте одно предложение из двух.

1 (Helen took some pictures. Have you seen them?)
   Have you seen the pictures Helen took?

2 (You gave me a pen. I've lost it.)
   I've lost the ....

3 (Sue is wearing a jacket. I like it.)
   I like the ....

4 (I gave you some flowers. Where are they?)
   Where are the .... ?

5 (He told us a story. I didn't believe it.)
   I ....

6 (You bought some oranges. How much were they?)
   How .... ?

102.2 Составьте одно предложение из двух.

1 (I was carrying a bag. It was very heavy.)
   The bag I was carrying was very heavy.

2 (You cooked a meal. It was excellent.)
   The ....

3 (I'm wearing shoes. They aren't very comfortable.)
   The shoes ....

4 (We invited some people to dinner. They didn't come.)
   The ....

102.3 Вы задаёте другу вопросы. Закончите предложения.

1 Your friend stayed at a hotel. You ask:
   What's the name of ....*the hotel you stayed at*.. ?

2 Your friend was talking to some people. You ask:
   Who are the people .... ?

3 Your friend was looking for some keys. You ask:
   Did you find the .... ?

4 Your friend is going to a party. You ask:
   Where is the .... ?

5 Your friend was talking about a film. You ask:
   What's the name of .... ?

6 Your friend is listening to some music. You ask:
   What's that .... ?

7 Your friend applied for a job. You ask:
   Did you get .... ?

102.4 Закончите вопросы, используя **where**.

1 John stayed at a hotel. You ask him:
   Did you like ....*the hotel where you stayed*... ?

2 Sue had dinner in a restaurant. You ask her:
   What's the name of the restaurant .... ?

3 Sarah lives in a village. You ask her:
   How big is the .... ?

4 Richard works in a factory. You ask him:
   Where exactly is .... ?

102.5 Переведите предложения на английский язык.

сдавать = do
шоу = show

1 Мне понравилось платье, которое ты вчера надевала.

2 Ты посмотрел фильм, который я тебе дал?

3 Тест, который Бен вчера сдавал, был несложным.

4 Марина купила туфли, которые она хотела?

5 Как была вечеринка, на которую ты ходил в субботу?

6 У меня есть друг, который умеет говорить на четырёх языках.

7 Моим родителям не понравилось шоу, которое они смотрели в Лондоне.

8 Это те люди, о которых я тебе говорил.

at 8 o'clock   on Monday   in April

A

at + *точное время*

at	8 o'clock 10.30 midnight *и т. д.*

○ I start work **at 8 o'clock**.
  Я начинаю работать в 8 часов.
○ The shops close **at 5.30**.
  Магазины закрываются в 5:30.

on + *день недели / дата*

on	Sunday(s) / Monday(s) *и т. д.* 25 April / 6 June *и т. д.* New Year's Day *и т. д.*

○ Bye! I'll see you **on Friday**.
  Пока! Увидимся в пятницу.
○ What do you usually do **on Sundays**?
  … делаешь по воскресеньям?
○ The concert is **on 22 November**.
  Концерт – 22 ноября.

in + *месяц / год / время года и т. д.*

in	April/June *и т. д.* summer/spring *и т. д.* 2013/1988 *и т. д.*

○ I'm going on holiday **in October**. *… в октябре.*
○ The park is beautiful **in spring**. *… весной.*
○ Emma was born **in 1995**. *… в 1995 году.*

B

Обратите внимание:

at the weekend	= *на выходных / по выходным*
at night	= *ночью / по ночам*
at Christmas	= *на/в Рождество*
at Easter	= *на Пасху*
at the end of	= *в конце …*
at the moment	= *сейчас / в настоящий момент*

○ Are you going away **at the weekend**?
  Вы куда-нибудь уезжаете на выходных?
○ I can't sleep **at night**. *Я не могу спать по ночам.*
○ Where will you be **at Christmas**? (*но* **on** Christmas **Day**)
  Где вы будете на Рождество?
○ I'm going on holiday **at the end of** October.
  … в конце октября.
○ Are you busy **at the moment**?
  Ты занята сейчас?

C

in the morning	= *утром / по утрам*
in the afternoon	= *днём*
in the evening	= *вечером / по вечерам*

○ I always feel good **in the morning**.
  Я всегда чувствую себя хорошо по утрам.
○ Do you often go out **in the evening**?
  Вы часто куда-нибудь ходите по вечерам?

но

on Monday morning / on Tuesday afternoon / on Friday evening / on Saturday night *и т. д.* :

○ I'm meeting Jackie **on Monday morning**. *… в понедельник утром.*
○ Are you doing anything **on Saturday night**? *… в субботу вечером?*

D

At/on/in *не используются перед этими словосочетаниями:*

this … (**this morning** / **this week** *и т. д.*)
last … (**last August** / **last week** *и т. д.*)
next … (**next Monday** / **next week** *и т. д.*)
every … (**every day** / **every week** *и т. д.*)

○ Are you going out **this evening**?   *… сегодня вечером?*
○ We go on holiday **every summer**. **Last summer** we went
  to Canada.   *… каждое лето. Прошлым летом …*
○ I'm leaving **next Monday**. (*неверно* on next Monday)
  Я уезжаю в следующий понедельник.

E

in five minutes / in a few days / in six weeks / in two years *и т. д.*

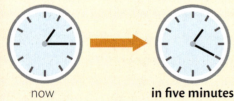

now   in five minutes

○ Hurry! The train leaves **in five minutes**.
  Поторопись! Поезд уходит через пять минут.
○ Bye! I'll see you **in a few days**.
  Пока! Увидимся через несколько дней.

in/on/at (*предлоги места*) ➜ **Разделы 106–107**

Упражнения

103.1 Вставьте **at**/**on**/**in**.

1	....on.... 6 June	7	.... 24 September	13	.... Friday morning
2	....in.... the evening	8	.... Thursday	14	.... Saturday night
3	.... half past two	9	.... 11.45	15	.... night
4	.... Wednesday	10	.... Christmas Day	16	.... the end of the day
5	 2007	11	.... Christmas	17	.... the weekend
6	.... September	12	.... the morning	18	.... winter

103.2 Вставьте **at**/**on**/**in**.

1 Bye! See you ....on........ Friday.
2 Where were you .... 28 February?
3 I got up .... 8 o'clock this morning.
4 I like getting up early .... the morning.
5 My sister got married .... May.
6 Jessica and I first met .... 2006.
7 Did you go out .... Tuesday?
8 Did you go out .... Tuesday evening?
9 Do you often go out .... the evening?
10 Let's meet .... 7.30 tomorrow evening.

11 I often go away .... the weekend.
12 I'm starting my new job .... 3 July.
13 We often go to the beach .... summer.
14 George isn't here .... the moment.
15 Jane's birthday is .... December.
16 Do you work .... Saturdays?
17 The company started .... 1999.
18 I like to look at the stars .... night.
19 I'll send you the money .... the end of the month.

103.3 Прочитайте о планах Лизы на следующую неделю и закончите предложения.

1 Lisa is going to the cinema ...on Wednesday evening..................................... .
2 She has to phone Chris ....
3 She isn't doing anything special ....
4 She's got a driving lesson ....
5 She's going to a party ....
6 She's meeting Sam ....

103.4 Напишите предложения, используя **in ...** .

1 It's 8.25 now. The train leaves at 8.30.   *The train leaves in five minutes.*
2 It's Monday today. I'll call you on Thursday.   I'll .... days.
3 Today is 14 June. My exam is on 28 June.   My ....
4 It's 3 o'clock now. Tom will be here at 3.30.   Tom ....

103.5 Где необходимо, вставьте **at**/**on**/**in**. Некоторые предложения не требуют добавления предлога.

1 I'm going ....on........ Friday.
2 I'm going ....–........ next Friday. *(правильно)*
3 I always feel tired .... the evening.
4 Will you be at home .... this evening?
5 We went to France .... last summer.
6 Laura was born .... 1997.

7 What are you doing .... the weekend?
8 I phone Robert .... every Sunday.
9 Shall we play tennis .... next Sunday?
10 I can't go to the party .... Sunday.
11 I'm going out. I'll be back .... an hour.
12 I don't often go out .... night.

103.6 Переведите предложения на английский язык.

1 Я родился в 1997 году.
2 Вы свободны сегодня днём?
3 Наш самолёт взлетает через 30 минут.
4 Библиотека открывается в 10 часов?
5 Салли едет в Америку в конце января.

6 Футбольный матч – 14 марта.
7 Мы встречаемся с нашими друзьями в пятницу вечером.
8 Погода в настоящий момент ужасная.

взлетать (здесь) = leave
библиотека = library
матч = match
ужасный = terrible

from ... to   until   since   for

A

from ... to ... = от ... до / с ... до / с ... по

- We lived in Japan **from** 2003 **to** 2010. *... с 2003 до 2010 года.*
- I work **from** Monday **to** Friday. *... с понедельника по пятницу.*

from Monday to Friday

Monday   Friday

Можно также сказать **from ... until ...** *(= от ... до / с ... до):*
- We lived in Japan **from** 2003 **until** 2010.
  ... с 2003 до 2010 года.

B

until ... = до / до тех пор (пока не)

until	Friday December 3 o'clock I come back

- They're going away tomorrow.
  They'll be away **until Friday**.
  Их не будет до пятницы.
- I went to bed early, but I wasn't tired.
  I read a book **until 3 o'clock**. *Я читала книгу до трёх часов.*
- Wait here **until I come back**. *Ждите здесь, пока я не вернусь.*

until Friday

Friday

Можно также использовать **till** (= **until**):
- Wait here **till** I come back.

Сравните:
- 'How long will you be away?'   'Until Monday.'   ... "До понедельника".
- 'When are you coming back?'   'On Monday.'   ... "В понедельник".

C

since + *указание на время в прошлом* **= с ...**

Since *используется с* present perfect (**have been** / **have done** *и т. д.*):

since	Monday 1998 2.30 I arrived

- Joe is in hospital. He has been in hospital **since Monday**.
  ... Он в больнице с понедельника.
  (= и сейчас там находится)
- Sue and Dave have been married **since 1998**.
  ... женаты с 1998. (= до сих пор женаты)
- It has been raining **since I arrived**.
  Дождь идёт с того момента, как я приехал.

since Monday

Monday   now

Сравните:
- We lived in Japan **from** 2003 **to** 2010.   ... с 2003 по 2010 год.
  We lived in Japan **until** 2010.   ... до 2010 года.
- Now we live in Canada. We came to Canada **in** 2010.   ... в 2010 году.
  We have lived in Canada **since** 2010.   *Мы живём в ... с 2010 года.*

С указанием периода продолжения действия (**three days** / **ten years** *и т. д.*) *используется* **for** (*неверно* since):
- Joe has been in hospital **for three days**. (*неверно* since three days)
  Джо в больнице уже три дня.

D

for + *период времени* **= на / в течение ...**

for	three days ten years five minutes a long time

- Gary stayed with us **for three days**.
  Гари жил у нас в течение трёх дней.
- I'm going away **for a few weeks**.
  Я уезжаю на несколько недель.
- I'm going away **for the weekend**.
  Я уезжаю на выходные.
- They've been married **for ten years**.
  Они женаты десять лет. (*букв. ... в течение десяти лет*)

for three days

Sunday   Monday   Tuesday

present perfect + **for/since** ➜ **Раздел 20**   present perfect (**I have lived**) *и* past simple (**I lived**) ➜ **Раздел 21**

Упражнения

104.1 Прочитайте информацию и закончите предложения. Используйте **from ... to** / **until** / **since**.

ALEX  KAREN  CLARE  ADAM

> I live in England now.
> I lived in Canada before.
> I came to England in 2009.

> I live in Switzerland now.
> I lived in France before.
> I came to Switzerland in 2011.

> I work in a hotel now.
> I worked in a restaurant before.
> I started work in the hotel in 2012.

> I'm a journalist now.
> I was a teacher before.
> I started work as a journalist in 2008.

1   (Alex / Canada / 2001 → 2009)   Alex lived *in Canada from 2001 to 2009* .
2   (Alex / Canada / → 2009)   Alex lived in Canada .... 2009.
3   (Alex / England / 2009 →)   Alex has lived in England ....
4   (Karen / France / → 2011)   Karen lived in ....
5   (Karen / Switzerland / 2011 →)   Karen has lived in ....
6   (Clare / a restaurant / 2010 → 2012)   Clare worked .... 2010 ....
7   (Clare / a hotel / 2012 →)   Clare has worked ....
8   (Adam / a teacher / 2002 → 2008)   Adam was a ....
9   (Adam / a journalist / 2008 →)   Adam has been ....

Теперь напишите предложения, используя **for**.

10   (Alex / Canada)   *Alex lived in Canada for eight years* .
11   (Alex / England)   Alex has lived in England ....
12   (Karen / Switzerland)   Karen has ....
13   (Clare / a restaurant)   Clare worked ....
14   (Clare / hotel)   Clare ....
15   (Adam / a teacher)   Adam ....
16   (Adam / a journalist)   Adam ....

104.2 Вставьте **until**/**since**/**for**.

1   Sue and Dave have been married ..*since*.. 1998.
2   I was tired this morning. I stayed in bed .... 10 o'clock.
3   We waited for Sue .... half an hour, but she didn't come.
4   'Have you just arrived?'   'No, I've been here .... half past seven.'
5   'How long did you stay at the party last night?'   '.. midnight.'
6   Dan and I are good friends. We have known each other .... ten years.
7   I'm tired. I'm going to lie down .... a few minutes.
8   Don't open the door of the train .... the train stops.
9   This is my house. I've lived here .... I was seven years old.
10   Jack has gone away. He'll be away .... Wednesday.
11   Next week I'm going to Paris .... three days.
12   I usually finish work at 5.30, but sometimes I work .... six.
13   'How long have you known Anna?'   '.. we were at school together.'
14   Where have you been? I've been waiting for you .... twenty minutes.

104.3 Переведите предложения на английский язык.

переехать = move
получить = get

1   Вчера я спала до 11 часов.
2   Джеймс болеет со вторника.
3   Я собираюсь путешествовать в течение трёх месяцев.
4   Анна работала в Москве с 2003 по 2007 год.
5   В 2007 году Анна переехала в Англию.

6   Наша машина у нас с 2011 года.
7   Я жил в Кембридже до тех пор, пока не получил работу в Лондоне.
8   Тим и Лара женаты в течение 20 лет.

before   after   during   while

A

before = *до/перед*   **during** = *во время*   **after** = *после*

before the film
до фильма

during the film
во время фильма

after the film
после фильма

- ○ Everybody feels nervous **before exams**.   *Все нервничают перед экзаменами.*
- ○ I fell asleep **during the film**.   *Я заснула во время фильма.*
- ○ We were tired **after our visit** to the museum.   *Мы были уставшими после посещения музея.*

B

before = *перед тем как*   **while** = *пока*   **after** = *после того как*

before we played
перед тем как мы пошли играть

while we were playing
пока мы играли

after we played
после того как мы поиграли

- ○ Don't forget to close the window **before you go out**.   *... перед тем, как уйдёшь.*
- ○ I often fall asleep **while I'm reading**.   *... пока читаю.*
- ○ They went home **after they did the shopping**.   *Они пошли домой, сделав покупки.*
  (букв. после того, как сделали покупки)

C

during, **while** и **for**

С существительным используется **during** (during **the film** = *во время фильма*).
С глаголом используется **while** (while **I'm reading** = *пока я читаю*):

- ○ We didn't speak **during the meal**.   *Мы не разговаривали во время еды.*
- *но* We didn't speak **while we were eating**. (*неверно* during we were eating)   *... пока мы ели.*

Если указан период времени (**three days** / **two hours** / **a year** *и т. д.*), *то используется* **for**:

- ○ We played tennis **for two hours**. (*неверно* during two hours)
  Мы играли в теннис в течение двух часов.
- ○ I lived in London **for a year**. (*неверно* during a year)   *Я прожила в Лондоне год.*

D

После **before** *и* **after** *можно использовать две конструкции:*

- ○ I always have breakfast { **before going** to work.   *... перед тем как идти на работу.*
  before I go to work.

- ○ **After doing** the shopping,   } they went home.   *Сделав покупки, они пошли домой.*
  After they did the shopping,

Нужно говорить **before going** (*неверно* before to go), **after doing** (*неверно* after to do) *и т. д. :*

- ○ **Before eating** the apple, I washed it carefully. (*неверно* before to eat)
  Перед тем как съесть яблоко, ...
- ○ I started work **after reading** the newspaper. (*неверно* after to read)
  Я приступил к работе после того, как прочитал газету.

past continuous (**I was -ing**) → **Разделы 14–15**   for → **Раздел 104**   *предлог* + **-ing** → **Раздел 112**

Упражнения

105.1 Закончите предложения. Используйте информацию из обеих рамок.

after	during		lunch	the end	they went to Australia
before	while	+	the concert	~~the exam~~	you're waiting
			the course	the night	

1 Everybody was nervous __before the exam__ .
2 I usually work four hours in the morning, and another three hours _____ .
3 The film was really boring. We left _____ .
4 Anna went to evening classes to learn German. She learnt a lot _____ .
5 My aunt and uncle lived in London _____ .
6 A: Somebody broke a window _____ . Did you hear anything?
   B: No, I was asleep all the time.
7 Would you like to sit down _____ ?
8 A: Are you going home _____ ?
   B: Yes, I have to get up early tomorrow.

105.2 Вставьте **during**/**while**/**for**.

1 We didn't speak ____while____ we were eating.
2 We didn't speak ____during____ the meal.
3 Gary called _____ you were out.
4 Amy went to Italy and stayed in Rome _____ five days.
5 I didn't check my email _____ I was away.
6 The students looked very bored _____ the lesson.
7 I fell out of bed _____ I was asleep.
8 Last night I watched TV _____ three hours.
9 I don't usually watch TV _____ the day.
10 Do you ever watch TV _____ you are having dinner?

105.3 Заполните пропуски, используя **-ing** (**doing**, **having** и т. д.).

1 After ____doing____ the shopping, they went home.
2 I felt sick after _____ too much chocolate.
3 I'm going to ask you a question. Think carefully before _____ it.
4 I felt awful when I got up this morning. I felt better after _____ a shower.
5 After _____ my work, I left the office and went home.
6 Before _____ to a foreign country, it's good to try and learn a little of the language.

105.4 Напишите предложения, используя **before** + **-ing** и **after** + **-ing**.

1 They did the shopping. Then they went home.
   After ___doing the shopping, they went home.___
2 John left school. Then he worked in a bookshop for two years.
   John worked _____
3 I read for a few minutes. Then I went to sleep.
   Before _____
4 We walked for three hours. We were very tired.
   After _____
5 Let's have a cup of coffee. Then we'll go out.
   Let's _____

105.5 Переведите предложения на английский язык.

1 Мы поужинали перед концертом.
2 Я сделал покупки, пока Эмма была на работе.
3 После матча в центре города было много народу.
4 Саша очень нервничала перед собеседованием.
5 Во время отпуска я прочитала три книги.
6 Мы ждали автобуса 40 минут.
7 Перед тем как идти спать, я покормил кошку.
8 Я почувствовала себя лучше после чашки чая.

собеседование = interview
покормил = fed
чувствовать себя лучше = feel better

in   at   on (предлоги места 1)

A

in = *в*

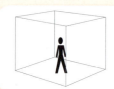

in a room
in a box
in a car
in the water

in a garden
in a town
in the city centre
in Brazil

- 'Where's David?'   '**In the living room**. / **In the garden**. / **In London**.'
  … "В гостиной. / В саду. / В Лондоне."
- What's **in that box** / **in that bag** / **in that cupboard**?
  Что в той коробке / в той сумке / в том шкафчике?
- Rachel works **in a shop** / **in a bank** / **in a cafe**.   *Рейчел работает в магазине / в банке / в кафе.*
- I went for a swim **in the river** / **in the pool** / **in the sea**.   *Я поплавала в реке / в бассейне / в море.*
- I live **in a big city**, but I'd like to live **in the country**.   *Я живу в большом городе, …*

Иногда **in** *переводится на русский язык при помощи предлога "на":*

- Is Sarah **in the kitchen**?   *Сара на кухне?*
- Milan is **in the north of Italy**. Naples is **in the south**.
  Милан находится на севере Италии. Неаполь – на юге.

B

at

at the traffic lights

at the door

at the bus stop

at her desk

At *обычно переводится на русский язык при помощи у/за/в/на:*

- The car is waiting **at the traffic lights**.   *Машина стоит (букв. ждёт) у светофора.*
- There's somebody **at the door**.   *Кто-то пришёл. (букв. У двери кто-то есть)*
- There's somebody **at the bus stop**.
  На автобусной остановке кто-то стоит.
- Vicky is working **at her desk**.   *Вики работает за своим столом.*

Нужно говорить **at the top** / **at the bottom** / **at the end** (of …):

- Write your name **at the top of the page**.   *… наверху страницы.*
- My house is **at the end of the street**.   *… в конце улицы.*

at the top (of the page)

at the bottom (of the page)

C

on = *на*

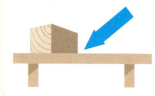

on a shelf = *на полке*
on a plate = *на тарелке*
on a balcony = *на балконе*
on the floor = *на полу*
  и т. д.

on a wall = *на стене*
on a door = *на двери*
on the ceiling = *на потолке*
  и т. д.

- There are some books **on the shelf** and some pictures **on the wall**.   *… на полке … на стене.*
- There are a lot of apples **on those trees**.   *На тех деревьях …*
- Don't sit **on the grass**. It's wet.   *Не садись на траву. …*
- There is a stamp **on the envelope**.   *На конверте …*

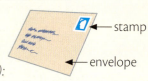

← stamp

← envelope

on a horse (*на лошади*) / **on a bike** (*на велосипеде*) / **on a motorbike** (*на мотоцикле*):

- Who is that young man **on the motorbike**?   *Кто тот парень на мотоцикле?*

the top / the bottom ➜ **Раздел 71**   at/on/in (*предлоги времени*) ➜ **Раздел 103**
in/at/on (*предлоги места*) ➜ **Раздел 107**

Упражнения

106.1   Посмотрите на картинки и ответьте на вопросы. Используйте **in**/**at**/**on**.

1. ① (the kitchen)
2. ② (the box)
3. ③ (the box)
4. ④ (the wall)
5. ⑤ (the bus stop)
6. ⑥ (the field)
7. ⑦ (the balcony)
8. ⑧ (the pool)
9. ⑨ (the window)
10. ⑩ (the ceiling)
11. ⑪ (the table)
12. ⑫ (the table)

1   Where is he?   *In the kitchen.*   7   Where are they standing? ....
2   Where are the shoes?   8   Where is she swimming? ....
3   Where is the pen?   9   Where is he standing? ....
4   Where is the clock?   10   Where is the spider? ....
5   Where is the bus?   11   Where is he sitting? ....
6   Where are the horses?   12   Where is she sitting? ....

106.2   Вставьте **in**/**at**/**on**.

1   Don't sit ..*on*.. the grass. It's wet.
2   What do you have .... your bag?
3   Look! There's a man .... the roof.
    What's he doing?
4   There are a lot of fish .... this river.
5   Our house is number 45 – the number is
    .... the door.
6   'Is the hospital near here?'   'Yes, turn left
    .... the traffic lights.'
7   It's difficult to park .... the centre of
    town. It's better to take the bus.

8   My sister lives .... Brussels.
9   There's a small park .... the top of the hill.
10   I think I heard the doorbell. There's somebody
    .... the door.
11   Munich is a large city .... the south of Germany.
12   There are a few shops .... the end of the street.
13   It's difficult to carry a lot of things .... a bike.
14   I looked at the list of names. My name was ....
    the bottom.
15   There is a mirror .... the wall .... the living
    room.

106.3   Переведите предложения на английский язык.

1   На верху холма находится старый дом.
2   "Где дети?" – "В гостиной".
3   Не ходите по траве.
4   Я вижу большого паука на стене.
5   Вы живёте в городе или в деревне?
6   У светофора поверните направо.
7   Давай пообедаем на балконе.
8   Сочи – популярный курорт на юге России.

холм = hill
курорт = resort

in   at   on (*предлоги места* 2)

A

in = *в/на*

in bed = *в кровати*	☐ 'Where's Kate?' 'She's **in bed**.'
in hospital = *в больнице*	☐ David's father is ill. He's **in hospital**.
in the sky = *в/на небе*	☐ I like to look at the stars **in the sky** at night.
in the world = *в мире*	☐ What's the largest city **in the world**?
in a newspaper / **in** a book = *в газете* / *в книге*	☐ I read about the accident **in the newspaper**.
in a photo(graph) / **in** a picture = *на фото* / *на картинке*	☐ You look sad **in this picture**.
in a car / **in** a taxi = *в/на машине* / *в/на такси*	☐ Did you come here **in your car**?
in the middle (of …) = *в середине* / *в центр е*	☐ There's a big tree **in the middle** of the garden.

B

at = *у/в/на*

at home = *дома*	☐ Will you be **at home** this evening?
at work / **at** school = *на работе* / *в школе*	☐ 'Where's Kate?' 'She's **at work**.'
at university / **at** college = *в университете* / *в колледже*	☐ Helen is studying law **at university**.
at the station / **at** the airport = *на вокзале* / *в аэропорту*	☐ I'll meet you **at the station**, OK?
at Lisa's (house) / **at** my sister's (house) *и т. д.* = *(дома) у Лизы* / *(дома) у моей сестры и т. д.*	☐ A: Where were you yesterday? B: **At my sister's**.
at the doctor's / **at** the hairdresser's *и т. д.* = *у доктора* / *в парикмахерской и т. д.*	☐ I saw Tom **at the doctor's**.
at a concert / **at** a party / **at** a football match *и т. д.* = *на концерте* / *на вечеринке* / *на футбольном матче и т. д.*	☐ There weren't many people **at the party**.

С названиями зданий (hotels, restaurants *и т. д.*), *как правило, можно использовать* **in** *или* **at**:
☐   We stayed **at** a nice hotel. *или* We stayed **in** a nice hotel.
      Мы жили в хорошей гостинице.

C

on = *на/в*

on a bus   **on** the first floor   **on** the way from A to B

on a bus / **on** a train / **on** a plane / **on** a ship *на/в автобусе* / *на/в поезде* / *на/в самолёте* / *на корабле*	☐ Did you come here **on the bus**?
on the ground floor / **on** the first floor *и т. д.* *на первом этаже* / *на втором этаже и т. д.*	☐ The office is **on the first floor**.
on the way (to …) / **on** the way home *на пути (в…)* / *по дороге домой*	☐ I met Anna **on the way** to work / **on the way** home.

in/at/on (*предлоги места*) ➔ Раздел 106   to/in/at ➔ Раздел 108   on the left/right ➔ Раздел 109

Упражнения

107.1 Посмотрите на картинки и ответьте на вопросы. Используйте **in**/**at**/**on**.

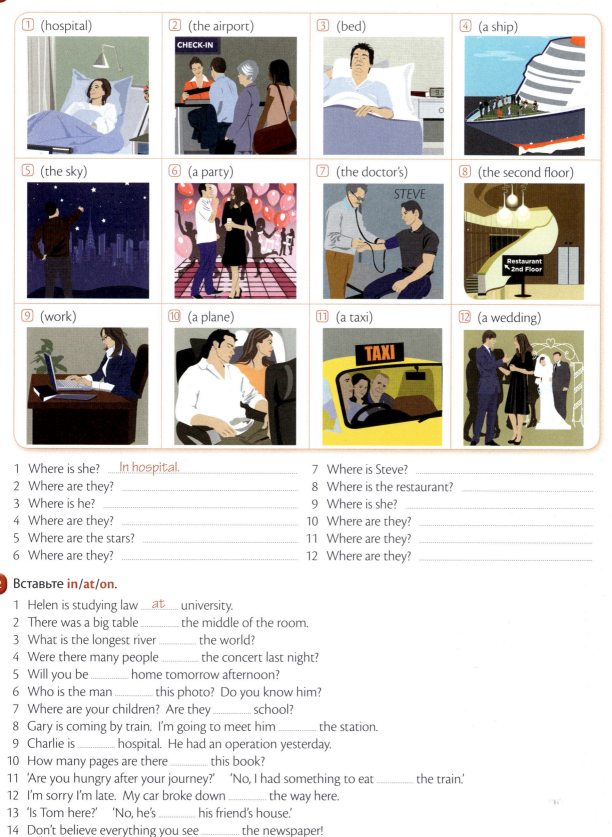

① (hospital)	② (the airport)	③ (bed)	④ (a ship)
⑤ (the sky)	⑥ (a party)	⑦ (the doctor's)	⑧ (the second floor)
⑨ (work)	⑩ (a plane)	⑪ (a taxi)	⑫ (a wedding)

1 Where is she? *In hospital.*
2 Where are they? ....
3 Where is he? ....
4 Where are they? ....
5 Where are the stars? ....
6 Where are they? ....

7 Where is Steve? ....
8 Where is the restaurant? ....
9 Where is she? ....
10 Where are they? ....
11 Where are they? ....
12 Where are they? ....

107.2 Вставьте **in**/**at**/**on**.

1 Helen is studying law ....*at*.... university.
2 There was a big table .... the middle of the room.
3 What is the longest river .... the world?
4 Were there many people .... the concert last night?
5 Will you be .... home tomorrow afternoon?
6 Who is the man .... this photo? Do you know him?
7 Where are your children? Are they .... school?
8 Gary is coming by train. I'm going to meet him .... the station.
9 Charlie is .... hospital. He had an operation yesterday.
10 How many pages are there .... this book?
11 'Are you hungry after your journey?' 'No, I had something to eat .... the train.'
12 I'm sorry I'm late. My car broke down .... the way here.
13 'Is Tom here?' 'No, he's .... his friend's house.'
14 Don't believe everything you see .... the newspaper!
15 I walked to work, but I came home .... the bus.

107.3 Переведите предложения на английский язык.

верхний этаж = top floor

1 Я сюда приехала на такси.
2 "Джеймс дома?" – "Нет, он на работе".
3 Кто самый богатый человек в мире?
4 Я не жила в гостинице. Я жила у своего брата.

5 Я думаю, я потеряла свой телефон по дороге в школу.
6 Это твой дедушка на фото?
7 Наша квартира находится на верхнем этаже.
8 Я видел Бена на вечеринке.

225

to   in   at *(предлоги места 3)*

A

to

go/come/return/walk *(и т. д.)* **to ...**
(после глаголов движения)

- We're **going to London** on Sunday.
  Мы едем в Лондон в воскресенье.
- I want to **go to Italy** next year.
  Я хочу поехать в Италию ...
- We **walked** from my house **to the centre of town**.
  Мы прошли пешком от моего дома до центра города.
- What time do you **go to bed**?
  Когда ты ложишься спать?
  (букв. идёшь в кровать)

- The bus is **going to the airport**.
  Автобус идёт в аэропорт.
- Karen didn't **go to work** yesterday.
  Вчера Карен не ходила на работу.
- I **went to a party** last night.
  Вчера вечером я ходил на вечеринку.
- You must **come to our house**.
  Вы должны прийти к нам домой.

in/at *(→ Разделы 106–107)*

be/stay/do something *(и т. д.)* **in ...**

- Piccadilly Circus **is in London**.
  Площадь Пикадилли находится в Лондоне.
- My brother **lives in Italy**.
  Мой брат живёт в Италии.
- The main shops **are in the centre of town**.
  Основные магазины находятся в центре города.
- I like **reading in bed**.
  Я люблю читать в кровати.

be/stay/do something *(и т. д.)* **at ...**

- The bus **is at the airport**.
  Автобус находится в аэропорту.
- Sarah **wasn't at work** yesterday.
  Вчера Сары не было на работе.
- I **met a lot of people at the party**.
  На вечеринке я познакомился со ...
- Helen **stayed at her brother's house**.
  Хелен останавливалась в доме у брата.

B

home

go/come/walk *(и т. д.)* **home** *(без **to**)* = *домой*:
- I'm tired. I'm **going home**.
  (неверно to home*)*
- Did you **walk home**?

be/stay/do something *(и т. д.)* **at home** = *дома*:
- I'm **staying at home** tonight.
- Dan doesn't work in an office.
  He **works at home**.

C

arrive и **get** = *прибывать/добираться/приезжать и т. д.*

arrive in + *страна/город* (**arrive in Italy** / **arrive in Paris** *и т. д.*):
- They **arrived in Russia** last week. *(неверно* arrived to Russia*)*
  Они прибыли в Россию ...

arrive at + *любые другие места назначения* (**arrive at the station** / **arrive at work** *и т. д.*):
- What time did you **arrive at the hotel**? *(неверно* arrive to the hotel*)*
  Когда вы приехали в гостиницу?

get to + *любые места назначения*:
- What time did you **get to the hotel**? *... добрались до гостиницы?*
- What time did you **get to Paris**? *... прилетели в Париж?*

get home / arrive home *(без предлога)*:
- I was tired when **I got home**. *или* I was tired when I **arrived home**. *... когда я добралась домой.*

been to → **Раздел 18**   get (to ...) → **Раздел 57**   in/at → **Разделы 106–107**

Упражнения

108.1 Вставьте **to** или **in**.

1 I like reading ___in___ bed.
2 We're going _____ Italy next month.
3 Sue is on holiday _____ Italy at the moment.
4 I have to go _____ the hospital tomorrow.
5 I was tired, so I stayed _____ bed late.
6 What time do you usually go _____ bed?
7 Does this bus go _____ the centre?
8 Would you like to live _____ another country?

108.2 Где необходимо, вставьте **to** или **at**. Одно из предложений не требует добавления предлога.

1 Paula didn't go ___to___ work yesterday.
2 I'm tired. I'm going ___–___ home. *(правильно)*
3 Tina is not very well. She has gone _____ the doctor.
4 Would you like to come _____ a party on Saturday?
5 'Is Lisa _____ home?' 'No, she's gone _____ work.'
6 There were 20,000 people _____ the football match.
7 Why did you go _____ home early last night?
8 A boy jumped into the river and swam _____ the other side.
9 There were a lot of people waiting _____ the bus stop.
10 We had a good meal _____ a restaurant, and then we went back _____ the hotel.

108.3 Где необходимо, вставьте **to**, **at** или **in**. Одно из предложений не требует добавления предлога.

1 I'm not going out this afternoon. I'm staying ___at___ home.
2 We're going _____ a concert tomorrow evening.
3 I went _____ New York last year.
4 How long did you stay _____ New York?
5 Next year we hope to go _____ Canada to visit some friends.
6 Do you want to go _____ the cinema this evening?
7 Did you park your car _____ the station?
8 After the accident three people were taken _____ hospital.
9 How often do you go _____ the dentist?
10 'Is Sarah here?' 'No, she's _____ Helen's.'
11 My house is _____ the end of the street on the left.
12 I went _____ Maria's house, but she wasn't _____ home.
13 There were no taxis, so we had to walk _____ home.
14 'Who did you meet _____ the party?' 'I didn't go _____ the party.'

108.4 Где необходимо, вставьте **to**, **at** или **in**. Некоторые предложения не требуют добавления предлога.

1 What time do you usually get _____ work?
2 What time do you usually get _____ home?
3 What time did you arrive _____ the party?
4 When did you arrive _____ London?
5 What time does the train get _____ Paris?
6 We arrived _____ home very late.

108.5 Закончите предложения о себе. Используйте **to/in/at**.

1 At 3 o'clock this morning I was ___in bed___ .
2 Yesterday I went _____ .
3 At 11 o'clock yesterday morning I was _____ .
4 One day I'd like to go _____ .
5 I don't like going _____ .
6 At 9 o'clock yesterday evening I was _____ .

108.6 Переведите предложения на английский язык.

1 Этот автобус идёт в Кембридж?
2 Когда я езжу в Лондон, я останавливаюсь у своей сестры.
3 Давай сходим в кафе. Я голоден.
4 Завтра я не иду в школу.
5 Анна приехала в ресторан в 7 часов.
6 Я люблю смотреть телевизор в кровати.
7 Пока. Сейчас я иду домой.
8 Где вы предпочитаете работать – в офисе или дома?

under, behind, opposite *и т. д.*

next to / beside = *рядом с* **between** = *между* **in front of** = *перед* **behind** = *за/позади*

Anna is **next to** Ben. *или* Anna is **beside** Ben.
Ben is **between** Anna and Carol.
Dan is **in front of** Ben.
Ed is **behind** Ben.

также
Anna is **on the left**. *Анна слева.*
Carol is **on the right**. *Кэрол справа.*
Ben is **in the middle** (of the group).
Бен в середине / в центре (группы).

opposite = *напротив* **in front of** = *перед*

Alice is sitting **in front of** Brian.
Alice is sitting **opposite** Chris.
Chris is sitting **opposite** Alice.

by = *у / рядом с*

by the window

- Who is that man standing **by the window**? ... *у окна?*
- Our house is **by the sea**. ... *у моря / рядом с морем.*
- If you feel cold, why don't you sit **by the fire**? ... *у камина?*

under = *под*

under the table

under a tree

- The cat is **under the table**.
- The girl is standing **under a tree**.
- I'm wearing a jacket **under my coat**.
  У меня надет пиджак под пальто.

above = *выше/над* **below** = *ниже/под*

A is **above the line**.
A выше линии.

B is **below the line**.
B ниже линии.

The pictures are **above the shelves**.
Картины над полками.

The shelves are **below the pictures**.
Полки под картинами.

up/over/through *и т. д.* → **Раздел 110**   by → **Раздел 111**

Упражнения

109.1 Где эти люди находятся по отношению друг к другу? Заполните пропуски в предложениях.

ALAN   *BECKY*   *CARL*

DANIELA   *EMMA*   *FRANK*

1 Carl is standing ...*behind*... Frank.
2 Frank is sitting .... Emma.
3 Emma is sitting .... Becky.
4 Emma is sitting .... Daniela and Frank.
5 Daniela is sitting .... Emma.
6 Frank is sitting .... Carl.
7 Alan is standing .... Daniela.
8 Alan is standing .... left.
9 Becky is standing .... middle.

109.2 Посмотрите на картинки и заполните пропуски в предложениях.

1

      FIONA   PAUL   LEFT

1 The cat is ...*under*... the table.
2 There is a big tree .... the house.
3 The plane is flying .... the clouds.
4 She is standing .... the piano.
5 The cinema is .... the right.
6 She's standing .... the fridge.

7 The switch is .... the window.
8 The cupboard is .... the sink.
9 There are some shoes .... the bed.
10 The plant is .... the piano.
11 Paul is sitting .... Fiona.
12 In Britain people drive .... the left.

109.3 Напишите предложения по картинке.

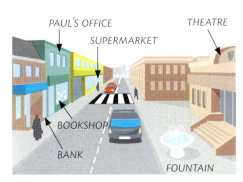

PAUL'S OFFICE   *THEATRE*

SUPERMARKET

BOOKSHOP

BANK

FOUNTAIN

1 (next to)   *The bank is next to the bookshop.*
2 (in front of)   The .... in front of
        ....
3 (opposite)   ....
        ....
4 (next to)   ....
        ....
5 (above)   ....
        ....
6 (between)   ....

109.4 Переведите предложения на английский язык.   диван = sofa

1 Стол находится в середине комнаты.
2 "Где моя сумка?" – "Под стулом".
3 Наша квартира находится над магазином.
4 Твоя кошка всегда спит за диваном?

5 Я хочу сидеть у окна.
6 Хорошее фото! Кто эта девушка справа?
7 Перед музеем есть автобусная остановка.
8 Дом Анны находится напротив парка.

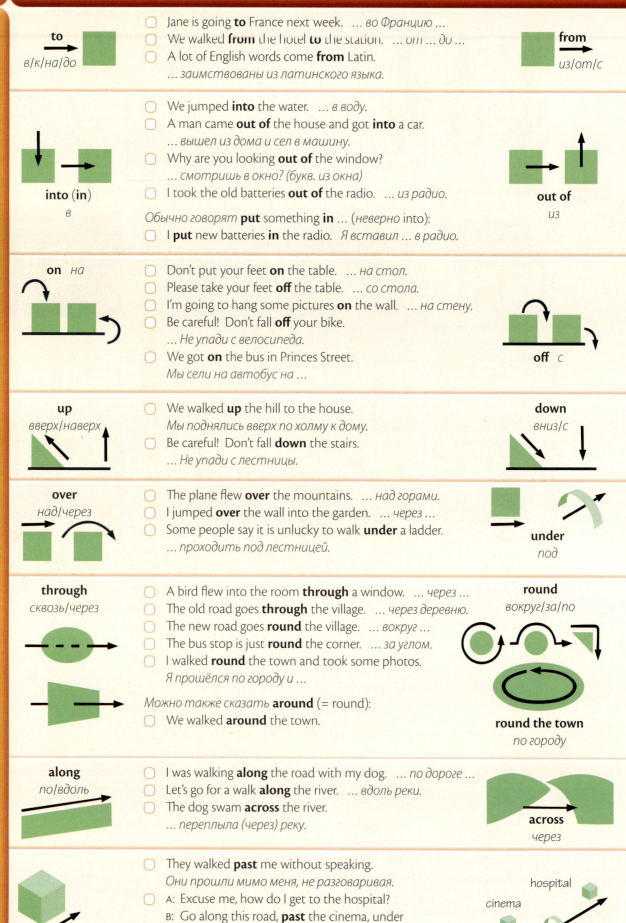

to
в/к/на/до

○ Jane is going **to** France next week. … во Францию …
○ We walked **from** the hotel **to** the station. … от … до …
○ A lot of English words come **from** Latin.
  … заимствованы из латинского языка.

from
из/от/с

○ We jumped **into** the water. … в воду.
○ A man came **out of** the house and got **into** a car.
  … вышел из дома и сел в машину.
○ Why are you looking **out of** the window?
  … смотришь в окно? (букв. из окна)
○ I took the old batteries **out of** the radio. … из радио.

Обычно говорят **put** *something* **in** … *(неверно* into*):*
○ I **put** new batteries **in** the radio. Я вставил … в радио.

into (in)
в

out of
из

on на

○ Don't put your feet **on** the table. … на стол.
○ Please take your feet **off** the table. … со стола.
○ I'm going to hang some pictures **on** the wall. … на стену.
○ Be careful! Don't fall **off** your bike.
  … Не упади с велосипеда.
○ We got **on** the bus in Princes Street.
  Мы сели на автобус на …

off с

up
вверх/наверх

○ We walked **up** the hill to the house.
  Мы поднялись вверх по холму к дому.
○ Be careful! Don't fall **down** the stairs.
  … Не упади с лестницы.

down
вниз/с

over
над/через

○ The plane flew **over** the mountains. … над горами.
○ I jumped **over** the wall into the garden. … через …
○ Some people say it is unlucky to walk **under** a ladder.
  … проходить под лестницей.

under
под

through
сквозь/через

○ A bird flew into the room **through** a window. … через …
○ The old road goes **through** the village. … через деревню.
○ The new road goes **round** the village. … вокруг …
○ The bus stop is just **round** the corner. … за углом.
○ I walked **round** the town and took some photos.
  Я прошёлся по городу и …

Можно также сказать **around** (= round)*:*
○ We walked **around** the town.

round
вокруг/за/по

round the town
по городу

along
по/вдоль

○ I was walking **along** the road with my dog. … по дороге …
○ Let's go for a walk **along** the river. … вдоль реки.
○ The dog swam **across** the river.
  … переплыла (через) реку.

across
через

○ They walked **past** me without speaking.
  Они прошли мимо меня, не разговаривая.
○ A: Excuse me, how do I get to the hospital?
  B: Go along this road, **past** the cinema, under
  the bridge and the hospital is on the left.
  … мимо кинотеатра, под мостом, и
  больница будет слева.

past
мимо

hospital
cinema
bridge

get in/on *и т. д.* → **Раздел 57**   in/on → **Разделы 106–107**   to → **Раздел 108**
fall off / run away *и т. д.* → **Раздел 114**

Упражнения

110.1 У вас спросили дорогу, и вы объясняете, как добраться до места назначения. Посмотрите на картинки и напишите предложения, начинающиеся с **Go ...** .

Excuse me, where is … ?

Go …

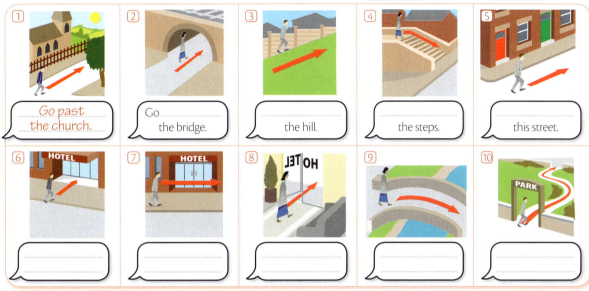

① *Go past the church.*	② Go .... the bridge.	③ .... the hill.
④ .... the steps.	⑤ .... this street.	

⑥ ....

⑦ ....

⑧ ....

⑨ ....

⑩ ....

110.2 Посмотрите на картинки и заполните пропуски в предложениях.

1 The dog swam ..._across_.. the river.
2 A book fell .... the shelf.
3 A plane flew .... the village.
4 A woman got .... the car.
5 A girl ran .... the road.
6 Suddenly a car came .... the corner.
7 They drove .... the village.
8 They got .... the train.
9 The moon travels .... the earth.
10 They got .... the house .... a window.

110.3 Заполните пропуски в предложениях. Используйте **over**/**from**/**into** и т. д.

1 I looked .... the window and watched the people in the street.
2 My house is very near here. It's just .... the corner.
3 'Where's my phone?' 'You put it .... your bag.'
4 How far is it .... here .... the airport?
5 We walked .... the museum for an hour and saw a lot of interesting things.
6 You can put your coat .... the back of the chair.
7 In tennis, you have to hit the ball .... the net.
8 Silvia took a key .... her bag and opened the door.

110.4 Переведите предложения на английский язык.

туннель = tunnel

1 За углом есть магазин.
2 Вечером они гуляли по пляжу.
3 Мы сбежали с холма.
4 Джеймс вышел из своей машины и зашёл в банк.
5 Дорога в аэропорт идёт через туннель.
6 Идите мимо музея и поверните налево.
7 Вчера я упал с лестницы.
8 Чёрная кошка перебежала через дорогу.

on   at   by   with   about

A   on

on holiday = *в отпуск(е) / на отдых(е)* **on television / on TV** = *по телевизору* **on the radio** = *по радио* **on the phone** = *по телефону* **on fire** = *пожар (букв. в огне)* **on time** = *вовремя*	○ Jane isn't at work this week. She's **on holiday**. ○ We watched the news **on TV**. ○ We listened to the news **on the radio**. ○ I spoke to Rachel **on the phone** last night. ○ The house is **on fire**! Call the fire brigade. *В доме пожар!* … ○ 'Was the train late?' 'No, it was **on time**.'

B   at

at (**the age of**) **21** / **at 50 kilometres an hour** / **at 100 degrees** *и т. д.* :

○ Lisa got married **at 21**. (*или* … **at the age of 21**.)
   … *в 21 год.* (*или* … *в возрасте 21 года.*)
○ A car uses more petrol **at 120 kilometres an hour** than **at 90**.
   Машина расходует больше бензина на скорости 120 км/ч, чем на скорости 90 км/ч.
○ Water boils **at 100 degrees Celsius**. *Вода закипает при 100 градусах Цельсия.*

C   by

by bus

by car / **by bus** / **by plane** / **by bike** *и т. д.* :

○ Do you like travelling **by train**? … *ездить на поезде?*
○ Jane usually goes to work **by bike**.   … *на велосипеде.*

но **on foot**:

○ You can't get there **by car**. You have to go **on foot**.
   Туда не добраться на машине. Вам придётся идти пешком.

on foot

a book **by** … / a painting **by** … / a piece of music **by** … *и т. д.* :

○ Have you read any books **by Charles Dickens**?
   Ты читал какие-либо книги Чарльза Диккенса?
○ **Who** is that painting **by**? Picasso?
   Чья это картина? (= кто автор) …

the title
by
the writer

by *после пассивных конструкций* (→ *Раздел 22*):

○ I was bitten **by a dog**. *Меня укусила собака. (букв. Я был укушен собакой.)*

D   with/without

Обычно **with** *переводится на русский язык как предлог "с",*
но могут быть и другие варианты:

○ I went on holiday **with a friend of mine**. … *со своим другом.*
○ Do you know that man **with the beard**? … *с бородой?*
○ I'd like to have a house **with a big garden**. … *с большим садом.*
○ I cut the paper **with a pair of scissors**.
   Я разрезал бумагу ножницами.

a man
with a beard

a woman
with glasses

without = *без*

○ Do you like your coffee **with** or **without milk**? … *с молоком или без?*
○ Wait for me. Please don't go **without me**. … *без меня.*

E   about = *о*

talk/speak/think/hear/know about … :

○ Some people **talk about their work** all the time.   … *говорят о своей работе* …
○ I don't **know** much **about cars**. *Я мало что знаю о машинах.*

a book / a question / a programme / information (*и т. д.*) **about** … :

○ There was **a programme about** volcanoes on TV last night. Did you see it?
   … *передача о вулканах* …

by → *Разделы 22, 64, 109*   at/on → *Разделы 103, 106–107*   *предлог* + -ing → *Раздел 112*

Упражнения

111.1 Закончите предложения, используя **on** + слова из рамки:

holiday	the	phone	~~the radio~~	TV	time

1 We heard the news ___on the radio___ .
2 Please don't be late. Try to be here _____ .
3 I won't be here next week. I'm going _____ .
4 'Did you see Linda?'   'No, but I talked to her _____ .'
5 'What's _____ this evening?'   'Nothing that I want to watch.'

111.2 Посмотрите на картинки. Заполните пропуски, используя **at**/**by**/**with** и т. д.

1 I cut the paper ___with___ a pair of scissors.
2 She usually goes to work _____ car.
3 Who is the woman _____ short hair?
4 They are talking _____ the weather.
5 The car is _____ fire.
6 She's listening to some music _____ Mozart.
7 The plane is flying _____ 600 miles an hour.
8 They're _____ holiday.
9 Do you know the man _____ sunglasses?
10 He's reading a book _____ grammar _____ Vera P. Bull.

111.3 Заполните пропуски, используя **at**/**by**/**with** и т. д.

1 In tennis, you hit the ball _____ a racket.
2 It's cold today. Don't go out _____ a coat.
3 *Hamlet*, *Othello* and *Macbeth* are plays _____ William Shakespeare.
4 Do you know anything _____ computers?
5 My grandmother died _____ the age of 98.
6 How long does it take from New York to Los Angeles _____ plane?
7 I didn't go to the football match, but I watched it _____ TV.
8 My house is the one _____ the red door on the right.
9 These trains are very fast. They can travel _____ very high speeds.
10 I don't use my car very often. I prefer to go _____ bike.
11 Can you give me some information _____ hotels in this town?
12 I was arrested _____ two policemen and taken to the police station.
13 The buses here are very good. They're nearly always _____ time.
14 What would you like to drink _____ your meal?
15 We travelled from Paris to Moscow _____ train.
16 The museum has some paintings _____ Rembrandt.

111.4 Переведите предложения на английский язык.

новости = the news

1 Я никогда не смотрю новости по телевизору.
2 Это важная встреча. Мне нужно там быть вовремя.
3 "Как ты сюда добиралась?" – "Пешком".
4 Вы слышали о Бене и Эмме? Они собираются пожениться.
5 Кто эта женщина с длинными волосами и в очках?
6 Ты можешь водить машину в возрасте 18 лет.
7 Мне не нравятся книги этого писателя.
8 Я болею, поэтому Борис идёт на вечеринку без меня.

full of ... , good at ... и т. д.
of/at/for и т. д. (предлоги) + –ing

A   **full of** ... , **married to** ... и т. д. (прилагательное + предлог)

She's **fed up with** her job.

The room was **full of** people.

LAURA   LAURA'S HUSBAND

Laura is **married to** a dentist.

fed up with ... *сыт по горло / надоело* **full of** ... *полон (кого-то/чего-то)* **married to** ... *женат на / замужем за* **nice/kind of** somebody ... *мило с чьей-то стороны* **nice/kind to** somebody *добр (по отношению) к ...*	◯ I'm **fed up with** my job. I want to do something different. 　*Я сыт по горло своей работой ...* ◯ The room was **full of people**. 　*В комнате было полно народу.* ◯ Laura is **married to** a dentist. 　*Лора замужем за стоматологом.* ◯ It was **kind of** you to help us. Thank you very much. 　*Было мило с вашей стороны нам помочь ...* ◯ David is very friendly. He's always very **nice to** me. 　*... Он всегда очень добр ко мне.*

B   **good at** ... , **interested in** ...

*Некоторые сочетания "**be** + прилагательное" переводятся на русский язык глаголом:*

be **angry with** somebody *сердиться на* be **angry about** something *сердиться за/из-за* be **different from/to** ... *отличаться от* be **good at** ... *хорошо получается / разбираться в* be **interested in** ... *интересоваться* be **scared of** ... / **afraid of** ... *бояться* be **sorry about** a situation *сожалеть о* be **sorry for/about** doing something *сожалеть о* be/feel **sorry for** somebody *жалеть*	◯ Why are you **angry with** me? What have I done? 　*Почему ты на меня сердишься? ...* ◯ Are you **angry about** last night? 　*Ты сердишься из-за того, что произошло вчера вечером?* ◯ Lisa is very **different from** (*или* **to**) her sister. 　*Лиза очень отличается от её сестры.* ◯ Are you **good at** maths? 　*Ты хорошо разбираешься в математике?* ◯ I'm not **interested in** sport. 　*Я не интересуюсь спортом.* ◯ Are you **scared of** dogs? *или* Are you **afraid of** dogs? 　*Ты боишься собак?* ◯ I'm afraid I can't help you. I'm **sorry about** that. 　*... Я сожалею об этом.* ◯ I'm **sorry for/about** not phoning you yesterday. 　(*или* I'm sorry I didn't phone you) 　*Извини (букв. сожалею), что не позвонил тебе вчера.* ◯ I feel **sorry for** them. They are in a very difficult situation. 　*Мне их жаль. ...*

C   **of/at/for** (*и т. д.*) + –ing

*Если после предлога (**of/at/for** и т. д.) стоит глагол, то это должна быть форма на **–ing**:*

I'm not very good **at**	**telling**	stories.	*Я не очень хорошо рассказываю ...*
Are you fed up **with**	**doing**	the same thing every day?	*Тебе надоело делать одно и то же ... ?*
I'm sorry **for**	not **phoning**	you yesterday.	*Извини, что не позвонил тебе ...*
Thank you **for**	**helping**	me.	*Спасибо, что ты мне помог.*
Mark is thinking **of**	**buying**	a new car.	*Марк думает о покупке ...*
Tom left **without**	**saying**	goodbye.	*Том ушёл не попрощавшись.*
After	**doing**	the shopping, they went home.	*Сделав покупки,...*

before/after –ing ➜ **Раздел 105**   think about/of ➜ **Раздел 113**

Упражнения

112.1 Посмотрите на картинки и заполните пропуски. Используйте **of**/**with**/**in** и т. д.

1 Woof!
2 SCIENCE NOW
3 This is my husband.
4 I speak German, Russian, Spanish …
6 Can I help you?

1 He's scared .....of..... dogs.
2 She's interested .... science.
3 She's married .... a footballer.

4 She's very good .... languages.
5 He's fed up .... the weather.
6 A: Can I help you?
   B: Thanks, that's very kind .... you.

112.2 Вставьте **in**/**of**/**with** и т. д.

1 I'm not interested .....in..... sport.
2 I'm not very good .... sport.
3 I like Sarah. She's always very kind .... me.
4 I'm sorry .... your broken window. It was an accident.
5 He's very brave. He isn't scared .... anything.
6 It was very nice .... Jane to let us stay in her apartment.
7 Life today is very different .... life 50 years ago.
8 Are you interested .... politics?
9 I feel sorry .... her, but I can't help her.
10 Chris was angry .... what happened.
11 These boxes are very heavy. They are full .... books.
12 I'm sorry .... getting angry .... you yesterday.

112.3 Закончите предложения, следуя образцу.

1 I'm not very ....good at telling.... stories. (good/tell)
2 I wanted to go to the cinema, but Paula wasn't .... (interested/go)
3 Sue isn't very .... up in the morning. (good/get)
4 Let's go! I'm .... (fed up / wait)
5 I'm .... you up in the middle of the night. (sorry/wake)
6 Sorry I'm late! .... (thank you / wait)

112.4 Закончите предложения, используя **without -ing**.

1 (Tom left / he didn't say goodbye) ....Tom left without saying goodbye.....
2 (Sue walked past me / she didn't speak)
   Sue walked ....
3 (Don't do anything / ask me first)
   Don't ....
4 (I went out / I didn't lock the door)
   I ....

112.5 Напишите предложения о себе.

1 (interested) ....I'm interested in sport.....
2 (scared) I'm ....
3 (not very good) I'm not ....
4 (not interested) ....
5 (fed up) ....

112.6 Переведите предложения на английский язык, используя выражения на странице слева.

1 Я не боюсь пауков.
2 Сандра интересуется российской историей.
3 Мы думаем о том, чтобы покинуть Лондон.
4 Анжела очень хорошо играет на гитаре.
5 Москва отличается от Петербурга.
6 Салли очень сердилась на свою сестру.

7 Мне нравится, когда в нашем доме полно друзей!
8 Мне было жаль Бориса, потому что он потерял свою работу.
9 Мне надоел этот шум!

паук = spider
покинуть = leave
потерять = lose
шум = noise

listen to ... , look at ... и т. д. (глагол + предлог)

A

После некоторых глаголов в английском языке необходимо использовать определённые предлоги. Обратите внимание, что при переводе на русский язык один и тот же предлог может переводиться по-разному.

ask (somebody) **for** ... *просить (кого-либо) о*	○ Don't **ask** me **for** money. I don't have any. *Не просите у меня денег. ...*
belong to ... *принадлежать*	○ This house doesn't **belong to** me. *Этот дом мне не принадлежит.*
happen to ... *случиться с*	○ I can't find my phone. What's **happened to** it? *... Что с ним случилось?*
listen to ... *слушать*	○ **Listen to** this music. It's great. *Послушай эту музыку. ...*
talk to somebody (**about** ...) **speak to** somebody (**about** ...) *говорить с кем-либо (о)*	○ Did you **talk to** John **about** the problem? *Ты говорил с Джоном об этой проблеме?* ○ I'd like to **speak to** the manager, please. *Я хотел бы поговорить с менеджером.*
thank somebody **for** ... *благодарить кого-либо за*	○ **Thank** you very much **for** your help. *Большое спасибо за вашу помощь.*
think about ... *или* **think of** ... *думать о*	○ He never **thinks about** (*или* **of**) other people. *Он никогда не думает о других людях.* ○ Mark is **thinking of** (*или* **about**) buying a car. *Марк думает о покупке машины.*
wait for ... *ждать*	○ **Wait for** me. I'm nearly ready. *Подождите меня ...*

Обратите внимание, что выражения с **call**/**phone**/**text**/**email** *используются без предлога:*

○ I have to **phone my parents** today. (*неверно* phone to my parents)
Мне нужно позвонить родителям сегодня.

○ Shall I **text you** or **email you**?
Тебе отправить СМС или имейл?

B **look at / look for / look after**

look at ... *смотреть* *на ...*	○ He's **looking at** his watch. *Он смотрит на часы.* ○ **Look at** these flowers! They're beautiful. *Посмотрите на эти цветы! ...* ○ Why are you **looking at** me like that? *Почему ты так на меня смотришь?*
look for ... *искать* 	○ She's lost her key. She's **looking for** it. *... Она его ищет.* ○ I'm **looking for** Sarah. Have you seen her? *Я ищу Сару. ...*
look after ... *присматривать за ... /* *заботиться о ... и т. д.*	○ When Emily is at work, a friend of hers **looks after** her children. *... подруга присматривает за её детьми.* ○ Don't lose this book. **Look after** it. *... Обращайся с ней аккуратно. (букв. Позаботься о ней)*

C **depend on**

○ A: Do you like eating in restaurants?
　 B: Sometimes. It **depends on** the restaurant. (*неверно* it depends from)
　　 ... Это зависит от ресторана.

Выражения **it depends what/where/how** (*и т. д.*) *используются с предлогом* **on** *или без него:*

○ A: Do you want to come out with us?
　 B: It **depends where** you're going. *или* It **depends on where** you're going.
　　 ... Это зависит от того, куда вы идёте.

wait ➜ **Раздел 55** *предлог* + *-ing* ➜ **Раздел 112**

Упражнения

1 She's looking __at__ her watch.
2 He's listening _____ the radio.
3 They're waiting _____ a taxi.

4 Paul is talking _____ Jane.
5 They're looking _____ a picture.
6 Sue is looking _____ Tom.

113.2 Заполните пропуски, используя **to**/**for**/**about** и т. д. Два предложения не требуют добавления предлога.

1 Thank you very much __for__ your help.
2 This isn't my umbrella. It belongs _____ a friend of mine.
3 I saw Steve, but I didn't speak _____ him.
4 Don't forget to phone _____ your mother tonight.
5 Thank you _____ the present. It was lovely.
6 What happened _____ Ella last night? Why didn't she come to the party?
7 We're thinking _____ going to Australia next year.
8 We asked the waiter _____ coffee, but he brought us tea.
9 'Do you like reading books?' 'It depends _____ the book.'
10 John was talking, but nobody was listening _____ what he was saying.
11 We waited _____ Karen until 2 o'clock, but she didn't come.
12 I texted _____ Lisa to tell her I would be late.
13 He's alone all day. He never talks _____ anybody.
14 'How much does it cost to stay at this hotel?' 'It depends _____ the type of room.'
15 Catherine is thinking _____ changing her job.

113.3 Вставьте **at**/**for**/**after**.

1 I looked _____ the letter, but I didn't read it carefully.
2 When you are ill, you need somebody to look _____ you.
3 Excuse me, I'm looking _____ Hill Street. Is it near here?
4 Bye! Have a great holiday and look _____ yourself.
5 I want to take a picture of you. Please look _____ the camera and smile.
6 Ben is looking _____ a job. He wants to work in a hotel.

113.4 Ответьте на вопросы. Начните предложения с **It depends ...** .

1 Do you want to go out with us?
2 Do you like eating in restaurants?
3 Do you enjoy watching TV?
4 Can you do something for me?
5 Are you going away this weekend?
6 Can you lend me some money?

1 *It depends where you're going.*
2 *It depends on the restaurant.*
3 It depends _____
4 It _____

113.5 Переведите предложения на английский язык, используя выражения на странице слева.

1 Посмотри на Анну! Что она делает?
2 Я позвоню тебе завтра.
3 Я подожду тебя здесь.
4 А: Ты любишь ходить в кино?
   В: Иногда. Это зависит от фильма."
5 Когда мы ездили в отпуск, наш сосед присматривал за нашей кошкой.
6 Пожалуйста, поблагодари Нину за её замечательный торт.
7 Что ты думаешь о моём парне?
8 Извините. Я ищу выход.
9 Эта сумка принадлежит Лене?
10 А: Вы любите рыбу?
    В: Это зависит от того, как вы её приготовите.

замечательный = lovely
парень = boyfriend
выход = exit

go in, fall off, run away и т. д. (phrasal verbs 1)

Phrasal verb *(фразовый глагол)* – это глагол (**go/look/be** *и т. д.*) + **in/out/up/down** *и т. д.*

in

GO IN

○ I waited outside the shop. I didn't **go in**.
… *Я не заходил внутрь.*
○ Sarah opened the door of the car and **got in**.
(= **into** the car) … *и села в неё.*

out

LOOK
OUT

○ I went to the window and **looked out**.
Я подошла к окну и посмотрела наружу.
○ The car stopped and a woman **got out**.
(= **out of** the car) … *вышла из неё.*

on

GET ON

○ The bus came, and I **got on**.
Подошёл автобус, и я в него села.

off

FALL OFF

○ Be careful! Don't **fall off**.
… *Не упади.*

up

STAND UP

○ He **stood up** and left the room.
Он встал и вышел …
(**stand up** = *вставать из положения сидя*)
○ I usually **get up** early. … *встаю рано.*
(**get up** = *вставать утром с постели*)
○ We **looked up** at the stars in the sky.
Мы посмотрели вверх …

down

FALL DOWN

○ The picture **fell down**.
Картина упала.
○ Would you like to **sit down**?
Вы хотите сесть?
○ **Lie down** on the floor.
Ложитесь на пол.

away *или* **off**

RUN AWAY

○ The thief **ran away**. (*или* … **ran off**)
Вор убежал.
○ Emma got into the car and **drove away**.
(*или*… **drove off**)
Эмма села в машину и уехала.

be away = *отсутствовать*, **go away** = *уезжать*
○ Tom has **gone away** for a few days.
Том уехал на несколько дней.

back

GO

COME BACK

○ Go away and don't **come back**!
Уходи и не возвращайся!
○ We went out for dinner and then **went back**
to our hotel.
… *а затем вернулись в гостиницу.*

be back = *возвращаться*
○ Tom is away. He'll **be back** on Monday.
Тома нет. Он вернётся в понедельник.

over

CLIMB OVER   TURN OVER

○ The wall wasn't very high, so we **climbed over**. … *перелезли через неё.*
○ **Turn over** and look at the next page.
Переверни страницу и посмотри на следующую.

round (*или* **around**)

Jon!

JON   LOOK ROUND

○ Somebody shouted my name, so I **looked round** (*или* **around**).
… *поэтому я оглянулся.*
○ We went for a long walk. After an hour we **turned round** (*или* **around**) and went back.
… *развернулись и пошли обратно.*

get → **Раздел 57**   put on / take off *и т. д. (фразовые глаголы)* → **Раздел 115**
список фразовых глаголов → **Приложение 6**

Упражнения

114.1 Посмотрите на картинки и закончите предложения. Используйте глаголы
из рамки + **in**/**out**/**up** и т. д.

| got | got | ~~looked~~ | looked | rode | sat | turned | went |

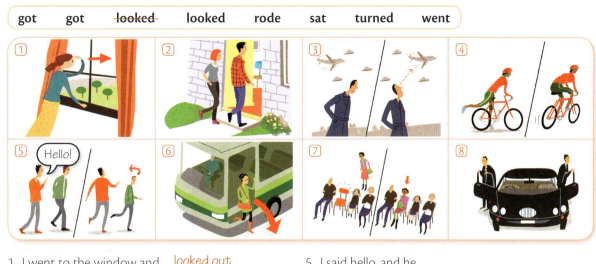

1 I went to the window and ___looked out___
2 The door was open, so we ....
3 He heard a plane, so he ....
4 She got on her bike and ....

5 I said hello, and he ....
6 The bus stopped, and she ....
7 There was a free seat, so she ....
8 A car stopped, and two men ....

114.2 Вставьте **out**/**away**/**back** и т. д.

1 'What happened to the picture on the wall?' 'It fell ___down___.'
2 Wait a minute. Don't go .... I want to ask you something.
3 Lisa heard a noise behind her, so she looked .... to see what it was.
4 I'm going .... now to do some shopping. I'll be .... at 5 o'clock.
5 I'm feeling very tired. I'm going to lie .... on the sofa.
6 When you have read this page, turn .... and read the other side.
7 Mark is from Canada. He lives in London now, but he wants to go .... to Canada.
8 We don't have a key to the house, so we can't get ....
9 I was very tired this morning. I couldn't get ....
10 A: When are you going .... ?
    B: On the 5th. And I'm coming .... on the 24th.

114.3 Перед тем как выполнить упражнение, изучите глаголы в Приложении 6 (страница 250).
Заполните пропуски, используя глаголы из рамки + **on**/**off**/**up** и т. д. Где необходимо, поставьте
глагол в правильную форму.

| break | fall | give | hold | speak | ~~wake~~ | |
| carry | get | go | slow | take | | + **on/off/up/down/over** |

1 I went to sleep at 10 o'clock and ___woke up___ at 8 o'clock the next morning.
2 'It's time to go.' '................................. a minute. I'm not ready yet.'
3 The train .... and finally stopped.
4 I like flying, but I'm always nervous when the plane ....
5 How are your children? How are they .... at school?
6 It's difficult to hear you. Can you .... a little?
7 This car isn't very good. It has .... many times.
8 When babies try to walk, they sometimes ....
9 The hotel isn't far from here. If you .... along this road, you'll see it on the left.
10 I tried to find a job, but I .... It was impossible.
11 The fire alarm .... and everyone had to leave the building.

114.4 Переведите предложения на английский язык, используя выражения на странице слева и
в Приложении 6.

поздно = late
присмотреть за = look after

1 Сейчас я ухожу, но я вернусь в три часа.
2 Пожалуйста, проходите и садитесь.
3 В воскресенье я встала очень поздно.
4 Ты можешь присмотреть за моей кошкой?
   Я уезжаю на следующей неделе.

5 Пожалуйста, помедленнее.
   Ты говоришь очень быстро.
6 Такси остановилось, и Том вышел.
7 Поторопись! Фильм начинается через пять минут.
8 Мы вас не слышим. Вы можете говорить громче?

put on your shoes   put your shoes on
(phrasal verbs 2)

*Некоторые фразовые глаголы (**put on** / **take off** и т. д.) могут иметь дополнение. Например:*

глагол   дополнение
put on   your coat

PUT ON

глагол   дополнение
take off   your shoes

TAKE OFF

Можно сказать:

put on your coat
или   **put** your coat **on**
надевать пальто

Можно сказать:

take off your shoes
или   **take** your shoes **off**
снимать ботинки

*Но **it/them** (местоимение) всегда ставится перед **on/off** и т. д. :*

put **it on** (*неверно* put on it)

take **them off** (*неверно* take off them)

- ◯ It was cold, so I **put on** my coat.
  или   … I **put** my coat **on**.
- ◯ Here's your coat. **Put it on**.
  … *Надень его.*

- ◯ I'm going to t**ake off** my shoes.
  или   … **take** my shoes **off**.
- ◯ Your shoes are dirty. **Take them off**.
  … *Сними их.*

Некоторые другие фразовые глаголы + дополнение:

turn on / **turn off** (lights, machines, taps и т. д.)
включать/выключать (свет, приборы, краны и т. д.):

- ◯ It was dark, so I **turned on** the light.
  или   … I **turned** the light **on**.
  … *поэтому я включил свет.*
- ◯ I don't want to watch this programme.
  You can **turn it off**.   *Ты можешь её выключить.*

TURN OFF

ON   OFF

SWITCH

*Можно также использовать **switch on** / **switch off** (lights, machines и т. д.):*
- ◯ I **switched on** the light and **switched off** the television.   *Я включил свет и выключил телевизор.*

pick up = *брать/поднимать*
put down = *класть/ставить*

- ◯ Those are my keys on the floor.
  Can you **pick them up** for me?
  … *Ты можешь их поднять?*
- ◯ I stopped reading and **put** my book **down**.
  или   … **put down** my book.
  … *и положила книгу.*

PICK UP

PUT DOWN

bring back = *приносить/привозить обратно*
- ◯ You can take my umbrella, but please **bring it back**.   … *принеси его обратно.*

take back = *относить обратно, возвращать*
- ◯ I **took** my new sweater **back** to the shop.
  It was too small for me.
  Я отнёс новый свитер обратно в магазин. …

give back = *отдавать обратно*
- ◯ I've got Rachel's keys. I have to **give them back** to her.
  … *Я должна отдать их ей обратно.*

put back = *класть обратно*
- ◯ I read the letter and then **put it back** in the envelope.
  … *и положил его обратно в конверт.*

TAKE

BRING BACK

go in / **fall off** и т. д. (*фразовые глаголы* 1) ➜ **Раздел 114**
список фразовых глаголов + дополнение ➜ **Приложение 7**

Упражнения

115.1 Посмотрите на картинки. Что сделали эти люди?

1 He ...turned on the light... .
2 She ....
3 He ....

4 She ....
5 He ....
6 She ....

115.2 Эти предложения можно составить тремя различными способами. Заполните таблицу.

1	I turned on the radio.	I turned the radio on.	I turned it on.
2	He put on his jacket.	He	He
3	She	She took her glasses off.	
4	I picked up the phone.		
5	They gave back the key.		
6		We turned the lights off.	

115.3 Заполните пропуски, используя глаголы из рамки + **it** / **them**.

> bring back   pick up   switch off   take back   ~~turn on~~

1 I wanted to watch something on TV, so I ...turned it on... .
2 My new lamp doesn't work. I'm going to .... to the shop.
3 There were some gloves on the floor, so I .... and put them on the table.
4 The heating was on but it was too warm, so I ....
5 Thank you for lending me these books. I won't forget to ....

115.4 Перед тем как выполнить упражнение, изучите глаголы в Приложении 7 (страница 251).
Заполните пропуски, используя глаголы из рамки. Где необходимо, также используйте **it**/**them**/**me**.

> fill in   ~~knock down~~   look up   show round   ~~turn down~~
> give up   knock over   put out   throw away   try on

1 They ...knocked... a lot of houses ...down... when they built the new road.
2 That music is very loud. Can you ...turn it down... ?
3 I .... a glass and broke it.
4 'What does this word mean?'   'Why don't you .... ?'
5 I want to keep these magazines. Please don't ....
6 I .... a pair of shoes in the shop, but I didn't buy them.
7 I visited a school last week. One of the teachers ....
8 'Do you play the piano?'   'No, I started to learn, but I .... after a month.'
9 Somebody gave me a form and told me to ....
10 Smoking isn't allowed here. Please .... your cigarette ....

115.5 Переведите предложения на английский язык, используя выражения на странице слева.

1 Снимайте обувь и заходите.
2 Я уронил свою ручку. Ты можешь её поднять?
3 Извините. Где я могу примерить это платье?
4 Я могу дать тебе свой фотоаппарат, но, пожалуйста, отдай его мне обратно завтра.
5 Мне нужно отнести эти книги обратно в библиотеку.
6 Было темно, когда я пришёл домой, поэтому я включил свет.
7 Ваша сумка тяжёлая? Вы можете поставить её сюда.
8 Ты можешь выкинуть этот зонтик. Он сломан.

обувь = shoes
уронить = drop
фотоаппарат = camera

Приложение 1
Активные и пассивные конструкции

Настоящее и прошедшее время

	актив	пассив
present simple	○ We **make** butter from milk. ○ Somebody **cleans** these rooms every day. ○ People never **invite** me to parties. ○ How **do** they **make** butter?	○ Butter **is made** from milk. ○ These rooms **are cleaned** every day. ○ I **am** never **invited** to parties. ○ How **is** butter **made**?
past simple	○ Somebody **stole** my car last week. ○ Somebody **stole** my keys yesterday. ○ They **didn't invite** me to the party. ○ When **did** they **build** these houses?	○ My car **was stolen** last week. ○ My keys **were stolen** yesterday. ○ I **wasn't invited** to the party. ○ When **were** these houses **built**?
present continuous	○ They **are building** a new airport at the moment. (= it isn't finished) ○ They **are building** some new houses near the river.	○ A new airport **is being built** at the moment. ○ Some new houses **are being built** near the river.
past continuous	○ When I was here a few years ago, they **were building** a new airport. (= it wasn't finished at that time)	○ When I was here a few years ago, a new airport **was being built**.
present perfect	○ Look! They **have painted** the door. ○ These shirts are clean. Somebody **has washed** them. ○ Somebody **has stolen** my car.	○ Look! The door **has been painted**. ○ These shirts are clean. They **have been washed**. ○ My car **has been stolen**.
past perfect	○ Tina said that somebody **had stolen** her car.	○ Tina said that her car **had been stolen**.

1.2 **will / can / must / have to** *и т. д.*

актив	пассив
○ Somebody **will clean** the office tomorrow. ○ Somebody **must clean** the office. ○ I think they**'ll invite** you to the party. ○ They **can't repair** my watch. ○ You **should wash** this sweater by hand. ○ They **are going to build** a new airport. ○ Somebody **has to wash** these clothes. ○ They **had to take** the injured man to hospital.	○ The office **will be cleaned** tomorrow. ○ The office **must be cleaned**. ○ I think you**'ll be invited** to the party. ○ My watch **can't be repaired**. ○ This sweater **should be washed** by hand. ○ A new airport **is going to be built**. ○ These clothes **have to be washed**. ○ The injured man **had to be taken** to hospital.

инфинитив		past simple	past participle
be	быть	was/were	been
beat	бить	beat	beaten
become	становиться	became	become
begin	начинать(ся)	began	begun
bite	кусать(ся)	bit	bitten
blow	дуть	blew	blown
break	ломать(ся)	broke	broken
bring	приносить	brought	brought
build	строить	built	built
buy	покупать	bought	bought
catch	ловить	caught	caught
choose	выбирать	chose	chosen
come	приходить	came	come
cost	стоить	cost	cost
cut	резать	cut	cut
do	делать	did	done
draw	рисовать	drew	drawn
drink	пить	drank	drunk
drive	водить (машину)	drove	driven
eat	есть	ate	eaten
fall	падать	fell	fallen
feel	чувствовать (себя)	felt	felt
fight	драться	fought	fought
find	находить	found	found
fly	летать	flew	flown
forget	забывать	forgot	forgotten
get	получать	got	got
give	давать	gave	given
go	ходить/ездить	went	gone
grow	расти	grew	grown
hang	вешать	hung	hung
have	иметь	had	had
hear	слышать	heard	heard
hide	прятать(ся)	hid	hidden
hit	ударять	hit	hit
hold	держать	held	held
hurt	причинять боль	hurt	hurt
keep	хранить/держать	kept	kept
know	знать	knew	known
leave	покидать/уходить	left	left
lend	одалживать	lent	lent
let	позволять	let	let

инфинитив		past simple	past participle
lie	лежать	lay	lain
light	зажигать	lit	lit
lose	терять	lost	lost
make	делать	made	made
mean	значить	meant	meant
meet	встречать(ся)	met	met
pay	платить	paid	paid
put	класть	put	put
read [/ri:d/]*	читать	read [/red/] *	read [/red/]*
ride	ездить (верхом)	rode	ridden
ring	звонить	rang	rung
rise	подниматься	rose	risen
run	бегать	ran	run
say	говорить/сказать	said	said
see	видеть	saw	seen
sell	продавать	sold	sold
send	посылать	sent	sent
shine	светить	shone	shone
shoot	стрелять	shot	shot
show	показывать	showed	shown
shut	закрывать(ся)	shut	shut
sing	петь	sang	sung
sit	сидеть	sat	sat
sleep	спать	slept	slept
speak	говорить	spoke	spoken
spend	тратить	spent	spent
stand	стоять	stood	stood
steal	воровать	stole	stolen
swim	плавать	swam	swum
take	брать	took	taken
teach	обучать	taught	taught
tear	разрывать	tore	torn
tell	говорить	told	told
think	думать	thought	thought
throw	кидать	threw	thrown
understand	понимать	understood	understood
wake	просыпаться/будить	woke	woken
wear	носить одежду	wore	worn
win	побеждать	won	won
write	писать	wrote	written

* произношение

Некоторые глаголы могут быть одновременно правильными (-ed) и неправильными (-t):

инфинитив	past simple / past participle
burn жечь	burned или burnt
dream мечтать / видеть сон	dreamed или dreamt

инфинитив	past simple / past participle
learn учить что-либо	learned или learnt
smell пахнуть/нюхать	smelled или smelt

Приложение 3
Неправильные глаголы: группы

Формы past simple *и* past participle *совпадают:*

Формы past simple *и* past participle *различаются:*

1

cost	→	**cost**
cut	→	**cut**
hit	→	**hit**
hurt	→	**hurt**

let	→	**let**
put	→	**put**
shut	→	**shut**

2

lend	→	**lent**
send	→	**sent**
spend	→	**spent**
build	→	**built**

lost	→	**lost**
shoot	→	**shot**
get	→	**got**
light	→	**lit**
sit	→	**sat**

burn	→	**burnt**
learn	→	**learnt**
smell	→	**smelt**

keep	→	**kept**
sleep	→	**slept**

feel	→	**felt**
leave	→	**left**
meet	→	**met**
dream	→	**dreamt** /dremt/*
mean	→	**meant** /ment/*

3

bring	→	**brought** /brɔːt/*
buy	→	**bought** /bɔːt/*
fight	→	**fought** /fɔːt/*
think	→	**thought** /θɔːt/*
catch	→	**caught** /kɔːt/*
teach	→	**taught** /tɔːt/*

4

sell	→	**sold**
tell	→	**told**

find	→	**found**
have	→	**had**
hear	→	**heard**
hold	→	**held**
read	→	**read** /red/*
say	→	**said** /sed/*

pay	→	**paid**
make	→	**made**

stand	→	**stood**
understand	→	**understood**

1

break	→	**broke**	**broken**
choose	→	**chose**	**chosen**
speak	→	**spoke**	**spoken**
steal	→	**stole**	**stolen**
wake	→	**woke**	**woken**

2

drive	→	**drove**	**driven**
ride	→	**rode**	**ridden**
rise	→	**rose**	**risen**
write	→	**wrote**	**written**

beat	→	**beat**	**beaten**
bite	→	**bit**	**bitten**
hide	→	**hid**	**hidden**

3

eat	→	**ate**	**eaten**
fall	→	**fell**	**fallen**
forget	→	**forgot**	**forgotten**
give	→	**gave**	**given**
see	→	**saw**	**seen**
take	→	**took**	**taken**

4

blow	→	**blew**	**blown**
grow	→	**grew**	**grown**
know	→	**knew**	**known**
throw	→	**threw**	**thrown**
fly	→	**flew**	**flown**
draw	→	**drew**	**drawn**
show	→	**showed**	**shown**

5

begin	→	**began**	**begun**
drink	→	**drank**	**drunk**
swim	→	**swam**	**swum**
ring	→	**rang**	**rung**
sing	→	**sang**	**sung**
run	→	**ran**	**run**

6

come	→	**came**	**come**
become	→	**became**	**become**

* *произношение*

4.1 В разговорном английском **I am** обычно произносится как одно слово. На письме это передаётся краткой формой **I'm**:

I am	→	**I'm**
it is	→	**it's**
they have	→	**they've**
		и т. д.

- ○ **I'm** feeling tired this morning.
- ○ 'Do you like this jacket?' 'Yes, **it's** nice.'
- ○ 'Where are your friends?' '**They've** gone home.'

При написании кратких форм используется **'** *(апостроф):*

I ~~a~~m → I**'m**   he~~i~~s → he**'s**   you ~~ha~~ve → you**'ve**   she ~~wi~~ll → she**'ll**

4.2 *С местоимениями* **I**/**he**/**she** *и т. д. можно использовать следующие формы:*

am	→	'm	I'm						
is	→	's		he's	she's	it's			
are	→	're					we're	you're	they're
have	→	've	I've				we've	you've	they've
has	→	's		he's	she's	it's			
had	→	'd	I'd	he'd	she'd		we'd	you'd	they'd
will	→	'll	I'll	he'll	she'll		we'll	you'll	they'll
would	→	'd	I'd	he'd	she'd		we'd	you'd	they'd

- ○ I**'ve** got some new shoes.
- ○ We**'ll** probably go out this evening.
- ○ It**'s** 10 o'clock. You**'re** late again.

's = **is** *или* **has**:

- ○ She**'s** going out this evening. (she**'s** going = she **is** going)
- ○ She**'s** gone out. (she**'s** gone = she **has** gone)

'd = **would** *или* **had**:

- ○ A: What would you like to eat?
  B: I**'d** like a salad, please. (I**'d** like = I **would** like)
- ○ I told the police that I**'d** lost my passport. (I**'d** lost = I **had** lost)

'm/**'s**/**'d** *и т. д. не используются в конце предложения* (→ *Раздел 41*):

- ○ 'Are you tired?' 'Yes, I **am**.' (*неверно* Yes, I'm.)
- ○ She isn't tired, but he **is**. (*неверно* he's)

4.3 *Краткие формы используются с местоимениями* **I**/**you**/**he**/**she** *и т. д. Их можно также использовать (особенно* **'s**) *с другими словами:*

- ○ **Who's** your favourite singer? (= who **is**)
- ○ **What's** the time? (= what **is**)
- ○ **There's** a big tree in the garden. (= there **is**)
- ○ **My sister's** working in London. (= my sister **is** working)
- ○ **Paul's** gone out. (= Paul **has** gone out)
- ○ **What colour's** your car? (= What colour **is** your car?)

4.4 *Краткие отрицательные формы (→ Раздел 44):*

isn't	(= is not)	**don't**	(= do not)	**can't**	(= cannot)
aren't	(= are not)	**doesn't**	(= does not)	**couldn't**	(= could not)
wasn't	(= was not)	**didn't**	(= did not)	**won't**	(= will not)
weren't	(= were not)			**wouldn't**	(= would not)
hasn't	(= has not)			**shouldn't**	(= should not)
haven't	(= have not)			**mustn't**	(= must not)
hadn't	(= had not)				

- ○ We went to her house, but she **wasn't** at home.
- ○ 'Where's David?'   'I **don't** know. I **haven't** seen him.'
- ○ You work all the time. You **shouldn't** work so hard.
- ○ I **won't** be here tomorrow. (= I will not)

4.5 **'s** (*апостроф +* **s**)

's *может иметь разные значения:*

(1) **'s** = **is** *или* **has** (→ *секция 4.2 данного Приложения*)
- ○ It**'s** raining. (= It **is** raining)
- ○ It**'s** stopped raining. (= It **has** stopped)

(2) **let's** = let **us** (→ *Разделы 36, 54*)
- ○ It's a lovely day. **Let's** go out. (= Let **us** go out.)

(3) Kate**'s** camera = *фотоаппарат Кейт*
my brother**'s** car = *машина моего брата*
the manager**'s** office = *офис начальника(цы) и т. д.*
(→ *Раздел 65*)

Сравните:
- ○ **Kate's** camera was very expensive. (**Kate's** camera = **her** camera)
- ○ **Kate's** a very good photographer. (**Kate's** = Kate **is**)
- ○ **Kate's** got a new camera. (Kate**'s** got = Kate **has** got)

Приложение 5
Правописание

5.1   *Слова на -s и -es (birds/watches и т. д.)*

существительное + s (множественное число) (→ Раздел 67)
bird → bird**s**	mistake → mistake**s**	hotel → hotel**s**

глагол + s (he/she/it -s) (→ Раздел 6)
think → think**s**	live → live**s**	remember → remember**s**

но

+ es *после* **-s / -sh / -ch / -x**
bu**s** → bus**es**	pas**s** → pass**es**	addre**ss** → address**es**
di**sh** → dish**es**	wa**sh** → wash**es**	fini**sh** → finish**es**
wat**ch** → watch**es**	tea**ch** → teach**es**	sandwi**ch** → sandwich**es**
bo**x** → box**es**		

также
potato → potato**es**	tomato → tomato**es**
do → do**es**	go → go**es**

-f / -fe → -ves
shel**f** → shel**ves**	kni**fe** → kni**ves**	*но* roo**f** → roo**fs**

5.2   *Слова, оканчивающиеся на -y (bab**y** → bab**ies** / stud**y** → stud**ied** и т. д.)*

-y → -ies
stud**y** → stud**ies** (*неверно* studys)		famil**y** → famil**ies** (*неверно* familys)
stor**y** → stor**ies**	cit**y** → cit**ies**	bab**y** → bab**ies**
tr**y** → tr**ies**	marr**y** → marr**ies**	fl**y** → fl**ies**

-y → -ied (→ *Раздел 12*)
stud**y** → stud**ied** (*неверно* studyed)		
tr**y** → tr**ied**	marr**y** → marr**ied**	cop**y** → cop**ied**

-y → -ier/-iest (→ *Разделы 88, 91*)
eas**y** → eas**ier**/eas**iest** (*неверно* easyer/easyest)	
happ**y** → happ**ier**/happ**iest**	luck**y** → luck**ier**/luck**iest**
heav**y** → heav**ier**/heav**iest**	funn**y** → funn**ier**/funn**iest**

-y → -ily (→ *Раздел 87*)
eas**y** → eas**ily** (*неверно* easyly)		
happ**y** → happ**ily**	heav**y** → heav**ily**	luck**y** → luck**ily**

y *не меняется на* **i***, если слово оканчивается на* **-ay/-ey/-oy/-uy***:*
holida**y** → holida**ys** (*неверно* holidaies)			
enj**oy** → enj**oys**/enj**oyed**	sta**y** → sta**ys**/sta**yed**	b**uy** → b**uys**	k**ey** → k**eys**

но

say → said   **pay → paid**   (*неправильные глаголы*)

5.3 **-ing**

> *Глаголы, оканчивающиеся на* **-e** (mak**e**/writ**e**/driv**e** *и т. д.*) → ~~**e**~~**ing**:
>
> mak**e** → mak**ing**   writ**e** → writ**ing**   com**e** → com**ing**   danc**e** → danc**ing**

> *Глаголы, оканчивающиеся на* **-ie** → **-ying**:
>
> l**ie** → l**ying**   d**ie** → d**ying**   t**ie** → t**ying**

5.4 stop → stop**p**ed, big → big**g**er *и т. д.*

Гласные и согласные:

Гласные буквы: a   e   i   o   u

Согласные буквы: b   c   d   f   g   k   l   m   n   p   r   s   t   w   y

Слово может оканчиваться на "гласная + согласная". Например: st**op**, b**ig**, g**et**.
В таких случаях **p/g/t** *и т. д. перед* **-ing/-ed/-er/-est** *меняется на* **pp/gg/tt** *и т. д.*

Например:

		Г + С			
stop	ST **O** **P**	p → **pp**	sto**pp**ing	sto**pp**ed
run	R **U** **N**	n → **nn**	ru**nn**ing	
get	G **E** **T**	t → **tt**	ge**tt**ing	
swim	SW **I** **M**	m → **mm**	swi**mm**ing	
big	B **I** **G**	g → **gg**	bi**gg**er	bi**gg**est
hot	H **O** **T**	t → **tt**	ho**tt**er	ho**tt**est
thin	TH **I** **N**	n → **nn**	thi**nn**er	thi**nn**est

Г = гласная буква
С = согласная буква

Изменений нет в следующих случаях:

(1) *если слово оканчивается на две согласные (С + С):*

		С+С		
help	HE **L** **P**	hel**p**ing	hel**p**ed
work	WO **R** **K**	wor**k**ing	wor**k**ed
fast	FA **S** **T**	fas**t**er	fas**t**est

(2) *если слово оканчивается на две гласные + одну согласную (Г + Г + С):*

		Г + Г + С		
need	N **E** **E** **D**	nee**d**ing	nee**d**ed
wait	W **A** **I** **T**	wai**t**ing	wai**t**ed
cheap	CH **E** **A** **P**	chea**p**er	chea**p**est

(3) *в более длинных словах (два слога и более), если последний слог безударный:*

		ударение	
happen	**HAP**-pen	→	happe**n**ing/happe**n**ed (*неверно* happe**nn**ed)
visit	**VIS**-it	→	visi**t**ing/visi**t**ed
remember	re-**MEM**-ber	→	remembe**r**ing/remembe**r**ed

но

| prefer | pre-**FER** | (*ударение на последний слог*) → prefe**rr**ing/prefe**rr**ed |
| begin | be-**GIN** | (*ударение на последний слог*) → begi**nn**ing |

(4) *если слово оканчивается на* **-y** *или* **-w**. (*В конце слова* **y** *и* **w** *не считаются согласными буквами.*)

enjo**y** → enjo**y**ing/enjo**y**ed   sno**w** → sno**w**ing/sno**w**ed   fe**w** → fe**w**er/fe**w**est

Ниже приведены некоторые часто употребимые в речи фразовые глаголы (→ Раздел 114).

on   **carry on** = *weitermachen/weitergehen*
- ○ Don't stop working. **Carry on**. … *Продолжай.*
- ○ A: Excuse me, where is the station?
- B: **Carry on** along this road and turn right at the lights. *Продолжайте идти по этой дороге …*

также **go on** (= *продолжать*) / **walk on** (= *продолжать идти*) / **drive on** (= *продолжать ехать*) и т. д.
- ○ Don't stop here. **Drive on**. … *Проезжайте.*

come on = *давай*
- ○ **Come on**! Everybody is waiting for you. *Давай! Все тебя ждут.*

> Hold on a minute.

get on = *справляться / делать успехи (на работе, в школе, на экзамене и т. д.)*
- ○ How was your exam? How did you **get on**? … *Как ты справилась?*

hold on = *подожди(те)*
- ○ Can you **hold on** a minute? *Подождите минутку.*

off   **take off** = *взлетать (о самолёте)*
- ○ The plane **took off** 20 minutes late, but arrived on time.
  Самолёт взлетел с опозданием на 20 минут, но …

TAKE OFF

go off = *взрываться (о бомбе и т. д.) / срабатывать (о сигнализации, будильнике и т. д.)*
- ○ A bomb **went off** and caused a lot of damage. *Бомба взорвалась …*
- ○ A car alarm **goes off** if somebody tries to break into the car.
  Автомобильная сигнализация срабатывает, если …

GO OFF

out   **go out** = *выходить из дома (чтобы развлечься)*
- ○ A: Are you doing anything tonight?
- B: Yes, I'm **going out** with some friends. *Да, мы с друзьями идём развлечься.*

up   **give up** = *отказываться от дальнейших попыток / сдаваться*
- ○ I know it's difficult, but don't **give up**.
  Я знаю, что это трудно, но не сдавайся.

GROW UP

grow up = *вырастать / взрослеть*
- ○ What does your son want to do when he **grows up**?
  … когда вырастет?

hurry up = *торопиться*
- ○ **Hurry up**! We don't have much time. *Поторопись! …*

WAKE UP

speak up = *говорить громче*
- ○ I can't hear you. Can you **speak up**, please?
  … Пожалуйста, говорите громче.

wake up = *просыпаться*
- ○ I often **wake up** in the middle of the night.
  Я часто просыпаюсь …

WASH UP

wash up = *мыть посуду (после еды)*
- ○ Do you want me to **wash up**? (*или … to do the washing-up?*)
  Ты хочешь, чтобы я вымыл посуду?

down   **slow down** = *делать что-либо медленнее*
- ○ You're driving too fast. **Slow down**! … *Поезжай помедленнее!*

break down = *ломаться (о машинах, приборах и т. д.)*
- ○ Sue was very late because her car **broke down**.
  … потому что у неё сломалась машина.

BREAK DOWN

over   **fall over** = *падать*
- ○ I **fell over** because my shoes were too big for me.
  Я упала, потому что …

FALL OVER

Ниже приведены некоторые часто употребимые в речи фразовые глаголы + дополнение (→ Раздел 115).

in/out	**fill in** / **fill out** a form = *заполнять бланк*
	○ Can you **fill in this form**, please? *или*
	Can you **fill out this form**, please?

out	**put out** a fire, a cigarette *и т. д.* = *тушить огонь, сигарету и т. д.*
	○ The fire brigade arrived and **put the fire out**.
	Прибыли пожарные и потушили огонь.
	cross out a mistake, a word *и т. д.* = *зачёркивать ошибку, вычёркивать слово и т. д.*
	○ If you make a mistake, **cross it out**. *Если сделаете ошибку, зачеркните её.*

PUT OUT

CROSS OUT

on	**try on** clothes = *примерять одежду*
	○ *(в магазине)* This is a nice jacket. Shall I **try it on**? *... Мне его примерить?*

up	**give up** something = *бросать что-либо, переставать что-то делать*
	○ Sue **gave up her job** when her baby was born. *... перестала работать ...*
	○ 'Are you still learning Italian?' 'No, I **gave it up**.' *... "Нет, я бросила".*
	look up a word in a dictionary *и т. д.* = *смотреть значение слова в словаре*
	○ I didn't know the meaning of the word, so I **looked it up** in a dictionary.
	... поэтому я посмотрел в словаре.
	turn up the TV, radio, music, heating *и т. д.* = *увеличивать (звук, мощность и т. д.)*
	○ Can you **turn the radio up**? I can't hear it. *Ты можешь сделать радио погромче? ...*
	wake up somebody who is sleeping = *будить кого-то*
	○ I have to get up early tomorrow. Can you **wake me up** at 6.30?
	... Ты можешь разбудить меня в 6:30?

down	**knock down** a building = *сносить здание*
	○ They are going to **knock down** the school and build a new one.
	Они собираются снести школу и ...
	turn down the TV, radio, music, heating *и т. д.* = *уменьшать (звук, мощность и т. д.)*
	○ The music is too loud. Can you **turn it down**?
	... Ты можешь сделать её потише?

KNOCK DOWN

over	**knock over** a cup, a glass, a person *и т. д.* = *опрокидывать чашку, стакан / сбивать человека и т. д.*
	○ Be careful. Don't **knock your cup over**.
	○ There was an accident at the end of the road.
	A man was **knocked over** by a car.
	(или A man was **knocked down** by a car.*)*
	... Машина сбила человека.

KNOCK OVER

KNOCK OVER *или* KNOCK DOWN

away	**throw away** rubbish, things you don't want = *выбрасывать мусор, ненужные вещи*
	○ These apples are bad. Shall I **throw them away**? *... Мне их выбросить?*
	○ Don't throw away that picture. I want it. *Не выкидывай эту картину. ...*
	put something **away** = *убирать что-либо на место*
	○ After they finished playing, the children **put their toys away**.
	... дети убрали на место свои игрушки.

THROW AWAY

back	**pay** somebody **back** = *возвращать кому-то деньги/долг*
	○ Thank you for lending me the money. I'll **pay you back** next week.
	... Я тебе их верну на следующей неделе.

round/ around	**show** somebody **round/around** = *показывать какое-то место, проводить по...*
	○ We visited a factory last week. The manager **showed us round**. *... провёл нас (по фабрике).*

Дополнительные упражнения

Список упражнений:

---

am/is/are   Разделы 1–3

1   Напишите предложения по картинкам. Используйте слова из обеих рамок + **is**/**isn't**/**are**/**aren't**.

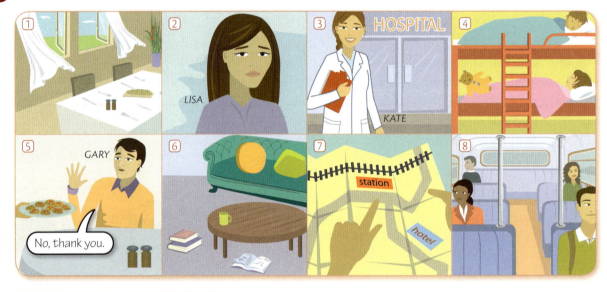

~~The windows~~	on the table
~~Lisa~~	hungry
Kate	asleep
The children	~~open~~
Gary	full
The books	near the station
The hotel	a doctor
The bus	~~happy~~

1   *The windows are open.*
2   *Lisa isn't happy.*
3   Kate ....
4   ....
5   ....
6   ....
7   ....
8   ....

252

2 Заполните пропуски.

1 'Are you hungry?' 'No, but ....<u>I'm</u>.... thirsty.'
2 '...<u>How are</u>... your parents?' 'They're fine.'
3 'Is Anna at home?' 'No, ... at work.'
4 .... my keys?' 'On your desk.'
5 Where is Paul from? .... American or British?
6 .... very hot today. The temperature is 38 degrees.
7 'Are you a teacher?' 'No, ... a student.'
8 .... your umbrella?' 'Green.'
9 Where's your car? .... in the car park?
10 .... tired?' 'No, I'm fine.'
11 'These shoes are nice. How ....?' 'Sixty pounds.'

---

present continuous (I'm working / are you working? и т. д)   Разделы 4–5

3 Напишите предложения, используя слова в скобках.

1 A: Where are your parents?
  B: ....<u>They're watching TV.</u>....   (they / watch / TV)
2 A: Paula is going out.
  B: ....<u>Where's she going?</u>....   (where / she / go?)
3 A: Where's David?
  B: ....   (he / have / a shower)
4 A: .... ?   (the children / play?)
  B: No, they're asleep.
5 A: .... ?   (it / rain?)
  B: No, not at the moment.
6 A: Where are Sue and Steve?
  B: ....   (they / come / now)
7 A: .... ?   (why / you / stand / here?)
  B: ....   (I / wait / for somebody)

---

present simple (I work / she doesn't work / do you work? и т. д)   Разделы 6–8

4 Заполните пропуски. Используйте **present simple**.

1 ....<u>Sue always gets</u>.... to work early.   (Sue / always / get)
2 ....<u>We don't watch</u>.... TV very often.   (we / not / watch)
3 How often ....<u>do you wash</u>.... your hair?   (you / wash)
4 I want to go to the cinema, but .... to go.   (Sam / not / want)
5 .... to go out tonight?   (you / want)
6 .... near here?   (Helen / live)
7 .... a lot of people.   (Sarah / know)
8 I enjoy travelling, but .... very much.   (I / not / travel)
9 What time .... in the morning?   (you / usually / get up)
10 My parents are usually at home in the evening.
   .... very often.   (they / not / go out)
11 .... work at five o'clock.   (Tom / always / finish)
12 A: What .... ?   (Jessica / do)
   B: .... in a hotel.   (she / work)

present simple, am/is/are u have (got)   Разделы 1–3, 6–8, 10

5 Прочитайте вопросы и ответы, которые дала Клэр. Затем напишите предложения о Клэр.

1	Are you married?	No.
2	Do you live in London?	Yes.
3	Are you a student?	Yes.
4	Have you got a car?	No.
5	Do you go out a lot?	Yes.
6	Have you got a lot of friends?	Yes.
7	Do you like London?	No.
8	Do you like dancing?	Yes.
9	Are you interested in sport?	No.

Clare

1 *She isn't married.*
2 *She lives in London.*
3 ....
4 ....
5 ....
6 ....
7 ....
8 ....
9 ....

6 Допишите вопросы.

1
What's your name .... ?   Ben.
.... married?   Yes, I am.
Where .... ?   In Barton Road.
.... any children? Yes, a daughter.
How .... ?   She's three.

2
.... ?   I'm 29.
.... ?   I work in a supermarket.
.... your job?   No, I hate it.
.... a car?   Yes, I have.
.... to work by car? No, I usually go by bus.

3
Who is this man .... ?   That's my brother.
.... ?   Michael.
.... ?   He's a travel agent.
.... in London?   No, in Manchester.

7 Составьте предложения из этих слов. Все предложения в настоящем времени.

1 Sarah often / tennis   *Sarah often plays tennis.*
2 my parents / a new car   *My parents have got a new car.*
3 my shoes / dirty   *My shoes are dirty.*
4 Sonia / 32 years old   Sonia ....
5 I / two sisters   ....
6 we often / TV in the evening ....
7 Amy never / a hat   ....
8 a bicycle / two wheels   ....
9 these flowers / beautiful   ....
10 Emma / German very well   ....

present continuous (I'm working) и present simple (I work)

8 Допишите предложения.

1. Please be quiet. **I'm working** (I/work).
2. **Do you often go** (you/often/go) to the cinema?
3. What .... (you/cook)?
4. Jack .... (play) the piano very well.
5. .... (I/go) now. Goodbye!
6. .... (it/rain). Can I take this umbrella?
7. .... (I/not/watch) TV very much.
8. Excuse me, ... (we/look) for the museum.
9. What's this word? How .... (you/pronounce) it?

9 Выберите правильный вариант.

1 ' ~~Are you speaking~~ / Do you speak English?' 'Yes, a little.' (<u>Do you speak</u> – *правильно*)
2 Sometimes <u>we're going / we go</u> away at weekends.
3 It's a nice day today. The sun is <u>shining / shines</u>.
4 *(Вы встречаете Кейт на улице.)* Hello, Kate. Where <u>are you going / do you go</u>?
5 How often <u>are you going / do you go</u> on holiday?
6 Emily is a writer. <u>She's writing / She writes</u> books for children.
7 <u>I'm never reading / I never read</u> newspapers.
8 'Where are Mark and Laura?' '<u>They're watching / They watch</u> TV in the living room.'
9 Helen is in her office. <u>She's talking / She talks</u> to somebody.
10 What time <u>are you usually having / do you usually have</u> dinner?
11 Joe isn't at home at the moment. <u>He's visiting / He visits</u> some friends.
12 'Would you like some tea?' 'No, thank you. <u>I'm not drinking / I don't drink</u> tea.'

was/were и past simple (I worked / did you work? и т. д)

10 Заполните пропуски, используя только по одному слову.

1 I got up early and ......*had*...... a shower.
2 Tom was tired last night, so he .... to bed early.
3 I .... this key on the floor. Is it yours?
4 Kate got married when she .... 23.
5 Helen is learning to drive. She .... her first lesson yesterday.
6 'I've got a new job.' 'Yes, I know. David .... me.'
7 'Where did you buy that book?' 'It was a present. Amy .... it to me.'
8 We .... hungry, so we had something to eat.
9 'Did you enjoy the film?' 'Yes, I .... it was very good.'
10 'Did Andy come to your party?' 'No, we .... him, but he didn't come.'

11 Прочитайте вопросы и ответы, которые дал Джо. Напишите предложения о Джо в детстве.

Joe

When you were a child ...

	Joe		
Were you tall?	No.	1	He wasn't tall.
Did you like school?	Yes.	2	He liked school.
Were you good at sport?	Yes.	3	He ....
Did you play football?	Yes.	4	....
Did you work hard at school?	No.	5	....
Did you have a lot of friends?	Yes.	6	....
Did you have a bike?	No.	7	....
Were you a quiet child?	No.	8	....

12 Допишите вопросы.

1 ......*Did you have*...... a nice holiday? — Yes, it was great, thanks.
2 ......*Where did you go*...... ? — To Amsterdam.
3 .... there? — Five days.
4 .... Amsterdam? — Yes, very much.
5 .... ? — I have friends in Amsterdam, so I stayed with them.
6 .... good? — Yes, it was warm and sunny.
7 .... back? — Yesterday.

13 Поставьте глагол в правильную форму (утвердительную, отрицательную или вопросительную).

1 It was a good party. ......*I enjoyed*...... it. (I / enjoy)
2 '......*Did you do*...... the shopping?' (you / do) 'No, I ......*didn't have*...... time.' (I / have)
3 'Did you phone Adam?' 'No, I'm afraid ....' (I / forget)
4 I like your new watch. Where .... it? (you / get)
5 I saw Lucy at the party, but .... to her. (I / speak)
6 A: .... a nice weekend? (you / have)
   B: Yes, I went to stay with some friends of mine.
7 Paul wasn't well yesterday, so .... to work. (he / go)
8 'Is Mary here?' 'Yes, ... five minutes ago.' (she / arrive)
9 Where .... before he moved here? (Robert / live)
10 The restaurant wasn't expensive. .... very much. (the meal / cost)

past simple (I worked) u past continuous (I was working)

14 Заполните пропуски, используя **past simple** или **past continuous**.

1 It ....*was raining*.... (rain) when we ....*went*.... (go) out.

2 LISA • PAUL • *Good morning.*
When I arrived at the office, Lisa and Paul .... (work) at their desks.

3 I .... (open) the window because it was hot.

4 SUE
The doorbell .... (ring) when Sue .... (cook).

5 I .... (hear) a noise outside, so I .... (look) out of the window.

6 TOM
Tom .... (look) out of the window when the accident .... (happen).

7 RICHARD
Richard had a book in his hand, but he .... (not/read) it. He .... (watch) TV.

8 CATHERINE
Catherine bought a magazine, but she .... (not/read) it. She didn't have time.

9 RESTAURANT
I .... (finish) my meal, ... (pay) the bill and .... (leave) the restaurant.

10 *Hi, Kate.* • KATE
I .... (see) Kate this morning. I .... (walk) along the street and she .... (wait) for the bus.

15 Заполните пропуски, используя одну из этих форм:

present simple (**I work**/**drive** и т. д.)   present continuous (**I am working**/**driving** и т. д.)

past simple (**I worked**/**drove** и т. д.)   past continuous (**I was working**/**driving** и т. д.)

1 You can turn off the television. I ____'m not watching____ (not/watch) it.
2 Last night Jenny ____fell____ (fall) asleep while she ____was reading____ (read).
3 Listen! Somebody _____ (play) the piano.
4 'Have you got my key?'   'No, I _____ (give) it back to you.'
5 David is very lazy. He _____ (not/like) hard work.
6 Where _____ (your parents / go) for their holidays last year?
7 I _____ (see) Laura yesterday. She _____ (drive) her
   new car.
8 A: _____ (you/watch) TV much?
   B: No, I haven't got a TV.
9 A: What _____ (you/do) at 6 o'clock last Sunday morning?
   B: I was in bed asleep.
10 Andy isn't at home very much. He _____ (go) away a lot.
11 I _____ (try) to find a job at the moment. It's not easy.
12 I'm tired this morning. I _____ (not/sleep) very well last night.

16 Посмотрите на картинки и допишите предложения. Используйте **present perfect**.

17 Заполните пропуски, используя одно, два или три слова.

1 Mark and Sarah are married. They ..._have been_.. married for five years.
2 David has been watching TV ...._since_.... 5 o'clock.
3 Joe is at work. He .... at work since 8.30.
4 'Have you just arrived in London?' 'No, I've been here .... five days.'
5 I've known Helen .... we were at school together.
6 'My brother lives in Los Angeles.' 'Really? How long .... there?'
7 George has had the same job .... 20 years.
8 Some friends of ours are staying with us at the moment. They .... here since Monday.

18 Закончите предложения. Напишите о себе.

1 I've never ..._ridden a horse._....
2 I've ..._been to London_.... many times.
3 I've just ....
4 I've .... (once / twice / a few times / many times)
5 I haven't .... yet.
6 I've never ....
7 I've .... since ....
8 I've .... for ....

---

present perfect (I have done и т. д) и past simple (I did и т. д)   Разделы 19–21

19 **Present perfect** или **past simple**? Допишите предложения (утвердительные или отрицательные).

1 A: Do you like London?
  B: I don't know. I ..._haven't been_.... there.
2 A: Have you seen Kate?
  B: Yes, I ..._saw_.. her five minutes ago.
3 A: That's a nice sweater. Is it new?
  B: Yes, I .... it last week.
4 A: Are you tired this morning?
  B: Yes, I .... to bed late last night.
5 A: Do you want this newspaper, or can I have it?
  B: You can have it. I .... it.
6 A: Are you enjoying your new job?
  B: I .... yet. My first day is next Monday.
7 A: The weather isn't very nice today, is it?
  B: No, but it .... nice yesterday.
8 A: Was Helen at the party on Saturday?
  B: I don't think so. I .... her there.
9 A: Is your son still at school?
  B: No, he .... school two years ago.
10 A: Is Silvia married?
  B: Yes, she .... married for five years.
11 A: Have you heard of George Washington?
  B: Of course. He .... the first President of the United States.
12 A: How long does it take to make a pizza?
  B: I don't know. I .... a pizza.

20 Напишите предложения, используя **present perfect** или **past simple**.

1 A: Have you been to Thailand?
  B: Yes, _I went there last year._ (I / go / there / last year)
2 A: Do you like London?
  B: I don't know. _I've never been there._ (I / never / there)
3 A: What time is Paul going out?
  B: _____ (he / already / go)
4 A: Has Catherine gone home?
  B: Yes, _____ (she / leave / at 4 o'clock)
5 A: New York is my favourite city.
  B: Is it? _____? (how many times / you / there?)
6 A: What are you doing this weekend?
  B: I don't know. _____ (I / not / decide / yet)
7 A: I can't find my address book. Have you seen it?
  B: _____ (it / on the table / last night)
8 A: Do you know the Japanese restaurant in Leeson Street?
  B: Yes, _____ (I / eat / there a few times)
9 A: Paula and Sue are here.
  B: Are they? _____? (what time / they / arrive?)

21 **Present perfect** или **past simple**? Допишите предложения.

1 A: _Have you been_ to France?
  B: Yes, many times.
  A: When _____ the last time?
  B: Two years ago.

2 A: Is this your car?
  B: Yes, it is.
  A: How long _____ it?
  B: It's new. I _____ it yesterday.

3 A: Where do you live?
  B: In Harold Street.
  A: How long _____ there?
  B: Five years. Before that _____ in Mill Road.
  A: How long _____ in Mill Road?
  B: About three years.

4 A: What do you do?
  B: I work in a shop.
  A: How long _____ there?
  B: Nearly two years.
  A: What _____ before that?
  B: I _____ a taxi driver.

261

22 Напишите предложения о себе.

1 (yesterday morning)   I was late for work yesterday morning.
2 (last night)
3 (yesterday afternoon)
4 (… days ago)
5 (last week)
6 (last year)

настоящее время, прошедшее время и present perfect   Разделы 4–21

23 Выберите правильный вариант.

1 '   Is Sue working?   (C)   '   'No, she's on holiday.'
   A Does Sue work?   **B** Is working Sue?   **C** Is Sue working?   **D** Does work Sue?

2 'Where ?'   'In a village near London.'
   A lives your uncle   **B** does your uncle live   **C** your uncle lives   **D** does live your uncle

3 I speak Italian, but French.
   A I speak not   **B** I'm not speaking   **C** I doesn't speak   **D** I don't speak

4 'Where's Tom?'   ' a shower at the moment.'
   A He's having   **B** He have   **C** He has   **D** He has had

5 Why angry with me yesterday?
   A were you   **B** was you   **C** you were   **D** have you been

6 My favourite film is *Cleo's Dream*. it four times.
   A I'm seeing   **B** I see   **C** I was seeing   **D** I've seen

7 I out last night. I was too tired.
   A don't go   **B** didn't went   **C** didn't go   **D** haven't gone

8 Tina is from Chicago. She there all her life.
   A is living   **B** has lived   **C** lives   **D** lived

9 My friend for me when I arrived.
   A waited   **B** has waited   **C** was waiting   **D** has been waiting

10 'How long English?'   'Six months.'
   A do you learn   **B** are you learning   **C** you are learning   **D** have you been learning

11 Paul is Canadian, but he lives in France. He has been there .
   A for three years   **B** since three years   **C** three years ago   **D** during three years

12 'What time ?'   'About an hour ago.'
   A has Lisa phoned   **B** Lisa has phoned   **C** did Lisa phone   **D** is Lisa phoning

13 What when you saw her?
   A did Sue wear   **B** was Sue wearing   **C** has Sue worn   **D** was wearing Sue

14 'Can you drive?'   'No, a car, but I want to learn.'
   A I never drive   **B** I'm never driving   **C** I've never driven   **D** I was never driving

15 I saw Helen at the station when I was going to work this morning, but she
    me.
   A didn't see   **B** don't see   **C** hasn't seen   **D** didn't saw

пассивные конструкции

24 Заполните пропуски.

① These houses ___were built___ (build) 20 years ago. Before that there was a cinema here, but the building _____ (damage) in a fire and had to _____ (knock down).

② This bridge _____ (build) in 1955. It _____ (use) by hundreds of people every day. At the moment the bridge _____ (paint).

③ This street _____ (call) Wilton Street. It used to _____ (call) James Street, but the name _____ (change) a few years ago.

④ This is a bicycle factory. Bicycles _____ _____ (make) here since 1971. It's the largest bicycle factory in the country. Thousands of bicycles _____ (produce) here every year.

25 Заполните пропуски.

1 We ___were invited___ (invite) to the party, but we didn't go.
2 The museum is very popular. Every year it _____ (visit) by thousands of people.
3 Many buildings _____ (damage) in the storm last week.
4 A new road is going to _____ (build) next year.
5 'Where's your jacket?' 'It _____ (clean). It will be ready tomorrow.'
6 She's famous now, but in a few years her name will _____ (forget).
7 'Shall I do the washing-up?' 'No, it _____ (already/do).'
8 Milk should _____ (keep) in a fridge.
9 _____ (you/ever/bite) by a snake?
10 My bag _____ (steal) from my car yesterday afternoon.

26 Напишите новое предложение с таким же значением.

1 Somebody has stolen my keys.   _My keys have been stolen._
2 Somebody stole my car last week.   My car _____
3 Somebody has eaten all the bananas.   All the _____
4 Somebody will repair the machine.   The _____
5 Somebody is watching us.   We _____
6 Somebody has to do the housework.   The _____

Дополнительные упражнения

27 Активная или пассивная конструкция? Заполните пропуски.

1 They ....*are building*.... (build) a new airport at the moment.
2 I can't find my bag. I think it ....*has been stolen*.... (steal).
3 I can't find my bag. Somebody .... (take) it!
4 'How did you fall?' 'Somebody .... (push) me.'
5 'How did you fall?' 'I .... (push).'
6 My watch is broken. It .... (repair) at the moment.
7 Who .... (invent) the camera?
8 When .... (the camera/invent)?
9 These shirts are clean now. They .... (wash).
10 These shirts are clean now. I .... (wash) them.
11 The letter was for me, so why .... (they/send) it to you?
12 The information will .... (send) to you as soon as possible.

будущее время   **Разделы 26–29**

28 Выберите наиболее подходящий вариант.

1 ....*We're having (B)*.... a party next Sunday. I hope you can come.
   A We have   **B** We're having   **C** We'll have

2 Do you know about Karen? .... her job. She told me last week.
   A She leaves   **B** She's going to leave   **C** She'll leave

3 There's a programme on TV that I want to watch. .... in five minutes.
   A It starts   **B** It's starting   **C** It will start

4 The weather is nice now, but I think .... later.
   A it rains   **B** it's raining   **C** it will rain

5 'What .... next weekend?' 'Nothing. I've got no plans.'
   A do you do   **B** are you doing   **C** will you do

6 'When you see Tina, can you ask her to phone me?' 'OK, ... her.'
   A I ask   **B** I'm going to ask   **C** I'll ask

7 'What would you like to drink, tea or coffee?' '........................ tea, please.'
   A I have   **B** I'm going to have   **C** I'll have

8 Don't take that magazine away. .... it.
   A I read   **B** I'm going to read   **C** I'll read

9 Rachel is ill, so .... to the party tomorrow night.
   A she doesn't come   **B** she isn't coming   **C** she won't come

10 I want to meet Sarah at the station. What time .... ?
   A does her train arrive   **B** is her train going to arrive   **C** is her train arriving

11 'Will you be at home tomorrow evening?' 'No. ....'
   A I go out   **B** I'm going out   **C** I'll go out

12 '........................ you tomorrow?' 'Yes, OK.'
   A Do I phone   **B** Am I going to phone   **C** Shall I phone

прошедшее, настоящее и будущее время

29 Допишите предложения.

1 A: _Did you go_ (you/go) out last night?
   B: No, ... (I/stay) at home.
   A: What .... (you/do)?
   B: .... (I/watch) TV.
   A: .... (you/go) out tomorrow night?
   B: Yes, ... (I/go) to the cinema.
   A: Which film .... (you/see)?
   B: .... (I/not/know). .... (I/not/decide) yet.

2 A: Are you on holiday here?
   B: Yes, we are.
   A: How long .... (you/be) here?
   B: .... (we/arrive) yesterday.
   A: And how long .... (you/stay)?
   B: Until the end of next week.
   A: And .... (you/like) it here?
   B: Yes, ... (we/have) a wonderful time.

Are you on holiday here?

3 A: .... (I/go) out with Chris and Steve this evening.
   .... (you/want) to come with us?
   B: Yes, where .... (you/go)?
   A: To the Italian restaurant in North Street. .... (you/ever/eat) there?
   B: Yes, ... (I/be) there two or three times. In fact I
   .... (go) there last night, but I'd love to go again!

4 A: .... (I/lose) my glasses again.
   .... (you/see) them?
   B: .... (you/wear) them
   when .... (I/come) in.
   A: Well, ... (I/not/wear)
   them now, so where are they?
   B: .... (you/look) in the kitchen?
   A: No, ... (I/go) and look now.

30   Рейчел рассказывает о своей лучшей подруге, Кэролин. Поставьте глаголы в правильную форму.

Carolyn

Rachel

Carolyn is my best friend. I remember very well the first time
(1) .... (we/meet). It was our first day at secondary
school, and (2) .... (we/sit) next to each other for
the first lesson. (3) .... (we/not/know) any other
students in our class, and so (4) .... (we/become)
friends. We found that (5) .... (we/like) the same
things, especially music and sport, and so (6) ....
(we/spend) a lot of time together.

(7) .... (we/leave) school five years ago, but
(8) .... (we/meet) as often as we can. For the last
six months Carolyn (9) .... (be) in Mexico – at
the moment (10) .... (she/work) in a school as a
teaching assistant. (11) .... (she/come) back to
England next month, and when (12) .... (she/come)
back, (13) .... (we/have) lots of things to talk about.
(14) .... (it/be) really nice to see her again.

31   Ник и его друг Джон совершают кругосветное путешествие. Прочитайте имейлы Ника и его
родителей и поставьте глаголы в правильную форму.

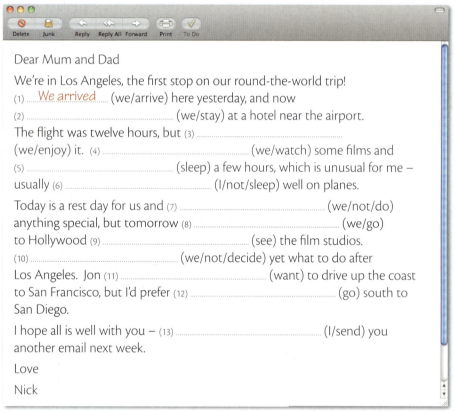

Dear Mum and Dad

We're in Los Angeles, the first stop on our round-the-world trip!
(1) _We arrived_ (we/arrive) here yesterday, and now
(2) .... (we/stay) at a hotel near the airport.
The flight was twelve hours, but (3) ....
(we/enjoy) it. (4) .... (we/watch) some films and
(5) .... (sleep) a few hours, which is unusual for me –
usually (6) .... (I/not/sleep) well on planes.

Today is a rest day for us and (7) .... (we/not/do)
anything special, but tomorrow (8) .... (we/go)
to Hollywood (9) .... (see) the film studios.
(10) .... (we/not/decide) yet what to do after
Los Angeles. Jon (11) .... (want) to drive up the coast
to San Francisco, but I'd prefer (12) .... (go) south to
San Diego.

I hope all is well with you – (13) .... (I/send) you
another email next week.

Love

Nick

Nick

SAN FRANCISCO

USA

LOS ANGELES

PACIFIC OCEAN

SAN DIEGO

MEXICO

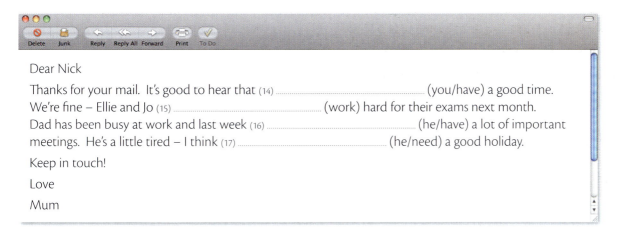

Dear Nick

Thanks for your mail. It's good to hear that (14) .... (you/have) a good time.
We're fine – Ellie and Jo (15) .... (work) hard for their exams next month.
Dad has been busy at work and last week (16) .... (he/have) a lot of important
meetings. He's a little tired – I think (17) .... (he/need) a good holiday.

Keep in touch!

Love

Mum

Месяц спустя …

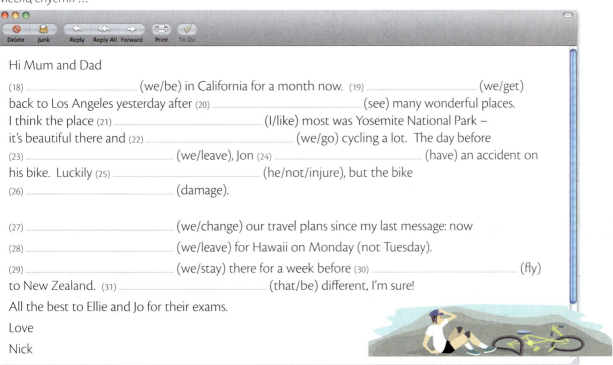

Hi Mum and Dad

(18) .... (we/be) in California for a month now. (19) .... (we/get)
back to Los Angeles yesterday after (20) .... (see) many wonderful places.
I think the place (21) .... (I/like) most was Yosemite National Park –
it's beautiful there and (22) .... (we/go) cycling a lot. The day before
(23) .... (we/leave), Jon (24) .... (have) an accident on
his bike. Luckily (25) .... (he/not/injure), but the bike
(26) .... (damage).

(27) .... (we/change) our travel plans since my last message: now
(28) .... (we/leave) for Hawaii on Monday (not Tuesday).
(29) .... (we/stay) there for a week before (30) .... (fly)
to New Zealand. (31) .... (that/be) different, I'm sure!

All the best to Ellie and Jo for their exams.

Love

Nick

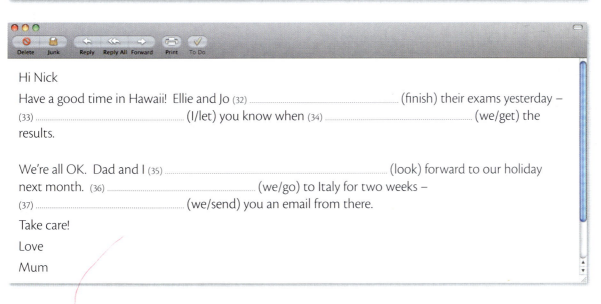

Hi Nick

Have a good time in Hawaii! Ellie and Jo (32) .... (finish) their exams yesterday –
(33) .... (I/let) you know when (34) .... (we/get) the
results.

We're all OK. Dad and I (35) .... (look) forward to our holiday
next month. (36) .... (we/go) to Italy for two weeks –
(37) .... (we/send) you an email from there.

Take care!

Love

Mum

-ing и to ... Разделы 52–56, 105, 112

32 Выберите правильный вариант.

1 Don't forget __to switch (B)__ off the light before you go out.
   A switch   **B** to switch   **C** switching

2 It's late. I must .... now.
   A go   **B** to go   **C** going

3 I'm sorry, but I don't have time .... to you now.
   A for talking   **B** to talk   **C** talking

4 Gary is always in the kitchen. He enjoys ....
   A cook   **B** to cook   **C** cooking

5 We've decided .... away for a few days.
   A go   **B** to go   **C** going

6 You're making too much noise. Can you please stop .... ?
   A shout   **B** to shout   **C** shouting

7 Would you like .... and eat with us on Sunday?
   A come   **B** to come   **C** coming

8 That bag is too heavy for you. Let me .... you.
   A help   **B** to help   **C** helping

9 There's a swimming pool near my house. I go .... every day.
   A to swim   **B** to swimming   **C** swimming

10 I need to go shopping .... some food.
    A to buy   **B** for buy   **C** for buying

11 I'd love .... a car like yours.
    A have   **B** to have   **C** having

12 Could you .... me with this bag, please?
    A help   **B** to help   **C** helping

13 I don't mind .... here, but I'd prefer to sit by the window.
    A sit   **B** to sit   **C** sitting

14 Do you want .... you?
    A that I help   **B** me to help   **C** me helping

15 You should think carefully before .... an important decision.
    A make   **B** to make   **C** making

16 I wasn't feeling very well, but the medicine made me .... better.
    A feel   **B** to feel   **C** feeling

17 Shall I phone the restaurant .... a table?
    A for reserve   **B** for reserving   **C** to reserve

18 Tom looked at me without .... anything.
    A say   **B** saying   **C** to say

a *и* **the**

33 Закончите предложения.

1. Can you pass ..... *the sugar* ....., please?

2. Do you have .... ?
   No, I can't drive.

3. Do you have any milk?
   Yes, there's some in ....

4. What do you do?
   I'm ....

5. I don't feel very well. I don't want to go to ....

6. What did you do last night?
   I went to ....

7. Shall we walk home?
   No, let's get ....

8. Can you play .... ?
   Yes, but not very well.

9. I'm interested in ....

10. What's the difference between those cars?
    Nothing, they're ....

34   Где необходимо, вставьте **a**/**an** или **the**. Если **a**/**an**/**the** не нужны, поставьте прочерк (**−**).

1   Who is _the_ best player in your team?
2   I don't watch _−_ TV very often.
3   'Is there _a_ bank near here?'   'Yes, at _the_ end of this street.'
4   I can't ride _____ horse.
5   _____ sky is very clear tonight.
6   Do you live here, or are you _____ tourist?
7   What did you have for _____ lunch?
8   Who was _____ first President of _____ United States?
9   I'm not feeling very good. I've got _____ headache.
10   I'm sorry, but I've forgotten your name. I can never remember _____ names.
11   What time is _____ next train to London?
12   Kate doesn't often send _____ emails. She prefers to call people.
13   'Where's Sue?'   'She's in _____ garden.'
14   Excuse me, I'm looking for _____ Majestic Hotel. Is it near here?
15   Gary was ill _____ last week, so he didn't go to _____ work.
16   Everest is _____ highest mountain in _____ world.
17   I usually listen to _____ radio while I'm having _____ breakfast.
18   I like _____ sport. My favourite sport is _____ basketball.
19   Emily is _____ doctor. Her husband is _____ art teacher.
20   My apartment is on _____ second floor. Turn left at _____ top of _____ stairs, and it's on _____ right.
21   After _____ dinner, we watched _____ TV.
22   Last year we had _____ wonderful holiday in _____ south of _____ France.

предлоги   **Разделы 103–108, 111**

35   Вставьте необходимый предлог (**in**/**for**/**by** и т. д.).

1   Helen is studying law _at_ university.
2   What is the longest river _____ Europe?
3   Is there anything _____ TV this evening?
4   We arrived _____ the hotel after midnight.
5   'Where's Mark?'   'He's _____ holiday.'
6   Tom hasn't got up yet. He's still _____ bed.
7   Lisa is away. She's been away _____ Monday.
8   The next meeting is _____ 15 April.
9   I usually go to work _____ car.
10   There's too much sugar _____ my coffee.
11   Joe lived in London _____ six months. He didn't like it very much.
12   Were there a lot of people _____ the party?
13   What are you doing _____ the moment? Are you working?
14   I don't know any of the people _____ this photo.
15   The train was very slow. It stopped _____ every station.
16   I like this room. I like the pictures _____ the walls.
17   'Did you buy that picture?'   'No, it was given to me _____ a friend of mine.'
18   I'm going away _____ a few days. I'll be back _____ Thursday.
19   Silvia has gone _____ Italy. She's _____ Milan at the moment.
20   Emma left school _____ sixteen and got a job _____ a shop.

Руководство по изучению грамматики

Если вы не уверены, какие разделы вам следует изучить, используйте это Руководство по изучению грамматики.

В упражнениях необходимо выбрать правильный ответ (A, B, C и т. д.). В НЕКОТОРЫХ СЛУЧАЯХ ПРАВИЛЬНЫМИ ЯВЛЯЮТСЯ ДВА И БОЛЕЕ ОТВЕТА.

Если вы не знаете (или не уверены), какой ответ является правильным, изучите раздел(ы), указанные справа. Правильное предложение вы найдёте в соответствующем разделе.

Ключи к Руководству смотрите на странице 314.

ЕСЛИ ВЫ НЕ УВЕРЕНЫ В ВЫБОРЕ ПРАВИЛЬНОГО ОТВЕТА	ИЗУЧИТЕ РАЗДЕЛ

Настоящее время

1.1 .... good friends.
    A Anna and I am   **B** Anna and I are   **C** Anna and I   **D** Anna and I be — **1**

1.2 Those people .... American.
    A isn't   **B** don't   **C** not   **D** aren't — **1**

1.3 '................................?' 'No, she's out.'
    A Is at home your mother   **B** Does your mother at home
    C Is your mother at home   **D** Are your mother at home — **2**

1.4 'What colour ....?' 'Red.'
    A your car is   **B** your car   **C** is your car   **D** has your car — **2**

1.5 Why .... of dogs?
    A has John scared   **B** does John scared   **C** John scared   **D** is John scared — **3**

1.6 My brother and I .... interested in sport.
    A isn't   **B** aren't   **C** not   **D** don't — **3**

1.7 ...., but I'm not hungry.
    A I'm tired   **B** I have tired   **C** I tired   **D** I'm not — **3**

1.8 Look, there's Sarah. .... a brown coat.
    A She wearing   **B** She has wearing   **C** She is wearing   **D** She's wearing — **4, 24**

1.9 You can turn off the television. .... it.
    A I'm not watch   **B** I'm not watching   **C** I not watching   **D** I don't watching — **4, 24**

1.10 '................................ today?' 'No, he's at home.'
    A Is working Ben   **B** Is work Ben   **C** Is Ben work   **D** Is Ben working — **5, 24**

1.11 Look, there's Emily! ....
    A Where she is going?   **B** Where she go?   **C** Where's she going?   **D** Where she going? — **5, 24**

1.12 The earth .... round the sun.
    A going   **B** go   **C** goes   **D** does go   **E** is go — **6, 24**

1.13 We .... away at weekends.
    A often go   **B** go often   **C** often going   **D** are often go — **6, 24, 95**

1.14 We .... TV very often.
    A not watch   **B** doesn't watch   **C** don't watch   **D** don't watching   **E** watch not — **7, 24**

1.15 '................................ play the guitar?' 'Yes, but I'm not very good.'
    A Do you   **B** Are you   **C** Does you   **D** Do you   **E** You — **8, 24**

1.16 I don't understand this sentence. What ....?
    A mean this word   **B** means this word   **C** does mean this word
    D does this word mean   **E** this word means — **8, 24**

1.17 Please be quiet. ....
    A I working.   **B** I work.   **C** I'm working.   **D** I'm work. — **9, 24**

ИЗУЧИТЕ РАЗДЕЛ

1.18   Tom .... a shower every morning.   **9, 59**
     A has   **B** having   **C** is having   **D** have

1.19   What .... at weekends?   **9, 24**
     A do you usually   **B** are you usually doing   **C** are you usually do
     D do you usually do   **E** you do usually

1.20   Sarah isn't feeling well. .... a headache.   **10, 59**
     A She have   **B** She have got   **C** She has   **D** She's got

1.21   They .... any children.   **10, 59**
     A don't have   **B** doesn't have   **C** no have   **D** haven't got   **E** hasn't got

Прошедшее время

2.1   The weather .... last week.   **11**
     A is good   **B** was good   **C** were good   **D** good   **E** had good

2.2   Why .... late this morning?   **11**
     A you was   **B** did you   **C** was you   **D** you were   **E** were you

2.3   Terry .... in a bank from 2005 to 2011.   **12**
     A work   **B** working   **C** works   **D** worked   **E** was work

2.4   Caroline .... to the cinema three times last week.   **12**
     A go   **B** went   **C** goes   **D** got   **E** was

2.5   I .... TV yesterday.   **13, 24**
     A didn't watch   **B** didn't watched   **C** wasn't watched
     D don't watch   **E** didn't watching

2.6   'How ....?'   'I don't know. I didn't see it.'   **13**
     A happened the accident   **B** did happen the accident   **C** does the accident happen
     D did the accident happen   **E** the accident happened

2.7   What .... at 11.30 yesterday?   **14**
     A were you doing   **B** was you doing   **C** you were doing
     D were you do   **E** you was doing

2.8   Jack was reading a book when his phone **15**
     A ringing   **B** ring   **C** rang   **D** was ringing   **E** was ring

2.9   I saw Lucy and Steve this morning. They .... at the bus stop.   **15**
     A waiting   **B** waited   **C** were waiting   **D** was waiting   **E** were waited

Present perfect

3.1   'Where's Rebecca?'   '.................................. to bed.'   **16**
     A She is gone   **B** She has gone   **C** She goes   **D** She have gone   **E** She's gone

3.2   'Are Laura and Paul here?'   'No, they ....'   **17**
     A don't arrive yet   **B** have already arrived   **C** haven't already arrived
     D haven't arrived yet

3.3   My sister .... by plane.   **18, 24**
     A has never travel   **B** has never travelled   **C** is never travelled
     D has never been travelled   **E** have never travelled

3.4   .... that woman before, but I can't remember where.   **18, 24**
     A I see   **B** I seen   **C** I've saw   **D** I've seen   **E** I've seeing

3.5   'How long .... married?'   'Since 2007.'   **19**
     A you are   **B** you have been   **C** has you been   **D** are you   **E** have you been

3.6 'Do you know Lisa?' 'Yes, ... her for a long time.' **19**
A I knew   B I've known   C I know   D I am knowing

3.7 Richard has been in Canada **20, 104**
A for six months   B since six months   C six months ago   D in six months

3.8 'When did Tom go out?' '................................' **20**
A For ten minutes.   B Since ten minutes.   C Ten minutes ago.   D In ten minutes.

3.9 We .... a holiday last year. **21**
A don't have   B haven't had   C hasn't had   D didn't have   E didn't had

3.10 Where .... on Sunday afternoon? I couldn't find you. **21**
A you were   B you have been   C was you   D have you been   E were you

Пассивные конструкции

4.1 This house .... 100 years ago. **22, 24**
A is built   B is building   C was building   D was built   E built

4.2 We .... to the party last week. **22, 24**
A didn't invite   B didn't invited   C weren't invited
D wasn't invited   E haven't been invited

4.3 'Where .... born?' 'In Cairo.' **22**
A you are   B you were   C was you   D are you   E were you

4.4 My car is at the garage. It **23**
A is being repaired   B is repairing   C have been repaired   D repaired   E repairs

4.5 I can't find my keys. I think **23**
A they've been stolen   B they are stolen   C they've stolen   D they're being stolen

Формы глагола

5.1 It .... , so we didn't need an umbrella. **24**
A wasn't rained   B wasn't rain   C didn't raining   D wasn't raining

5.2 Somebody .... this window. **25**
A has broke   B has broken   C has breaked   D has break

Будущее время

6.1 Andrew .... tennis tomorrow. **26**
A is playing   B play   C plays   D is play

6.2 .... out tonight? **26**
A Are you going   B Are you go   C Do you go   D Go you   E Do you going

6.3 'What time is the concert tonight?' 'It .... at 7.30.' **26**
A is start   B is starting   C starts   D start   E starting

6.4 What .... to the wedding next week? **27**
A are you wearing   B are you going to wear   C do you wear   D you are going to wear

6.5 I think Kelly .... the exam. **28**
A passes   B will pass   C will be pass   D will passing

6.6 .... to the cinema on Saturday. Do you want to come with us? **28**
A We go   B We'll go   C We're going   D We will going

6.7 '................................ you tomorrow, OK?' 'OK, bye.' **29**
A I phone   B I phoning   C I'm phoning   D I'll phone

6.8 .... tomorrow, so I can't meet you. **29**
A I work   B I'll work   C I'm working   D I'll working

6.9 It's a nice day. .... for a walk?

    A Do we go   **B** Shall we go   **C** Are we go   **D** We go   **E** Go we

Модальные глаголы, повелительное наклонение и т. д.

7.1 .... to the cinema this evening, but I'm not sure.

    A I'll go   **B** I'm going   **C** I may go   **D** I might go

7.2 .... here?' 'Yes, of course.'

    A Can I sit   **B** Do I sit   **C** May I sit   **D** Can I to sit

7.3 I'm having a party next week, but Paul and Rachel ....

    A can't come   **B** can't to come   **C** can't coming   **D** couldn't come

7.4 Before Maria came to Britain, she .... understand much English.

    A can   **B** can't   **C** not   **D** couldn't   **E** doesn't

7.5 We .... walk home last night. There were no buses.

    A have to   **B** had to   **C** must   **D** must to   **E** must have

7.6 I .... go yet. I can stay a little longer.

    A must   **B** mustn't   **C** must not   **D** don't need   **E** don't need to

7.7 It's a good film. You .... go and see it.

    A should to   **B** ought to   **C** ought   **D** should   **E** need

7.8 What time .... go to the dentist tomorrow?

    A you must   **B** you have to   **C** have you to   **D** do you have to

7.9 We .... wait long for the bus – it came in a few minutes.

    A don't have to   **B** hadn't to   **C** didn't have to   **D** didn't had to   **E** mustn't

7.10 .... some coffee?' 'No, thank you.'

    A Are you liking   **B** You like   **C** Would you like   **D** Do you like

7.11 Please .... Stay here with me.

    A don't go   **B** you no go   **C** go not   **D** you don't go

7.12 Dave .... in a factory. Now he works in a supermarket.

    A working   **B** works   **C** worked   **D** use to work   **E** used to work

There и it

8.1 Excuse me, ... a hotel near here?

    A has there   **B** is there   **C** there is   **D** is it

8.2 .... a lot of accidents on this road. It's very dangerous.

    A Have   **B** It has   **C** There have   **D** They are   **E** There are

8.3 I was hungry when I got home, but .... anything to eat.

    A there wasn't   **B** there weren't   **C** it wasn't   **D** there hasn't been

8.4 .... three kilometres from our house to the city centre.

    A It's   **B** It has   **C** There is   **D** There are

8.5 .... true that you're going away?

    A Is there   **B** Is it   **C** Is   **D** Are you

Вспомогательные глаголы

9.1 I haven't got a car, but my sister ....

    A have   **B** is   **C** has   **D** hasn't   **E** has got

9.2 I don't like hot weather, but James ....

    A does   **B** doesn't   **C** do   **D** does like   **E** likes

9.3	'Nicola got married last week.' '................................ Really?' **A** Is she? **B** Got she? **C** Did she? **D** Has she?	42
9.4	You haven't met my mother, ...? **A** haven't you **B** have you **C** did you **D** you have **E** you haven't	42
9.5	Ben doesn't watch TV. He doesn't read newspapers .... **A** too **B** either **C** neither **D** never	43
9.6	'I'd like to go to Australia.' '................................' **A** So do I. **B** So am I. **C** So would I. **D** Neither do I. **E** So I would.	43
9.7	Sue .... much at weekends. **A** don't **B** doesn't **C** don't do **D** doesn't do	44

Вопросительные предложения

10.1	'When ....?' 'I'm not sure. More than 100 years ago.' **A** did the telephone invent **B** has the telephone invented **C** was invented the telephone **D** was the telephone invented **E** the telephone was invented	45
10.2	'I broke my finger last week.' 'How .... that?' **A** did you **B** you did **C** you did do **D** did you do	45
10.3	Why .... me last night? I was waiting for you to phone. **A** didn't you phone **B** you not phone **C** you don't phone **D** you didn't phone	45
10.4	'Who .... in this house?' 'I don't know.' **A** lives **B** does live **C** does lives **D** living	46
10.5	What .... when you told him the story? **A** said Paul **B** did Paul say **C** Paul said **D** did Paul said	46
10.6	'Tom's father is in hospital.' '................................' **A** In which hospital he is? **B** In which hospital he is in? **C** Which hospital he is in? **D** Which hospital is he in?	47
10.7	Did you have a good holiday? .... **A** How was the weather like? **B** What was the weather like? **C** What the weather was like? **D** Was the weather like?	47
10.8	.... taller – Joe or Gary? **A** Who is **B** What is **C** Which is **D** Who has	48
10.9	There are four umbrellas here. .... is yours? **A** What **B** Who **C** Which **D** How **E** Which one	48, 76
10.10	How long .... to cross the Atlantic by ship? **A** is it **B** does it need **C** does it take **D** does it want	49
10.11	I don't remember what .... at the party. **A** Kate was wearing **B** was wearing Kate **C** was Kate wearing	50
10.12	'Do you know ....?' 'Yes, I think so.' **A** if Jack is at home **B** is Jack at home **C** whether Jack is at home **D** that Jack is at home	50

Косвенная речь

11.1	I saw Steve a week ago. He said that .... me, but he didn't. **A** he phone **B** he phones **C** he'll phone **D** he's going to phone **E** he would phone	51
11.2	'Why did Tim go to bed so early?' 'He ....' **A** said he was tired **B** said that he was tired **C** said me he was tired **D** told me he was tired **E** told that he was tired	51

| ЕСЛИ ВЫ НЕ УВЕРЕНЫ В ВЫБОРЕ ПРАВИЛЬНОГО ОТВЕТА | ИЗУЧИТЕ РАЗДЕЛ |

-ing u to …

12.1 You shouldn't .... so hard.
A working   **B** work   **C** to work   **D** worked
`52`

12.2 It's late. I .... now.
A must to go   **B** have go   **C** have to going   **D** have to go
`52`

12.3 Tina has decided .... her car.
A sell   **B** to sell   **C** selling   **D** to selling
`53`

12.4 I don't mind .... early.
A get up   **B** to get up   **C** getting up   **D** to getting up
`53`

12.5 Do you like .... early?
A get up   **B** to get up   **C** getting up   **D** to getting up
`53`

12.6 Do you want .... you some money?
A me lend   **B** me lending   **C** me to lend   **D** that I lend
`54`

12.7 He's very funny. He makes ....
A me laugh   **B** me laughing   **C** me to laugh   **D** that I laugh
`54`

12.8 Paula went to the shop .... a newspaper.
A for get   **B** for to get   **C** for getting   **D** to get   **E** get
`55`

Go, get, do, make u have

13.1 It's a nice day. Let's go ....
A for a swim   **B** on a swim   **C** to swimming   **D** swimming
`56`

13.2 I'm sorry your mother is ill. I hope she .... better soon.
A has   **B** makes   **C** gets   **D** goes
`57`

13.3 Kate .... the car and drove away.
A went into   **B** went in   **C** got in   **D** got into
`57`

13.4 'Shall I open the window?' 'No, it's OK. I'll .... it.'
A do   **B** make   **C** get   **D** open
`58`

13.5 I'm sorry, I .... a mistake.
A did   **B** made   **C** got   **D** had
`58`

13.6 '............................ a good time in Tokyo?'   'Yes, it was great.'
A Have you   **B** Had you   **C** Do you have   **D** Did you have
`59`

Местоимения и указание на принадлежность

14.1 I don't want this book. You can have ....
A it   **B** them   **C** her   **D** him
`60, 63`

14.2 Sue and Kevin are going to the cinema. Do you want to go with .... ?
A her   **B** they   **C** them   **D** him
`60, 63`

14.3 I know Amy, but I don't know .... husband.
A their   **B** his   **C** she   **D** her
`61, 63`

14.4 Oxford is famous for .... university.
A his   **B** its   **C** it's   **D** their
`61`

14.5 I didn't have an umbrella, so Sarah gave me ....
A her   **B** hers   **C** her umbrella   **D** she's
`62, 63`

14.6 I went out to meet a friend of ....
A mine   **B** my   **C** me   **D** I   **E** myself
`62, 63`

14.7 We had a good holiday. We enjoyed _____ .
A us   **B** our   **C** ours   **D** ourself   **E** ourselves
64

14.8 Kate and Helen are good friends. They know _____ well.
A each other   **B** them   **C** themselves   **D** theirselves
64

14.9 Have you met _____ .
A the wife of Mr Black   **B** Mr Black wife   **C** the wife Mr Black
D Mr Black's wife   **E** the Mr Black's wife
65

14.10 Have you seen _____ ?
A the car of my parents   **B** my parent's car   **C** my parents' car   **D** my parents car
65

A и the

15.1 I'm going to buy _____ .
A hat and umbrella   **B** a hat and a umbrella
C a hat and an umbrella   **D** an hat and an umbrella
66, 68

15.2 'What's your job?'   '_____'
A I dentist.   **B** I'm a dentist.   **C** I'm dentist.   **D** I do dentist.
66

15.3 I'm going shopping. I need _____ .
A some new jeans   **B** a new jeans   **C** a new pair of jeans   **D** a new pair jeans
67

15.4 I like the people here. _____ very friendly.
A She is   **B** They are   **C** They is   **D** It is   **E** He is
67

15.5 We can't get into the house without _____ .
A some key   **B** a key   **C** key
68

15.6 Where can I get _____ about hotels here?
A some information   **B** some informations   **C** an information
69

15.7 We enjoyed our holiday. _____ was very nice.
A Hotel   **B** A hotel   **C** An hotel   **D** The hotel
70, 71

15.8 My house is at _____ .
A end of street   **B** end of the street   **C** the end of the street   **D** the end of street
71

15.9 What did you have for _____ ?
A the breakfast   **B** breakfast   **C** a breakfast
71

15.10 I finish _____ at 5 o'clock every day.
A the work   **B** work   **C** a work
72

15.11 I'm tired. I'm going _____ .
A in bed   **B** in the bed   **C** to a bed   **D** to the bed   **E** to bed
72

15.12 We don't eat _____ very often.
A the meat   **B** some meat   **C** a meat   **D** meat
73

15.13 _____ is in Moscow.
A The Red Square   **B** Red Square
74

15.14 My friends are staying at _____ .
A the Kosmos Hotel   **B** Kosmos Hotel
74

Определяющие слова и местоимения

16.1 'I'm going on holiday next week.'   'Oh, _____ nice.'
A it's   **B** this is   **C** that's
75

16.2 'Is there a bank near here?'   'Yes, there's _____ at the end of this street.'
A some   **B** it   **C** one   **D** a one
76

ЕСЛИ ВЫ НЕ УВЕРЕНЫ В ВЫБОРЕ ПРАВИЛЬНОГО ОТВЕТА	ИЗУЧИТЕ РАЗДЕЛ

16.3 This cup is dirty. Can I have ....?   **76**
A clean one   **B** a clean one   **C** clean   **D** a clean

16.4 I'm going shopping. I'm going to buy .... clothes.   **77**
A any   **B** some

16.5 'Where's your luggage?' 'I don't have ....'   **77**
A one   **B** some   **C** any

16.6 Tracey and Jack **78, 79**
A have no children   **B** don't have no children
C don't have any children   **D** have any children

16.7 'How much money do you have?' '........................'   **78**
A No.   **B** No-one.   **C** Any.   **D** None.

16.8 There is .... in the room. It's empty.   **79, 80**
A anybody   **B** nobody   **C** anyone   **D** no-one

16.9 'What did you say?' '........................'   **79, 80**
A Nothing.   **B** Nobody.   **C** Anything.   **D** Not anything.

16.10 I'm hungry. I want **80**
A something for eat   **B** something to eat   **C** something for eating

16.11 Ben watches TV for about two hours **81**
A all evening   **B** all evenings   **C** all the evenings   **D** every evenings   **E** every evening

16.12 .... friends.   **81**
A Everybody need   **B** Everybody needs   **C** Everyone need   **D** Everyone needs

16.13 .... children like playing.   **82**
A Most   **B** The most   **C** Most of   **D** The most of

16.14 I like .... those pictures.   **83**
A both   **B** both of   **C** either   **D** either of

16.15 I haven't read .... these books.   **83**
A neither   **B** neither of   **C** either   **D** either of

16.16 Have you got .... friends?   **84**
A a lot of   **B** much   **C** many   **D** much of   **E** many of

16.17 We like films, so we go to the cinema **84**
A a lot of   **B** much   **C** many   **D** a lot

16.18 There were .... people in the theatre. It was nearly empty.   **85**
A a little   **B** few   **C** little   **D** a few of

16.19 They have .... money, so they're not poor.   **85**
A a little   **B** a few   **C** few   **D** little   **E** little of

Прилагательные и наречия

17.1 I don't speak any **86**
A foreign languages   **B** languages foreign   **C** languages foreigns

17.2 He ate his dinner very **87**
A quick   **B** quicker   **C** quickly

17.3 You speak English very **87**
A good   **B** fluent   **C** well   **D** slow

17.4 Helen wants **88**
A a more big car   **B** a car more big   **C** a car bigger   **D** a bigger car

17.5 'Do you feel better today?' 'No, I feel ....

A good   **B** worse   **C** more bad   **D** more worse

`88`

17.6 Athens is older .... Rome.

A as   **B** than   **C** that   **D** of

`89`

17.7 I can run faster ....

A than him   **B** that he can   **C** than he can   **D** as he can   **E** as he

`89`

17.8 Tennis isn't .... football.

A popular as   **B** popular than   **C** as popular than

D so popular that   **E** as popular as

`90`

17.9 The weather today is the same .... yesterday.

A as   **B** that   **C** than   **D** like

`90`

17.10 The Europa Hotel is .... in the city.

A the more expensive hotel   **B** the most expensive hotel

C the hotel most expensive   **D** the hotel the more expensive   **E** the hotel more expensive

`91`

17.11 The film was very bad. I think it's the .... film I've ever seen.

A worse   **B** baddest   **C** most bad   **D** worst   **E** more worse

`91`

17.12 Why don't you buy a car? You've got ....

A enough money   **B** money enough   **C** enough of money

`92`

17.13 Is your English .... a conversation?

A enough good to have   **B** good enough for have

C enough good for   **D** good enough to have

`92`

17.14 I'm .... out.

A too tired for go   **B** too much tired for going

C too tired to go   **D** too much tired to go

`93`

Порядок слов

18.1 Sue .... They're very nice.

A bought yesterday some new shoes   **B** bought some new shoes yesterday

C yesterday bought some new shoes

`94`

18.2 .... coffee in the morning.

A I drink always   **B** Always I drink   **C** I always drink

`95`

18.3 .... during the day.

A They are at home never   **B** They are never at home

C They never are at home   **D** Never they are at home

`95`

18.4 'Where's Emma?' 'She ....

A isn't here yet   **B** isn't here already   **C** isn't here still

`96`

18.5 I locked the door and I gave ....

A Sarah the keys   **B** to Sarah the keys   **C** the keys Sarah   **D** the keys to Sarah

`97`

Союзы и сложные предложения

19.1 I can't talk to you now. I'll talk to you later when .... more time.

A I'll have   **B** I had   **C** I have   **D** I'm going to have

`99`

19.2 .... late this evening, don't wait for me.

A If I'm   **B** If I'll be   **C** When I'm   **D** When I'll be

`99`

19.3 I don't know the answer. If I .... the answer, I'd tell you.

A know   **B** would know   **C** have known   **D** knew

`100`

Руководство по изучению грамматики

19.4 I like this jacket. _____ it if it wasn't so expensive.

A I buy **B** I'll buy **C** I bought **D** I'd bought **E** I'd buy

100

19.5 Emma lives in a house _____ is 400 years old.

A who **B** that **C** which **D** it **E** what

101

19.6 The people _____ work in the office are very friendly.

A who **B** that **C** they **D** which **E** what

101

19.7 Did you find the book _____ ?

A who you wanted **B** that you wanted **C** what you wanted **D** you wanted **E** you wanted it

102

19.8 I met _____ can speak six languages.

A a woman who **B** a woman which **C** a woman **D** a woman she

102

Предлоги

20.1 Bye! I'll see you _____ .

A until Friday **B** at Friday **C** in Friday **D** on Friday

103

20.2 Hurry! The train leaves _____ five minutes.

A at **B** on **C** from **D** after **E** in

103

20.3 'How long will you be away?' '_____ Monday.'

A On **B** To **C** Until **D** Till **E** Since

104

20.4 We played tennis yesterday. We played _____ two hours.

A in **B** for **C** since **D** during

105

20.5 I always have breakfast before _____ to work.

A I go **B** go **C** to go **D** going

105

20.6 Write your name _____ the top of the page.

A at **B** on **C** in **D** to

106

20.7 There are a lot of apples _____ those trees.

A at **B** on **C** in **D** to

106

20.8 What's the largest city _____ the world?

A at **B** on **C** in **D** of

107

20.9 The office is _____ the first floor.

A at **B** on **C** in **D** to

107

20.10 I met a lot of people _____ the party.

A on **B** to **C** in **D** at

108

20.11 I want to go _____ Italy next year.

A at **B** on **C** in **D** to

108

20.12 What time did you arrive _____ the hotel?

A at **B** on **C** in **D** to

108

20.13 'Where is David in this picture?' 'He's _____ Ben.'

A at front of **B** in the front of **C** in front of **D** in front from

109

20.14 I jumped _____ the wall into the garden.

A on **B** through **C** across **D** over **E** above

110

20.15 Jane isn't at work this week. She's _____ holiday.

A on **B** in **C** for **D** to **E** at

111

20.16 Do you like travelling _____ ?

A with train **B** with the train **C** in train **D** on train **E** by train

111

ЕСЛИ ВЫ НЕ УВЕРЕНЫ В ВЫБОРЕ ПРАВИЛЬНОГО ОТВЕТА	ИЗУЧИТЕ РАЗДЕЛ

20.17   I'm not very good .... telling stories.   **112**
       A on   **B** with   **C** at   **D** in   **E** for

20.18   Tom left without .... goodbye.   **112**
       A say   **B** saying   **C** to say   **D** that he said

20.19   I have to phone .... today.   **113**
       A with my parents   **B** to my parents   **C** at my parents   **D** my parents

20.20   'Do you like eating in restaurants?'   'It depends .... the restaurant.'   **113**
       A in   **B** at   **C** of   **D** on   **E** over

Фразовые глаголы

21.1   The car stopped and a woman got **114**
       A off   **B** down   **C** out   **D** out of

21.2   It was cold, so I **115**
       A put on my coat   **B** put my coat on   **C** put the coat on me   **D** put me the coat on

21.3   I've got Rachel's keys. I have to .... to her.   **115**
       A give back   **B** give them back   **C** give back them   **D** give it back

Ключи к упражнениям

РАЗДЕЛ 1

1.1
2 they're
3 it isn't / it's not
4 that's
5 I'm not
6 you aren't / you're not

1.2
2 'm/am
3 is
4 are
5 's/is
6 are
7 is … are
8 'm/am … is

1.3
2 I'm / I am
3 He's / He is
4 they're / they are
5 She's / She is
6 She's / She is
7 Here's / Here is

1.4
Возможные ответы:
1 My name is Robert.
2 I'm 25.
3 I'm from Australia.
4 I'm a gardener.
5 My favourite colours are black and white.
6 My favourite sport is tennis.

1.5
2 They're / They are hungry.
3 He's / He is strong.
4 She's / She is happy.
5 He's / He is sad.
6 She's / She is angry.

1.6
2 My hands are cold. *или*
  My hands aren't/are not cold.
3 Brazil is a very big country.
4 Diamonds aren't/are not cheap.
5 Minsk isn't / is not in Russia.
7 I'm / I am hungry. *или* I'm not / I am not hungry.
8 I'm / I am a good swimmer. *или* I'm not / I am not a good swimmer.
9 I'm / I am a good dancer. *или* I'm not / I am not a good dancer.

1.7
1 Anna is a student.
2 Tom and Irina are teachers.
3 Linda is 18 (years old).
4 Ben isn't / is not American. He's / He is Canadian.
5 Here's / Here is your passport.
6 My favourite colour is green.
7 Look! Here's / Here is Ben. *или* There's / There is Ben.
8 It's not / It isn't / It is not late.
9 My glasses are on the table.
10 I'm / I am from Moscow.

РАЗДЕЛ 2

2.1
2 F
3 H
4 C
5 A
6 E
7 B
8 I
9 D

2.2
3 Is your job interesting?
4 Are these seats free?
5 Where are you from?
6 Are you a student?
7 Is the station near here?
8 Are your children at school?
9 Why are you sad?

2.3
2 Where's / Where is
3 How old are
4 How much are
5 What's / What is
6 Who's / Who is
7 What colour are

2.4
2 Are you American?
3 How old are you?
4 Are you a teacher?
5 What's / What is your favourite sport?
6 Is your wife a lawyer?
7 Where's / Where is she from?
8 What's / What is her name?
9 How old is she?

2.5
2 Yes, I am. *или* No, I'm not.
3 Yes, he is. *или* No, he isn't. / No, he's not.
4 Yes, they are. *или* No, they aren't. / No, they're not.
5 Yes, it is. *или* No, it isn't. / No, it's not.
6 Yes, I am. *или* No, I'm not.

2.6
1 Are you English?
2 Is your brother at home?
3 Where are Marina and Tom?
4 How old are you?
5 What's / What is your name?
6 Where's / Where is Ben from?
7 Where's / Where is my phone?
8 What colour are your eyes?
9 Who's / Who is that boy?
10 Why are you here?

РАЗДЕЛ 3

3.1
2 They're / They are tired.
3 He's / He is scared.
4 The shop is closed.
5 They're / They are asleep.
6 The bus is late.
7 She's / She is in a hurry.
8 They're / They are cold.

3.2
3 They're / They are
4 It's / It is
5 He's / He is
6 are they
7 I'm / I am
8 Is she
9 Are you
10 It's / It is
11 is he

3.3
2 I'm / I am tired. *или* I'm not / I am not tired.
3 I'm / I am in a hurry. *или* I'm not / I am not in a hurry.
4 I'm / I am scared of dogs. *или* I'm not / I am not scared of dogs.
5 I'm / I am well. *или* I'm not / I am not well.
6 I'm / I am interested in history. *или* I'm not / I am not interested in history.
7 I'm / I am married. *или* I'm not / I am not married.

3.4
1 It's / It is dark in my room.
2 Anna isn't / is not married.
3 I'm not / I am not interested in music.
4 My son is scared of cats.
5 It's / It is very cold today.
6 How much is this hat?
7 I'm not / I am not well.
8 Are you tired?

РАЗДЕЛ 4

4.1
2 's/is waiting
3 're/are playing
4 He's / He is lying
5 They're / They are having
6 She's / She is sitting

4.2
2 's/is cooking
3 're/are standing
4 's/is swimming
5 're/are staying
6 's/is having
7 're/are building
8 'm/am going

4.3
3 She's / She is sitting on the floor.
4 She isn't / She's not reading a book.
5 She isn't / She's not playing the piano.
6 She's / She is laughing.
7 She's / She is wearing a hat.
8 She isn't / She's not drinking coffee.

4.4
2 I'm reading a newspaper. *или* I'm not reading a newspaper.
3 I'm sitting on a chair. *или* I'm not sitting on a chair.

4 I'm eating. *или* I'm not eating.
5 I'm wearing shoes. *или* I'm not wearing shoes.
6 I'm learning English.
7 I'm listening to music. *или* I'm not listening to music.
9 The sun is shining. *или* The sun isn't shining.
10 It's raining. *или* It isn't raining. / It's not raining.

4.5

1 Look! Ben is dancing with Sandra.
2 'Where are Anna and Lara?' 'They're / They are watching TV/television.'
3 Hurry up! The train is coming.
4 Sasha is wearing a green dress.
5 'Where's Tom?' 'He's / He is cooking (the) dinner.'
6 Kevin isn't / is not working today. He's / He is ill.
7 We're / We are having/eating lunch (now). Are you hungry?
8 The weather is bad. It's / It is raining.

РАЗДЕЛ 5

5.1

2 Are you going now?
3 Is it raining?
4 Are you enjoying the film?
5 Is that clock working?
6 Are you waiting for a bus?

5.2

2 Where is she going?
3 What are you eating?
4 Why are you crying?
5 What are they looking at?
6 Why is he laughing?

5.3

3 Are you listening to me?
4 Where are your friends going?
5 Are your parents watching TV?
6 What is Jessica cooking?
7 Why are you looking at me?
8 Is the bus coming?

5.4

2 Yes, I am. *или* No, I'm not.
3 Yes, I am. *или* No, I'm not.
4 Yes, it is. *или* No, it isn't. / No, it's not.
5 Yes, I am. *или* No, I'm not.
6 Yes, I am. *или* No, I'm not.

5.5

1 What are you watching?
2 Are you having dinner now?
3 Is it raining now?
4 Are your parents working today?
5 What is Boris reading?
6 Why is Jessica crying?
7 Where are you going now?
8 What is Sandra cooking?
9 Are you waiting for me?
10 'What are Ben and Tom doing?' 'They are / They're playing in the park.'

РАЗДЕЛ 6

6.1

2 thinks   5 has
3 flies   6 finishes
4 dances

6.2

2 live   5 They go
3 She eats   6 He sleeps
4 He plays

6.3

2 open   7 costs
3 closes   8 cost
4 teaches   9 boils
5 meet   10 like … likes
6 washes

6.4

2 I never go to the cinema.
3 Martina always works hard.
4 Children usually like chocolate.
5 Jackie always enjoys parties.
6 I often forget people's names.
7 Sam never watches TV.
8 We usually have dinner at 7.30.
9 Kate always wears nice clothes.

6.5

Возможные ответы:
2 I sometimes read in bed.
3 I often get up before 7 o'clock.
4 I never go to work by bus.
5 I usually drink two cups of coffee in the morning.

6.6

1 I live in Moscow.
2 Linda usually gets up at 7 o'clock.
3 We sometimes go to the park.
4 My sister loves chocolate.
5 I never watch TV/television.
6 My friends often go to the cinema.
7 I like/love caviar but it costs a lot of money. / … it's expensive.
8 Anton speaks English well.
9 I always start work at 9 o'clock.
10 Cats eat fish.

РАЗДЕЛ 7

7.1

2 Anna doesn't play the piano very well.
3 They don't know my phone number.
4 We don't work very hard.
5 He doesn't have a bath every day.
6 You don't do the same thing every day.

7.2

2 Kate doesn't like classical music. I like (*или* I don't like) classical music.
3 Ben and Sophie don't like boxing. Kate likes boxing. I like (*или* I don't like) boxing.
4 Ben and Sophie like horror movies. Kate doesn't like horror movies. I like (*или* I don't like) horror movies.

7.3

Возможные ответы:
2 I never go to the theatre.
3 I don't ride a bike very often.
4 I never eat in restaurants.
5 I often travel by train.

7.4

2 doesn't use
3 don't go
4 doesn't wear
5 don't know
6 doesn't cost
7 don't see

7.5

3 don't know
4 doesn't talk
5 drinks
6 don't believe
7 like
8 doesn't eat

7.6

1 I like/love yoghurt but I don't / do not like milk.
2 We don't / do not watch football very often.
3 My parents don't / do not speak English.
4 Peter doesn't / does not work in the evenings.
5 I don't / do not know this/that man.
6 Boris eats meat but he doesn't / does not eat fish.
7 My brother doesn't / does not like his job.
8 Emma and Anna don't / do not get up early on Sundays. *или* On Sundays …

РАЗДЕЛ 8

8.1

2 Do you play tennis?
3 Does Lucy live near here?
4 Do Tom's friends play tennis? / Do his friends play tennis? / Do they play tennis?
5 Does your brother speak English? / Does he speak English?
6 Do you do yoga every morning?
7 Does Paul go on holiday a lot? / Does he go on holiday a lot? *или* Does Paul go on holiday much? / Does he go on holiday much?
8 Do you want to be famous?
9 Does Anna work hard? / Does she work hard?

8.2

3 How often do you watch TV?
4 What do you want for dinner?
5 Do you like football?
6 Does your brother like football?
7 What do you do in your free time?
8 Where does your sister work?
9 Do you always have breakfast?
10 What does this word mean?
11 Does it snow here in winter?
12 What time do you usually go to bed?

13 How much does it cost to phone New York?

14 What do you usually have for breakfast?

8.3

2 Do you enjoy / Do you like
3 do you start
4 Do you work
5 do you go
6 does he do
7 does he teach
8 Does he enjoy / Does he like

8.4

2 Yes, I do. *или* No, I don't.
3 Yes, I do. *или* No, I don't.
4 Yes, it does. *или* No, it doesn't.
5 Yes, I do. *или* No, I don't.

8.5

1 Do you like coffee?
2 Does Ben speak Russian?
3 Where do you live?
4 Do your parents live in Moscow?
5 What do you usually have/eat for dinner?
6 Where does your brother work?
7 How often do you watch films?
8 Where do you usually go on holiday?
9 Do you always get up early?

РАЗДЕЛ 9

9.1

2 No, she isn't.
   Yes, she does.
   She's playing the piano.
3 Yes, he does.
   Yes, he is.
   He's cleaning a window.
4 No, they aren't.
   Yes, they do.
   They teach.

9.2

2 don't   6 do
3 are   7 does
4 does   8 doesn't
5 's/is … don't

9.3

4 is singing
5 She wants
6 do you use
7 you're sitting
8 I don't understand
9 I'm going … Are you coming
10 does your father finish
11 I'm not listening
12 He's / He is cooking
13 doesn't usually drive … usually walks
14 doesn't like … She prefers

9.4

1 Anton! Your phone is ringing.
2 I play football every Sunday. *или* Every Sunday …
3 A: What is Nina doing?
   B: She's / She is cooking/preparing dinner.

4 A: Hello/Hi. Where are you going?
   B: I'm / I am going home.
5 Where does Sasha come from? *или* Where is Sasha from?
6 I'm not / I am not working today.
7 Why are you crying?
8 Do you know this/that woman?
9 I drink/have coffee every morning.
10 How often do you go to London?

РАЗДЕЛ 10

10.1

3 He's got a new job.
4 Have you got an umbrella?
5 We've got a lot of work to do.
6 I haven't got your phone number.
7 Has your father got a car?
8 How much money have we got?

10.2

2 I don't have many clothes.
3 Does Tom have a brother?
4 How many children do they have?
5 Do you have any questions?
6 Sam doesn't have a job.

10.3

2 He's got a bike. *или* He has a bike.
3 He hasn't got a dog. *или* He doesn't have a dog.
4 He's got a mobile phone. *или* He has a mobile phone.
5 He hasn't got a watch. *или* He doesn't have a watch.
6 He's got two brothers and a sister. *или* He has two brothers and a sister.
7 I've got a dog. *или* I haven't got a dog.
8 I've got a bike. *или* I haven't got a bike.
9 (*Возможный ответ*) I've got a brother and a sister.

10.4

3 has   6 don't have
4 don't have   7 doesn't have
5 have

10.5

2 's got / has got a lot of friends
3 hasn't got a key
4 haven't got much time
5 has got six legs
6 haven't got a job

10.6

1 I have a big/large family. *или* I've got …
2 Do you have a headache? *или* Have you got …
3 I don't have a phone. *или* I haven't got …
4 Anna has a cat and a dog. *или* Anna has got …
5 Tom has green eyes. *или* Tom has got …
6 Do you have a bike? *или* Have you got…
7 Do you have a house or a flat? *или* Have you got…
8 My friends have a new car. *или* My friends have got …

РАЗДЕЛ 11

11.1

2 Jack and Kate were at/in the cinema.
3 Sue was at the station.
4 Mr and Mrs Hall were in/at a restaurant.
5 Ben was on the beach / on a beach / at the beach / at the seaside.
6 (*Возможный ответ*) I was at work.

11.2

2 is … was   6 're/are
3 'm/am   7 Was
4 was   8 was
5 were   9 are … were

11.3

2 wasn't … was
3 was … were
4 'Were Kate and Ben at the party?'
   'Kate was there, but Ben wasn't.'
   или 'Kate wasn't there, but Ben was.'
5 were
6 weren't … were

11.4

2 Was your exam difficult?
3 Where were Sue and Chris last week?
4 How much was your new camera?
5 Why were you angry yesterday?
6 Was the weather nice last week?

11.5

1 I was in Cambridge last week. *или* Last week …
2 Was Irina in the office this morning?
3 Were Anna and Liz at the party?
4 The exam wasn't / was not difficult.
5 How much was your new bag?
6 The weather was cold but sunny.
7 My parents were abroad last summer. *или* Last summer …
8 Where were you last night? / … yesterday evening?

РАЗДЕЛ 12

12.1

2 opened
3 started … finished
4 wanted
5 happened
6 rained
7 enjoyed … stayed
8 died

12.2

2 saw   8 thought
3 played   9 copied
4 paid   10 knew
5 visited   11 put
6 bought   12 spoke
7 went

12.3

2	got	9	checked
3	had	10	had
4	left	11	waited
5	drove	12	departed
6	got	13	arrived
7	parked	14	took
8	walked		

12.4

2 lost her keys
3 met her friends
4 bought a newspaper
5 went to the cinema
6 ate an orange
7 had a shower
8 came (to see us)

12.5

Возможные ответы:
2 I got up late yesterday.
3 I met some friends at lunchtime.
4 I went to the supermarket.
5 I phoned a lot of people.
6 I lost my keys.

12.6

1 I worked all day yesterday. *или* Yesterday …
2 I started (to) work at 9 (o'clock) and (I) finished at 7 (o'clock).
3 Sasha went to Paris last year. *или* Last year …
4 We played tennis yesterday evening. *или* Yesterday evening …
5 My friends visited me last week. *или* Last week …
6 I read a very interesting book at the weekend. *или* At the weekend …
7 Boris bought a motorbike when he was 17 (years old).

РАЗДЕЛ 13

13.1

2 didn't work
3 didn't go
4 didn't have
5 didn't do

13.2

2 Did you enjoy the party?
3 Did you have a good holiday?
4 Did you finish work early?
5 Did you sleep well last night?

13.3

2 I got up before 7 o'clock. *или* I didn't get up before 7 o'clock.
3 I had a shower. *или* I didn't have a shower.
4 I bought a magazine. *или* I didn't buy a magazine.
5 I ate meat. *или* I didn't eat meat.
6 I went to bed before 10.30. *или* I didn't go to bed before 10.30.

13.4

2 did you arrive
3 Did you win
4 did you go
5 did it cost
6 Did you go to bed late

7 Did you have a nice time
8 did it happen / did that happen

13.5

2 bought
3 Did it rain
4 didn't stay
5 opened
6 didn't have
7 did you do
8 didn't know

13.6

1 Did you see Anna yesterday?
2 Did you learn/study English at school?
3 I did not/didn't play football on Sunday. *или* On Sunday …
4 Where did Tom and Liz go on holiday?
5 What did you do last weekend?
6 Did you sleep well?
7 How did you lose your passport?
8 We saw/watched a/the film but we didn't / did not like/enjoy it.

РАЗДЕЛ 14

14.1

2 Jack and Kate were at the cinema. They were watching a film.
3 Tom was in his car. He was driving.
4 Tracey was at the station. She was waiting for a train.
5 Mr and Mrs Hall were in the park. They were walking.
6 (*Возможный ответ*) I was in a cafe. I was having a drink with some friends.

14.2

2 she was playing tennis
3 she was reading a/the paper/ newspaper
4 she was cooking (lunch)
5 she was having breakfast 6 she was cleaning the kitchen

14.3

2 What were you doing
3 Was it raining
4 Why was Sue driving
5 Was Tom wearing

14.4

2 He was carrying a bag.
3 He wasn't going to the dentist.
4 He was eating an ice cream.
5 He wasn't carrying an umbrella.
6 He wasn't going home.
7 He was wearing a hat.
8 He wasn't riding a bicycle.

14.5

1 Today at 7.30 I was washing my car.
2 Yesterday I was working in the garden at midday.
3 What were you doing at 10.30 this morning? Were you working?
4 It was warm and it wasn't / was not raining this morning.
5 Why were you singing at 3 o'clock in the morning?

6 Last summer Emma and Tom were living in America.
7 A: What were you doing at the airport?
   B: I was waiting for Irina.
8 Today Anton is wearing a suit, but yesterday he was wearing jeans.

РАЗДЕЛ 15

15.1

1 happened … was painting … fell
2 arrived … got … were waiting
3 was walking … met … was going … was carrying … stopped

15.2

2 was studying
3 Did Paul call … called … was having
4 didn't go
5 were you driving … stopped … wasn't driving
6 Did your team win … didn't play
7 did you break … were playing … kicked … hit
8 Did you see … was wearing
9 were you doing
10 lost … did you get … climbed

15.3

1 Sandra was cooking dinner, when we got/came home.
2 I was walking/going to work when I met Natasha.
3 They weren't / were not working. They were chatting.
4 I was working at three o'clock yesterday afternoon. *или* At three o'clock yesterday afternoon I was working.
5 It wasn't/was not raining, so we had lunch in the garden.
6 When I entered the room, Anna and Rodrigo were speaking Spanish.
7 I was/felt very tired yesterday, so I went to bed at 9 (o'clock). *или* Yesterday, I …
8 When Sasha called/phoned/rang, Anna was watching TV.

РАЗДЕЛ 16

16.1

2 She has / She's closed the door.
3 They have / They've gone to bed.
4 It has / It's stopped raining.
5 He has / He's had a shower.
6 The picture has fallen down.

16.2

2 've bought / have bought
3 's gone / has gone
4 Have you seen
5 has broken
6 've told / have told
7 has taken
8 haven't seen
9 has she gone
10 've forgotten / have forgotten
11 's invited / has invited
12 Have you decided
13 haven't told
14 've finished / have finished

16.3

1 Anna has gone to bed.
2 Kim isn't / is not at work. She's / She has gone on holiday.
3 I've / I have lost my credit card.
4 We've / We have bought a new sofa.
5 Where is Gary? Have you seen him?
6 I'm / I am busy. I haven't / have not finished my work.
7 I've / I have met this man before, but I've / I have forgotten his name.
8 Look! Someone has broken the window!

РАЗДЕЛ 17

17.1

2 He's / He has just got up.
3 They've / They have just bought a car.
4 The race has just started.

17.2

2 they've / they have already seen it.
3 I've / I have already phoned him.
4 He's / He has already gone (away).
5 I've / I have already read it.
6 She's / She has already started (it).

17.3

2 The bus has just gone.
3 The train hasn't left yet.
4 He hasn't opened it yet.
5 They've / They have just finished their dinner.
6 It's / It has just stopped raining.

17.4

2 Have you met your new neighbours yet?
3 Have you paid your electricity bill yet?
4 Has Tom/he sold his car yet?

17.5

1 Anton and Marina have just bought a new house.
2 Has Sandra called her mother yet?
3 'Is James here?' 'No, he's / he has already gone/left.'
4 A: Do you like this book?
   B: I don't / do not know. I haven't / have not read it yet.
5 'Don't forget to close the windows.' 'I've already closed them.'
6 I've / I have just finished dinner.

РАЗДЕЛ 18

18.1

3 Have you ever been to Australia?
4 Have you ever lost your passport?
5 Have you ever flown in a helicopter?
6 Have you ever won a race?
7 Have you ever been to New York?
8 Have you ever driven a bus?
9 Have you ever broken your leg?

18.2

Helen:
2 She's/She has been to Australia once.
3 She's/She has never won a race.
4 She's/She has flown in a helicopter a few times.

Вы (возможные ответы):
5 I've / I have never been to New York.
6 I've / I have played tennis many times.
7 I've / I have never driven a lorry.
8 I've / I have been late for work a few times.

18.3

2–6
She's / She has done a lot of interesting things.
She's / She has travelled all over the world. или She's / She has been all over the world.
She's / She has been married three times.
She's / She has written ten books.
She's / She has met a lot of interesting people.

18.4

2	been	6	gone
3	gone	7	gone
4	been	8	been
5	been		

18.5

1 Have you ever been to Brazil?
2 I've / I have never seen an elephant.
3 Mark has never been married.
4 My parents have been to Italy four times.
5 Have you ever eaten Indian food?
6 Victor has written six books.
7 Where has Sally gone? I can't/cannot find her.
8 How many times have you seen/watched this film?

РАЗДЕЛ 19

19.1

3 have been
4 has been
5 have lived / have been living
6 has worked / has been working
7 has had
8 have been learning

19.2

2 How long have they been there? или … been in Brazil?
3 How long have you known her? или … known Amy?
4 How long has she been learning Italian?
5 How long has he lived in Canada? / How long has he been living … ?
6 How long have you been a teacher?
7 How long has it been raining?

19.3

2 She has lived in Wales all her life.
3 They have been on holiday since Sunday.
4 The sun has been shining all day.
5 She has been waiting for ten minutes.
6 He has had a beard since he was 20.

19.4

2 I know
3 I've known
4 have you been waiting
5 works
6 She has been reading
7 have you lived
8 I've had
9 is … He has been

19.5

1 We've / We have lived in this house since 2008. или We've / We have been living in this house …
2 How long have you been friends with Lara?
3 The children have been watching TV since six o'clock.
4 Sally has known Ben for a long time.
5 It's / It has been snowing all morning.
6 Has Sasha been studying/learning Spanish for a long time?
7 I'm / I am ill. I've / I have spent all day in bed.
8 How long have Kevin and Alla been married?

РАЗДЕЛ 20

20.1

3	for	6	for
4	since	7	for
5	since	8	for … since

20.2

Возможные ответы:
2 A year ago.
3 A few weeks ago.
4 Two hours ago.
5 Six months ago.

20.3

3 for 20 years
4 20 years ago
5 an hour ago
6 a few days ago
7 for six months
8 for a long time

20.4

2 Jack has been here since Tuesday.
3 It's been raining for an hour.
4 I've known Sue since 2008.
5 Claire and Matt have been married for six months.
6 Laura has been studying medicine (at university) for three years.
7 David has played / David has been playing the piano since he was seven years old.

20.5

Возможные ответы:
1 I've lived in … all my life.
2 I've been in the same job for ten years.
3 I've been learning English for six months.
4 I've known Chris for a long time.
5 I've had a headache since I got up this morning.

20.6

1 Tom has worked / has been working in this office since 2011.
2 I arrived in / came to London three days ago.
3 A: How long have you known Ira?
    B: 10 years.
4 I've / I have been waiting here for a long time. *или* I've / I have waited …
5 We've / We have lived / in Cambridge for five years. *или* We've / We have been living …
6 Tim has played / has been playing the guitar since he was ten.
7 A: When did you last go to a concert?
    B: Six months ago.
8 I've / I have had a car since last October.

РАЗДЕЛ 21

21.1

2 I started (it)   4 she went (away)
3 they arrived   5 I wore it

21.2

3 I finished
4 OK
5 did you finish
6 OK
7 (Steve's grandmother) died
8 Where were you / Where did you go

21.3

3 played
4 did you go
5 Have you ever met
6 wasn't
7 's/has visited
8 switched
9 lived
10 haven't been

21.4

2 Have you seen … went … haven't seen
3 has worked / has been working … was … worked … didn't enjoy
4 've/have seen… 've/have never spoken … Have you ever spoken … met

21.5

1 I love this museum. I've / I have been here many times.
2 I went to a nice/good restaurant yesterday. / Yesterday …

3 I've / I have lost my passport. Have you seen it?
4 Sasha isn't / is not at home. She's / She has gone to the cinema.
5 Karen went to the supermarket an hour ago.
6 When did you buy your car?
7 Have you ever driven a bus?
8 My sister has written a lot of / many songs. Last week she wrote a new song.

РАЗДЕЛ 22

22.1

3 Glass is made from sand.
4 The windows are cleaned every two weeks.
5 This room isn't used very much.
6 Are we allowed to park here?
7 How is this word pronounced?
9 The house was painted last month.
10 My phone was stolen a few days ago.
11 Three people were injured in the accident.
12 When was this bridge built?
13 I wasn't woken up by the noise.
14 How were these windows broken?
15 Were you invited to Jon's party last week?

22.2

2 Football **is played** in most …
3 Why **was the letter sent** to … ?
4 … where films **are made**.
5 Where **were** you born?
6 How many languages **are spoken** … ?
7 … but nothing **was** stolen.
8 When **was** the bicycle **invented**?

22.3

3 is made
4 were damaged
5 was given
6 are shown
7 were invited
8 was made
9 was stolen … was found

22.4

2 Sarah was born in Manchester.
3 Her parents were born in Ireland.
4 I was born in …
5 My mother was born in …

22.5

1 My parents were born in America.
2 New technologies are invented every day.
3 Bread is made from flour.
4 How many cars are made in Germany every year?
5 This airport was built in 1970.
6 Where was Marina born?
7 My phone wasn't / was not stolen. I lost it.
8 This book was written by my friend. *или* … by a friend of mine.

РАЗДЕЛ 23

23.1

2 A bridge is being built.
3 The windows are being cleaned.
4 The grass is being cut.

23.2

3 The window **has been** broken.
4 The roof **is being** repaired.
5 The car **has been** damaged.
6 The houses **are being** knocked down.
7 The trees **have been** cut down.
8 They **have been** invited to a party.

23.3

3 has been repaired
4 was repaired
5 are made
6 were they built
7 Is the photocopier being used *или* Is anybody using the photocopier
8 are they called
9 were stolen
10 was damaged … hasn't been repaired

23.4

1 This swimming pool is often used by our students. / … is used a lot by our students.
2 My house has just been painted.
3 'Where's / Where is your TV?' 'It's / It is being repaired.'
4 These shoes are very dirty. When were they (last) cleaned?
5 Sasha, has my dress been ironed?
6 A new cinema is being built in my town. *или* In my town a new cinema is being built.
7 A: Where is your new bike?
    B: It's / It has been stolen.
8 Look at this/that bird! What's / What is it called?

РАЗДЕЛ 24

24.1

3 are   7 do
4 Does   8 Is
5 Do   9 does
6 Is   10 Are

24.2

2 don't   6 doesn't
3 'm/am not   7 'm/am not
4 isn't   8 aren't / 're not
5 don't

24.3

2 Did   7 were
3 were   8 Has
4 was   9 did
5 Has   10 have
6 did

24.4

2 was   6 've/have
3 Have   7 is
4 are   8 was
5 were   9 has

Ключи к упражнениям

24.5

3	eaten	8	understand
4	enjoying	9	listening
5	damaged	10	pronounced
6	use	11	open
7	gone		

24.6

1 'What are you doing?'
  'I'm writing an email.'
2 What was Ben doing when you came/arrived/got home?
3 Have you seen my new bag?
4 'Where does Emma live?'
  'I don't / do not know.'
5 Did you like your presents?
6 How was this window broken?
7 Tim has been to America but he hasn't / has not been to Canada.
8 These TVs are made in China.
9 Gary doesn't eat meat. He's / He is a vegetarian.
10 I've / I have finished work and now I'm / I am reading.

РАЗДЕЛ 25

25.1

3	got	10	happened
4	brought	11	heard
5	paid	12	put
6	enjoyed	13	caught
7	bought	14	watched
8	sat	15	understood
9	left		

25.2

2	began	begun
3	ate	eaten
4	drank	drunk
5	drove	driven
6	spoke	spoken
7	wrote	written
8	came	come
9	knew	known
10	took	taken
11	went	one
12	gave	given
13	threw	thrown
14	forgot	forgotten

25.3

3	slept	10	built
4	saw	11	learnt/learned
5	rained	12	ridden
6	lost … seen	13	known
7	stolen	14	fell … hurt
8	went	15	ran … run
9	finished		

25.4

2	told	8	spoken
3	won	9	cost
4	met	10	driven
5	woken up	11	sold
6	swam	12	flew
7	thought		

25.5

1 Lara studied Russian at university.
2 When was your house built?
3 Where is James? I haven't / have not seen him today.
4 Are you hungry? I've / I have made you a sandwich.
5 Look! I've / I have bought you a present!
6 Sally broke her arm when/while she was on holiday.
7 French and English are spoken in Canada. *или* They speak French and English …
8 We watched a (football) match on Saturday. Our team won. *или* On Saturday …
9 When we lived on a farm, I had a horse.
10 I found a phone near my house yesterday. *или* Yesterday …

РАЗДЕЛ 26

26.1

2 Richard is going to the cinema.
3 Rachel is meeting Dave.
4 Karen is having lunch with Will.
5 Tom and Sue are going to a party.

26.2

2 Are you working next week?
3 What are you doing tomorrow evening?
4 What time are your friends coming?
5 When is Lisa going on holiday?

26.3

Возможные ответы:
3 I'm going away at the weekend.
4 I'm playing basketball tomorrow.
5 I'm meeting a friend this evening.
6 I'm going to the cinema on Thursday evening.

26.4

3 She's getting
4 are going … are they going
5 finishes
6 I'm not going
7 I'm going … We're meeting
8 are you getting … leaves
9 Are you coming … does the film begin
10 are you doing … I'm working

26.5

1 We are flying to Paris on Monday. *или* On Monday …
2 Are you going on holiday in August?
3 I'm / I am not working tomorrow.
4 Are you going to the party tonight?
5 What time / When does your bus arrive?
6 The film starts at 5 (o'clock) and finishes at 7 (o'clock).
7 Nina is meeting Anna on Tuesday. *или* On Tuesday …
8 Is Boris coming on Sunday?

РАЗДЕЛ 27

27.1

2 I'm going to have a bath.
3 I'm going to buy a car.
4 We're going to play football.

27.2

3 'm/am going to walk
4 's/is going to stay
5 'm/am going to eat
6 're/are going to give
7 's/is going to lie down
8 Are you going to watch
9 is Rachel going to do

27.3

2 The shelf is going to fall (down).
3 The car is going to turn (right).
4 He's / He is going to kick the ball.

27.4

Возможные ответы:
1 I'm going to phone Maria this evening.
2 I'm going to get up early tomorrow.
3 I'm going to buy some shoes tomorrow.

27.5

1 We're / We are going to have dinner.
2 I'm / I am not going to buy a new phone.
3 What are you going to wear tonight?
4 What is Angela going to do after university?
5 Hurry up! We're / We are going to be late.
6 It's / It is very cold. It's / It is going to snow.
7 Vlad and Irina are going to sell their house.
8 What are you going to do at the weekend?

РАЗДЕЛ 28

28.1

2	she'll be	5	she's
3	she was	6	she was
4	she'll be	7	she'll be

28.2

Возможные ответы:
2 I'll be at home.
3 I'll probably be in bed.
4 I'll be at work.
5 I don't know where I'll be.

28.3

2	'll/will	5	'll/will
3	won't	6	'll/will
4	won't	7	won't

28.4

3 I think we'll win the game.
4 I don't think I'll be here tomorrow.
5 I think Sue will like her present.
6 I don't think they'll get married.
7 I don't think you'll enjoy the film.

28.5

2 are you doing
3 They're going
4 will lend
5 I'm going
6 will phone
7 He's working
8 Will you
9 are coming

28.6

1 I'll / I will be in Moscow tomorrow at 5 (o'clock). *или* Tomorrow at 5 (o'clock) …
2 I think you'll / you will like the/ your present/gift.
3 Diana will probably come/be home soon.
4 I'm / I am sure you'll / you will have a good time.
5 I don't think (that) Jessica will be late.
6 What are you doing on Saturday?
7 Oleg won't / will not be at work on Friday. *или* On Friday …
8 Victor is going to a football match tomorrow. He's already got a ticket. *или* Tomorrow …

РАЗДЕЛ 29

29.1

2 I'll eat
3 I'll sit
4 I'll do
5 I'll stay
6 I'll show

29.2

2 I think I'll have
3 I don't think I'll play
4 I think I'll buy
5 I don't think I'll buy

29.3

2 I'll do
3 I watch
4 I'll go
5 is going to buy
6 I'll give
7 Are you doing … I'm going
8 I'm working

29.4

2 Shall I turn off the TV?
3 Shall I make some sandwiches?
4 Shall I turn on the light?

29.5

2 where shall we go?
3 what shall we buy?
4 who shall we invite?

29.6

1 I'll / I will bring/get you a chair.
2 I don't think we'll / we will go on holiday this year.
3 I'm / I am hungry. I think I'll / I will make a sandwich.
4 Is it raining? Shall I take an umbrella?
5 Shall we go to the park?
6 I'll / I will phone/call/ring Nina this evening. *или* … in the evening.
7 What time shall we meet tomorrow?
8 A: Are you free on Saturday?
   B: No, I'm / I am going to a party.

РАЗДЕЛ 30

30.1

2 I might see you tomorrow.
3 Sarah might forget to phone.
4 It might snow today.
5 I might be late tonight.
6 Mark might not be here next week.
7 I might not have time to go out.

30.2

2 I might go away.
3 I might see her on Monday.
4 I might have fish.
5 I might get/take a taxi. *или* … go by taxi.
6 I might buy/get a new car.

30.3

3 He might get up early.
4 He isn't / He's not working tomorrow.
5 He might be at home tomorrow morning.
6 He might watch TV.
7 He's going out in the afternoon.
8 He might go shopping.

30.4

Возможные ответы:
1 I might buy some new clothes.
2 I might go out with some friends.
3 I might have an egg for breakfast.

30.5

1 We might/may see you tomorrow.
2 Marina is ill. She might/may stay at home.
3 A: Are you going to the party?
   B: I might/may (go).
4 I'm / I am tired. I might/may not go to the gym.
5 May/Can I help you?
6 It might/may snow on Saturday.
7 I might/may go to Finland at New Year.
8 I might/may not be at work tomorrow.

РАЗДЕЛ 31

31.1

2 Can you ski?
3 Can you play chess?
4 Can you run ten kilometres?
5 Can you drive (a car)?
6 Can you ride (a horse)?
7 I can/can't swim.
8 I can/can't ski.
9 I can/can't play chess.
10 I can/can't run ten kilometres.
11 I can/can't drive (a car).
12 I can/can't ride (a horse).

31.2

2 can see
3 can't hear
4 can't find
5 can speak

31.3

2 couldn't eat
3 can't decide
4 couldn't find
5 can't go
6 couldn't go

31.4

2 Can/Could you pass the salt (please)?
3 Can/Could I have these postcards (please)?
4 Can/Could you turn off the radio (please)?
5 Can/Could I borrow your newspaper (please)?
6 Can/Could I use your pen (please)?

31.5

1 Natasha can speak German.
2 I can't/cannot sleep at night.
3 I can't/cannot find my keys. Can/ Could you help me?
4 Vlad couldn't / could not come to work yesterday. *или* Yesterday …
5 Their daughter is very clever. She could read when she was three! / … three years old!
6 Can I charge my phone here?
7 Could/Can I speak to the manager, please? *или* Could/Can I please speak to the manager?
8 Sometimes I can't/cannot understand my children.

РАЗДЕЛ 32

32.1

2 must meet
3 must wash
4 must learn
5 must go
6 must win
7 must be

32.2

2 I must
3 I had to
4 I must
5 I had to
6 I had to
7 I must

32.3

2 don't need to rush
3 mustn't lose
4 don't need to wait
5 mustn't forget
6 don't need to phone

32.4

2 C
3 A
4 B
5 D

32.5

3 don't need to
4 had to
5 must
6 mustn't
7 must
8 had to
9 don't need to
10 mustn't

32.6

1 I must phone/call/ring my mother. It's / It is her birthday today.
2 It's / It is an important meeting. You mustn't / must not be late!
3 You must read her new book!
4 We don't need to / don't have to buy Tom a present/gift.
5 I had to get up very early today. *или* Today …
6 You must be quiet in the library.
7 We mustn't / must not tell Nina about the party. It's / It is a surprise!
8 I must clean my shoes. They're / They are dirty.

Ключи к упражнениям

РАЗДЕЛ 33

33.1
2 You should go
3 You should eat
4 you should visit
5 you should wear
6 You should take

33.2
2 He shouldn't eat so much.
3 She shouldn't work so hard.
4 He shouldn't drive so fast.

33.3
2 Do you think I should learn (to drive)?
3 Do you think I should get another job?
4 Do you think I should invite Gary (to the party)?

33.4
3 I think you should sell it.
4 I think she should have a holiday.
5 I don't think they should get married.
6 I don't think you should go to work.
7 I think he should go to the doctor.
8 I don't think we should stay there.

33.5
Возможные ответы:
2 I think everybody should have enough food.
3 I think people should drive more carefully.
4 I don't think the police should carry guns.
5 I think I should take more exercise.

33.6
1 You should try this cake.
2 Boris shouldn't / should not work so much/hard.
3 When do you think we should give Tom his present?
4 It's / It is late and you should go to bed.
5 Do you think we should buy a new car?
6 Sasha shouldn't / should not eat so much chocolate.
7 I think I should go for a walk.
8 I don't think you should swim in the river.

РАЗДЕЛ 34

34.1
2 have to do
3 has to read
4 have to speak
5 has to travel
6 have to hit

34.2
2 have to go
3 had to buy
4 have to change
5 had to answer

34.3
2 did he have to wait
3 does she have to go
4 did you have to pay
5 do you have to do

34.4
2 doesn't have to wait.
3 didn't have to get up early.
4 doesn't have to work (so) hard.
5 don't have to leave now.

34.5
3 have to pay
4 had to borrow
5 must stop *или* have to stop (оба варианта правильны)
6 has to meet
7 must tell *или* have to tell (оба варианта правильны)

34.6
2 I have to go to work every day.
3 I had to go to the dentist yesterday.
4 I have to go shopping tomorrow.

34.7
1 I have to get up very early tomorrow.
2 Did you have to work yesterday?
3 Why did Vera have to leave so early?
4 My grandmother/grandma has to take this medicine every day.
5 What time do you have to be at/in the office?
6 The bus didn't / did not come, so we had to take a taxi.
7 Do I have to buy a ticket for this museum?
8 It was sunny, so I didn't / did not have to take an umbrella.

РАЗДЕЛ 35

35.1
2 Would you like an apple?
3 Would you like some coffee? / … a cup of coffee?
4 Would you like some cheese? / … a piece of cheese?
5 Would you like a sandwich?
6 Would you like some cake? / … a piece of cake?

35.2
2 Would you like to play tennis tomorrow?
3 Would you like to come to a concert next week?
4 Would you like to borrow my umbrella?

35.3
2 Do you like
3 Would you like
4 would you like
5 Would you like
6 I like
7 would you like
8 Would you like
9 Do you like
10 I'd like
11 I'd like
12 do you like

35.4
1 Would you like a glass of water?
2 *(in a café)* I'd / I would like two coffees, please.
3 I'd / I would like to tell you a story.
4 Would you like to see my holiday photos?
5 Marina would like to travel.
6 A: Would you like to watch/see a film on Sunday?
   B: I'd / I would love to!
7 Do you like chocolates/sweets?
8 What would you like for breakfast?

РАЗДЕЛ 36

36.1
3 Don't buy
4 Smile
5 Don't sit
6 Have
7 Don't forget
8 Sleep
9 Be … Don't drop

36.2
2 let's take a taxi
3 let's watch TV
4 let's go to a restaurant
5 let's wait a little

36.3
3 No, let's not go out.
4 No, don't close the window.
5 No, don't phone me (tonight).
6 No, let's not wait for Andy.
7 No, don't turn on the light.
8 No, let's not go by bus.

36.4
1 Please sit down. *или* Sit down, please.
2 Let's watch a film on Sunday.
3 Don't touch the plate! It's / It is hot.
4 Let's not talk about Gary.
5 Go to the end of the street and turn left.
6 Don't forget your coat.
7 Tell me about your day.
8 Have a nice/good evening!
9 Let's not cook tonight. Let's order a pizza.

РАЗДЕЛ 37

37.1
2 He used to play football.
3 She used to be a taxi driver.
4 They used to live in the country.
5 He used to wear glasses.
6 This building used to be a hotel.

37.2
2–6
She used to play volleyball.
She used to go out most evenings. / She used to go out a lot.
She used to play the guitar.
She used to read a lot. / She used to like reading.
She used to go away two or three times a year. / She used to travel a lot.

37.3

3 used to have
4 used to be
5 go / travel
6 used to eat
7 watches
8 used to live
9 get
10 did you use to play

37.4

1 Anna used to be very shy.
2 Did you use to work in Tula?
3 My grandmother/grandma used to love this film.
4 I used to have a dog. Now I have a cat.
5 My daughter used to play the guitar.
6 Boris didn't use to eat fish. He loves it now.
7 Where did you use to work before you became a teacher?
8 We didn't use to have a big house when we lived in London.

РАЗДЕЛ 38

38.1

3 There's / There is a hospital.
4 There isn't a swimming pool.
5 There are two cinemas.
6 There isn't a university.
7 There aren't any big hotels.

38.2

Возможные ответы:
3 There is a university in …
4 There are a lot of big shops.
5 There isn't an airport.
6 There aren't many factories.

38.3

2 There's / There is
3 is there
4 There are
5 are there
6 There isn't
7 Is there
8 Are there
9 There's / There is … There aren't

38.4

2–6
There are eight planets in the solar system.
There are fifteen players in a rugby team.
There are twenty-six letters in the English alphabet.
There are thirty days in September.
There are fifty states in the USA.

38.5

2 It's
3 There's
4 There's … Is it
5 Is there … there's
6 It's
7 Is there

38.6

1 There's / There is a TV in my room.
2 A: Are there (any) shops near here?
   B: Yes, there are.
3 There's / There is no theatre in our town. *или* There isn't a theatre …
4 A: Is there a cashpoint near here?
   B: No, there isn't / is not.
5 How many students are there in your class?
6 There are three rooms in our house.
7 There aren't any eggs in the fridge.
8 A: What's / What is that/this building?
   B: It's / It is a hospital.

РАЗДЕЛ 39

39.1

2 There was a carpet
3 There were three pictures
4 There was a small table
5 There were some flowers
6 There were some books
7 There was an armchair
8 There was a sofa

39.2

3 There was
4 Was there
5 there weren't
6 There wasn't
7 Were there
8 There wasn't
9 There was
10 there weren't

39.3

2 There are
3 There was
4 There's / There is
5 There's been / There has been *или* There was
6 there was
7 there will be
8 there were … there are
9 There have been
10 there will be *или* there are

39.4

1 There were a lot of / many cars in the car park.
2 There won't be a concert on Saturday. *или* There will be no concert …
3 There will be 200 people at the conference.
4 There have been three accidents since January.
5 How many people are there in your family?
6 Will there be music at your party?
7 The restaurant was nearly empty. There were only two people.
8 The hotel wasn't very good. There wasn't a TV in our room. *или* There was no TV…

РАЗДЕЛ 40

40.1

2 It's cold.
3 It's windy.
4 It's sunny/fine. *или* It's a nice day.
5 It's snowing.
6 It's cloudy.

40.2

2 It's / It is
3 Is it
4 is it … it's / it is
5 It's / It is
6 Is it
7 is it
8 It's / It is
9 It's / It is

40.3

2 How far is it from the hotel to the beach?
3 How far is it from New York to Washington?
4 How far is it from your house to the airport?

40.4

3 It
4 It … It
5 There
6 it
7 It … there
8 It

40.5

2 It's nice to see you again.
3 It's impossible to work here.
4 It's easy to make friends.
5 It's interesting to visit different places.
6 It's dangerous to go out alone

40.6

1 It's / It is sunny here in July.
2 How far is it from Moscow to Volgograd?
3 It's / It is very early now.
4 Is it true that you have a new job? / … you've got a new job?
5 It was very cold and there was a lot of snow.
6 It's / It is very easy to find this museum.
7 It's not / It isn't far from my house to the town centre.
8 Is it expensive to buy a flat in London?

РАЗДЕЛ 41

41.1

2 is
3 can
4 has
5 will
6 was

41.2

2 'm not
3 weren't
4 haven't
5 isn't
6 hasn't

41.3

3	doesn't	6	does
4	do	7	don't
5	did	8	didn't

41.4

Возможные ответы:

2 I like sport, but my sister doesn't.
3 I don't eat meat, but Jessica does.
4 I'm American, but my husband isn't.
5 I haven't been to Japan, but Jessica has.

41.5

2	wasn't	7	has
3	are	8	do
4	has	9	hasn't
5	can't	10	will
6	did	11	might

41.6

2 Yes, I have. *или* No, I haven't.
3 Yes, I do. *или* No, I don't.
4 Yes, it is. *или* No, it isn't.
5 Yes, I am. *или* No, I'm not.
6 Yes, I do. *или* No, I don't.
7 Yes, I will. *или* No, I won't.
8 Yes, I have. *или* No, I haven't.
9 Yes, I did. *или* No, I didn't.
10 Yes, I was. *или* No, I wasn't.

41.7

1 You aren't / are not busy, but I am!
2 Jessica can drive (a car), but I can't.
3 'Will you see Lena tomorrow?' 'No, I won't.'
4 I didn't / did not like the concert, but Tim did.
5 Lola goes to the gym, but I don't.
6 'Has Boris ever been to Berlin?' 'Yes, he has.'
7 I love cats, but my husband doesn't.
8 I haven't / have not seen this/that film, but Alla has.

РАЗДЕЛ 42

42.1

2	Do you?	5	Do I?
3	Didn't you?	6	Did she?
4	Doesn't she?		

42.2

3	Have you?	8	Aren't you?
4	Can't she?	9	Did you?
5	Were you?	10	Does she?
6	Didn't you?	11	Won't you?
7	Is there?	12	Isn't it?

42.3

2	aren't they	5	don't you
3	wasn't she	6	doesn't he
4	haven't you	7	won't you

42.4

2	are you	6	didn't she
3	isn't she	7	was it
4	can't you	8	doesn't she
5	do you	9	will you

42.5

1 Marina works in a hospital, doesn't she?
2 It was a great film, wasn't it? *или* The film was great, …
3 These cakes are lovely/excellent/ great, aren't they?
4 'David was ill on holiday.' 'Was he?'
5 'Anna speaks French, German and Italian.' 'Does she?'
6 'There's / There is a very nice cafe in this street.' 'Is there?'
7 Inna will be at the party, won't she?
8 'My car has broken down.' 'Has it?' *или* 'My car broke down.' 'Did it?'

РАЗДЕЛ 43

43.1

2	either	5	either
3	too	6	either
4	too	7	too

43.2

2 So am I.
3 So have I.
4 So do I.
5 So will I.
6 So was I.
7 Neither can I.
8 Neither did I.
9 Neither have I.
10 Neither am I.
11 Neither do I.

43.3

1 So am I.
2 So can I. *или* I can't.
3 Neither am I. *или* I am.
4 So do I. *или* I don't.
5 Neither do I. *или* I do.
6 So did I. *или* I didn't.
7 Neither have I. *или* I have.
8 Neither do I. *или* I do.
9 So am I. *или* I'm not.
10 Neither have I. *или* I have.
11 Neither did I. *или* I did.
12 So do I. *или* I don't.

43.4

1 Irina liked the concert, and I liked it too. / … and so did I.
2 I haven't / have not been to London, and Anna hasn't / has not either. *или* … and neither has Anna.
3 A: I'd / I would like to go to Spain.
  B: I would too. *или* So would I.
4 Is your husband a teacher too?
5 A: I can't/cannot drive (a car).
  B: I can't either. *или* Neither can I.
6 Anton doesn't / does not have a car. Lily doesn't / does not either. *или* Neither does Lily.
7 A: We didn't / did not like the restaurant.
  B: We didn't either. *или* Neither did we.
8 A: I work in London.
  B: I do too. *или* So do I.

РАЗДЕЛ 44

44.1

2 They aren't / They're not married.
3 I haven't had dinner.
4 It isn't cold today.
5 We won't be late.
6 You shouldn't go.

44.2

2 I don't like cheese.
3 They didn't understand.
4 He doesn't live here.
5 Don't go away!
6 I didn't do the shopping.

44.3

2 They haven't arrived.
3 I didn't go to the bank.
4 He doesn't speak German.
5 We weren't angry.
6 He won't be pleased.
7 Don't call me tonight.
8 It didn't rain yesterday.
9 I couldn't hear them.
10 I don't believe you.

44.4

2 'm not / am not
3 can't
4 doesn't
5 isn't / 's not
6 don't … haven't
7 Don't
8 didn't
9 haven't
10 won't
11 didn't
12 weren't
13 hasn't
14 shouldn't / mustn't

44.5

3 He wasn't born in London.
4 He doesn't like London.
5 He'd like to live in the country.
6 He can drive.
7 He hasn't got a car. *или* He doesn't have a car.
8 He doesn't read newspapers.
9 He isn't interested in politics.
10 He watches TV most evenings.
11 He didn't watch TV last night.
12 He went out last night.

44.6

1 Don't worry. I won't forget (about) your birthday.
2 Ira couldn't / could not believe the news.
3 You shouldn't / should not worry so much.
4 I wouldn't / would not like to be a teacher.
5 I mustn't / must not be late for the meeting.
6 Please don't leave/go without me.
7 The museums weren't / were not open on Monday. *или* On Monday …
8 I didn't / did not know what to do.

РАЗДЕЛ 45

45.1
3 Were you late this morning?
4 Has Kate got a key? *или* Does Kate have a key?
5 Will you be here tomorrow?
6 Is Paul going out this evening?
7 Do you like your job?
8 Does Nicola live near here?
9 Did you enjoy the film?
10 Did you have a good holiday?

45.2
2 Do you use it a lot?
3 Did you use it yesterday?
4 Do you enjoy driving?
5 Are you a good driver?
6 Have you ever had an accident?

45.3
3 What are the children doing?
4 How is cheese made?
5 Is your sister coming to the party?
6 Why don't you tell the truth?
7 Have your guests arrived yet?
8 What time does your train leave?
9 Why didn't Emily go to work?
10 Was your car damaged in the accident?

45.4
3 What are you reading?
4 What time did she go (to bed)?
5 When are they going (on holiday)?
6 Where did you see him?
7 Why can't you come (to the party)?
8 Where has she gone?
9 How much (money) do you need?
10 Why doesn't she like you?
11 How often does it rain?
12 When did you do it? / ... the shopping?

45.5
1 What is Mark doing now?
2 Are you hungry?
3 Does Lara know Kevin?
4 When did you go to bed yesterday?
5 Did you go to the (football) match on Saturday?
6 When will Tom come (here)?
7 Why didn't you tell me about the party?
8 Where did you go last night?

РАЗДЕЛ 46

46.1
2 What fell off the shelf?
3 Who wants to see me?
4 Who took your umbrella? / Who took it?
5 What made you ill?
6 Who is / Who's coming?

46.2
3 Who did you phone?
4 What happened last night?
5 Who knows the answer?
6 Who did the washing-up?
7 What did Jane do? / What did she do?

8 What woke you up?
9 Who saw the accident?
10 Who did you see?
11 Who has got your pen? / Who's got your pen? *или* Who has got it? / Who's got it?
12 What does this word mean? / What does it mean?

46.3
2 Who phoned you ? What did she want?
3 Who did you ask? What did he say?
4 Who got married? Who told you?
5 Who did you meet? What did she tell you?
6 Who won? What did you do (after the game)?
7 Who gave you a/the book? What did Catherine give you?

46.4
1 What did you do / were you doing last night?
2 Who can help me?
3 What did Gary give you?
4 Who works in that office?
5 Who did you tell about the meeting?
6 Who told you about the meeting?
7 Who won the match yesterday?
8 Where did you buy your car?

РАЗДЕЛ 47

47.1
2 What are you looking for?
3 Who did you go to the cinema with?
4 What/Who was the film about?
5 Who did you give the money to?
6 Who was the book written by?

47.2
2 What are they looking at?
3 Which restaurant is he going to?
4 What are they talking about?
5 What is she listening to?
6 Which bus are they waiting for?

47.3
2 Which hotel did you stay at?
3 Which (football) team does he play for?
4 Which school did you go to?

47.4
2 What is the food like?
3 What are the people like?
4 What is the weather like?

47.5
2 What was the film like?
3 What were the lessons like?
4 What was the hotel like?

47.6
1 Who are you talking about?
2 What/Which street is your house in/on?
3 Who is Tom going to the party with?

4 What is this book about?
5 What/Which train are you waiting for?
6 What is his manager like?
7 What was the weather like in Rome?
8 Where is Sasha from?
9 What music do you usually listen to?

РАЗДЕЛ 48

48.1
3 What colour is it?
4 What time did you get up?
5 What type of music do you like?
6 What kind of car do you want (to buy)?

48.2
2 Which coat
3 Which film/movie
4 Which bus

48.3
3 Which
4 What
5 Which
6 What
7 Which
8 Who
9 What
10 Which
11 What

48.4
2 How far
3 How old
4 How often
5 How deep
6 How long

48.5
2 How heavy is this box?
3 How old are you?
4 How much did you spend?
5 How often do you watch TV?
6 How far is it from Paris to Moscow?

48.6
1 What make is your car?
2 What's / What is / Which is the biggest city in Brazil?
3 How often do you go to the gym?
4 Which pet do you prefer – a cat or a dog?
5 What colour is your new sofa?
6 How old is your brother?
7 How long has Maria worked for this company?
8 Which city is older – Moscow or Petersburg?

РАЗДЕЛ 49

49.1
2 How long does it take by car from Milan to Rome?
3 How long does it take by train from Paris to Geneva?
4 How long does it take by bus from the city centre to the airport?

49.2

Возможные ответы:

2 It takes … hours to fly from … to New York.
3 It takes … years to study to be a doctor in … .
4 It takes … to walk from my home to the nearest shop.
5 It takes … to get from my home to the nearest airport.

49.3

2 How long did it take you to walk to the station?
3 How long did it take him to paint the bathroom?
4 How long did it take you to learn to ski?
5 How long did it take them to repair the car?

49.4

2 It took us 20 minutes to walk home. / … to get home.
3 It took me six months to learn to drive.
4 It took Mark/him three hours to drive to London. / … to get to London.
5 It took Lisa/her a long time to find a job. / … to get a job.
6 It took me … to …

49.5

1 How long does it take to fly from Moscow to London?
2 It took Sasha two months to find a new job.
3 It takes three years to study at university.
4 It takes an hour by car from my flat to the/my office.
5 It will take us three weeks to decorate the living room.
6 It won't take long to make/cook/ prepare lunch. *или* It won't take a long time …
7 Did it take you a long time to find the car park? *или* Did it take you long to …
8 How long did it take you to write the/your book?

РАЗДЕЛ 50

50.1

2 I don't know where she is.
3 I don't know how old it is.
4 I don't know when he'll be here.
5 I don't know why he was angry.
6 I don't know how long she has lived here.

50.2

2 where Susan works
3 what Peter said
4 why he went home early
5 what time the meeting begins
6 how the accident happened

50.3

2 are you
3 they are
4 the museum is
5 do you want
6 elephants eat
7 it is

50.4

2 Do you know if/whether they are married?
3 Do you know if/whether Sue knows Bill?
4 Do you know if/whether Gary will be here tomorrow?
5 Do you know if/whether he passed his exam?

50.5

2 Do you know where Paula is?
3 Do you know if/whether she is working today? / … she's working today?
4 Do you know what time she starts work?
5 Do you know if/whether the shops are open tomorrow?
6 Do you know where Sarah and Jack live?
7 Do you know if/whether they went to Jane's party?

50.6

Возможные ответы:

2 Do you know what time the bus leaves?
3 Excuse me, can you tell me where the station is?
4 I don't know what I'm going to do this evening.
5 Do you know if there's a restaurant near here?
6 Do you know how much it costs to rent a car?

50.7

1 Do you know what/which street this is?
2 I don't / do not know who made/ baked these cakes.
3 Can you tell me how much these trousers are/cost?
4 I don't / do not remember how old Molly is.
5 Can you tell me what time the museum opens?
6 Do you know if/whether Tom has been to India?
7 I know where Kevin and Natasha live.
8 We don't / do not know if/whether Anna wants to go on holiday with us.

РАЗДЕЛ 51

51.1

2 She said (that) she was very busy.
3 She said (that) she couldn't go to the party.
4 He said (that) he had to go out.
5 He said (that) he was learning Russian.

6 She said (that) she didn't feel very well.
7 They said (that) they would be home late. / … they'd be …
8 She said (that) she had just come back from holiday. / … she'd just come back …
9 She said (that) she was going to buy a guitar.
10 They said (that) they hadn't got a key. / They said (that) they didn't have a key.

51.2

2 She said (that) she wasn't hungry.
3 he said (that) he needed it.
4 she said (that) she didn't want to go.
5 She said (that) I could have it.
6 He said (that) he would send me a postcard. / … he'd send …
7 Nicola said (that) he had gone home. / … he'd gone home.
8 He said (that) he wanted to watch TV.
9 She said (that) she was going to the cinema.

51.3

3	said	7	said
4	told	8	told
5	tell	9	tell
6	say	10	say

51.4

1 Lara said (that) she was learning German.
2 Jeremy told us (that) he couldn't / could not swim.
3 Tom told me (that) he'd / he had bought a new car. *или* … he bought a new car.
4 She said (that) she would meet us at the airport.
5 What did Marina tell you? / … say to you?
6 You said (that) you weren't / were not hungry.
7 Igor told Inna (that) he was going on holiday soon.
8 She told us (that) it was easy to find her house.

РАЗДЕЛ 52

52.1

3 phone
4 phone Paul
5 to phone Paul
6 to phone Paul
7 phone Paul
8 to phone Paul
9 phone Paul
10 phone Paul

52.2

3	get	8	eat
4	going	9	waiting
5	watch	10	wear
6	flying	11	doing …
7	listening		staying

52.3

4	to go	13	having
5	rain	14	to have
6	to leave	15	hear
7	help	16	go
8	studying	17	listening
9	to go	18	to walk
10	wearing	19	to know … tell
11	to stay tell	20	borrow
12	have		

52.4

1 Shall I close the door?
2 Brenda used to work in a bank.
3 When did your train arrive? *или* What time …
4 I might/may go to the cinema on Saturday. *или* On Saturday …
5 (*in a restaurant*) What would you like to drink?
6 Where would you like to go tomorrow?
7 We're / We are going to buy a new car.
8 (*on the phone*) I can't talk. I'm having dinner.

РАЗДЕЛ 53

53.1

3 to see
4 to swim
5 cleaning
6 to ask
7 visiting
8 going
9 to be
10 waiting
11 to do
12 to speak
13 to go
14 crying / to cry
15 to work … talking

53.2

2 to help
3 to see
4 reading
5 to lose
6 to send
7 raining
8 to go
9 watching / to watch
10 to wait

53.3

2 going to museums
3 to go
4 driving / to drive
5 to go (there)
6 travelling by train
7 walking

53.4

Возможные ответы:
1 I enjoy cooking.
2 I don't like studying.
3 If it's a nice day tomorrow, I'd like to have a picnic by the lake.
4 When I'm on holiday, I like to do very little.

5 I don't mind travelling alone, but I prefer to travel with somebody.
6 I wouldn't like to live in a big city.

53.5

1 Tom and Anna decided / have decided to sell their house.
2 Nina doesn't / does not mind working on Saturdays.
3 We'd / We would love to live near the sea.
4 It stopped raining two hours ago.
5 I suggest going to a cafe.
6 I didn't expect to see Emma at the meeting.
7 Peter tried to find us in the park.
8 It was late but David continued working / to work.

РАЗДЕЛ 54

54.1

2 I want you to listen carefully.
3 I don't want you to be angry.
4 Do you want me to wait for you?
5 I don't want you to call me tonight.
6 I want you to meet Sarah.

54.2

2 A woman told me to turn left after the bridge.
3 I advised him to go to the doctor.
4 She asked me to help her.
5 I told him to come back in ten minutes.
6 Paul let me use his phone.
7 I told her not to phone before 8 o'clock. / … not to call (me) before 8 o'clock.
8 Amy's mother taught her to play the piano.

54.3

2 to repeat
3 wait
4 to arrive
5 to get
6 go
7 borrow
8 to tell
9 to make (*или* to get)
10 think

54.4

1 I want you to come to the party.
2 We didn't/did not expect to enjoy/like the film.
3 Boris persuaded his friend to help him.
4 Would you like / Do you want me to cook dinner?
5 Let's go on holiday to Spain.
6 Who is teaching you to drive (a car)?
7 Gary told the children not to talk/chat in the library.
8 My manager lets me finish work early on Fridays.
9 This film always makes me cry.

РАЗДЕЛ 55

55.1

2–4
I went to a coffee shop to meet a friend.
I went to the chemist to get some medicine.
I went to the market to buy some vegetables.

55.2

2 to read the newspaper
3 to open this door
4 to get some fresh air
5 to wake him up
6 to see who it was

55.3

Возможные ответы:
2 to talk to you now
3 to tell her about the party
4 to do some shopping
5 to buy a motorbike

55.4

2	to	7	to
3	to	8	to
4	for	9	for
5	to	10	for
6	for	11	to

55.5

2 for the film to begin
3 for it to arrive
4 for you to tell me

55.6

1 Vera is going to Switzerland to walk in the mountains.
2 I went to the shop to buy (some) bananas.
3 Tim went to Manchester to visit his parents.
4 We don't / do not have (any) money for a holiday this year. *или* We haven't got (any) money for …
5 Are you waiting to speak/talk to the manager?
6 Next year, Kim is going to university to study Spanish.
7 I'm / I am waiting for the rain to stop.
8 I don't / do not have time to watch TV. *или* I haven't got time to …

UNIT 56

56.1

3 to
4 – (*без предлога*)
5 for
6 to
7 on … to
8 for
9 on
10 to
11 – (*без предлога*)
12 on
13 for
14 on

56.2

2 went fishing
3 goes swimming
4 going skiing
5 go shopping
6 went jogging

56.3

2 to university
3 shopping
4 to sleep
5 home
6 skiing
7 riding
8 for a walk
9 on holiday … to Portugal

56.4

1 I'm going to London on Thursday.
   или On Thursday …
2 Jess went on holiday to America last
   year. или Last year …
3 I'd like / I would like to go for a walk
   in the park.
4 Oleg goes fishing every weekend.
   или Every weekend …
5 How often do you go shopping?
6 Ben and Irina have gone skiing in
   Austria.
7 The teachers went on strike
   yesterday. или Yesterday, …
8 We went home after the concert.
   или After the concert, …
9 Let's go for coffee / a coffee.
10 I'm going to the doctor's tomorrow.
   / … to the doctor tomorrow. или
   Tomorrow …

UNIT 57

57.1

2 get your boots
3 get a doctor
4 get a taxi
5 gets the job
6 get some milk
7 get a ticket
8 gets a good salary
9 get a lot of rain
10 get a new laptop

57.2

2 getting dark
3 getting married
4 getting ready
5 getting late

57.3

2 get wet
3 got married
4 gets angry
5 got lost
6 get old
7 got better

57.4

2 got to Bristol at 11.45.
3 I left the party at 11.15 and got
   home at midnight.
4 (Возможный ответ) I left home
   at 8.30 and got to the airport at 10
   o'clock.

57.5

2 got off
3 got out of
4 got on

57.6

1 Your dinner is getting cold.
2 This morning Nina got to work at
   11. / … at 11 o'clock.
3 Did you get my email?
4 Sally and I got lost in the city centre.
5 I got home very late last night. или
   Last night …
6 Where did you get this/that jacket?
7 Where do I need to / do I have to /
   should I get off the bus?
8 Anton is getting married tomorrow.

UNIT 58

58.1

2	do	7	done
3	make	8	make
4	made	9	making
5	did	10	do
6	do	11	doing

58.2

2 They're / They are doing (their)
   homework.
3 He's / He is doing the shopping.
   или He is shopping.
4 She's / She is making a jacket.
5 They're / They are doing an exam.
   (или … taking an exam.)
6 He's / He is making the/his bed.
7 She's / She is doing the washing-
   up. или She is washing up. / She is
   doing the dishes. / She is washing
   the dishes.
8 He's / He is making a (shopping)
   list.
9 They're / They are making a film.
10 He's / He is taking a picture/photo/
   photograph.

58.3

2	make	8	make
3	do	9	do
4	done	10	making
5	made	11	made
6	doing	12	make … do
7	did		

58.4

1 My mother/mum makes very nice/
   tasty cakes.
2 How many exams did Anna do last
   year?
3 What are you doing on Saturday?
4 The children are asleep/sleeping.
   Don't make a noise!
5 Our car was made in France.
6 I do (the) housework at weekends.
7 When I speak English, I make many
   / a lot of mistakes.
8 Can I make an appointment to see
   the dentist?

UNIT 59

59.1

3 He doesn't have / He hasn't got
4 Gary had
5 Do you have / Have you got
6 we didn't have
7 She doesn't have / She hasn't got
8 Did you have

59.2

2 She's / She is having a cup of tea.
3 He's / He is having a rest.
4 They're / They are having a good
   time.
5 They're / They are having dinner.
6 He's / He is having a bath.

59.3

3 Have a nice/good trip!
4 Did you have a nice/good weekend?
5 Did you have a nice/good game (of
   tennis)?
6 Have a nice/good time! или Have a
   nice/good evening! или Have fun!
7 Did you have a nice/good holiday?

59.4

2 have something to eat
3 had a glass of water
4 have a walk
5 had an accident
6 have a look

59.5

1 Gary has a new motorbike. или
   Gary has got a …
2 I have a shower every morning. или
   Every morning …
3 What did you have for dinner last
   night / yesterday?
4 My grandfather had a lot of money.
   или My grandfather used to have …
5 My brother's / brother is in Spain.
   He's / He is having a good time.
6 Has Nina had her/the baby yet?
7 I had long hair when I was at
   university.
8 I'm unwell / not well. I've got / I
   have a cold.

UNIT 60

60.1

2	him	5	him
3	them	6	them
4	her	7	her

60.2

2	I … them	6	she … them
3	he … her	7	they … me
4	they … us	8	she … you
5	we … him		

60.3

2 I like him.
3 I don't like it.
4 Do you like it?
5 I don't like her.
6 Do you like them?

60.4

2	him	8	them
3	them	9	me
4	they	10	her
5	us	11	them
6	it	12	he … it
7	She		

60.5

2 Can you give it to him?
3 Can you give them to her?
4 Can you give it to me?
5 Can you give it to them?
6 Can you give them to us?

60.6

1 'Do you know Kevin?' 'Yes, I know him very well.'
2 I don't / do not eat bananas. I don't / do not like them.
3 It's / It is a good book. I want to read it.
4 That man is looking at you. Do you know him?
5 Natasha is very unfriendly. I don't like her.
6 I'm going to a/the party tonight. Do you want to come with me?
7 'I've got / I have got / I have a present for you.' 'For me?'
8 This is Tanya's bag. Can you give it to her?

UNIT 61

61.1

2 her hands
3 our hands
4 his hands
5 their hands
6 your hands

61.2

2 They live with their parents.
3 We live with our parents.
4 Martina lives with her parents.
5 I live with my parents.
6 John lives with his parents.
7 Do you live with your parents?
8 Most children live with their parents.

61.3

2	their	6	their
3	his	7	her
4	his	8	their
5	her		

61.4

2	his	8	her
3	Their	9	their
4	our	10	my
5	her	11	Its
6	my	12	His … his
7	your		

61.5

2 my key
3 Her husband
4 your coat
5 their homework
6 his name
7 Our house

61.6

1 This is my sister, Anna.
2 Do you like our new car?
3 Our parents are in Kiev.
4 Tim loves basketball. It's / It is his favourite sport.
5 Is this your daughter?
6 Where is your bike?
7 Paris is famous for its museums.
8 How old is their son?

UNIT 62

62.1

2	mine	6	yours
3	ours	7	mine
4	hers	8	his
5	theirs		

62.2

2	yours	6	My … hers
3	my … Mine	7	their
4	Yours … mine	8	Ours
5	her		

62.3

3 of hers
4 friends of ours
5 friend of mine
6 friend of his
7 friends of yours

62.4

2 Whose camera is this? It's hers.
3 Whose gloves are these? They're mine.
4 Whose hat is this? It's his.
5 Whose money is this? It's yours.
6 Whose books are these? They're ours.

62.5

1 Their car is black. Ours is red.
2 'Whose bag is this?' 'It's mine.'
3 Is Natasha a friend of yours?
4 'Is this Linda's dog?' 'Yes, I think it's hers.'
5 Her house is bigger than his.
6 Please give me that book. It's mine.
7 It's her decision, not ours.
8 Whose glasses are these?

UNIT 63

63.1

2 Yes, I know **her**, but I can't remember **her name**.
3 Yes, I **know them**, but I **can't remember their** names.
4 Yes, I **know you**, but I **can't remember your name**.

63.2

2 He invited us to stay with **him** at his house.
3 They invited me to stay with **them at their** house.
4 I invited them to stay **with me at my** house.
5 She invited us to stay **with her at her** house.
6 Did you invite him **to stay with you at your** house?

63.3

2 I gave her my phone number, and she gave me **hers**.
3 He gave me his phone number, and I gave **him mine**.
4 We gave them **our** phone number, and they gave **us theirs**.
5 She gave him **her** phone number, and he gave **her his**.
6 You gave us **your** phone number, and we gave **you ours**.
7 They gave you **their** phone number, and you gave **them yours**.

63.4

2	them	6	us
3	him	7	her
4	our	8	their
5	yours	9	mine

63.5

1 I know your sister, but I can't/don't remember her name.
2 Can you give that bag to me?
3 My parents are going to visit us on Saturday.
4 He's boring. He always talks about his job/work.
5 Your son is playing with my children in their room.
6 Where is James? I think this coat is his.
7 Ivan passed all his exams.
8 She's going to London tomorrow. Do you want to come/go with her?

UNIT 64

64.1

2	myself	6	himself
3	herself	7	yourself
4	themselves	8	yourselves
5	myself		

64.2

2 When I saw him, he **was by himself**.
3 Don't **go out by yourself**.
4 I **went to the cinema by myself**.
5 My sister **lives by herself**.
6 Many people **live by themselves**.

64.3

2 They can't see each other.
3 They call each other a lot.
4 They don't know each other.
5 They're / They are sitting next to each other.
6 They gave each other presents / a present.

64.4

3 each other
4 yourselves
5 us
6 ourselves
7 each other
8 each other
9 them
10 themselves

64.5

1 'Can I have/take an apple?' 'Help yourself.'
2 Emma looked at herself in the mirror.
3 My grandmother lives by herself.
4 You are very selfish. You only think about yourself!
5 Do you know each other?
6 Oleg fell down and hurt himself.
7 The party was great. We enjoyed ourselves.
8 How do you feel today?

UNIT 65

65.1

3 Helen is **Brian's** wife.
4 James is Sarah's **brother**.
5 James is **Daniel's** uncle.
6 Sarah is **Paul's** wife.
7 Helen is Daniel's **grandmother**.
8 Sarah is James's **sister**.
9 Paul is **Sarah's** husband.
10 Paul is Daniel's **father**.
11 Daniel is **James's** nephew.

65.2

2 Andy's
3 Dave's
4 Jane's
5 Rachel's
6 Alice's

65.3

3 *OK*
4 Simon's phone number
5 My brother's job
6 *OK*
7 *OK*
8 Paula's favourite colour
9 your mother's birthday
10 My parents' house
11 *OK*
12 *OK*
13 Silvia's party
14 *OK*

65.4

1 Sasha's cat is very clever.
2 Are you going to Ben's party?
3 That's / That is / It's / It is not my car. It's / It is my sister's (car).
4 'Whose books are these?' 'They're Natasha's.'
5 How old is Tom's daughter?
6 You need to / have to / should go to the manager's office.
7 Do you know the name of this street?
8 Lima is the capital of Peru.

UNIT 66

66.1

2 a
3 a
4 an
5 a
6 an
7 a
8 an
9 an

66.2

2 a vegetable
3 a game
4 a tool
5 a mountain
6 a planet
7 a fruit
8 a river
9 a flower
10 a musical instrument

66.3

2 He's a shop assistant.
3 She's an architect.
4 He's a taxi driver.
5 He's an electrician.
6 She's a photographer.
7 She's a nurse.
8 I'm a/an …

66.4

2–8
Tom never wears **a** hat.
I can't ride **a** bike.
My brother is **an** artist.
Rebecca works in **a** bookshop.
Jane wants to learn **a** foreign language.
Mike lives in **an** old house.
This evening I'm going to **a** party.

66.5

1 Helen works in a shop.
2 Anton doesn't have / hasn't got a car.
3 Natasha is a very friendly person.
4 My sister wants to be a doctor.
5 Would you like / Do you want another cup of tea?
6 Novgorod is a town/city in Russia.
7 I need to / have to buy a coat.
8 Bulgakov was a famous Russian writer.

UNIT 67

67.1

2 boats
3 women
4 cities
5 umbrellas
6 addresses
7 knives
8 sandwiches
9 families
10 feet
11 holidays
12 potatoes

67.2

2 teeth
3 people
4 children
5 fish
6 leaves

67.3

3 … with a lot of beautiful **trees**.
4 … with two **men**.
5 *OK*
6 … three **children**.
7 Most of my **friends** are **students**.
8 He put on his **pyjamas** …
9 *OK*
10 Do you know many **people** …
11 I like your **trousers**. Where did you get **them**?
12 … full of **tourists**.
13 *OK*
14 **These scissors aren't** …

67.4

2 are
3 don't
4 watch
5 were
6 live
7 Do
8 are
9 them
10 some

67.5

1 Lucy always wears jeans and T-shirts.
2 Do you like tomatoes?
3 I can't find my pyjamas.
4 I have / I have got two English dictionaries.
5 Have the children cleaned their teeth? *или* Did the children clean their teeth?
6 Why do the police want to talk to Tom?
7 Anna doesn't like meeting / to meet new people.
8 There are four women and two men in my office.

UNIT 68

68.1

3 a jug
4 water
5 toothpaste
6 a toothbrush
7 an egg
8 money
9 a wallet
10 sand
11 a bucket
12 an envelope

68.2

3 … **a** hat.
4 … **a** job?
5 *OK*
6 … **an** apple …
7 … **a** party …
8 … **a** wonderful thing.
9 … **an** island.
10 … **a** key.
11 *OK*
12 … **a** good idea.
13 … **a** car?
14 … **a** cup of coffee?
15 *OK*
16 … **an** umbrella.

68.3

2 a piece of wood
3 a glass of water
4 a bar of chocolate
5 a cup of tea
6 a piece of paper
7 a bowl of soup
8 a loaf of bread
9 a jar of honey

68.4

1 We have / We've got some milk and six eggs in the fridge.
2 'Do you want a cup of tea?' 'No. I don't like tea.'
3 Please buy/get a bottle of water and a bar of chocolate.

4 I got/received some perfume and some books for my birthday. *или* For my birthday …

5 The President arrived in a big black car.

6 This is my favourite piece of music. *или* That is / That's … *или* It is / It's …

7 'Where is / Where's my money?' 'It's / It is on the table.'

8 I had a bowl of soup and some bread for lunch. *или* For lunch …

UNIT 69

69.1

2 I bought a newspaper (*или* a paper), some flowers (*или* a bunch of flowers) and a pen.

3 I bought some bananas, some eggs and some bread (*или* a loaf of bread).

4 I bought some toothpaste, some soap (*или* a bar of soap) and a comb.

69.2

2 Would you like some coffee? (*или* … a cup of coffee?)

3 Would you like a biscuit?

4 Would you like some bread? (*или* … a piece of bread? / a slice of bread?)

5 Would you like a chocolate?

6 Would you like some cake? (*или* … a piece of cake?)

69.3

2 some … some
3 some
4 a … some
5 an … some
6 a … a … some
7 some
8 some
9 some … a

69.4

2 eyes
3 hair
4 information
5 chairs
6 furniture
7 job
8 wonderful weather

69.5

1 I need some advice about cars.
2 Would you like some cake?
3 We bought some new furniture for our bedroom.
4 I'm going to buy some shoes and a dress.
5 Does Nina have a job? *или* Has Nina got a job?
6 Marina has long black hair and beautiful eyes. *или* Marina has got …
7 Boris needs some information about England.
8 Sally is reading a book and listening to music. / … to some music.

UNIT 70

70.1

3 a
4 the
5 an
6 the … the
7 a … a
8 a … a
9 … **a** student … **a** journalist … **an** apartment near **the** college … **The** apartment is …
10 … two children, **a** boy and **a** girl. **The** boy is seven years old, and **the** girl is three … in **a** factory … doesn't have **a** job …

70.2

2 **the** airport
3 **a** cup
4 **a** nice picture
5 **the** dictionary
6 **the** floor

70.3

2 … send me **a** postcard.
3 What is **the** name of …
4 … **a** very big country.
5 What is **the** largest …
6 … **the** colour of **the** carpet.
7 … **a** headache.
8 … **an** old house near **the** station.
9 … **the** name of **the** director of **the** film …

70.4

1 I have a question. *или* I have got …
2 Tashkent is the capital of Uzbekistan.
3 It's a very interesting city.
4 We need a taxi to the airport.
5 What's / Which is the oldest city/town in England?
6 They live in a new flat/apartment in the centre.
7 'Where are the children?' 'They're in the garden.'
8 That is / That's a very good book. I know the author. *или* It is / It's …

UNIT 71

71.1

3 … **the** second floor.
4 … **the** moon?
5 … **the** best hotel in this town?
6 *OK*
7 … **the** city centre.
8 … **the** end of May.
9 *OK*
10 … **the** first time I met her.
11 *OK*
12 It's easy to get information from **the** internet.
13 *OK*
14 … on **the** top shelf on **the** right.
15 … in **the** country about ten miles from **the** nearest town.

71.2

2 the same time
3 the same age
4 the same colour
5 the same problem

71.3

2 **the** guitar
3 breakfast
4 television/TV
5 **the** sea
6 **the** bottom

71.4

2 **the** name
3 **The** sky
4 TV
5 **the** police
6 **the** capital
7 lunch
8 **the** middle

71.5

1 Who is the oldest in your family?
2 Tim and Fiona live in the centre of London.
3 Anna, call/phone the police!
4 My daughter spends too much time on the internet.
5 Sally and I went to the same school.
6 I'd like to live in the country.
7 What are you doing next week?
8 We had/ate (some) eggs for breakfast.

UNIT 72

72.1

2 **the** cinema
3 hospital
4 **the** airport
5 home
6 prison

72.2

3 school
4 **the** station
5 home
6 bed
7 **the** post office

72.3

2 **the** cinema
3 go to bed
4 go to prison
5 go to **the** dentist
6 go to university/college
7 go to hospital / are taken to hospital*

* *В американском английском:* 'go to **the** hospital', 'are taken to **the** hospital'.

72.4

3 **the** doctor
4 *OK*
5 *OK*
6 *OK*
7 **the** bank
8 *OK*
9 *OK*
10 **the** city centre
11 **the** station

12 *OK**
* *В американском английском:*
'in **the** hospital'.
13 *OK*
14 *OK*
15 **the** theatre

72.5
1 'Where are the children?' 'They are / They're in bed.'
2 We're going to the cinema tomorrow evening. *или* Tomorrow evening …
3 My daughter didn't go to school yesterday. *или* Yesterday …
4 Goodbye. I'm / I am going home now.
5 Why do you want to go to university?
6 My father is ill. He has to go to hospital. *или* … needs to go to hospital. *или* … must go to hospital.
7 Which bus goes from the city centre to the airport?
8 Boris doesn't go to work on Fridays. *или* On Fridays …

UNIT 73

73.1
Возможные ответы:
2 I don't like dogs.
3 I hate museums.
4 I love big cities.
5 I don't like tennis.
6 I love chocolate.
7 I don't like computer games.
8 I hate parties.

73.2
Возможные ответы:
2 I'm not interested in politics.
3 I'm interested in sport.
4 I don't know much about art.
5 I don't know anything about astronomy.
6 I know a little about economics.

73.3
3 friends
4 parties
5 **The** shops
6 **the** milk
7 milk
8 basketball
9 buildings
10 **The** water
11 cold water
12 **the** salt
13 **the** people
14 Vegetables
15 **The** houses
16 **the** words
17 pictures
18 **the** pictures
19 English … international business
20 Money … happiness

73.4
1 Ben hates housework.
2 Anna loves films but she doesn't like books.
3 My favourite subject is biology.
4 We went to a concert yesterday. The music was great. *или* Yesterday we went …
5 Do you grow flowers in your garden?
6 We went to Paris. The museums were very interesting.
7 Ed is interested in politics.
8 I speak French, but I don't know the history of France.

UNIT 74

74.1
3 Sweden
4 **The** Amazon
5 Asia
6 **The** Pacific
7 **The** Rhine
8 Kenya
9 **The** United States
10 **The** Andes
11 Bangkok
12 **The** Alps
13 **The** Red Sea
14 Jamaica
15 **The** Bahamas

74.2
3 *OK*
4 **the** Philippines
5 **the** south of France
6 **the** Regal Cinema
7 *OK*
8 **the** Museum of Art
9 *OK*
10 Belgium is smaller than **the** Netherlands.
11 **the** Mississippi … **the** Nile
12 **the** National Gallery
13 **the** Park Hotel in Hudson Road
14 *OK*
15 **The** Rocky Mountains are in North America.
16 *OK*
17 **the** United States
18 **the** west of Ireland
19 *OK*
20 **The** Panama Canal joins **the** Atlantic Ocean and **the** Pacific Ocean.

74.3
1 Rotterdam is a big port in the Netherlands.
2 I'd like / I want to go to the Bolshoi Theatre.
3 Is the Volga the longest river in Russia?
4 Sochi is a popular resort on the Black Sea.
5 Mark is from Richmond. It's a town in the north of England.
6 Gordon works in/at the Grand Hotel in London.

7 Would you like to see the Tower of London? *или* Do you want to see …
8 Nina wants to live in the United States and study at Harvard.

UNIT 75

75.1
2 that house
3 these postcards
4 those birds
5 this seat
6 These plates

75.2
2 Is that your umbrella?
3 Is this your book?
4 Are those your books?
5 Is that your bicycle/bike?
6 Are these your keys?
7 Are those your keys?
8 Is this your watch?
9 Are those your glasses?
10 Are these your gloves?

75.3
2 that's
3 This is
4 That's
5 that
6 this is
7 That's
8 that's

75.4
1 This book is very interesting.
2 These flowers are beautiful! Thank you!
3 Is that boy in the red T-shirt your son?
4 Who are those people by/near the window?
5 Hi/Hello, Tom. This is Natasha.
6 'You're Ben, aren't you?' 'Yes, that's right.'
7 'Sorry, I'm late.' 'That's all right.' *или* 'That's not a problem.'
8 *(on the phone)* Hello, this is Molly. Is that Jessica?

UNIT 76

76.1
2 I don't need one
3 I'm going to get one
4 I don't have one / I haven't got one
5 I've just had one
6 there's one in Mill Road

76.2
2 a new one
3 a better one
4 an old one
5 a big one
6 a different one

76.3
2 Which ones?
   The green ones.
3 Which one?
   The one with a/the red door.
4 Which ones?
   The ones on the top shelf.
5 Which one?
   The black one.

6 Which one?
  The one on the wall.
7 Which one?
  The tall one with long hair.
8 Which ones?
  The yellow ones.
9 Which one?
  The one with a/the moustache and glasses.
10 Which ones?
  The ones I took at the party last week.

76.4

1 Our fridge is very old. Let's buy/get a new one.
2 'I like those flowers.' 'Which ones?'
3 I don't want this blue dress. I'm going to buy/get the red one. *или* … I'll buy/get the red one.
4 Karen has just made/baked these pies. Would you like one?
5 His first book was good, but his new one is even better.
6 The chocolate was delicious. Can I have another one?
7 I like your shoes. Are they the ones you bought in London?
8 'Is there a bus stop near here?' 'Yes, there's one opposite the park.'

UNIT 77

77.1

2	some	8	some
3	any	9	some
4	any	10	any … any
5	any	11	some … any
6	some	12	some
7	any		

77.2

2 some questions
3 any pictures
4 any foreign languages
5 some friends
6 some milk
7 any batteries
8 some fresh air
9 some cheese
10 any help

77.3

3 I have some / I've got some
4 I don't have any / I haven't got any / I haven't any
5 I didn't buy any
6 I bought some
7 I didn't drink any

77.4

2 something
3 anything
4 anything
5 Somebody/Someone
6 anything
7 anybody/anyone
8 something
9 anything
10 anybody/anyone

77.5

1 There's some coffee in the cupboard.
2 We don't have / haven't got any eggs.
3 Can I have some cake?
4 Listen! Somebody's / Somebody is singing your favourite song. *или* Someone's / Someone is …
5 I want / I'd like to tell you something.
6 Do you know anybody/anyone who lives in Manchester? *или* … anybody/anyone living in Manchester?
7 We're not doing anything tomorrow evening. *или* Tomorrow evening …
8 I saw some beautiful paintings/pictures in/at that museum.
9 I've made some tea. Would you like some? *или* … Do you want some?

UNIT 78

78.1

2 There are no shops near here.
3 Carla has no free time. / Carla has got no free time.
4 There is no light in this room.
6 There isn't any milk in the fridge.
7 There aren't any buses today.
8 Tom doesn't have any brothers or sisters. / Tom hasn't got any brothers or sisters.

78.2

2	any	8	no
3	any	9	any
4	no	10	no
5	any	11	None
6	no	12	any
7	any		

78.3

2 no money
3 any questions
4 no friends
5 no difference
6 any furniture
7 no idea
8 any heating
9 no queue

78.4

Возможные ответы:
2 Three.
3 Two cups.
4 None.
5 None.

78.5

1 Megan has / has got no children. *или* Megan doesn't have / hasn't got any children.
2 'Who met you at the airport?' 'No-one. / Nobody.'
3 'How much sugar is in my tea?' 'None.'
4 There's no orange juice in the fridge. / There isn't any orange juice in the fridge.

5 Sorry, I have no free time today. *или* … I've got no free time today. *или* … I don't have any … *или* … I haven't got any …
6 We had no luggage. *или* We didn't have any luggage.
7 The students asked no questions. *или* … didn't ask any questions.
8 We spent no money yesterday. *или* … didn't spend any money yesterday.

UNIT 79

79.1

2 There's nobody in the office.
3 I have nothing to do. / I've got nothing to do.
4 There's nothing on TV.
5 There was no-one at home.
6 We found nothing.

79.2

2 There wasn't anybody on the bus.
3 I don't have anything to read. / I haven't got anything to read.
4 I don't have anyone to help me. / I haven't got anyone to help me.
5 She didn't hear anything.
6 We don't have anything for dinner. / We haven't got anything for dinner.

79.3

3a Nothing.
4a Nobody./No-one.
5a Nobody./No-one.
6a Nothing.
7a Nothing.
8a Nobody./No-one.
3b I don't want anything.
4b I didn't meet anybody/anyone.
5b Nobody/No-one knows the answer.
6b I didn't buy anything.
7b Nothing happened.
8b Nobody/No-one was late.

79.4

3 anything
4 Nobody/No-one
5 Nothing
6 anything
7 anybody/anyone
8 nothing
9 anything
10 anything
11 nobody/no-one
12 anything
13 Nothing
14 Nobody/No-one … anybody/anyone

79.5

1 There's nobody/no-one at home. *или* There isn't anybody/anyone at home.
2 We can't do anything now.
3 I said nothing about Gary. *или* I didn't say anything …
4 Nobody knows who lives in that house. *или* No-one knows …
5 There's nothing in the fridge. *или* There isn't anything …

6 I know nothing about computers.
или I don't know anything …
7 'Did you see anybody/anyone in the park?' 'No, nobody/no-one.'
8 Nobody told me about the party.
или No-one told me …

UNIT 80

80.1

2 something
3 somewhere
4 somebody/someone

80.2

2a Nowhere.
3a Nothing.
4a Nobody./No-one.
2b I'm not going anywhere.
3b I don't want anything.
4b I'm not looking for anybody/anyone.

80.3

3 anything
4 anything
5 somebody/someone
6 something
7 anybody/anyone … nobody/no-one
8 anything
9 Nobody/No-one
10 anybody/anyone
11 Nothing
12 anywhere
13 somewhere
14 anything
15 anybody/anyone

80.4

2 anything to eat
3 nothing to do
4 anywhere to sit
5 something to drink
6 nowhere to park
7 something to read
8 somewhere to stay

80.5

1 Are you doing anything on Saturday?
2 Do you know anyone/anybody who speaks Spanish?
3 There's nowhere to eat near here. / … around here.
4 Did you go anywhere last summer?
5 I didn't see anything unusual. *или* I saw nothing unusual.
6 Would you like something to drink?
7 Igor lives somewhere near Novgorod.
8 Did you do anything interesting in England?

UNIT 81

81.1

2 Every day
3 every time
4 Every room
5 every word

81.2

2 every day
3 all day
4 every day
5 all day
6 all day
7 every day

81.3

2 every
3 all
4 all
5 Every
6 all
7 every
8 all
9 every

81.4

2 everything
3 Everybody/Everyone
4 everything
5 everywhere
6 Everybody/Everyone
7 everywhere
8 Everything

81.5

2 is
3 has
4 likes
5 has
6 was
7 makes
8 Is … Does

81.6

1 Robert and Polly go to Portugal every summer.
2 I like everyone/everybody in my office.
3 It was sunny all weekend.
4 I looked / I've looked for my passport everywhere. *или* I looked / I've looked everywhere …
5 Alan always knows everything.
6 I have a cup of coffee every morning. *или* Every morning …
7 It was raining, so we were/stayed at home all day.
8 All the shops in the village were closed.

UNIT 82

82.1

3 Some
4 Most of
5 Most
6 any of
7 all *или* all of
8 None of
9 any of
10 Most
11 most of
12 Some
13 All *или* All of
14 some of
15 most of

82.2

2 All of them.
3 Some of them.
4 None of them.
5 Most of them.
6 None of it.

82.3

3 Some people …
4 Some of **the** questions … *или* Some questions …
5 OK
6 All insects …
7 OK (*или* … all **of** these books)
8 Most of **the** students … *или* Most students …
9 OK
10 … most of **the** night

82.4

1 Most people don't like spiders.
2 I understood most of the questions in the exam.
3 Some people don't eat meat.
4 We met some of Anna's friends yesterday. *или* Yesterday …
5 None of us speaks Italian. / … can speak Italian.
6 I haven't watched/seen any of these films.
7 'Do you know these people?' 'Most of them.'
8 'Who went to the party?' 'All of us.' *или* 'We all did.'

UNIT 83

83.1

3 Both
4 Neither
5 Neither
6 both
7 Either
8 neither of
9 Neither
10 either of
11 Both
12 neither of
13 Both
14 either of

83.2

2 Both windows are open.
3 Neither man is wearing a hat. *или* Neither of them is wearing …
4 Both men have (got) beards. *или* Both of them have …
5 Both buses go to the airport. *или* … are going to the airport.
6 Neither answer is correct.

83.3

3 Both of them are students.
4 Neither of them has a car. / … has got a car.
5 Both of them live in London.
6 Both of them like cooking.
7 Neither of them can play the piano.
8 Both of them eat seafood.
9 Neither of them is interested in sport.

83.4

1 I have / I have got two children. Both (of them) go to school.
2 I have two sisters. Neither of them lives in Russia.
3 A: Do you prefer London or New York?
   B: I like both cities.
4 A: Would you like juice or water?
   B: Either. I don't mind.
5 A: Do you know James and Sasha?
   B: Yes, both (of them) are very nice.
6 A: Where are Anna and Tina?
   B: I don't know. I haven't seen either of them.
7 Neither of my parents speaks English.
8 Both of them speak German. *или* They both …

UNIT 84

84.1

2	many	8	many
3	much	9	How many
4	many	10	How much
5	many	11	How much
6	much	12	How many
7	much		

84.2

2 much time
3 many countries
4 many people
5 much luggage
6 many times

84.3

2 a lot of interesting things
3 a lot of accidents
4 a lot of fun
5 a lot of traffic

84.4

3 a lot of snow
4 *OK*
5 a lot of money
6 *OK*
7 *OK*
8 a lot

84.5

3 She plays tennis a lot.
4 He doesn't use his car much. (*или* … a lot.)
5 He doesn't go out much. (*или* … a lot.)
6 She travels a lot.

84.6

1 We have a lot of / many DVDs. *или* We've got …
2 Were there a lot of / many people at the conference?
3 Irina reads a lot. She has a lot of / many books. *или* She's got …
4 How much food do we need for the party?
5 How many students are there in your class?
6 A: Do you eat a lot of chocolate? / … much chocolate?
   B: No, not a lot. / … not much.

7 Sandra loves Spain. She goes there a lot.
8 Sorry, I don't have much / a lot of time today. *или* Sorry, I haven't got …

UNIT 85

85.1

2	a few	5	a little
3	a little	6	a few
4	a few		

85.2

2 a little milk
3 A few days
4 a little Russian
5 a few friends
6 a few times
7 a few chairs
8 a little fresh air

85.3

2 very little coffee
3 very little rain
4 very few hotels
5 very little time
6 Very few people
7 very little work

85.4

2	A few	5	few
3	a little	6	a little
4	little	7	little

85.5

2 … **a** little luck
3 … **a** few things
4 *OK*
5 … **a** few questions
6 … **few** people
7 *OK*

85.6

1 Marina lived in London for a few years. *или* For a few years …
2 'Would you like / Do you want some coffee?' 'A little, please.'
3 There are very few cars on the road at night.
4 I need a little time to finish this work.
5 I know very few people in this town/city.
6 I have a few ideas. Do you want to hear them? *или* I've got …
7 Bob knows very little about politics.
8 I eat very little fish. It's very expensive.

UNIT 86

86.1

2 I like that green jacket.
3 Do you like classical music?
4 I had a wonderful holiday.
5 We went to a Japanese restaurant.

86.2

2	black clouds	5	fresh air
3	long holiday	6	sharp knife
4	hot water	7	dangerous job

86.3

2 It looks new.
3 I feel ill.
4 You look surprised.
5 They smell nice.
6 It tastes horrible.

86.4

2 It doesn't look new.
3 You don't sound American.
4 I don't feel cold.
5 They don't look heavy.
6 Maybe, but it doesn't taste good.

86.5

1 I watched a very interesting film yesterday. *или* Yesterday …
2 Please be quiet. Tom is asleep/ sleeping.
3 There are a lot of / many beautiful flowers in your garden!
4 Do you like Indian food?
5 Dinner smells great/wonderful/ delicious!
6 Don't go there. It's dangerous.
7 My job isn't / is not very difficult.
8 I'm glad (that) Sally and Tom are happy together.

UNIT 87

87.1

2	badly	5	fast
3	quietly	6	dangerously
4	angrily		

87.2

2 work hard
3 sleep well
4 win easily
5 Think carefully
6 know her very well
7 explain things very clearly/well
8 Come quickly

87.3

2 angry
3 slowly
4 slow
5 careful
6 hard
7 suddenly
8 quiet
9 badly
10 nice (*См. Раздел 86C.*)
11 quickly

87.4

2	well	5	well
3	good	6	good … good
4	well		

87.5

1 I need to / have to get up early tomorrow. *или* Tomorrow …
2 It's raining. Please drive slowly and carefully.
3 The plate is hot. Be careful.
4 James speaks English very fast/ quickly.
5 My daughter goes to bed very late.
6 Anna sings very well.
7 Why did you stop suddenly?
8 Do you know Marina well?

Ключи к упражнениям

UNIT 88

88.1
2 bigger
3 slower
4 more expensive
5 higher
6 more dangerous

88.2
2 stronger
3 happier
4 more modern
5 more important
6 better
7 larger
8 more serious
9 prettier
10 more crowded

88.3
2 hotter/warmer
3 more expensive
4 worse
5 further
6 more difficult или harder

88.4
3 taller
4 harder
5 more comfortable
6 better
7 nicer
8 heavier
9 more interested
10 warmer
11 better
12 bigger
13 more beautiful
14 sharper
15 more polite
16 worse

88.5
1 I don't like football. Basketball is more interesting.
2 Who is older – you or your brother?
3 The book is bad, but the film is even worse.
4 Our flat/apartment is small. We need a bigger one. или ... a bigger flat/apartment.
5 My father is tall, but I'm taller.
6 Moscow isn't / is not very beautiful. Petersburg is more beautiful.
7 Which is cheaper – meat or fish?
8 Pizza isn't very healthy. Salad is healthier.

UNIT 89

89.1
3 Kate is taller than Ben.
4 Kate starts work earlier than Ben.
5 Ben works harder than Kate.
6 Ben has more money than Kate. / Ben has got more money ...
7 Kate is a better driver than Ben.
8 Ben is more patient than Kate.

9 Ben is a better dancer than Kate. / Ben dances better than Kate.
10 Kate is more intelligent than Ben.
11 Kate speaks French better than Ben. / Kate speaks better French than Ben. / Kate's French is better than Ben's.
12 Ben goes to the cinema more than Kate. / ... more often than Kate.

89.2
2 You're older than her. / ... than she is.
3 You work harder than me. / ... than I do.
4 You watch TV more than him. / ... than he does.
5 You're a better cook than me. / ... than I am. или You cook better than me. / ... than I do.
6 You know more people than us. / ... than we do.
7 You have more money than them. / ... than they have.
8 You can run faster than me. / ... than I can.
9 You've been here longer than her. / ... than she has.
10 You got up earlier than them. / ... than they did.
11 You were more surprised than him. / ... than he was.

89.3
2 Jack's mother is much younger than his father.
3 My camera cost a bit more than yours. / ... than your camera. или My camera was a bit more expensive than ...
4 I feel much better today than yesterday. / ... than I did yesterday. / ... than I felt yesterday.
5 It's a bit warmer today than yesterday. / ... than it was yesterday.
6 Sarah is a much better tennis player than me / ... than I am. или Sarah is much better at tennis than me / ... than I am. или Sarah plays tennis much better than me / ... than I do.

89.4
1 The black shoes are more expensive than the brown shoes/ones.
2 My parents have a bigger house than us. / ... than we do.
3 Today is much warmer than yesterday. или It is / It's much warmer today than it was yesterday.
4 Tim is a bit older than his sister.
5 This book is very long. It's more than 600 pages.
6 Dogs are more intelligent than cats.
7 The cinema is less crowded than usual.
8 I like Cambridge much more than London.

UNIT 90

90.1
2 A is longer than B, but not as long as C.
3 C is heavier than A, but not as heavy as B.
4 A is older than C, but not as old as B.
5 B has got more money than C, but not as much as A. или ... but less (money) than A.
6 C works harder than A, but not as hard as B.

90.2
2 Your room isn't as big as mine. / ... as my room.
3 I didn't get up as early as you. / ... as you did.
4 They didn't play as well as us. / ... as we did.
5 You haven't been here as long as me. / ... as I have.
6 He isn't as nervous as her. / ... as she is.

90.3
2	as	6	than
3	than	7	as
4	than	8	than
5	as		

90.4
2 Julia lives in the same street as Laura.
3 Julia got up at the same time as Andy.
4 Andy's car is the same colour as Laura's.

90.5
1 Anton is tall, but he isn't / he's not / he is not as tall as his brother.
2 I got up at the same time as you (did).
3 Did you go to the same school as me? / ... as I did?
4 Dinner wasn't / was not as expensive as I expected.
5 The tree in our garden is taller than our house.
6 I don't eat as many sweets as you (do).
7 Linda doesn't have as many cats as her aunt does. или Linda hasn't got as many cats as her aunt has.
8 His new films aren't / are not as good as his old films/ones.

UNIT 91

91.1
2 C is longer than A.
  D is the longest.
  B is the shortest.
3 D is younger than C.
  B is the youngest.
  C is the oldest.
4 D is more expensive than A.
  C is the most expensive.
  A is the cheapest.
5 A is better than C.
  A is the best.
  D is the worst.

91.2

2 the happiest day
3 the best film
4 the most popular singer
5 the worst mistake
6 the prettiest village
7 the coldest day
8 the most boring person

91.3

2 Everest is the highest mountain in the world.
3–6
Brazil is the largest country in South America.
Alaska is the largest state in the USA.
The Nile is the longest river in Africa. / … in the world.
Jupiter is the largest planet in the solar system.

91.4

1 Football is the most popular sport in the world.
2 It's / It is the worst book (that) I've / I have ever read.
3 Let's go to the nearest supermarket.
4 Gary ordered the most expensive dish in the restaurant.
5 Which country is the hottest: France, Spain or Italy?
6 I think (that) it's / it is the best Italian restaurant in London.
7 Lucy is the most interesting person (that) I know.
8 Question 2 was the easiest (one) in the exam.

UNIT 92

92.1

2 enough chairs
3 enough paint
4 enough wind

92.2

2 The car isn't big enough.
3 His legs aren't long enough.
4 He isn't strong enough.

92.3

3 old enough
4 enough time
5 big enough
6 eat enough
7 enough space
8 tired enough
9 practise enough

92.4

2 sharp enough to cut
3 warm enough to go
4 enough bread to make
5 well enough to win
6 enough time to read

92.5

1 Boris has / has got enough money for a ticket.
2 Kevin is not old enough to drive a car.
3 My old coat wasn't / was not warm enough for winter.

4 We want to buy a house. Our flat/ apartment isn't big enough. / … is not big enough.
5 Sasha is learning German, but she doesn't practise enough.
6 Is this restaurant good enough for your party?
7 I can't finish the report today. I don't have enough time.
8 We have enough coffee, but not enough cups. *или* We've got …

UNIT 93

93.1

2 too heavy
3 too low
4 too fast
5 too big
6 too crowded

93.2

3 enough
4 too many
5 too
6 enough
7 too much
8 enough
9 too
10 too many
11 too much

93.3

3 It's too far.
4 It's too expensive.
5 It isn't / It's not big enough.
6 It was too difficult.
7 It isn't good enough.
8 I'm too busy.
9 It was too long.

93.4

2 too early to go to bed
3 too young to get married
4 too dangerous to go out at night
5 too late to phone Sue (now)
6 too surprised to say anything

93.5

1 These jeans are too small for me.
2 I didn't like the film. It was too long.
3 I drank/had too much coffee yesterday. *или* Yesterday …
4 Alina is always tired. She works too hard.
5 We wanted to buy that computer, but it was too expensive.
6 There are too many tourists here in summer. *или* In summer …
7 It was too hot to go to the beach yesterday. *или* Yesterday …
8 'Is there too much milk in your tea?' 'No, (there's) not enough!'

UNIT 94

94.1

3 I like this picture very much.
4 Tom started his new job last week.
5 *OK*
6 Jessica bought a present for her friend. *или* Jane bought her friend a present.
7 I drink three cups of coffee every day.
8 *OK*
9 I borrowed fifty pounds from my brother.

94.2

2 I got a new phone last week.
3 Paul finished his work quickly.
4 Emily doesn't speak French very well.
5 I did a lot of shopping yesterday.
6 Do you know London well?
7 We enjoyed the party very much.
8 I explained the problem carefully.
9 We met some friends at the airport.
10 Did you buy that jacket in England?
11 We do the same thing every day.
12 I don't like football very much.

94.3

2 I arrived at the hotel early.
3 Julia goes to Italy every year.
4 We have lived here since 1998.
5 Sue was born in London in 1990.
6 Paul didn't go to work yesterday.
7 Helen went to a wedding last weekend.
8 I had my breakfast in bed this morning.
9 Amy is going to university in September.
10 I saw a beautiful bird in the garden this morning.
11 My parents have been to the United States many times.
12 I left my umbrella in the restaurant last night.
13 Are you going to the cinema tomorrow evening?
14 I took the children to school this morning.

94.4

1 I like this book very much. *или* I really like this book.
2 Robert goes to the gym every day.
3 I had lunch in a restaurant today.
4 Sally worked in the bank for ten years.
5 Can you take the children to the cinema tomorrow?
6 The train arrived in Cambridge at seven o'clock.
7 I don't know Marina very well.
8 Frank was born in New York in 1994.

UNIT 95

95.1

2 He always gets up early.
3 He's / He is never late for work.
4 He sometimes gets angry.
5 He rarely goes swimming.
6 He's / He is usually at home in the evenings.

95.2

2 Susan is always polite.
3 I usually finish work at 5 o'clock.
4 Sarah has just started a new job.
5 I rarely go to bed before midnight.
6 The bus isn't usually late.
7 I don't often eat fish.
8 I will never forget what you said.
9 Have you ever lost your passport?
10 Do you still work in the same place?
11 They always stay in the same hotel.

12 Jane doesn't usually work on Saturdays.
13 Is Tina already here?
14 What do you usually have for breakfast?
15 I can never remember his name.

95.3

2 Yes, and I also speak French.
3 Yes, and I'm also hungry.
4 Yes, and I've also been to Ireland.
5 Yes, and I also bought some books.

95.4

1 They both play football.
They're / They are both students.
They've both got cars. / They both have cars.
2 They're / They are all married.
They were all born in England.
They all live in New York.

95.5

1 I rarely/seldom go to the theatre.
2 Ben is often late for work.
3 Have you ever travelled/been abroad?
4 I will never forget our holiday in Berlin.
5 We don't usually get up early.
6 Jess isn't here. She's just gone to the supermarket.
7 I sometimes cycle to work. *или* Sometimes I cycle to work.
8 I have two sisters. They both live in Russia. *или* I've got …

UNIT 96

96.1

2 Do you still live in Clare Street?
3 Are you still a student?
4 Have you still got a motorbike? / Do you still have a motorbike?
5 Do you still go to the cinema a lot?
6 Do you still want to be a teacher?

96.2

2 He was looking for a job.
He's / He is still looking (for a job).
He hasn't found a job yet.
3 She was asleep.
She's / She is still asleep.
She hasn't woken up yet. / She isn't awake yet. *или* She hasn't got up yet. / She isn't up yet.
4 They were having dinner. / They were eating.
They're / They are still having dinner. / … still eating.
They haven't finished (dinner) yet. / They haven't finished eating yet.

96.3

2 Is Helen here yet? *или* Has Helen arrived/come yet?
3 Have you got your (exam) results yet? / Have you had your … / Have you received your …
4 Have you decided where to go yet? / Do you know where you're going yet?

96.4

3 She's / She has already gone/left.
4 I've already got one. / I already have one.
5 I've / I have already paid (it).
6 he already knows.

96.5

1 Is the supermarket still open? We need some milk.
2 Have you read her new book yet?
3 Come in! Igor and Vera are already here.
4 Why is Alina still at work?
5 A: Where are you going in summer?
   B: We haven't / have not decided yet.
6 Do you still work / Are you still working at the hospital?
7 'Shall I wash the car?' 'I've / I have already done it.'
8 'Has Nina found a new job?' 'Not yet.'

UNIT 97

97.1

2 He gave it to Gary.
3 He gave them to Sarah.
4 He gave it to his sister.
5 He gave them to Robert.
6 He gave it to a neighbour.

97.2

2 I gave Joanna a plant.
3 I gave Richard a tie.
4 I gave Emma some chocolates / a box of chocolates.
5 I gave Rachel some flowers / a bunch of flowers.
6 I gave Kevin a wallet.

97.3

2 Can you lend me an umbrella?
3 Can you give me your address?
4 Can you lend me twenty pounds?
5 Can you send me more information?
6 Can you show me the letter?

97.4

2 lend you some money
3 send the bill to me
4 buy you a present
5 pass me the sugar
6 give it to her
7 showed the policeman my identity card

97.5

1 Please show me your passport.
2 Gary gave Anna some flowers. *или* Gary gave some flowers to Anna.
3 When did you send me that email? / … send that email to me?
4 Alan didn't / did not need his old bike, so he gave it to his brother.
5 Where is / Where's my book? I lent it to you yesterday.
6 I've bought / I bought Mark a present. *или* I've bought / I bought a present for Mark.

7 Pass me that cup, please.
8 A: I've lost my wallet.
   B: I can give you some money.

UNIT 98

98.1

3 I went to the window and (I) looked out.
4 I wanted to phone you, but I didn't have your number.
5 I jumped into the river and (I) swam to the other side.
6 I usually drive to work, but I went by bus this morning.
7 Do you want me to come with you, or shall I wait here?

98.2

Возможные ответы:
2 because it was raining. / because the weather was bad.
3 but it was closed.
4 so he didn't eat anything. / so he didn't want anything to eat.
5 because there was a lot of traffic. / because the traffic was bad.
6 Sue said goodbye, got into her car and drove off/away.

98.3

Возможные ответы:
3 I went to the cinema, **but** the film wasn't very good.
4 I went to a café **and** met some friends of mine.
5 There was a film on television, **so** I watched it.
6 I got up in the middle of the night **because** I couldn't sleep.

98.4

1 Yesterday we went to the park and (we) had a picnic there.
2 I wanted to see/watch this/that film, but I didn't have time. / … but I had no time.
3 Do you want to play tennis tonight, or are you busy?
4 Lara was ill, and so she missed the concert.
5 I'm / I am going to bed/sleep because I'm / I am very tired.
6 James looks unhappy, but I don't know why.
7 It was cold and wet, so we stayed at home.
8 I asked Sasha to translate the letter because she speaks German.

UNIT 99

99.1

2 When I'm tired, I like to watch TV.
3 When I knocked on the door, there was no answer.
4 When I go on holiday, I always go to the same place.
5 When the programme ended, I turned off the TV.
6 When I got to the hotel, there were no rooms.

99.2

2 I finish
3 it's
4 I'll be … she leaves
5 stops
6 We'll come … we're
7 I'll bring
8 I'm
9 it gets
10 I'll tell … I'm

99.3

2 If you pass the exam, you'll get a certificate.
3 If you fail the exam, you can do it again.
4 If you don't want this magazine, I'll throw it away.
5 If you want those pictures, you can have them.
6 If you're busy now, we can talk later.

99.4

Возможные ответы:
2 … you finish your work?
3 … you get ready.
4 … the weather is good.
5 … I won't have much free time.
6 … I'll go and see Chris.
7 … I come back?
8 … she doesn't study.

99.5

1 You can close the window if you are cold.
2 When you speak/talk to Richard, ask him about his new job.
3 If we go to Madrid, we'll visit our friends.
4 We'll / We will look after your cat while you're / you are in France.
5 Don't forget to call/phone/ring me when you get home.
6 I can speak/talk to Tim tomorrow if he's / he is busy today.
7 Ben had/needed to get a visa before he went/travelled to China.
8 If you don't / do not study, you won't / will not pass the exam.

UNIT 100

100.1

3 wanted
4 had
5 were/was
6 didn't enjoy
7 could
8 tried
9 didn't have

100.2

3 I'd go / I would go
4 she knew
5 we had
6 you won
7 I wouldn't stay
8 we lived
9 It would be
10 the salary was/were
11 I wouldn't know
12 would you change

100.3

2 I'd watch it / I would watch it
3 we had some pictures on the wall
4 the air would be cleaner
5 every day was/were the same
6 I'd be bored / I would be bored
7 we had a bigger house / we bought a bigger house
8 we would/could buy a bigger house *или* we would/could have a bigger house

100.4

Возможные ответы:
2 I'd go to Antarctica
3 I didn't have any friends
4 I'd buy a house if I had enough money.
5 I'd try and help
6 there were no guns

100.5

1 Anna would be happier if she liked/ enjoyed her job.
2 We'd / We would go to the concert if we had tickets.
3 If I knew his name, I'd / I would tell you.
4 Ben would travel a lot if he had the money.
5 If I were/was you, I'd / I would stay in/at the Grand Hotel.
6 Our life would be more interesting if we lived in London.
7 If you're / you are hungry, we can have lunch now.
8 What would you do if you won a lot of money?

UNIT 101

101.1

2 A butcher is a person who sells meat.
3 A musician is a person who plays a musical instrument.
4 A patient is a person who is ill in hospital.
5 A dentist is a person who takes care of your teeth.
6 A fool is a person who does stupid things.
7 A genius is a person who is very intelligent.
8 A liar is a person who doesn't tell the truth.

101.2

2 The woman who opened the door was wearing a yellow dress.
3 Most of the students who took the exam passed (it).
4 The policeman who stopped our car wasn't very friendly.

101.3

2 who
3 which
4 which
5 who
6 which
7 who
8 who
9 which
Во всех этих предложениях можно также использовать **that**.

101.4

3 … a machine **that**/**which** makes coffee.
4 OK (**which** *также правильно*)
5 … people **who**/**that** never stop talking.
6 OK (**who** *также правильно*)
7 OK (**that** *также правильно*)
8 … the sentences **that**/**which** are wrong.
9 … a car **that**/**which** cost £40,000.

101.5

1 The people who/that live next door are very noisy.
2 I have a friend who lived in Tokyo for 5 years. *или* I have got …
3 Do you know anyone who/that speaks Italian?
4 The Neva is the river which/that flows through Petersburg.
5 Have you seen the book which/that was on the table? *или* Did you see …
6 A journalist is a person who/that writes articles.
7 Is that the girl who/that stole your wallet?
8 Karen works for a company which/that makes computers.

UNIT 102

102.1

2 I've lost the pen you gave me.
3 I like the jacket Sue is wearing.
4 Where are the flowers I gave you?
5 I didn't believe the story he told us.
6 How much were the oranges you bought?

102.2

2 The meal you cooked was excellent.
3 The shoes I'm wearing aren't very comfortable.
4 The people we invited to dinner didn't come.

102.3

2 Who are the people you were talking to?
3 Did you find the keys you were looking for?
4 Where is the party you're going to?
5 What's the name of the film you were talking about?
6 What's that music you're listening to?
7 Did you get the job you applied for?

102.4

2 What's the name of the restaurant where you had dinner?
3 How big is the village where you live?
4 Where exactly is the factory where you work?

102.5

1 I liked the dress (that) you were wearing yesterday. / ... you wore yesterday.
2 Have you watched the film (that) I gave you? *или* Did you watch ...
3 The test (that) Ben did yesterday wasn't difficult/hard.
4 Did Marina buy the shoes (that) she wanted?
5 How was the party (that) you went to on Saturday? *или* What was the party (that) you went to on Saturday like?
6 I have a friend who/that can speak four languages. *или* I've got ...
7 My parents didn't like the show (that) they saw in London.
8 These are the people I told you about.

UNIT 103

103.1

3	at	11	at
4	on	12	in
5	in	13	on
6	in	14	on
7	on	15	at
8	on	16	at
9	at	17	at*
10	on	18	in

* *В американском английском:*
'**on** the weekend'.

103.2

2	on	11	at*
3	at	12	on
4	in	13	in
5	in	14	at
6	in	15	in
7	on	16	on
8	on	17	in
9	in	18	at
10	at	19	at

* *В американском английском:*
'**on** the weekend'.

103.3

2 on Friday
3 on Monday
4 at 4 o'clock on Thursday / on Thursday at 4 o'clock
5 on Saturday evening
6 at 2.30 on Tuesday (afternoon) / on Tuesday (afternoon) at 2.30

103.4

2 I'll call you in three days.
3 My exam is in two weeks.
4 Tom will be here in half an hour. / ... in 30 minutes.

103.5

3 in
4 – *(без предлога)*
5 – *(без предлога)*
6 in
7 at*

* *В американском английском:*
'**on** the weekend'.

8 – *(без предлога)*
9 – *(без предлога)*
10 on
11 in
12 at

103.6

1 I was born in 1997.
2 Are you free this afternoon?
3 Our plane leaves in thirty minutes.
4 Does the library open at ten o'clock?
5 Sally is going to America at the end of January.
6 The football match is on 14 March. / ... on March 14.
7 We're meeting (with) our friends on Friday evening/night.
8 The weather is terrible at the moment.

UNIT 104

104.1

2 Alex lived in Canada **until** 2009.
3 Alex has lived in England **since** 2009.
4 Karen lived in France **until** 2011.
5 Karen has lived in Switzerland **since** 2011.
6 Clare worked in a restaurant **from** 2010 **to** 2012.
7 Clare has worked in a hotel **since** 2012.
8 Adam was a teacher **from** 2002 **to** 2008.
9 Adam has been a journalist **since** 2008.
11 Alex has lived in England for ... years.
12 Karen has lived in Switzerland for ... years.
13 Clare worked in a restaurant for three years.
14 Clare has worked in a hotel for ... years.
15 Adam was a teacher for six years.
16 Adam has been a journalist for ... years.

104.2

2	until	9	since
3	for	10	until
4	since	11	for
5	Until	12	until
6	for	13	Since
7	for	14	for
8	until		

104.3

1 I slept till/until 11 o'clock yesterday. *или* Yesterday ...
2 James has been ill since Tuesday.
3 I'm going to travel for three months.

4 Anna worked in Moscow from 2003 to/until 2007.
5 In 2007 Anna moved to England.
6 We've had our car since 2011.
7 I lived in Cambridge until I got a job in London.
8 Tim and Lara have been married for 20 years.

UNIT 105

105.1

2 after lunch
3 before the end
4 during the course
5 before they went to Australia
6 during the night
7 while you are waiting
8 after the concert

105.2

3	while
4	for
5	while
6	during
7	while
8	for
9	during
10	while

105.3

2 eating
3 answering
4 having/taking
5 finishing/doing
6 going/travelling

105.4

2 John worked in a bookshop for two years after leaving school.
3 Before going to sleep, I read for a few minutes.
4 After walking for three hours, we were very tired.
5 Let's have a cup of coffee before going out.

105.5

1 We had/ate dinner before the concert. *или* Before the concert, ...
2 I did the shopping while Emma was at work. *или* While Emma was at work, ...
3 There were a lot of people in the city centre after the match. *или* After the match, ...
4 Sasha was very nervous before her/the interview. *или* Before her/the interview, ...
5 I read three books during my/the holiday. *или* During my/the holiday ...
6 We waited for a bus for 40 minutes. *или* We waited 40 minutes for a bus.
7 Before going to bed, I fed the cat. *или* Before I went to bed, I fed ...
8 I felt better after a cup of tea.

UNIT 106

106.1
2 **In** the box.
3 **On** the box.
4 **On** the wall.
5 **At** the bus stop.
6 **In** the field.
7 **On** the balcony.
8 **In** the pool.
9 **At** the window.
10 **On** the ceiling.
11 **On** the table.
12 **At** the table.

106.2
2 in
3 on
4 in
5 on
6 at
7 in
8 in
9 at
10 at
11 in
12 at
13 on
14 at
15 **on** the wall **in** the living room

106.3
1 There's / There is an old house at the top the hill. *или* At the top of the hill, …
2 'Where are the children?' 'In the living room.'
3 Don't / Do not walk on the grass.
4 I (can) see a big spider on the wall.
5 Do you live in a city/town or (in) a village?
6 Turn right at the traffic lights. *или* At the traffic lights, …
7 Let's have lunch on the balcony.
8 Sochi is a popular resort in the south of Russia.

UNIT 107

107.1
2 **At** the airport.
3 **In** bed.
4 **On** a ship.
5 **In** the sky.
6 **At** a party.
7 **At** the doctor's.
8 **On** the second floor.
9 **At** work.
10 **On** a plane.
11 **In** a taxi.
12 **At** a wedding.

107.2
2 in   9 in
3 in   10 in
4 at   11 on
5 at   12 on
6 in   13 at
7 at   14 in
8 at   15 on

107.3
1 I came here in a taxi. *или* I came here by taxi.
2 'Is James at home?' 'No, he's / he is at work.'
3 Who is the richest man/person in the world?
4 I didn't stay in/at a hotel. I stayed at my brother's.
5 I think (that) I lost my phone on the/my way to school.
6 Is it / Is this / Is that your grandfather in the photo/ photograph/picture?
7 Our flat/apartment is on the top floor.
8 I saw Ben at the party.

UNIT 108

108.1
2 to   6 to
3 in   7 to
4 to   8 in
5 in

108.2
3 to
4 to
5 **at** home … **to** work
6 at
7 – *(без предлога)*
8 to
9 at
10 **at** a restaurant … **to** the hotel

108.3
2 to
3 to
4 in
5 to
6 to
7 at
8 to
9 to
10 at
11 at
12 **to** Maria's house … **at** home
13 – *(без предлога)*
14 meet **at** the party… go **to** the party

108.4
1 to
2 – *(без предлога)*
3 at
4 in
5 to
6 – *(без предлога)*

108.5
Возможные ответы:
2 to work
3 at work
4 to Canada
5 to parties
6 at a friend's house

108.6
1 Does this bus go to Cambridge? *или* Is this bus going …
2 When I go to London, I stay at my sister's.

3 Let's go to a cafe. I'm hungry.
4 I'm / I am not going to school tomorrow. *или* Tomorrow …
5 Anna got to the restaurant at 7 (o'clock). *или* Anna arrived at …
6 I like watching / to watch TV in bed.
7 Bye. I'm / I am going home now.
8 Where do you prefer to work – in an/the office or at home? *или* Where do you prefer working …

UNIT 109

109.1
2 next to / beside / by
3 in front of
4 between
5 next to / beside / by
6 in front of
7 behind
8 on the left
9 in the middle

109.2
2 behind
3 above
4 in front of
5 on
6 by / next to / beside
7 below / under
8 above
9 under
10 by / next to / beside
11 opposite
12 on

109.3
2 The fountain is in front of the theatre.
3 The bank/bookshop is opposite the theatre. *или* Paul's office is opposite the theatre. *или* The theatre is opposite …
4 The bank/bookshop/ supermarket is next to …
5 Paul's office is above the bookshop.
6 The bookshop is between the bank and the supermarket.

109.4
1 The desk/table is in the middle of the room. *или* … in the centre of the room.
2 'Where's my bag?' 'Under the chair.'
3 Our flat is above a shop.
4 Does your cat always sleep behind the sofa?
5 I'd like / I would like / I want to sit by the window. *или* … beside the window. *или* … next to the window.
6 Nice photo! Who is that/this girl on the right?
7 There's / There is a bus stop in front of the museum. *или* In front of the museum, …
8 Anna's house is opposite the park.

Ключи к упражнениям

UNIT 110

110.1
2 Go under the bridge.
3 Go up the hill.
4 Go down the steps.
5 Go along this street.
6 Go into the hotel.
7 Go past the hotel.
8 Go out of the hotel.
9 Go over the bridge.
10 Go through the park.

110.2
2 off
3 over
4 out of
5 across
6 round/around
7 through
8 on
9 round/around
10 **into** the house **through** a window

110.3
1 out of
2 round/around
3 in
4 **from** here **to** the airport
5 round/around
6 on/over
7 over
8 out of / from

110.4
1 There's / There is a shop round/ around the corner.
2 They walked along the beach in the evening. *или* In the evening, …
3 We ran down the hill.
4 James got out of his car and went into a/the bank.
5 The road to the airport goes through a/the tunnel.
6 Go/Walk past the museum and turn left.
7 I fell down the stairs yesterday. *или* Yesterday …
8 A black cat ran across the road.

UNIT 111

111.1
2 on time
3 on holiday
4 on the phone
5 on TV

111.2
2 by
3 with
4 about
5 on
6 by
7 at
8 on
9 with
10 **about** grammar **by** Vera P. Bull

111.3
1 with
2 without
3 by
4 about
5 at
6 by
7 on
8 with
9 at
10 by
11 about
12 by
13 on
14 with
15 by
16 by

111.4
1 I never watch the news on TV/ television.
2 It's / It is an important meeting. I need to / I have to be there on time.
3 'How did you get/come here?' 'On foot.'
4 Have you heard about Ben and Emma? They are going to get married.
5 Who is this/that woman with long hair and glasses?
6 You can drive a car at the age of 18. / … drive a car at 18.
7 I don't / I do not like books by this/ that writer.
8 I'm ill, so Boris is going to the party without me.

UNIT 112

112.1
2 in
3 to
4 at
5 with
6 of

112.2
2 at
3 to
4 about
5 of
6 of
7 from/to (*Можно также сказать:* different than …)
8 in
9 for
10 about
11 of
12 **for/about** getting angry **with** you

112.3
2 interested in going
3 good at getting
4 fed up with waiting
5 sorry for/about waking
6 Thank you for waiting.

112.4
2 Sue walked past me without speaking.
3 Don't do anything without asking me first.
4 I went out without locking the door.

112.5
Возможные ответы:
2 I'm scared of the dark.
3 I'm not very good at drawing.
4 I'm not interested in cars.
5 I'm fed up with living here.

112.6
1 I'm not / I am not afraid of spiders. *или* … scared of spiders.
2 Sandra is interested in Russian history.
3 We're / We are thinking of leaving London.
4 Angela is very good at playing the guitar.
5 Moscow is different from/to Petersburg.
6 Sally was very angry with her sister.
7 I like (it) when our house is full of friends!
8 I felt sorry for Boris because he lost his job. *или* … because he had lost his job.
9 I'm / I am fed up with this noise!

UNIT 113

113.1
2 to
3 for
4 to
5 at
6 for

113.2
2 to
3 to
4 – (*без предлога*)
5 for
6 to
7 of/about
8 for
9 on
10 to
11 for
12 – (*без предлога*)
13 to
14 on
15 of/about

113.3
1 at
2 after
3 for
4 after
5 at
6 for

113.4
Возможные ответы:
3 It depends on the programme.
4 It depends (on) what it is.
5 It depends on the weather.
6 It depends (on) how much you want.

113.5

1 Look at Anna! What's / What is she doing?
2 I'll phone/call you tomorrow.
3 I'll / I will wait for you here.
4 A: Do you like going to the cinema?
  B: Sometimes. It depends on the film.
5 When we went on holiday, our neighbour looked after our cat.
6 Please thank Nina for her lovely cake.
7 What do you think about/of my boyfriend?
8 Excuse me. I'm looking for the exit.
9 Does this bag belong to Lena?
10 A: Do you like fish?
   B: It depends (on) how you cook it.

UNIT 114

114.1

2 went in
3 looked up
4 rode off/away
5 turned round/around
6 got off
7 sat down
8 got out

114.2

2 away
3 round/around
4 going **out** ... be **back**
5 down
6 over
7 back
8 in
9 up
10 going **away** ... coming **back**

114.3

2 Hold on
3 slowed down
4 takes off
5 getting on
6 speak up
7 broken down
8 fall over / fall down
9 carry on
10 gave up
11 went off

114.4

1 I'm / I am going (out) now but I'll / I will be/come back at three o'clock.
2 Please come in and sit down.
3 I got up very late on Sunday. или On Sunday ...
4 Could/Can you look after my cat? I'm / I am going away next week.
5 Please slow down. You're / You are talking very fast.
6 The taxi stopped and Tom got out.
7 Hurry up! The film starts / is starting in five minutes.
8 We can't/cannot hear you. Could/Can you speak up?

UNIT 115

115.1

2 She took off her hat. или She took her hat off.
3 He put down his bag. или He put his bag down.
4 She picked up the magazine. или She picked the magazine up.
5 He put on his sunglasses. или He put his sunglasses on.
6 She turned off the tap. или She turned the tap off.

115.2

2 He put his jacket on. He put it on.
3 She took off her glasses. She took them off.
4 I picked the phone up. I picked it up.
5 They gave the key back. They gave it back.
6 We turned off the lights. We turned them off.

115.3

2 take it back
3 picked them up
4 switched it off
5 bring them back

115.4

3 knocked over
4 look it up
5 throw them away
6 tried on
7 showed me round
8 gave it up или gave up (без it)
9 fill it in
10 put your cigarette out

115.5

1 Take your shoes off and come in. или Take off your shoes ...
2 I (have) dropped my pen. Can you pick it up (for me)?
3 Excuse me. Where can I try on this dress? / ... try this dress on?
4 I can give you my camera, but please give/bring it back to me tomorrow.
5 I need to / I have to take these books back to the library.
6 It was dark when I came home, so I turned/switched the light on. / ... turned/switched on the light.
7 Is your bag heavy? You can put it down here.
8 You can throw away this umbrella. It's / It is broken. или You can throw this umbrella away ...

Ключи к дополнительным упражнениям

1
3 Kate is a doctor.
4 The children are asleep.
5 Gary isn't hungry.
6 The books aren't on the table.
7 The hotel is near the station.
8 The bus isn't full.

2
3 she's / she is
4 Where are
5 Is he
6 It's / It is
7 I'm / I am *или* No, I'm not. I'm a student.
8 What colour is
9 Is it
10 Are you
11 How much are they?

3
3 He's / He is having a shower.
4 Are the children playing?
5 Is it raining?
6 They're / They are coming now.
7 Why are you standing here?
   I'm / I am waiting for somebody.

4
4 Sam doesn't want
5 Do you want
6 Does Helen live
7 Sarah knows
8 I don't travel
9 do you usually get up
10 They don't go out
11 Tom always finishes
12 does Jessica do ... She works

5
3 She's / She is a student.
4 She hasn't got a car. *или* She doesn't have a car.
5 She goes out a lot.
6 She's got / She has got a lot of friends. *или* She has a lot of friends.
7 She doesn't like London.
8 She likes dancing.
9 She isn't / She's not interested in sport.

6
1 Are you married?
   Where do you live?
   Have you got any children? *или* Do you have any children?
   How old is she?
2 How old are you?
   What do you do? / Where do you work? / What's your job?
   Do you like/enjoy your job?
   Have you got a car? *или* Do you have a car?
   Do you (usually) go to work by car?
3 What's his name? / What's he called?
   What does he do? / What's his job?
   Does he live/work in London?

7
4 Sonia is 32 years old.
5 I've got two sisters. *или* I have two sisters.

6 We often watch TV in the evening.
7 Amy never wears a hat.
8 A bicycle has got two wheels. *или* ... has two wheels.
9 These flowers are beautiful.
10 Emma speaks German very well.

8
3 are you cooking
4 plays
5 I'm going
6 It's raining
7 I don't watch
8 we're looking
9 do you pronounce

9
2 we go
3 is shining
4 are you going
5 do you go
6 She writes
7 I never read
8 They're watching
9 She's talking
10 do you usually have
11 He's visiting
12 I don't drink

10
2 went
3 found
4 was
5 had
6 told
7 gave
8 were
9 thought
10 invited/asked

11
3 He was good at sport.
4 He played football.
5 He didn't work hard at school.
6 He had a lot of friends.
7 He didn't have a bike.
8 He wasn't a quiet child.

12
3 How long were you there? / How long did you stay there?
4 Did you like/enjoy Amsterdam?
5 Where did you stay?
6 Was the weather good?
7 When did you get/come back?

13
3 I forgot
4 did you get
5 I didn't speak
6 Did you have
7 he didn't go
8 she arrived
9 did Robert live
10 The meal didn't cost

14
2 were working
3 opened
4 rang ... was cooking
5 heard ... looked
6 was looking ... happened
7 wasn't reading ... was watching
8 didn't read
9 finished ... paid ... left
10 saw ... was walking ... was waiting

15
3 is playing
4 gave
5 doesn't like
6 did your parents go
7 saw ... was driving
8 Do you watch
9 were you doing
10 goes
11 'm/am trying
12 didn't sleep

16
3 it's / it has just finished/ended.
4 I've / I have found them! *или* I've got them!
5 I haven't read it.
6 Have you seen her?
7 I've / I have had enough.
8 Have you (ever) been to Sweden?
9 We've / We have (just) been to the cinema.
10 They've / They have gone to a party.
11 He's / He has (just) woken up.
12 How long have you lived here? *или* ... have you been living here?
13 we've / we have known each other for a long time.
14 It's / It has been raining all day. *или* It has rained all day. *или* It has been horrible/bad all day.

17
3 's/has been
4 for
5 since
6 has he lived / has he been / has he been living
7 for
8 've been / have been

18
Возможные ответы:
3 I've just started this exercise.
4 I've met Sarah a few times.
5 I haven't had lunch yet.
6 I've never been to Australia.
7 I've lived here since I was born.
8 I've lived here for three years.

19
3 bought/got
4 went
5 've/have read *или* read *или* 've/have finished with
6 haven't started (it) *или* haven't begun (it)
7 was
8 didn't see
9 left
10 's/has been
11 was
12 've/have never made

20
3 He's / He has already gone.
4 she left at 4 o'clock.
5 How many times have you been there?
6 I haven't decided yet.

7 It was on the table last night.
8 I've eaten there a few times.
9 What time did they arrive?

21
1 When was the last time? *или*
  When did you go the last time?
2 How long have you had it?
  I bought/got it yesterday.
3 How long have you lived there /
  have you been there / have you
  been living here?
  Before that we lived in Mill Road.
  How long did you live in Mill Road?
4 How long have you worked there /
  have you been working there?
  What did you do before that?
  I was a taxi driver. *или* I worked as a
  taxi driver.

22
Возможные ответы:
2 I didn't go out last night.
3 I was at work yesterday afternoon.
4 I went to a party a few days ago.
5 It was my birthday last week.
6 I went to America last year.

23

2	B	7	C	12	C
3	D	8	B	13	B
4	A	9	C	14	C
5	A	10	D	15	A
6	D	11	A		

24
1 was damaged … be knocked down
2 was built … is used … is being
  painted
3 is called … be called … was changed
4 have been made … are produced

25
2 is visited
3 were damaged
4 be built
5 is being cleaned
6 be forgotten
7 has already been done
8 be kept
9 Have you ever been bitten
10 was stolen

26
2 My car was stolen last week.
3 All the bananas have been eaten.
4 The machine will be repaired.
5 We're / We are being watched.
6 The housework has to be done.

27
3 has taken
4 pushed
5 was pushed
6 is being repaired
7 invented
8 was the camera invented
9 have been washed *или* were
  washed
10 I've / I have washed them. *или*
  I washed them.
11 did they send *или* have they sent
12 be sent

28

2	B	8	B
3	A	9	B
4	C	10	A
5	B	11	B
6	C	12	C
7	C		

29
1 I stayed
  did you do
  I watched
  Are you going
  I'm going
  are you going to see
  I don't know. I haven't decided
2 have you been
  We arrived
  are you staying / are you
  going to stay
  do you like
  we're having
3 I'm going … Do you want
  are you going
  Have you ever eaten
  I've been … I went
4 I've lost … Have you seen
  You were wearing … I came
  I'm not wearing
  Have you looked / Did you look
  I'll go

30
1 we met
2 we sat / we were sitting
3 We didn't know
4 we became
5 we liked
6 we spent
7 We left
8 we meet
9 has been
10 she's working
11 She's coming
12 she comes
13 we'll have / we're going to have
14 It will be

31
2 we're staying
3 we enjoyed
4 We watched
5 slept
6 I don't sleep
7 we're not doing / we're not going to
  do
8 we're going
9 to see
10 We haven't decided
11 wants
12 to go
13 I'll send
14 you're having
15 are working / have been working
16 he had
17 he needs
18 We've been
19 We got
20 seeing
21 I liked
22 we went
23 we left
24 had

25 he wasn't injured
26 was damaged
27 We've changed / We changed
28 we're leaving
29 We're staying / We're going to stay /
  We'll stay
30 flying
31 That will be / That's going to be
32 finished
33 I'll let
34 we get
35 are looking
36 We're going
37 we'll send

32

2	A	11	B
3	B	12	A
4	C	13	C
5	B	14	B
6	C	15	C
7	B	16	A
8	A	17	C
9	C	18	B
10	A		

33
2 a car
3 the fridge
4 a teacher
5 school
6 the cinema
7 a taxi
8 the piano
9 cars
10 the same

34
4 **a** horse
5 **The** sky
6 **a** tourist
7 for lunch (–)
8 **the** first President of **the** United
  States
9 **a** headache
10 remember names (–)
11 **the** next train
12 send emails (–)
13 **the** garden
14 **the** Majestic Hotel
15 ill last week (–) … to work (–)
16 **the** highest mountain in **the** world
17 to **the** radio … having breakfast (–)
18 like sport (–) … is basketball (–)
19 **a** doctor … **an** art teacher
20 **the** second floor … **the** top of **the**
  stairs … on **the** right
21 After dinner (–) …
  watched television (–)
22 **a** wonderful holiday in **the** south of
  France (–)

35

2	in	12	at
3	on	13	at
4	at	14	in
5	on	15	at
6	in	16	on
7	since	17	by
8	on	18	for … on
9	by	19	to … in
10	in	20	at … in
11	for		

313

Ключи к руководству по изучению грамматики

Настоящее время

1.1	B	1.12	C
1.2	D	1.13	A
1.3	C	1.14	C
1.4	C	1.15	A
1.5	D	1.16	D
1.6	B	1.17	C
1.7	A	1.18	A
1.8	C, D	1.19	D
1.9	B	1.20	C, D
1.10	D	1.21	A, D
1.11	C		

Прошедшее время

2.1	B	2.6	D
2.2	E	2.7	A
2.3	D	2.8	C
2.4	B	2.9	C
2.5	A		

Present perfect

3.1	B, E	3.6	B
3.2	D	3.7	A
3.3	B	3.8	C
3.4	D	3.9	D
3.5	E	3.10	E

Пассивные конструкции

4.1	D
4.2	C
4.3	E
4.4	A
4.5	A

Формы глагола

5.1	D
5.2	B

Будущее время

6.1	A	6.6	C
6.2	A	6.7	D
6.3	C	6.8	C
6.4	A, B	6.9	B
6.5	B		

Модальные глаголы, повелительное наклонение и т. д.

7.1	C, D	7.7	B, D
7.2	A, C	7.8	D
7.3	A	7.9	C
7.4	D	7.10	C
7.5	B	7.11	A
7.6	E	7.12	E

There и it

8.1	B	8.4	A
8.2	E	8.5	B
8.3	A		

Вспомогательные глаголы

9.1	C
9.2	A
9.3	C
9.4	B
9.5	B
9.6	C
9.7	D

Вопросительные предложения

10.1	D	10.7	B
10.2	D	10.8	A
10.3	A	10.9	C, E
10.4	A	10.10	C
10.5	B	10.11	A
10.6	D	10.12	A, C

Косвенная речь

11.1	E
11.2	A, B, D

-ing и to …

12.1	B	12.5	B, C
12.2	D	12.6	C
12.3	B	12.7	A
12.4	C	12.8	D

Go, get, do, make и have

13.1	A, D	13.4	A, D
13.2	C	13.5	B
13.3	C, D	13.6	D

Местоимения и указание на принадлежность

14.1	A	14.6	A
14.2	C	14.7	E
14.3	D	14.8	A
14.4	B	14.9	D
14.5	B, C	14.10	C

A и the

15.1	C	15.8	C
15.2	B	15.9	B
15.3	A, C	15.10	B
15.4	B	15.11	E
15.5	B	15.12	D
15.6	A	15.13	B
15.7	D	15.14	A

Определяющие слова и местоимения

16.1	C	16.11	E
16.2	C	16.12	B, D
16.3	B	16.13	A
16.4	B	16.14	A, B
16.5	C	16.15	D
16.6	A, C	16.16	A, C
16.7	D	16.17	D
16.8	B, D	16.18	B
16.9	A	16.19	A
16.10	B		

Прилагательные и наречия

17.1	A	17.8	E
17.2	C	17.9	A
17.3	C	17.10	B
17.4	D	17.11	D
17.5	B	17.12	A
17.6	B	17.13	D
17.7	A, C	17.14	C

Порядок слов

18.1	B	18.4	A
18.2	C	18.5	A, D
18.3	B		

Союзы и сложные предложения

19.1	C	19.5	B, C
19.2	A	19.6	A, B
19.3	D	19.7	B, D
19.4	E	19.8	A

Предлоги

20.1	D	20.11	D
20.2	E	20.12	A
20.3	C, D	20.13	C
20.4	B	20.14	D
20.5	A, D	20.15	A
20.6	A	20.16	E
20.7	B	20.17	C
20.8	C	20.18	B
20.9	B	20.19	D
20.10	D	20.20	D

Фразовые глаголы

21.1	C
21.2	A, B
21.3	B

Русский алфавитный указатель

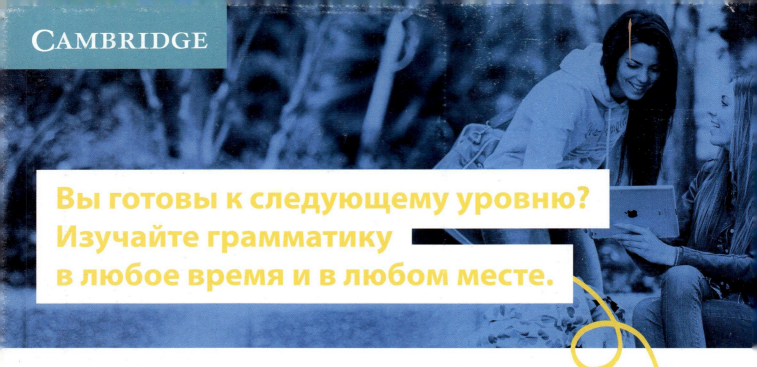
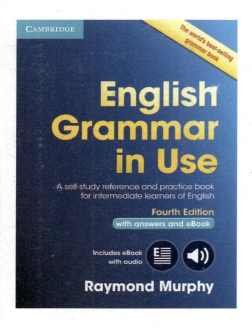
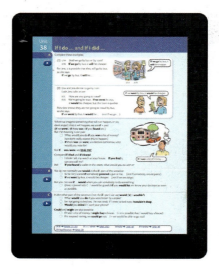